경희 고대사 · 고고학 연구총서 1

알타이
초원의
기마인

2500년의 잠에서 깨어난
얼음공주와 미라전사들

N.V. 폴로스막 지음 / 강인욱 옮김

고대사·고고학 연구총서 1

알타이 초원의 기마인

지은이 | N.V. 폴로스막

옮긴이 | 강인욱

펴낸이 | 최병식

펴낸날 | 2016년 8월 31일

펴낸곳 | 주류성출판사 www.juluesung.co.kr

　　　　서울특별시 서초구 강남대로 435 주류성빌딩 15층

　　　　TEL | 02-3481-1024(대표전화)·FAX | 02-3482-0656

　　　　e-mail | juluesung@daum.net

값 23,000원

잘못된 책은 교환해 드립니다.

ISBN 978-89-6246-284-5 94910

ISBN 978-89-6246-283-8 94910 (세트)

이 저서는 2014년 정부(교육부)의 재원으로 한국연구재단의 지원을 받아 수행된 연구임(NRF-2014S1A5B8062948)

알타이 초원의 기마인

2500년의 잠에서 깨어난
얼음공주와 미라전사들

N.V. 폴로스막 지음 / 강인욱 옮김

주류성

목차

한국어판 저자 서문

　이 책은 15년 전에 처음 출판되었으며, 1990~96년 사이에 우코크고원의 파지릭 문화를 조사하여 얻어진 새로운 자료들을 담았습니다. 이 자료들의 독창성은 그 유적은 물론, 유적이 위치한 지역에도 있습니다. 산악 알타이의 지도를 펴면 가장 높은 지점으로 표시되어 있는 우코크의 파지릭문화 무덤 중에는 도굴되지 않은 채 '얼음 속에 갇혀 있는' 것이 있습니다. 이런 예는 아주 드문 것입니다.

　우코크 고원의 '얼음 속에서' 발견된 놀라운 유물복합체의 덕택으로 우리는 과거의 문화를 거의 민족지 수준으로 볼 수 있습니다. 산악지대의 얼음과 추위 덕분에 보존된 시신의 몸에 새겨진 문신은 물론, 옷, 생활용품, 마구 일괄, 식물 그리고 음식들이 지금까지 잘 남아있었습니다. 이러한 모든 자료들은 러시아과학원 시베리아지부에 속해 있는 다양한 연구소들을 기반으로 하는 학제간 연구의 다년간 주제가 되었습니다. 그리고 그 연구의 결과로 이 책에서 주로 다루는 이 신비한 고대 파지릭 문화에 대한 우리의 지견을 크게 넓힐 수 있었습니다.

　최근까지도 우코크 고분에서 발굴된 유물들에 대한 연구는 지속되고 있으며, 새로운 가능성, 방법, 그리고 접근법 등이 개발되면서 지속적으로 새로운 결과가 나오고 있습니다. 이 책이 출판된 이후에도 우코크 고원에 묻힌 파지릭문화의 사람들과 그들이 영위한 문화들에 대해서 밝혀진 것이 많습니다. 예컨대 아크−알라하 3유적에서 발견된 가장 유명한 여성 미라의 사인은 유방암일 가능성이 매우 크다는 것이 밝혀졌습니다. 또한, 우코크 파지릭인들의 무덤에서 파지릭인의 유체를 통해 유전학적인 연구를 한 결과 다른 무덤 및 고분과의 친연관계에 대해서도 밝힐 수 있었습니다. 당연히 이런 연구를 비롯한 다양한 학제간 융합을 통한 알타이 산악지역 파지릭문화에 대한 연구는 또 다른 책으로 나와야 할 것입니다. ≪알타이 초원의 기마인≫은 제가 운좋게도 직접 발굴하고 연구할 수 있었던 이 놀라운 고대 문화에 대한 저의 가장 처음의 연구 시각을 모아놓은 것입니다. 처음 형성된 연구시각이 결과적으로 옳은 경우는 드물지 않게 볼 수 있습니다. 독자 여러분이 보고 있는 이 책(알타이 초원의 기마인)은 이후 파지릭문화를 연구하는 새로운 연구들의 기반이 되었습니다.

저는 제 ≪알타이 초원의 기마인≫이 한국어로 간행된다는 것이 너무나 기쁩니다. 한국에서 우코크를 직접 방문했던 고고학자들은 물론 폭넓은 독자가 제 책에 흥미를 가질 것으로 기대합니다. 비록 이 책은 과학 전문서적으로 출판되었지만, 그 안에서 다른 문제들, 예컨대 고대 문신, 염습(발삼), 의복, 동물장식 등은 고대 역사를 좋아하는 모든 분들에게도 흥미로울 것으로 기대합니다.

무엇보다도 이 책을 한국어로 출판할 것을 제안하고 직접 번역한 경희대 강인욱 교수께 감사를 전합니다. 또한, 다년간 직접 우코크를 방문하여 저의 발굴에 관심을 보이며 지원을 아끼지 않았던 고 황용훈 교수(경희대)와 그의 제자 신복순, 또한 최몽룡 서울대 명예교수님께도 감사함을 전합니다.

Н. В. Полосьмак

서 언

과거를 잃어버리게 되면 현재 자신들의 의미, 가치,
그리고 재평가의 방법 역시 잊어버리게 된다.
– 칼 구스타프 융

　고대 무덤(주거지도 마찬가지이겠지만)의 유물들이 대부분 유기물이라는 것은 잘 알려진 사실이다. 더불어 나무, 가죽, 천, 돗자리, 식물, 씨앗, 음식, 물감 등은 일반적인 상황에서는 보존되지 않는다는 사실도 그렇다. 고고학자들은 보통 썩지 않는 '불후'의 유물들을 다루게 되지만, 이것만으로는 이미 사라져버린 고대 문화에 대한 객관적인 이해를 하기는 불가능하다[1]. 이런 전제를 바탕으로 우리가 얼마나 많은 것을 잃어버렸는지, 파지릭문화의 얼음 속에 묻힌 고분을 발굴하면서 알게 되었다.

　레프 구밀료프는 "유적의 수로 다른 문화를 판단하는 것은 기본적으로 옳지 않다. 약한 재질(가죽, 모피, 나무, 비단)로 만들어진 과거 문명들의 멋진 유물들도 있지만, 돌이나 금속으로 거칠고 투박하게 만들어진 것도 있다. 하지만 앞의 것은 흔적만 남아있고, 후자는 사라지지 않고 영원히 남아있을 것이다(레프 구밀료프, 1993)"라고 했다. 다소 과장되게 보이지만 유라시아의 광활한 벌판에 살던 유목민–목축민들에

---

1) 물론, 많은 경우에 현대자연과학과 정밀과학의 발달에 따라 이렇게 사라진 것들로부터 복원할 수 있다. 이는 러시아는 물론 세계고고학에서 많은 예를 찾아볼 수 있다.

대해 이야기한다면 정확히 들어맞는다. 아마도 '기적'(다른 표현은 찾을 수 없을 듯하다)과 같은 여러 상황이 일어나지 않았다면 어쩌면 이 세상의 다양성과 문화적 풍부함은 영원히 사라졌을 것이다. 하지만 그 어떤 것도 흔적 없이 완전히 사라지지는 않는다. 모든 자연법칙에도 불구하고 고대 중앙아시아 유목민들의 문화는 "마지막 한 땀"까지도 산악 알타이의 얼음 속에 갇힌 무덤 속에서, 중국 신강성의 모래사막 속에서, 그리고 몽골 북부 노인울라의 탄갱 속에서 발견되었다.

최근까지도 우리 존재에 대한 기록을 남기지 않는다면 별도리 없이 사라질 거로 생각했었다. 19세기 말까지 미지의 땅(terra incognita)인 중앙아시아의 목축—유목민들은 자신의 목숨을 걸고 어려움을 극복하면서 중앙아시아 지역을 탐사하고 조사했던 많은 탐험가에게 큰 자극을 주었다. 열정적이며, 다양한 교육을 받았고, 두려움보다는 억제할 수 없는 열정과 불가사의한 세계에 대한 호기심으로 가득 차있던 그들에게 몽골, 신강, 티베트의 유목민들은 일견 미개하게 보였을 것이다. 그들은 무엇보다 자기의 목축동물을 위해 살았고, 그다음에야 자기와 자기 가족을 돌보았으니 말이다. 유목민들의 삶은 지나칠 정도로 단순해 보였다. 목축동물들을 돌보는 일 또한 별로 힘들어 보이지 않았다. 탐험가들이 보기에는 유목민들은 그저 말 위에서 '아무것도 안 하는'것처럼 보였다. 탐험가들은 유목민들이 열심히 일하는 것을 경멸스럽게 바라보았으며, 부(富)도 자기들만의 방법으로 이해했다. 탐험가들이 보기에 수천 마리의 목축동물을 가지고 있는 유목민이라고 해도 자기들이 알고 있는 노예나 머슴의 삶과 별다를게 없어 보였다.

평생을 탐험가로 산 N.M.프르제발스키는 자신의 탐사에 대한 감상을 다음과 같이 적었다. "… 유목민들은 머나먼 고대로부터 거의 바뀌지 않은 지리환경에서 똑같이 반복되는 일상을 살아왔다. 예전이나 지금이나 펠트로 만든 유르트에 살면서 목축동물의 우유와 고기를 주식으로 했다. 그리고 그 이전의 유목민들과 마찬가지로 말을 타고 다니며, 예나 지금이나 게으르다. 사람들은 벌판을 따라 돌아다니며 서로서로 몰아내면서 살았다. 종교도 애니미즘(페티시즘), 샤머니즘 에서 불교로 바뀌었다. 하지만 유목민의 삶 그 자체는 바뀌지 않고 남았다. 아시아의 전통은 여기에서 이렇게 절정에 달했다(프르제발스키, 1881, p.10)."

도교 승려인 長春眞人[2]은 1219~1220년에 북경에서 몽골을 거쳐, 시베리아, 알타이, 그리고 천산산맥 등을 거쳐 사마르칸트에 이르는 쉽지 않은 경로를 여행하며 아시아의 산악지역에 사는 여러 유목민에 대한 감성적인 시를 남겼다. 그의 아시아 초원에 대한 시구는 약 700년 뒤에 등장한 프르제발스키의 기록과 너무나 흡사하다. "어디를 돌아봐도 산과 강은 끝이 없이 이어진다. 바람과 안개는 멈추지 않고 강은 영원히 흘러간다. 왜 조물주는 세상을 창조하면서 이곳에서는 사람들에게 말과 소를 키우라고 명령했을까? 그들은 태고 이래로 짐승의 피를 마시고 말안장 위에 탄다. 그리고 높은 모자를 쓰고 중국과는 다른 방식으로 다양하게 머리를 묶는다. 성인들은 이들에게 글씨 쓰는 방법을 가르칠 수 없었고, 이들은 수백 년 동안 자기들만의 방법대로 살아왔다(서유기, 1995, p.30)."

하지만 사정이 언제나 똑같은 것만은 아니다. 고고학적 연구를 통해 이전에는 몰랐던 새로운 사실, 즉 중앙아시아에 인도유럽어를 사용하는 유럽인종이 거주했었음이 밝혀지면서 중앙아시아 고대 역사의 새 장을 열게 되었다. 그들이 고대의 문명들과 교류한 흔적들은 그들이 남긴 풍부한 유산들에 잘 남아있음이 밝혀졌다. 그리고 이 지역의 문화는 거친 지리-기후 환경에 적응하면서 형성된 생존방식에 따라 다르게 형성되었다. 기욤 뒤 루브룩(Guillaume de Rubruck), 마르코 폴로, 플라노 카르피니(Giovanni de Piano Carpini) 등의 기록에 남아 있는 중세 시기 투르크와 몽골어를 사용한 주민들이 남긴 다양한 문화는 사실상 그 이전의 '이란계' 사람들이 중앙아시아에서 살면서 만들어지기 시작한 것이다. 바로 파지릭의 얼어붙은 고분이 그에 대해 말해준다.

---

2) 본명은 丘處機(1148년~1227년)이며 長春은 그의 도교 법명이다. 丘長春眞人이라고도 불린다. 칭기즈칸의 요청으로 사마르칸트까지 여행을 했다. 그의 여행은 아프가니스탄에서 칭기즈칸과 만나서 도교의 진리를 전하기 위함이었다고 전해진다. 그 기록은 '長春眞人西游記' '玄風慶會錄' 등에 나와 있다. 본문에서 필자는 장춘진인서유기를 '서유기'라고만 썼는데, 이는 러시아어로는 구처기의 이름이 '장춘'으로 표시되고 그의 책도 간단히 '서유기'로만 표시되기 때문이다. 하지만 구처기의 서유기는 소설 서유기와는 관련이 없다(역자 주). 이하 (역자 주)로 표기된 각주는 모두 번역자가 본문의 이해를 돕기 위해서 작성한 것을 의미한다.

흥미로운 사실은 치키셰바[3]의 연구에 따르면 파지릭문화의 주민 중에는 고대 이란인의 모습들이 남아있다고 한다. 또한, L. L.바르코바와 I. I.고흐만은 파지릭 5호 분에서 출토된 펠트에 새겨진 사람들의 모습에서 정확하게 그 특징을 찾아냈다. "의 자에 앉아있는 여신, 기마인, 반인반수의 괴물 등 그들 모두는 남부 유럽인계의 특징을 잘 보여 준다(1994, p.27)." 비슷한 특징의 얼굴은 신강성의 여러 지역, 즉 하미(哈密), 체르첸(且末)[4], 로프 노르(小河묘지) 등에서 발굴된 미라에서도 보인다. 문화는 마치 릴레이 경주의 바톤처럼 손에서 손으로 전달된 것이 아니라 그 주민들과 함께 이동한 것이다.

소아시아와 중앙아시아 고대 국가들이 이루어낸 여러 문화적 성취와 주민들의 습속은 멀리 동쪽으로 중국과 접경하는 데까지 이르렀다. 예컨대 파지릭인들과 함께 들어온 양질의 말들은 말을 키우기 적당한 중앙아시아의 초원에서 사육되었다(위트, 1952, p.163~206). 이 말들은 현대의 아랍종 말과 비슷한데, 고대 세계에서 아주 유명 했다(알렉세예프, 1990, p.162~163). 바로 파지릭의 '왕족급' 고분뿐 아니라 우코크 고원의 전사들 무덤에서도 발견되었다(그레브네프, 바실리예프, 1994, p.106~111).

파지릭문화에는 다른 지역에서 알타이로 유입된 요소가 많았기 때문에 흉노, 투르크, 나아가서 최근 민족지적 시기[5]에 이르는 산악 알타이 지역의 다양한 시기에 살았던 주민들과는 차별되는 자신들만의 '전성기'를 누렸다. 아마 알타이인이나 카자흐인들이 '현대적인 신화'(엘리아데, 2000, p.171~172의 표현)를 창조하고, 자신 들의 조상으로 파지릭문화를 지목한 것은 결코 우연이 아니다.[6] 널리 알려진 고대 문화를 자신들과 연결시키고, 그들의 업적을 신비스러운 관계로 연결 짓는 것은 바로 자기

---

3) 노보시비르스크 시베리아 과학원의 형질인류학자(역자 주)

4) 신강성 남부지역, 중국어로는 且末이라고 한다. 로프노르는 리히트호펜, 오렐 스테인, 스벤 스테인 등 이 조사한 유명한 유적으로 중국어로는 羅布泊鎭이라고 한다. 본 고에서는 '로프 노르'유적을 말한다. 현재 이 유적은 샤오허(小河)묘지로 개명되었으며, 다년간 조사가 되고 있다(역자 주).

5) '민족지 시기'라 함은 대체로 러시아인들이 시베리아로 진출한 이후를 말한다. 다소의 차이는 있지만 현재의 원주민들이 계속적으로 거주하는 근대시기를 포괄한다(역자 주).

6) 그 좋은 예로 소요노프·에벨(1994, 52~55p)의 연구를 들 수 있다.

역사를 고대의 문화와 잇기 위함이다.

단순히 외형적으로 보이는 유물만을 가지고 고고학적 문화를 자신들의 과거 역사와 연결시키는 것은 아니다. 엘리아데(1999, p.224)는 상징적인 의미에서 본다면 세계는 단순히 살아있는 것이 아니라 열려있는 것으로, 유물들은 결코 우연히 있는 (현대적 관점에서 볼 때) 것이 아니며, 유물이라는 것은 또 다른 존재가 변형되어서 집약된 표시라고 보았다.

파지릭문화에 대한 연구는 상당히 오랜 기간 심도 있게 진행되었기 때문에 그들의 정신세계를 파악하는 연구를 시도할 수 있을 정도이다[7]. 파지릭인들의 정신세계와 체계는 그들의 행동으로 표현되기 때문에 그들의 세계관과 자신들의 위치에 대한 생각이 유물들에 표현된다. 파지릭문화 뿐만 아니라 다른 문화들을 연구할 때도 마찬가지지만, 어떤 문화의 유물을 통해 의례를 연구하고 그 다양성을 밝히려면 그 문화에 속해있어야만 가능할 것이다. 물론, 그렇다고 지레 포기할 필요는 없다. 문화의 물질적인 특징을 밝히는 길은 그들이 문화를 어떻게 이해했는 지에 접근할 수 있는 유일한 길이기 때문이다. 무문자 사회에서의 유물에 대해서 말하자면 "성스러운 상징은 문자 텍스트에 포함되는 것이 아니라 의례의 텍스트에 포함된다. 게다가 이 텍스트들은 그 의례와는 관계없이 물질적으로 계속 남아있다."(로트만, 1996, p.351) 우코크 고원의 낙엽송으로 만든 곽과 그 안의 통나무 관으로 이루어진 무덤은 손을 타지 않은 채 얼음 속에 고스란히 보존되어서 마치 2500년 전의 의식에 참여하는 듯한 환상을 불러일으킨다. 고고학자들이 여기서 발견한 나무, 천 조각, 가죽, 펠트, 그리고 뿔로 만든 물건들은 민족학적 자료에서나 볼 수 있는 것들이다. 여기서 발견된 여러 물건의 진정한 평가는 이 무덤에서 출토된 유물과 현재의 민족지적

---

7) 여기에서 정신세계(멘탈리티)라는 용어의 의미는 프랑스 '아날학파'가 1950년대 중반에 지난 100년간을 분석하면서 적용한 개념이다. 멘탈리티에 대한 듀비의 표현에 따르면 '이 시스템은 역사의 목표로 사용되었다. 하지만 그 모든 요소들은 서로 깊게 연관되어 있으며, 다양한 그룹 또는 계층에서 표현된 시스템으로 사회적 형성을 이루며 서로 다양하게 엮인다. 하지만 언제나 사람들의 생각에는 이 세상과 자기의 위치 등에 대한 이해가 기본적으로 깔려있으며, 이것은 사람들의 행동과 반응 등을 결정한다(듀디, 1991, p.52).

자료의 비교를 통해서만 가능하다. 영구 동결대라는 알타이만의 특수한 자연환경 덕에 얼음에 갇힌 무덤을 발굴하고, 그 자료를 분석함으로써 다양한 해석과 비교연구의 또 다른 가능성을 열어주었다. 이 책에서 우리는 파지릭 문화인들이 세상을 보는 여러 측면들을 의복, 토기, 펠트, 발삼(엠버밍), 문신, 여성에 대한 태도, 약초학, 자연자원의 이용, 그리고 생계경제 등을 중심으로 살펴 보겠다. 물론, 이는 전체 문화의 극히 일부분일 뿐이다. 이들 문제를 연구하기 위하여 나는 파지릭 사람들을 더욱더 깊게 파악하는 데 필요한 새롭고 독창적인 유물들을 골라냈다.

　나는 내 연구 기반을 전통적인 인문학적 방법으로 잡았다. 즉, 먼저 파지릭문화의 여러 요소들을 종합적으로 정리한 후에, 이를 파지릭문화 전후 시기의 다양한 문화 및 문명들은 물론 현대의 민족지와도 비교했다. 이 비교를 통하여 파지릭문화만의 특징과 배경을 살펴보았다.

　연구의 주요 방법론으로는 다양한 사료에 근거한 비교역사적 방법을 이용했다. 일차적인 비교 대상은 파지릭문화와 비슷한 시기에 주변 지역에 존재했던 문화들이다. 그리고 좀 더 큰 범위로는 유라시아 초원지대의 유목문화, 즉 서쪽으로는 흑해 연안과 그리스의 폴리스, 아케메니드 왕조까지를, 동쪽으로는 중국의 왕조까지 포괄했다.

　또 다른 비교방법의 자료로 민족지적 자료와 연구들을 선정했다. 파지릭문화 자료는 남부 시베리아, 동부 시베리아, 그리고 서부 시베리아(이들 시베리아의 원주민들은 역사적으로 서로 얽혀있다)는 물론 중앙아시아, 소아시아, 몽골, 중국 등의 중세시대와 전통적인 문화에 속하는 여러 자료들과의 비교연구가 가능하다. 우리가 연구대상으로 삼은 파지릭문화는 다양한 문화 요소가 다양한 경로로 오고 가며 이동하는 사회였다. 따라서 파지릭문화에서는 다양한 자료가 형성되고, 이후에도 다른 문화들의 형성에도 영향을 미쳤기 때문에 내가 언급하는 이 지역들이 막연하게 넓다고만은 할 수 없다.

　유목민의 생존 중에 가장 중요한 요소로 꼽히는 것이 주변 지역이다(하자노프

1975, Khazanov 1984, 마손 1980, 1989, 츠브이르 1996…). 파지릭인들에게 주변 지역 사람들은 바로 서부 시베리아의 수렵민과 어로민, 신강성의 농경민, 투바인, 카자흐스탄, 서부 몽골을 비롯하여 동시기의 중국, 중앙아시아, 서아시아 국가들이었을 것이다. G.N.포타닌은 "세계 문명의 두 축인 유럽과 중국 문명은 구대륙의 끝에서 각각 발달했고, 알타이는 바로 그들의 사이에 놓였다"라고 한 바 있다(1912, p.16). 고대 동아시아 문명과 중앙아시아 국가들은 파지릭인들의 세계에서 한 부분이었다. 물론, 파지릭문화를 단순하게 이란인의 세계에만 속했다고 말하는 것도 그다지 타당성은 없다. 이란의 영향이 돋보이긴 하지만, 유일한 것은 아니었기 때문이다. 고대 중국도 알타이 유목민족에게 자신들의 문화적 영향을 남겼다. 실제로 파지릭문화와 楚나라와의 사이에 실질적인 교류가 있었던 것이 밝혀진 바 있다(Juliano, 1991, p.25 ~30). 또한, 키셀료프(1951, p.356)를 필두로 페레보드치코바(1994, p.128~138), 야첸코(1996, p.154~158)이 연구에 이르기까지 학자들은 파지릭의 예술품에 중국의 영향이 있었음을 증명했다. 또한, 서부 시베리아 의 주민인 우고르족과 파지릭문화 사이에는 초기 철기시대 파지릭문화에도 큰 영향 을 준 이란계 문화가 공통적으로 나타난다. 이란계 문화는 또한 한트와 만시족[8] 사이에서 최근까지도 남아있었다 (게무예프, 1990, p.190~195). 파지릭과 '비슷한' 것을 언급한 고대의 문헌으로는 '아베스타', 헤로도토스의 '역사', 크세노폰의 '키루스의 교육(Cyropaedia)', 중국에서 신화를 기록한 책, 리그베다, 아타베르베다 등이 있다. 이들을 참고해서 산악 알타이 지역에 파지릭문화가 번성했을 당시의 정신세계를 느낄 수 있다. 물론, 나는 문헌 기록은 실제 역사와 비교했을 때 많은 왜곡과 과장이 있기 때문에 고고학적인 자료와 그대로 비교하고 해석할 수는 없다고 본다(렐렐코프 1987, c.29~30 ; 뱌조비나 1996, c.34~37).

우코크 출토 유물과 자료들을 분석하는 데는 러시아과학원 시베리아분소(SD RAS)의 여러 연구원들이 도움을 주었다. 촉매화학연구소의 화학박사 V.V. 말라호프,

---

8) 서부 시베리아 튜멘주 일대에 거주하는 서부 시베리아의 원주민(역자 주).

A.A.블라소프, 유기화학연구소의 M.M.쇼키로프, 무기화학연구소의 T.A.차느이세바, 지질학, 지구과학, 광물학 연구소의 Yu.G.셰르바코프 씨를 비롯하여 많은 분들이 도와주었다. 실제 발굴 당시에는 학제간 융합연구 시스템이 갖추어지지 않았기 때문에 눈으로 볼 수 없었던 귀중한 정보가 사라질 수밖에 없다. 하지만 효과가 좋은 최신 물리학적 기법을 도입함으로써 파지릭의 비밀에 좀 더 깊게 접근할 수 있었다. 시신의 방부(엠버밍)의 처리방법에 대해서는 의학과 해부병리학의 도움을 받았다. 스위스의 해부병리학자인 R.하우리-비온드와 그의 조교인 U.블레터가 분석을 했다. 또한, 모스크바에 소재한 러시아 연구소연합 생물학 분과의 약초 및 향초연구소 V.L.코젤체프가 분석했다. 무덤에서 출토된 향에 쓰이는 씨앗과 식물, 약초의 분석에는 시베리아 과학원 산하 약초-식물원에 근무하는 I.A.아르테미예바, E.A.코롤류크, M.I.로모노소바 등이 수고했다. 우코크 고원에서 출토된 많은 나이테 자료에 대한 분석에는 스위스 취리히에 소재한 고고국의 M.자이페르트씨, V.쇼크(비르멘스도르프 소재 삼림, 눈, 경관연구소 소속의 나무 분석 전문가), 그리고 시베리아 과학원 고고민족학연구소의 연구원 I.Yu.슬류사렌코 등이 공동 으로 참여했다. 또한, 연구에 아주 중요한 부분이라고 할 수 있는 형질인류학과 유전학적으로 파지릭인을 분석하는 데는 T.A.치키셰바, A.로마쉔코, M.I.보예보드 등이 참여했다. 파지릭 고분 출토의 말뼈에 대한 동물뼈 분석은 I.E.그레브네프, S.K.바실리예프 등이 참여했다.

파지릭, 바샤다르, 투엑타, 카탄다, 쉬베, 울란드릭, 유스티드, 사일류계마, 그리고 코크-수와 같은 파지릭 고분이 조사되었기 때문에 우코크에서 놀라운 '얼음 고분'을 발굴할 수 있었다. S.I.루덴코, M.P.그랴즈노프, V.D.쿠바레프 씨는 이들 유적에 대해 놀라울 정도로 전문적이며 성공적으로 발굴을 했다. 이들 연구에 더하여 우코크 유적은 파지릭문화의 연구에서 적어도 중요한 몇몇 부분에 대한 새로운 실마리를 찾아냈다는 점에서 새로운 기점이 될 수 있었다.

이 책의 첫 번째 부분은 우코크의 파지릭문화 유적에 대한 전반적인 상황을 서술하겠다. 이는 이 책에서 전반적으로 서술하고자 하는 파지릭인의 세계관을 복원하는

데 가장 근본적인 자료를 제공하기 때문이다. 물론 무덤에서 나온 모든 유물들이 우리의 문제를 푸는 데 반드시 필요한 것은 아니지만, 장래의 연구를 기대할 수 있기 때문이다. Yu.M.로트만은 '한 시대의 얼굴은 죽음의 모습에 반영된다'라고 했다(1994, c.28). 또한, 고대를 아주 민감하게 표현했던 화가 D.플라빈스키(1991, p.124)는 아시아에 대해서 말하면서, 죽음의 도시[9]에서 역설적으로 사람들의 심장이 뛰는 것을 느꼈다며 다음과 같이 표현했다. "공동묘지의 언덕 위에서 나는 영생을 갈구하던 영혼들의 얼굴을 보았다…"

제1장

우코크고원
생태환경과 생계경제

세상의 끝은 운명의 뜻대로 귀하고 값진 자연의 선물들로 가득하다.
(헤로도토스, 역사 제3권)

산악 알타이는 유목에 최적의 조건을 갖추고 있다. 그밖에도 사냥, 어로, 채집, 그리고 원시농경에도 적합하다. 광물로는 황금, 은, 동, 철, 납, 진사, 수은, 진흙 등을 캐낼 수 있다. 19세기 초 이 지역의 공물징수단은 알타이 지역 여러 민족 중에서 알타이족과 카자크 족의 생활환경이 가장 좋았다고 기록했다(블라디미로프 1990, p.158). 이 지역의 탐험가들은 알타이를 목동들의 '엘도라도'라고 불렀다. 즉, '알타이 산의 구릉지대에 난 짧은 잡초들은 말과 뿔 달린 우제류 동물들에게 적당하며, 가파른 벼랑지대는 양과 염소들을 위한 목초지가 된다. 그리고 알타이 지역에는 목축을 하는 데 해로운 곤충들이 거의 없으며, 겨울에도 초원지대에 눈이 많이 쌓이지 않는다는 점도 목축을 하는 데 좋은 조건이다. 그래서 겨울에도 목축 동물들이 식량을 찾는 데 어려움이 없다. 게다가 초원은 사방으로 높은 산맥으로 둘러싸인 탓에 목동도 필요가 없을 정도다'(라들로프, 1989, p.144~145). 이 표현은 다소 목가적인 표현이긴 해도, 알타이 중앙부와 서북부 지역을 정확하게 묘사한 것이다. 이 지역은 접근하기도 좋고 살기도 편하여 파지릭문화의 고분들이 자주 발견되고, 그중에는 '왕족

그림 1. 우코크의 암각화. 베르텍 암각화 유적에 표현된 가축화된 낙타

급'도 눈에 띈다. 대표적인 유적으로는 바샤다르, 투엑타, 파지릭, 쉬베, 카탄다 등이 있다(지도 참조).

알타이 동남부지역은 지리환경이 약간 다르다. 이 지역은 높은 고산지대로 지금까지도 숲이 매우 적고 기후도 거친 편이다. 물론, 그렇다고 유목민들이 전혀 살지 않았다는 뜻은 아니다(그림 2). 이 지역은 고대 알타이 유목민들이 이목(수직으로 이동하는 유목방법)을 하는데 적당한 조건이었고, 우제류동물, 말, 낙타, 그리고 야크 등의 동물에게는 겨울 목초지로 적당했다(그림 1~5). 실제로 고고학적 조사를 통해서 알타이 동남부 지역 전역에도 파지릭문화가 존재했음이 확인되었다.

우코크 고원은 해발고도 약 2,500m로 알타이의 러시아 쪽 영토에 속해있으며, 러시아, 카자흐스탄, 중국, 몽골 4개국의 접경지대에 위치한다. 우코크의 지리적

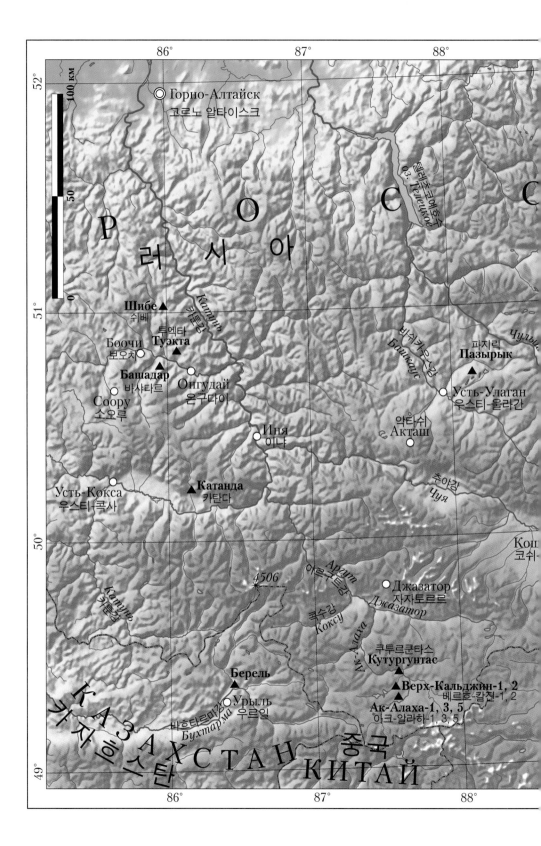

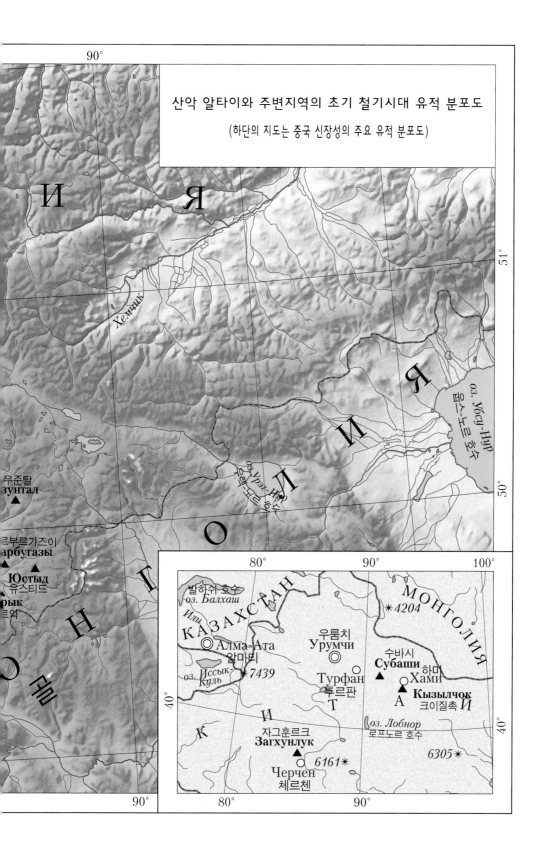

산악 알타이와 주변지역의 초기 철기시대 유적 분포도

(하단의 지도는 중국 신장성의 주요 유적 분포도)

그림 2. 우코크 초원지대의 조감도

그림 3. 우코크 고원

환경은 고대부터 여기 사는 사람들에게는 아주 적당했었다. 우코크는 접근하기 어려움에도 불구하고 주변 지역과의 교류를 하는 데 필수불가결한 지역이었다. 게다가 알타이는 분쟁이 항구적으로 발생하는 다른 초원지역과는 달리 일종의 피난처 같은 역할을 했다(그림 6). '산속의 계곡지대는 그 사이에 놓인 산맥줄기로 각 지역이 자연스럽게 분리되었고, 각 지역마다 적들을 피해서 정착할 수 있었다. 군데군데 목초지인 초원이 있었고(알타이 계곡의 북쪽 경사지는 태양 광선이 작렬하는 초원지대다), 습기찬 음지에는 숲이 있었다(알타이 계곡의 남쪽 경사지는 태양이 비스듬하게 비출 뿐이다). 산에서 흘러온 맑은 물이 흐르는 강 주변에는 깊은 습지들이 있고, 곳곳은 개울로 이어졌다. 겨울에 이 높은 고원지대를 통과하는 것은 거의 불가능하다. 그리고 여름에도 적들이 이런 계곡을 거쳐서 들어올 수 없다. 여름거주지

알타이 초원의 기마인

그림 4. 우코크의 풍경

는 물이 갈리는 합수머리에 위치하는데, 그 지역 주민들만 아는 거의 보이지 않는
오솔길을 따라가야만 간신히 접근할 수 있다. 강을 따라 상류로 거슬러 올라가는
방법은 없고, 개울물을 따라 하류로 흘러가다가는 가파른 벼랑에 떨어져 찢겨질 것
이다. 그러니 이런 지역은 말을 타고 가기는커녕 도보로도 통과하기 어렵다(구밀
료프, 1993, p.230).'

　　우코크 고원의 무덤에 묻힌 사람들은 그 지역에 항구적으로 살던 사람들은 아닌
듯하다. 파지릭인들이 유목생활로 가장 힘든 시기인 겨울과 봄을 보내기 위한 임시
목초지였을 것이다. 그들은 적어도 10월말 이전에 이곳에 도착했다. 우리가 이렇게
자신 있게 말 할 수 있는 이유는 수년간의 경험과 관찰을 통해서 알타이에는 10월
말~11월초가 되면 눈이 쌓이기 시작한다는 것을 알았기 때문이다. 투바인들의

그림 5. 고원에 보이는 야크

경우, 겨울목초지로 이동하는 시점은 목축 동물이 물 대신 마실 수 있는 눈이 완전히 내리기 시작하는 때이다. 겨울목초지로의 이동은 어떤 해에는 심지어 12월 초까지 미루어 지기도 한다(돈가크, 1995, p.86). 현재도 자자토르 알타이 마을 주민들은 우코크 고원의 목초지로 11월 초에 올라가고, 여름 목초지로의 이동은 보통 6월에 이루어진다. 동물뼈연구자와 나이테 연구자들은 발견된 말의 위 속에서 발견된 내용물, 말뼈의 상아질과 백악질의 상태를 이미 등록된 구조와 비교하여 분석했다 (그레브네프, 바실리예프, 1994, p.107). 그 결과 그 말들은 6월, 더 정확하게는 6월 초반에 묻힌 것임을 밝혀냈다. 아마 매장은 마지막으로 가장 중요하게 거행된 의식이었을 것이다. 파지릭인들이 겨울목초지에서 여름목초지로 이동하기 전의 의식이었다. 아마도 이동에 앞서 이 땅에 동포를 묻음으로써 자신들의 땅을 굳건히

했을 것이다. 이런 무덤이 축조되면서 이 땅은 그들에게 성지가 되었을 것이다.

파지릭무덤에 대한 전면적이고 세심한 연구 결과 이 무덤을 만든 사람들은 통나무집과 각종 생산시설을 만들던 목수였음이 밝혀졌다. 파지릭인의 무덤 안에는 그들이 평소 살던 집의 특징이 잘 갖추어져 있다. 구체적으로 관, 나무로 쪼개 만든 자물쇠, 통나무를 한쪽으로 켜서 만든 천장, 통나무나 판자를 양쪽으로 쪼개서 만든 마루, 천장을 다시 자작나무 또는 낙엽송 껍질로 덮은 점, 통나무 사이는 진흙을 문질러 메우거나 얇은 부목을 대어 메운 것, 바닥과 벽에 깔아놓은 펠트, 천정 위에 다시 자작나무나 낙엽송 껍질을 깔고 큰 자갈을 깐 점 등이다(므일니코프, 1999, p.31, 좀 더 자세한 정보는 루덴코, 1953, p.79~80; 쿠바레프, 1987, p.19~21 ; 1991, p.27~29; 1992, p.15~16 등을 참고할 수 있음). 심지어는 파지릭 1호분에서는 목곽 안에 주거지용 통나무를 쓴 경우도 있었다. 파지릭 묘광의 북벽에 있는 통나무에서는 주거지 출입구에 쓰인 홈이 남아있었다(그랴즈노프, 1950, p.15 ; 므일니코프, 1990, p.29). 비슷한 풍습은 몽골의 울란곰 고분에서도 발굴된 2기의 목곽에서 확인되었는데, 창문의 흔적이 있는 통나무는 동편 벽에, 그리고 동북쪽 벽에는 문의 흔적이 발견되었다(노브고로도바, 1989, p.262).

분석결과 아크-알라하-3 무덤유적의 제 1호 고분에 사용된 나무들은 3.5년과 8년의 사이를 두고 여러 시기에 걸쳐 벌채된 것으로 밝혀졌다. 아크-알라하-1 유적의 제 1 호 고분 관의 내벽과 외벽에 쓰인 통나무 관은 5년의 차이를 두고 벌채되었다. 이 결과는 M.자이페르트의 나이테 연구에 의해 밝혀졌는데, 이는 한편으로는 이 통나무들이 먼저 겨울 주거지에 쓰이기 위해 벌채되었다가 후에 무덤을 위해 재사용된 것으로 보인다.

아크-알라하-3유적 1호 고분과 울란드릭, 말타구-4 무덤 유적의 일부 고분에서는 묘광의 모서리나 관 덮개 위에 나무 막대기를 세워놓은 것이 발견되었다(쿠바레프, 1987, p.14; 1992, p.14). 때로는 관의 벽을 따라 이 막대기가 놓인 채로(어쩌면 쓰러진 것?) 발견되기도 한다. 이 막대기의 용도 역시 주거지와 관계있는 것이 임시

그림 6. 일렬로 축조된 파지릭 고분

그림 7. 우코크의 현대 겨울 주거지

로 옮겨진 것일 가능성도 있다. 몽골인들의 경우, 어린 여자아이의 무덤 위에는 막대기 한 개를 놓고 유르트를 설치한다. 그리고 성년 여성의 무덤에는 유르트의 중심기둥인 '바가나'를 세운다(갈다노바, 1992, p.81).

이 사실은 어쩌면 파지릭인들은 완전하게 유목생활을 하지 않았음을 의미할 수 있다. 즉, 그들은 통나무로 만든 항구적인 집을 가지고 있었고(아마 임시주거지는 펠트로 만들었을 것이다.) 그들의 묘광은 바로 주거지 내부의 인테리어를 모방한 셈이다.

파지릭인들의 통나무 겨울집은 일반적으로 바람을 피해 높지 않은 절벽의 적석들 사이에 만들었다. 이런 장소에는 지금까지도 알타이인과 카자흐 사람들의 많은 겨울 집들이 만들어진다(그림 7). 아크-알라하 강 계곡을 따라 분포하는 파지릭 무덤의 맞은편에는 현대식 주택들이 들어선 경우가 아주 흔하다(그림 6). 사실 기원전 4천년 부터 현재까지 아크-알라하 강 유역에서 목축이 행해졌기 때문에 이런 현상이 놀라

그림 8. 아크-알라하 강 일대의 우코크 목초지

울 것은 없다. "가축을 끌고 이리저리 목축하면서 정착을 할 때는 보통 이미 옛날의 천막자리였던 곳을 선호한다. 왜냐하면 그런 데는 오랜 시간에 걸쳐서 '살만한 장소'라는 것이 검증되었기 때문이다(톨레우바예프, 2000, p.172~173)." 재미있는 점은 파지릭인들이 겨울을 나던 장소가 그들이 살기 이전에는 목초지로 쓴 적이 없을 정도로 고원에서도 가장 높은 지역이라는 것이다. 이 지역은 햇빛이 쨍쨍 나는 여름에도 호수에 얼음이 깔려있는 경우가 많을 정도이다(예컨대 베르흐-칼쥔-1유적과

그림 9. 우코크 고원 정상지대의 겨울 목초지

베르흐-칼쥔-2유적). 험난한 조건에도 불구하고 이 지역은 예외적으로 겨울목초지로 아주 적당했다(그림 9). 아마 유목민들은 이 지역에서 눈이 녹는 시점인 3~4월 정도까지 머물다가 아크-알라하 계곡 쪽으로 내려가 몇 개월을 더 지냈던 것 같다(그림 10). '산꼭대기'에서 겨울을 지내는 방법은 남부 파지릭인의 생계경제와 비슷하게 작은 뿔이 달린 동물[10]을 목축하는 투바인들에게서도 보인다(돈가크, 1995,

---

10) 양과 염소를 통칭하는 표현(역자 주)

그림 10. 아크-알라하강의 굽이치는 부분

p.85~86). 전반적으로 유목하는 투바인들의 자료들을 본다면 겨울 목초지에서 거주하는 기간은 달력처럼 일정한 기간이 아니라 목초지의 상태에 따라 결정되었다.

　현재 이 지역 주민들의 생활방식을 참고한다면 겨우내 목축동물을 먹이기 위한 건초는 최후의 경우를 대비해 약간만 준비했을 것이다. 물론 동부 알타이 유목민들은 건초를 준비하는 것을 "쓸데없고 귀찮으며 사람의 능력을 억제하는 것"이라고 생각한다(치하쵸프, 1974, p.343). 알타이인들만의 독특한 건초작업 방법도 존재했다. "숲에서 오리나무 근처에 가면 두껍고 무성한 잡초들로 감싸져있는 나무들을 볼 수 있다. 이것이 바로 이 지역에서 건초를 말리는 방법이다. 바쉬카우스 지역[11]에서

---

11) 산악 알타이의 동부에 흐르는 강으로 출르이쉬만강의 지류이다.

그림 11. 우리 발굴장 숙소, 그 산 뒤로는 중국

도 흔히 볼 수 있다. 이렇게 둘둘 말린 건초더미들은 운반하기에도 편리하다"라고
20세기 초반에 V.I.베레샤긴은 언급했다(1927, p.28). 재미있는 사실은 유명한 탐험
가였던 P.K.코즐로프도 라도[12] 근처의 마을에서 이런 식으로 건초를 만드는 방법을
보았다는 점이다. "건초작업은 중국제 낫이나 칼 또는 장검으로 하는데, 그 자리에
서 곧바로 굵은 끈이나 줄기로 두께 18cm정도, 길이는 2m정도로 둘둘 말아놓는다.
이 뭉텅이를 목축동물이 닿지 않을 정도로 높게 숲에 걸어놓는다. 만약 좋은 풀이 있
다면 솜씨 좋고 열심히 하는 일꾼 한명은 하루에 이러한 뭉텅이를 5~7개 정도 만들

12) 라도(Лхадо)는 원래 몽골인들이 거주하던 티베트의 지역으로 지금은 장족들이 주로 거주한다. 라
     도에 대한 기록은 코즐로프가 1905년에 출판한 『몽골과 캄지방』(Монголія и Кам)에 자세히 묘사
     되어 있다(역자 주).

그림 12. 우코크 고원지대 목초지

수 있다(코즐로프, 1947, p.270). 이 방법은 아주 고졸(古拙)해 보이는 바, 아마도 파지릭인들도 똑같은 방법으로 비교적 소량의 건초더미를 마련하여 겨울숙소로 가져다 놓았을 것이다.

파지릭인들이 우코크 고원 전역을 이용했다는 것은 이 넓은 고원의 유리한 목초지마다 무덤들이 있다는 것을 알 수 있다. 우코크 고원은 목축을 하는 사람들이 필요한 조건들을 모두 갖추었다. 1년 중 장기간 쓸 수 있는 양질의 목초가 있는 초원지대가 많으며, 근처에 철광, 금광, 은, 납과 같은 여러 광물의 채굴지가 있다. 전략적으로 보아도 중앙아시아의 여러 지리, 문화역사적인 권역들과 연결되기 좋은 지역이다(차이코, 1994, p.15). 아크-알라하 강 계곡을 따라서 몇 개의 고개를 넘으면

그림 13. 알라하의 빙하

바로 몽골, 카자흐스탄, 중국의 신강, 그리고 중앙 알타이 등으로 이어진다(그림 11).

우코크 유목민들은 아마 계절마다 열리는 장터 같은 데에 가서 자신들이 생산한 목축 제품들을 여러 장식품들과 농경민들의 제품들과 바꾸었을 것이다. 비슷한 상황은 19세기말~20세기 초반에 중앙아시아를 여행한 러시아 탐험가들의 기록에서도 찾아볼 수 있다. P.K.코즐로프의 서술에 따르면 이 시장은 가을에 유목민들이 대형 캐러밴을 이끌고 정착민들의 마을로 찾아가며 이루어진다고 한다. 그들은 펠트, 기름, 피혁제품, 여러 가지 수공품, 털이나 펠트로 만든 노끈 등을 가지고 온다. "반대로 그들은 빵과 곡식, 그리고 유목생활을 하는데 필요한 물건들, 예컨대 차, 다양한 실크와 종이, 그릇, 도자기, 은제 및 돌로 만든 장신구 등을 사들인다(코즐로프,

1947, p.342)." 여기에서 필요한 목록들을 보면 알 수 있듯이, 유목—목축인들에게 필요한 물건들은 거의 바뀌지 않았다. 아니, 아마도 지난 2천여 년 넘게 거의 바뀐 것이 없을 것이다. 우리는 파지릭 사람들의 무덤을 발굴함으로써 그들이 무엇을 필요로 했는지 알 수 있다. 파지릭인의 캐러밴도 똑같이 목축제품들을 싣고 우코크 고원을 떠나서 신강성의 오아시스 근처에 위치한 마을들로 갔을 것이며, 실제 그런 증거들도 적지 않다.

파지릭인들의 생계방식은 주 생활수단인 목축뿐 아니라 그들을 둘러싼 산악 알타이의 환경에 의해서도 결정된다. 사람을 둘러싼 주변 환경과 경관은 물질문화 뿐 아니라 사회문화의 형성에도 중요한 의미를 지닌다. "지리적 요인은 의식, 즉 종교적인 의식 형성에도 영향을 미친다"(아브데예프, 1998, p.58).

우코크 고원의 지리적 특징에 대해 좀 더 살펴보자. 우코크 고원의 남쪽은 남부 알타이 북쪽 산맥과 이어져 타브인—보그도—오다 산과 사일류겜 산맥의 고원지대와 맞닿는다. 동쪽으로는 사일류겜 산맥의 밑자락에서 타르하타 분지로 이어진다. 북쪽은 남부 추이 고원과 우코크 고원을 나누는 자자토르 강과 맞닿는다. 서쪽은 카라—알라하 산맥의 지맥을 따라 이어지고 더 나아가면 아크—알라하강(카툰 강 유역)과 부흐타르마강(이르티쉬 강 유역)의 합수머리로 이어진다.

우코크 고원은 해발 평균 고도 약 2천 미터로 산맥의 재융기가 일어나지 않은 남부 알타이의 몇 안 되는 지역 중 하나이다. 주로 침식되는 지역으로부터 상대적으로 멀기 때문에 빙하기 지형과 오래된 경관구조가 잘 남아있는 고대(고제3기~신제3기)의 모습이 거의 형태 변형이 없이 준평원(peneplain)의 형태로 잘 남아있다. 게다가 여기에서 인간이 영위할 수 있는 생존방식은 목초지에서 동물들을 키우는 것 밖에 없기 때문에 사람들에 의한 파괴도 거의 이루어지지 않았다(루드스키, 1996, p.203~204).

우코크의 기후는 툰드라—초원지대에 속한다(그림 12). 타브인—보그도—올라 산

---

13) 타반-보그드 산이라도 한다. 다섯 개의 신령한 산이라는 뜻이다.

그림 14. 우코크의 산악

이 이 고원의 테두리를 둘러싼다.[13] 이 5개의 봉우리 중에서 4개는 우코크 고원의 동쪽에서 잘 보인다(사포쥐니코프, 1911, p.270). 우코크 주변에서 가장 큰 빙하는 알라하산으로(그림 13), 그 길이는 약 8km이고 면적은 2㎢에 달한다(루드스키, 1996, p.205). P.K.코즐로프는 우코크에 대한 인상을 다음과 같이 남겼다. "위로 올라가면서 숲이 끝나자 곧바로 우코크 고원이 나타났다. 밤마다 지표면은 은빛으로 반짝거리고, 웅덩이의 물에는 얼음이 덮여있다. 타반-보그드 산(또는 다섯 개의 신산)은 밝은 날에 바라보면 불투명한 백색의 자태를 아름답게 나타낸다(1947, p.38).

햇빛이 변할 때마다 이에 따라서 놀랍도록 아름답게 변하는 눈 덮인 산 정상은 자연스럽게 파지릭인들에게 '하늘'의 목초지, 즉 유목민의 천국이며 신과 영혼들의 세계라는 생각이 들법했다. 우코크 고원을 둘러싸고 있는 높고 가파른 산들을 아마도 그들의 인생을 둘러 싼 세계관과도 일치했을 것이다(그림 14). 산악 알타이에 사는 투르크인들의 정신세계도 산이 그들의 삶을 지탱하고 보호해 준다는 사상으로 구성되어 있다(옥타브리스카야, 1997, p.69). A.M.사갈라예프의 의견에 따르면 아무리 작은 동네라고 해도 각자의 성산이 있다고 한다. "지금도 알타이에는 이름 없는 산은 없다(사갈라예프, 1992, p.67)." 파지릭 고분의 봉토를 돌로 덮은 것도 마치 지구라트, 피라미드, 그리고 인도의 사원들처럼 그들을 둘러싼 산들을 표현함과 동시에 자신들의 우주관 속의 산을 사람의 손으로 표현한 것일 수 있다. 파지릭 문화의 죽은 사람들은 글자 그대로 '산으로 돌아갔다'[14]

알타이에서 제일 높은 고원지역 중 하나인 우코크는 중앙아시아에서 가장 큰 빙하들로 둘러싸여 있다. 땅속 얼음을 파고 무덤을 만드는 것마저도 이 주변 자연환경의 일부분인 양 자연스럽게 보인다. 얼음과 추위는 이 동네에 언제나 있는 것이다. 심지어 여름에도 강 어귀에 큰 얼음들이 녹지 않은 채로 있고 아침이 되면 호수 물은 얼음으로 덮여버린다. 그리고 갑자기 눈이 내리거나 밤에 한파가 몰아닥쳐서 순식간에 동물과 식물들을 얼어붙게 만든다(그림 15). 최근 알타이의 빙하는 급격히 줄고 있다. 기계로 측정한 결과 소규모 빙하는 약 20~40%정도 감소했으며, 그중 일부는 아예 없어지기도 했다. 그리고 큰 빙하는 8~20%정도 감소했다(갈라호프, 무하메토프, 1999, p.81~89). 우코크 고원의 약 60~80%는 마치 섬처럼 군데군데 영구동결대의 식물군집이 존재한다(차이코, 1994, p.10). 영구동결대의 토양은

---

14) 산을 이승에서 저승으로 가는 통로로 생각한 것은 메소포타미아문화, 즉 앗시리아 기록 중에 죽음에 대한 표현에서 '산의 일부가 되었다'라는 표현에서 찾아볼 수 있다(엘리아데, 1998, p.89). 절벽에 동굴을 파고 아케메드 통치차의 시신을 엠버밍 처리해서 묻은 것도 결국 산으로 돌아가는 것을 표현한 것이다. I.L.크이즐라소프는 절벽에 묻는 애장(崖葬)은 특정한 문화에 속하는 것이 아니라 보편적으로 여러 시대에 걸쳐서 나타나는데, 이는 바로 이러한 의식을 표현한 것이라고 한다(1999, p.169-109).

낮은 온도에서 수분을 머금고 토양을 적시면서 얼음으로 바뀌기 때문에 부드러운 토양을 단단하게 만든다. 영구 동결대는 이 지역에 파지릭인들이 거주할 때부터 존재했었다. 아마 3000~1200년 전 사이의 알타이 지역에 빙하기는 두드러지게 많았기 때문에 파지릭문화 당시에 영구동결대는 더욱더 많았을 것이다(루도이, 1988, p.344~348).

　파지릭문화의 주민들은 영구동결대를 알았을 것이다. 생활에서의 경험은 언제나 과학적인 발견이나 발명보다 앞서기 때문이다[15]. 파지릭인들은 영구동결대의 흙을 파서 깊은 구덩이를 만들면 잠시 후 그 구덩이에 물이 가득 찬다는 사실을 알았을 것이다. 지하에 흐르는 수맥은 그 구덩이로 자연스럽게 이어져 물이 많이 고이게 된다. 이 물들은 주변의 얼음 속에 갇혀있는 셈이어서 조금 있으면 얼어붙게 된다. 아마 파지릭인들은 죽은 사람을 매장하기 위하여 무덤을 팠을 때 이러한 현상을 이용하여 고인의 시신을 보존하는 데에 이용했을 것이라고 추정할 수 있다[16]. 더욱이 매장 전에 미라를 잘 보존하기 위한 여러 방법을 사용했으니, 이러한 얼음과 추위도 충분히 이용했을 것이다.

　우코크 고원지대는 준비없이는 쉽게 살 수 없을 정도로 어려운 기후환경이기 때문에 특수한 육체적 단련이 필요했다. 이에 대해서는 형질인류학적 연구가 아주 기가 막히게 증명한다. "우코크에서 발굴된 대부분의 뼈에는 심한 육체적 스트레스를 받은 흔적이 남아있다. 아마도 우코크 고원의 모든 사람들에게 이러한 흔적이 형성되어 있었을 것이다. 아마도 그들이 우코크의 생태-지리적 환경과 미세한 환경

---

15) 예컨대 영구동결대에서 거주하는 시베리아의 원주민인 에벤족은 북쪽의 영구동결대 언덕을 니믄게, 즉 냉동구덩이라고 부르고 고기를 저장하는 데에 사용한다(투골루코프, 투라예프, 스페바코프스키, 자하로바, 1997, p.85).

16) 예컨대 19세기의 야쿠트 족도 시신과 그의 옷을 보존시키는 방법을 알 고 있었다. 물론, 야쿠트 문화에서 이러한 풍습은 기독교의 영향과 관련이 있다. "(예수의 재림이 도래해서) 천사가 나팔을 불 때에 넝마를 걸친 썩은 고깃덩어리로 (부활한다면) 다른 사람들에게 거북스러울 것이다(괄호 안은 역자 추가)." 이를 위해서 무덤의 묘광을 얼음을 건드리지 않는 한 생토까지 최대한 파 들어갔다. L.N.세로세프스키가 기록한 바에 따르면 '야쿠트 족들이 바라는 것은 자기의 고향인 영구동결대의 땅에 누워있는 얼어붙은 조상님일 것이다'(1993, p.593~596).

그림 15. 우코크의 여름 풍경

에 제대로 적응하지 못했다는 증거이다(몰로딘, 로마셴코 외, 1998, p.312)."

나이테측정법을 통한 분석 결과 우코크의 파지릭 고분들은 모두 39년 이내에 만들어졌다. 사람들은 당연히 이 짧은 시간 내에 극한 생태환경에 육체적으로 적응할 수 없었을 것이다. 파지릭인에게 가장 널리 퍼져있던 것은 이빨과 턱뼈의 질병이었다. 대부분의 사람은 살아 있는 동안에 대부분의 이가 빠졌으며, 빠진 이빨 주변의 조직에는 충치에 붙어있는 염증흔적도 보였다. 그 외에도 치주조직의 염증과 마모에 따른 뼈 조직의 노출 등도 보였다[17]. 시간이 지나면서 발달되는 일반적인 형태의 다발성 관절염, 척추분리증에 따른 일부 척추의 감염(척추만곡증) 등도 있다. 보통 이런 질병들은 사회-생활 및 직업의 요인에 따라 발생되며, 음식의 정상적인 섭취가 이루어지지 못한 것과도 관련 있다(메드니코바, 2000).

우코크 파지릭인의 평균수명은 무덤에 묻힌 사람들의 수명으로 추정해 볼 때 여성은 29.6세, 남성은 38.5세였다. 그중에서도 특히 세 무덤에 매장된 남자의 연령은 50~60세였다(같은 글 p.31). 남자의 뼈에서 전쟁의 상처가 남은 경우는 극히 드물었는데, 우코크의 동남쪽에 위치한 울란곰 고분과는 다른 점이다(노브고로도바, 1989, p.264~265). 아마도 우코크 주민들의 주요 사인은 질병, 부상, 그리고 노화였을 것이다. 아마 여성이라면 출산도 포함될 것이다. 사람이 살기 힘든 환경 때문에 사람의 기관은 빨리 노화하고 기력도 빨리 쇠했을 것이다. 또 뼈로 보나 미라로 보나 모든 파지릭인들은 키가 160cm 이상의 장신으로 기골이 단단한 사람들이었다.

흥미롭게도 우코크보다는 거주환경이 낫고 더 상위계급이 거주했던 울라간 산맥(해발 1800미터)과 중앙 알타이 지역의 파지릭 고분을 분석해보니 우코크의 파지릭인들과 똑같은 병들을 앓았다. I.I.고흐만과 L.L.바르코바의 자료에 따르면 파지릭 제2호 고분의 여성에게서 치조농루염이 보이고, 파지릭 제 5호 고분의 남자는 오른손 척골에 관절의 변형이 있었고, 오른손 뼈끝에서는 골다공증이 보였다. 또한, 골반

---

17) 이빨-턱뼈(dentofacial) 병리학은 스키타이시대의 목축세계에서 가장 일반적인 병중의 하나인 염증의 확산 정도에 기인한 것이다. 이러한 형질인류학적 분석은 유전학적 요소가 아니라 생계방식의 유사성을 밝히는 데에 유리하다(메드니코바, 2000, p.24).

근처에서는 관절의 변형으로 뼈들 사이가 심하게 벌어졌고, 관절은 석화가 되어서 관절을 움직이는 데 상당한 제약이 따랐을 것이다. 게다가 좌골결절(坐骨結節)에는 타격에 의한 흔적과 미세상처가 보이는데, 아마 장기간의 마상활동에 따른 결과[18]인 듯하다(바르코바, 고흐만, 출판예정)[19]. 고대에는 높은 지위와 부를 누리는 사람들이라고 할지라도 그들을 둘러싼 환경의 나쁜 영향들을 피하기는 어려웠다(메드니코바, 2000, p.56). 먼 옛날까지 갈 것도 없이 "유목민의 삶에서는 부자와 가난한 자의 차이는 그리 크지 않다. 여기서 특별한 편안함을 찾기란 불가능하기 때문이다"라고 한 P.M.프르제발스키의 지적은 적절하다(1883, p.460).

히포크라테스때부터 이미 기록된 질병들도 있다[20]. 그 병들은 지위고하를 막론하고 스키타이의 기마인들이 인생의 대부분을 말안장 위에서 보내기 때문에 생기는 것들이다. 이러한 직업병은 산악 알타이의 파지릭 사람들에게도 있었다. 특히 노화성 척추증(senile spondylosis), 병리학적 외골동증(外骨腫症, exostoses), 변형성 다발성 관절염 등은 추운 환경에 살았던 노년들 사이에 널리 퍼졌다. M.V.코즐로프스카야는 돈강의 중류지역과 우크라이나의 스키타이시대 무덤에서 출토된 인골들을 분석하면서 이들 인골 사이에 비슷한 병리학적 증상이 나오는 몇 가지 원인에 대해 다음과 같이 추론하였다. 1) 신체기관에 미세광물의 대사작용에 있는 유전인자가 공통적으로 있는 경우 2) 병을 야기할 수 있는 추위, 습기와 같은 기후환경, 3) 일생을 말 위에서 보내며 육체적 노동압력이 심한 점 등을 들었다(코즐로프스카야, 1999, p.224).

우코크의 경우도 마찬가지여서 여기 묻힌 사람들은 여기에서 항시 거주하는 것이 아니라 겨울을 지내다 여러 원인으로 세상을 하직한 경우가 아닌가 한다. 전체 무덤

---

18) 이상 언급한 모든 병리학적 증상은 스키타이시대와 중세시대의 기마민들에게서 보이는 골학적 증상들이다(라제프, 1996, p.251-258).

19) 참고로 고흐만과 바르코바의 논문은 2001년도에 출판되었으며, 그 서지정보는 다음과 같다(Л.Л. Баркова, И.И. Гохман Ещё раз о мумиях человека из Пазырыкских курганов// Археологический Сборник Государственный Эрмитаж. Вып. 35. СПб: 2001. С.78-90)(역자 주).

20) 말위에서 오래있으면 다리는 말의 배에 지속적으로 붙어 있어야한다. 이 때문에 스키타이 인들은 종양이 생기게 되고, 결국은 골반뼈가 벌어지고 다리를 절뚝거리게 된다(히포크라테스 29장, 라트이쉐바 1992, 110~115에서 재인용).

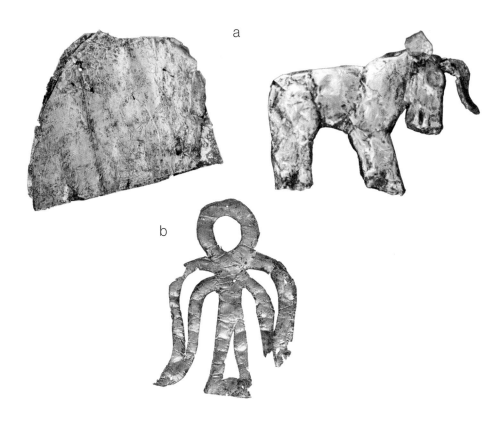

그림 16. 아크-알라하 1호 고분군. a-2호 어린이 고분에서 출토된 금박 머리장식, b-1호 남성 고분의 금박 머리장식

의 수에 비교했을 때 유아장의 수는 그리 많지 않다. 예컨대 아크-알라하-5호 무덤 유적에서는 6명의 성인(여자 2인, 남자 4인)이었는데 아이는 1명에 불과했다[21]. 현재까지 총 22기의 고분이 조사되었는데, 그중 어린아이(유아~청소년)의 매장은 5기의 예만 확인되었고, 성인의 무덤은 21기(남성 15기, 여성은 6기)가 확인되었다.

---

21) 스키타이 시대의 무덤에서 이러한 인적구성은 일반적이다. 아이들을 고분의 봉분 내에 묻는 경우는 극히 드물었다. 아마 대부분의 경우는 흔적이 남지 않는 방법으로 묻었을 것 같다. 예컨대 몽골의 자흐친 족(오이라트 족의 일종)은 19세기말~20세기 초에 아이들이 죽으면 그 시신을 자루에 담아 쉽게 풀어지도록 안장에 묶은 채로 달고 달렸다. 이 자루가 풀어져서 시신이 땅에 떨어지게 되면 말탄 기마인은 뒤돌아보지 않고 그냥 달려서 사라진다고 한다. 이런 독특한 방법의 매장을 "실종"했다라고 한다(메네스, 1992, p.124).

이것만으로 당시 파지릭인들의 유아사망률이 낮았다고 판단할 수는 없을 것이다. 대신 출산율이 낮았음은 알 수 있을 것이다.

　다음으로 주목할 부분은 여성의 수가 적으며, 그들의 평균수명도 비교적 낮았다는 점이다. 고원지대의 기후환경은 생물학적 가임률에 부정적 영향을 미치며 성관계 가능 기간을 포함한 모든 성장과정을 늦춘다고 알려졌다(코마로바, 1991, p.48)[22]. 히포크라테스는 그의 저서 『공기, 물, 흙에 대하여』에서 스키타이의 춥고 건조한 기후에 따라 스키타이인들의 생산성과 외모에 대하여 적지 않은 부분을 서술했다. 물론, 어쩌면 우리가 모르는 히포크라테스 이전 사람의 기록일 수도 있다(히포크라테스, 20~30). 그의 결론을 스키타이인들이 본다면 그다지 좋아할 것 같지 않다. "저 정도의 육체적 조건이면 번식력은 뛰어날 것 같지 않다(히포크라테스, 28)." 또 다른 부분에서는 이렇게 언급했다. "말을 자주 타고 다니는 사람들은 종양이나 골반의 류머티스, 통풍 등으로 고생하기 때문에 성적인 즐거움에는 관심이 없게 된다(히포크라테스, 30)." 히포크라테스는 그들이 성적 능력을 상실하는 문제에 직면했기 때문에 상시 바지를 착용했다고 생각했다(같은 글). 또 다른 부분에서는 "스키타이의 상위계급에 올라가면 내시들을 많이 볼 수 있다.."라고도 했다(히포크라테스, 29). 이 부분은 헤로도토스도 [역사]의 I권 105쪽과 IV권의 67쪽 에서 언급한 에나레이스(Enarees)[23] 에 대한 것이다[24]. 물론 히포크라테스가 언급한 스키타이 주민들의 불임 이유는

---

22) 파지릭 제 5호 고분의 여성 미라에 대한 X선 조사 결과 metaepiphysis과 방사상의 뼈가 이어지는 부분의 과거 성장선에 가로로 선들이 나왔었다. 문헌에 따르면 이러한 표시가 있는 것은 생식선의 기능이 약한 사람에게 나타난다고 한다(바르코바, 고흐만, 출판 예정).

23) 에나레이스는 고대 이란어로 남자답지 못한 자들 이란 뜻이다(헤로도토스 저, 천병희 역, [역사] 도서출판 숲, 이하 헤로도토스의 저서에 대한 번역은 천병희 번역본을 기준으로 한다)(역자 주).

24) 헤로도토스의 [역사] I권 105쪽에는 "여신은 스키타이 족 중에서 아스칼로에 있는 자신의 신전을 약탈한 자들과 그들의 자손들이 대대로 여성병(女性病)에 걸리도록 했다 … 스키타이족의 나라에 와 보면 그들이 에나레이스(Enarees)라 부르는 이 병에 걸린 환자들의 상태를 볼 수 있다"고 되어 있다. 이 구절에서 '여성병'은 thleia nosos이라 기록된 것으로 성교 불능자로 볼 수 있다(역자 주)(원전은 천병희 번역 2009, 참조).
　 IV권 67쪽에는 '남녀추니인 에나레이스는 자신들의 예언술은 아프로디테가 준 것이라고 주장한다…'가 원문이다. 헤로도토스의 서술로 볼 때 이와 같이 자의든 타의든 생식능력이 상실된 사람들은 종교와 예언에 주로 종사했음을 알 수 있다(역사 주).

지금 봐도 어처구니없고 실소마저 나오지만, 불임을 일으킬 수 있었다는 점은 믿을만하다.

고대 작가들은 눈에 보이는 사실만 알 수 있었고, 자기들이 아는 한에서 설명하려 했을 뿐이다. 한참 뒤가 되어서야 티베트와 같은 고원지대의 유목민들 사이에서 출산율이 낮다는 것이 언급되기 시작했다. P.K.코즐로프는 이 현상을 내전, 일처다부제, 그리고 결혼을 안한 승려계급이 다수라는 것으로 설명했다(1947, p.199). 또한, N.M.프르제발스키는 그 주요 원인으로 전체 티베트는 고위도에다 산으로 둘러싸인 벌판이나 고원이기 때문에 더 많은 인구를 먹여 살릴 수 없기 때문이라고 보았다(1883, p.274). 둘 다 맞는 견해일 수 있다. 왜냐하면 출산율에는 위에서 언급한 것 이외에도 여러 원인들이 복합적으로 영향을 미치기 때문이다. 파지릭문화의 주민들 사이에서 인구는 점진적으로 감소했으며, 결국은 산속에서 좀 더 효율적으로 인구를 늘리며 생존할 수 있는 다른 집단에 동화되면서 파지릭문화가 사라진 것 같다.

이와 비슷한 상황은 19세기 중앙아시아를 여행한 코즐로프의 기록에서도 찾아볼 수 있다. "쿠쿠노르 초원[25]에서 특히 살기 좋은 곳에는 탕구트인들이 엄청난 양의 가축들과 같이 살고 있었다. 탕구트의 이웃으로는 티베트의 검은 천막을 쓰는 몽골인들이 유목을 하며 살고 있다. 탕구트는 자신들과 이웃한 몽골인들에게 영향을 미쳤다. 즉, 이웃한 몽골인 모두는 탕구트어를 말하고 그들과 똑같이 입었다… 남쪽에서 밀려온 좀 더 강한 육체와 정신을 가진 사람들(즉, 탕구트 : 역자)은 북쪽에서 밀려온 사람들을 점차 몰아냈고, 자신들이 주도권을 잡아서 결국 이 나라의 주인이 되었다"고 코즐로프는 상당히 명쾌하게 지적했다. 19세기가 끝나기 전에 쿠쿠노르의 몽골인들이 살던 유르트는 2만개에서 2천개로 줄어들었고, 대신에 탕구트의 바나그(탕구트의 전통적인 천막)와 텐트는 1만 5천개까지 늘어났다(1947, p.110, 112).

이렇듯 군사행동이 있지 않아도 토지의 주인이 점차로 바뀌고 사람들이 동화되면서 원래 거주하던 사람들은 자신들의 문화와 언어를 잃게 된 것이다.

---

25) 현재의 靑海省에 위치한 靑海湖 일대를 말한다(역자 주).

어떤 현상(여기에서는 고고학적 문화를 말함)의 기원을 모르면서 그것을 설명한다는 것은 무척이나 어려운 일이다. 현재까지 축적된 파지릭문화에 대한 자료들로는 고고학적 발굴조사 결과와 인류학적 조사가 서로 잘 부합되는 파지릭문화의 기원을 찾기는 불가능하다[26]. 인류학자들이 "파지릭문화의 주민들은 그 이전시기로 기원이 올라가는 유로포이드, 몽골로이드, 그리고 혼혈인이 혼재해 있다"고 주장하는 점(치키셰바, 2000, p.112)은 나에게는 가장 이해가 안 되는 부분이다. "파지릭문화에서 남아시아의 영향이 보인다는 것은 비단 파지릭문화 시기의 접촉에만 한정되는 것은 아니다. 서쪽에서 오는 주민들은 이미 파지릭문화 이전인 청동기시대에도 이 지역에 영향을 미쳤다. 반대로 서남아시아와 중앙아시아 고대 유목민들의 형질적인 특성이 변하지 않고 가장 잘 보존되어 있는 게 바로 알타이의 파지릭문화 주민들이다(치키셰바, 1996, p.25)." 치키셰바가 뒤에서 언급한 사실은 아마도 이주민들은 원주민들과는 혼거하지 않으려 애쓰면서 살았을 가능성이 있다는 점을 암시한다. 이 지역 몽골계 주민은 오쿠뇨보문화 때에 형성된 거대한 형질인류학적 요소를 말한다(치키셰바, p.252). 하지만 이러한 주장이 언제나 맞는 것은 아니다. 왜냐하면 파지릭문화의 주민에게도 위에서 언급한 토착적인 몽골로이드의 인종적 요소가 존재하기 때문이다. 바르코바와 고흐만은 알타이의 왕족급 고분에서 발굴된 형질인류학적 자료에서 재밌는 사실을 알아냈다. 바로 파지릭문화의 최상위계층 사람들은 예외 없이 알타이 지역에 신석기시대 이래 거주한 몽골로이드의 성격이 아주 강하다는 점이다. 물론, 그 안에 유로포이드의 요소가 일부 섞여있긴 하다. 파지릭문화의 엘리트

---

26) 모든 주민들은 내부적으로 다양한 구성과 부분으로 이루어졌다. 그리스의 예를 들어봐도 그리스인의 기준은 그리스인으로 태어난다는 것이 아니라 다양한 인종적 문화적 그룹으로 이루어진 사람들이 그리스인을 구성하는 것이다(프레이덴베르그, 1998, p.20~21). 마찬가지로 알타이에 찬란한 문화를 이루었던 파지릭문화 역시 다양한 요소와 부분들로 이루어졌다. 우리는 얼마나 다양한 문화요소로 파지릭문화가 이루어졌는지 밝힐 수는 없다. 우코크의 파지릭인들의 골수와 근육조직에서 채취한 유전자의 분석결과로 무엇인가를 분명하게 해결하기는 어렵다. 왜냐하면 현재의 DNA은행은 현대인의 계통을 밝히기도 어려울 정도로 데이터가 빈약하기 때문이다. 하물며 고대인들을 밝히기에는 두말할 나위가 없다. 고고학자로서 본다면 서아시아, 중앙아시아, 카프카즈, 근동, 그리고 신강성 지역의 연구전망이 밝을 것 같다.

급 고분은 알타이, 투바, 서부 몽골의 일반 무사급 고분과 비교했을 때 몽골로이드의 비율이 아주 높은 것은 분명하다. 여기서 말하는 엘리트 급 고분은 남자들만을 말하는 것이다(바르코바, 고흐만, 출판예정). 비슷한 현상에 대해서 치키셰바는 다음과 같이 지적했다. "주의를 끄는 것은 형질인류학적 분석을 통해 볼 때 사카와 파지릭에서 발견되는 몽골로이드의 특징들은 서로 비슷하며, 오로지 남자들뿐이다(치키셰바, 1997, p.319)." 치키셰바의 분석에 따르면 엘리트급에 속하는 유일한 여성 고분인 아크–알라하–3 유적의 제 1호 고분에서는 고시베리아 몽골로이드의 요소가 존재한다고 보았다[27]. 반면에 같은 우코크고원의 바르부르 가즈, 부구준, 그리고 중앙 알타이 지역에서는 혼혈이 아닌 순수한 유로포이드의 특징들이 발견되었다(몰로딘, 로마쉔코, 보예보다, 치키셰바, 2000, p.62). 기원전 4세기말~3세기경에는 서쪽에서 밀려오는 또 다른 주민들의 이동물결이 있었다고 보인다. 바로 이 시기에 대부분의 고분들이 편년된다. 혹, 그렇지 않다면 산속의 계곡 사이 사이에 고립된 일련의 주민들이 잠시나마 존재했을 가능성도 있다.

아마도 중앙아시아에서 이주해온 사람들은 산악 알타이 산악지역의 험한 환경에 적응하는 데 매우 어려웠을 것이며, 음식에도 많은 변화가 있었을 것이다. 이런 요인으로 알타이 주민들의 평균연령은 짧아졌을 것이고, 각종 병마에 시달렸을 것으로 생각된다. 아마 산악 알타이지역에 정착하려는 사람들에게 이렇게 거친 환경에 적응한다는 것은 커다란 스트레스였을 것이다.

그렇다면 위에서 언급한 것처럼 알타이는 목축의 천국이고 피난처라는 점 이외에 무슨 장점이 있기에 사람들을 끌어들일 수 있었을까? 치하예프는 자신의 저서 "동부 알타이로의 여행"에서 다음과 같이 이야기했다. "역사–고고학자들에게 가장 힘들긴 해도 가장 보람된 일은 바로 역사기록이 사라지는 시점부터 시작된다. 그러한 관점

---

27) 이 젊은 여성은 형질인류학적 특징뿐 아니라 무덤에서 공반한 유물, 즉 의복과 마구장식, 문신 등에서도 제 2호 파지릭 고분에 매장된 제정일치 사제에 매우 가까웠다. 아마 향후에 이 두 개의 미라에 대한 유전학적 검사가 이뤄져 둘 사이에 친연관계가 밝혀진다 해도 그리 놀라울 일은 아닐 듯하다. 파지릭 고분들 사이에 묻힌 남자들의 친족관계에 대해서는 이미 고흐만과 바르코바가 언급한 바 있다.

에서 이 지역을 보자. 러시아인들이 이 지역의 광물개발을 목적으로 본격적으로 답사를 시작했을 때에(금맥은 알타이 서부지역으로 이어진다.) 그들은 아마 '이방인'들로 통칭되던 과거 사람들이 남긴 흔적들(즉, 고대의 고분을 의미)을 만났을 것이다. 그 이방인들은 러시아의 광부보다도 그 일들을 먼저 했던 것이다. 아마도 연구자들은 이미 사라져버린 사람들이 남긴 유적을 보면서 헤로도토스가 말한 것이 바로 저 멀리 북방에 금속이 풍부한 나라라는 점을 깨달았을 것이다. 아마도 수백 년 만에 이 지역을 발견한 사람들은 그것이 우랄산맥뿐만 아니라 알타이도 의미하는 것으로 추측했다. 훔볼트는 주저 없이 알타이의 북쪽 산맥지역을 헤로도토스가 말하는 아리마스페이(Arimaspoi)가 사는 곳으로 보았고, 황금은 이세도네스(Issedones)을 거쳐서 그리스로 들어왔다고 보았다[28](1974, p.328)."

우리는 파지릭 시기에 알타이를 다르게 표현한다면 황금시기를 맞이했다고 본다(키셀료프, 1951, p.358). 하지만 정식 발굴을 통해서 얻어진 파지릭 고분의 황금은 다 포함해봤자 기껏 2kg을 넘지 않을 것이다. 물론, 파지릭 고분에서 많은 금속제 장신구가 발견되었지만, 그것들은 아주 얇은 금박으로 아름답게 만든 것이다(그림 17). 알타이의 황금 전문가인 Yu.G.세르바코프에 따르면 우코크의 파지릭 고분에서 얻어낸 황금 성분은 알타이의 금광에서 얻어진 금들과 그 성분 비율이 같다고 한다. 그리고 그의 의견에 따르면 파지릭 고분 출토 황금은 실제 은의 비율이 절반까지 이르는 것도 흔히 보일 정도이기 때문에 금-은 합금으로 보는 게 맞을 거라고 한다.

세르바코프의 분석에 의하면 산악 알타이의 초기 스키타이고분(예컨대 아크-알라하-2유적의 끝자락에 있는 고분)의 황금을 기원전 4~3세기에 번성한 파지릭문화의 황금과비교하면, 좀 더 덩어리 크게 가공했다는 점과 순도에서 다르다고 한다.

---

28) 알렉산더 홈볼트(1769~1859). 독일의 저명한 지리학자로 1829년에 러시아의 시베리아 지역을 답사했다. 이전까지 서양에서는 헤로도투스의 [역사]에서 동쪽 끝은 대체로 우랄산맥 지역을 의미한다고 생각했지만, 홈볼트는 실제로 알타이 지역을 답사하고 황금 광맥이 풍부함에 착안하여 알타이지역이 헤로도투스가 이야기한 황금이 풍부한 세상의 끝이라고 생각한 것 같다.
홈볼트가 알타이지역을 답사하고 남긴 기록은 1866년에 러시아 과학원에서 간행되었다. 원문은 홈볼트 재단의 홈페이지(www.alexandervonhumboldt.ru)에서 볼 수 있다(역자 주).

아마 알타이지역에서 황금은 파지릭 이전 시기에 더 풍부했던 것으로 생각된다. 왜냐하면 대부분의 고분이 도굴되고 가장 평범한 크기의 고분에서도 덩어리 큰 황금이 발견되었기 때문이다(그 예는 키류신, 티쉬킨, 1997, p.90, 110, 도면 69, 70-1, 2 참조). 그 유물 중 귀걸이나 경식과 같은 유물들은 스키타이 세계의 서쪽에서는 기원전 4세기까지도 존속했다(같은 글, p.90). 헤로도토스가 언급한 '황금을 지키는 그리핀'은 기원전 6세기에 프로콘네스(Proconnesus)의 아리스테아스(Aristeas)의 기록에 근거했다는 것이 맞는다면, 헤로도토스가 말한 그리핀은 파지릭뿐 아니라 파지릭 이전의 문화를 말하는 것일 수도 있다.

알타이에서 금은 충적층이나 광맥에서 발견된다. 산악 알타이지역 동남부의 금광에 대해서는 1842년에 P.A.치하체프도 언급했다(1974, p.39, 47). "알타이 대부분의 강가에서는 충적된 금을 찾을 수 있다. 특히 이 금들은 대부분 10m 이내의 충적지에 묻혀있다는 점이 중요하다(루드스키, 1996, p.16)." 현재까지 100여개 이상의 채광장이 있고, 고대부터 충적금을 채굴했다(로젠, 1977, p.47~48). 그중에는 아누이강, 비야강, 카툰강, 레베지 강도 포함된다.

알타이 금광은 파지릭 시대에도 알려져 있었고, 채굴되었음은 의심할 바 없다. 아마 파지릭인들은 금을 채굴해서 금박처럼 만드는 데 모두 썼던 것 같다. 파지릭의 귀족급 고분 중에서 도굴되지 않은 것들을 보아도 순수한 금제품은 사실상 없기 때문이다. 대부분은 금박 장식의 형태로 발견되고, 가끔 아주 원시적으로 만든 반지나 귀걸이가 발견된다. '황금무덤'의 전설은 러시아인들이 이 지역에 진출하면서 나오기 시작했고, 지금도 남아있다. 아마 이것은 알타이의 금광이 풍부하여서 그게 무덤 쪽으로 와전된 것 같다. 가끔은 실제로 무덤 안에 천연 금이 유입될 수도 있고, 실제 금광지의 위치를 관리들로부터 숨기기 위해 금 채굴꾼들이 이런 무덤에 대한 전설을 퍼뜨렸던 것 같다(데민, 1989, p.11).

파지릭 주민들이 이렇게 황금 금박유물을 풍부하게 가지고 있었던 것은 황금을 거푸집에 부어 만드는 방법 대신에 자신들만의 황금 가공기술을 가지고 있었기 때문인 것 같다[29]. 이 현상은 황금에 대한 그들의 태도와도 관련된 것 같다. 파지릭인들은 황금의 빛과 찬란함을 두려워했던 것 같다. "황금은 태양의 금속이다. 왜냐하면, 그는 태양의 빛과 거의 똑같은 빛이기 때문이다(플로렌스키, 1996, p.151)." 그리고 V.M.바스네초프는 금은 천상세계를 대표하는 금속이라고도 했다(같은 책, p.209). 아마도 파지릭인들에게 황금의 의미는 비슷했을 것이다. 황금은 그들에겐 현세보다는 내세에서 더 중요했을 것이다. 내가 아는 한 파지릭문화처럼 황금을 마치 모방품처럼 상징적인 의미로 사용한 예는 다른 스키타이 세계에서 없다. 다시 말하면 황금을 상징적으로 사용했기 때문에[30] 최대한 얇게 해서 모든 것에 적용될 수 있게 하는 금박기술이 주로 쓰였음을 의미한다. 사카나 스키타이의 다른 금박기술에서는 찾아볼 수 없는 양식으로, 스키타이나 사카카의 황금 금박은 파지릭의 것보다 훨씬 두껍고 일정한 형태를 띠어서 금박만으로도 독자적인 유물로 보인다. 그에 반해서 파지릭의 황금은 그냥 다른 물건의 겉을 덮는 용도일 뿐이다.

18세기 러시아인들이 알타이지역을 개척하면서 남긴 채광업자와 광업 귀족들의 보고서와 기록을 참고하면 고대 황금 산지의 위치와 그 채굴에 대해 이해할 수 있다. 1764년에 기록된 오베르–브레그메이스테르 이반 레이베의 기록에는 다음과 같이 묘사되어 있다. "즈메예바 산에는 아직도 고대 탄광과 갱도가 남아있다. 그들은 주로 광맥들을 따라 이어지고 있으며, 구리로 만든 주물용 도구와 돌로 만든 삽을

---

29) 세르바코프의 자료에 따르면 파지릭의 황금 금박은 아말감기법으로 만들었다. 아말감기법은 황금이나 은의 아말감에 살짝 열을 가해서 그 안의 수은을 증발시키는 방법이다(세르바코프, 인쇄중).

30) 인도-이란의 세계에서 황금의 상징적인 의미는 최상위 정부의 초월적인 힘을 상징한다. 하지만 내가 볼 때 제일 중요한 것은 그들에게 영생불멸의 의미를 부여했다는 것이다. 인도의 사료들과 마찬가지로 파지릭인 들에게도 자신들의 옷과 장식을 금으로 치장함으로써 영생할 수 있다는 희망을 준 것으로 보인다.

사용했다. 금이 풍부하게 함유된 진흙덩이들은 근처의 강에서 체질을 했다. 아마 백베레스타(약 1,067km)도 넘는 거리에 드문드문 산이 있긴 하지만, 거기까지 금속을 찾으려고 탐사했던 것 같지는 않고, 이곳저곳에서 그들은 솜씨 좋게 일했다(로젠, 1977, p.23~24에서 재인용). 1856년에는 P.P.세묘노프-톈샨스키가 이 지역을 조사할 때 즈메예바 산에서 대규모 산사태가 일어났다. 그는 여기에서 청동기시대 이방인의 도구가 나오지 않을까 기대하면서 옛날에 이 지역 땅속의 광물에 관심을 가진 사람들이 누구인지를 조사했다(1946, p.58~59). 러시아에서 알타이 광물의 채광은 아킨피이 데니소프가 소유한 우랄 공업회사에서 일하는 광부들에 의해 본격적으로 시작되었다. A.A.샨긴의 조사에 따르면 이들은 먼저 다른 사람들의 채광흔적들을 따라서 광산을 발견했다고 한다. "콜르이반의 광산이 모두 우리의 지식과 노력으로 최초 발견되었다고 말할 수는 없다. 왜냐하면 우리 이전에 누군가 채광을 하면서 파놓은 흙무더기가 발견되었기 때문이다(캄발로프, 세르게예프, 1968, p.32)." 샨긴이 조사한 바에 따르면 고대의 채광 흔적은 이르트이쉬, 차르이쉬, 하이르-쿠민, 아바칸 등지의 강가 유역에서 발견되었다. 그리고 다른 기록에 따르면 당시의 채광은 구리, 석제, 철제로 만든 도구로 부드러운 광맥을 찾아서 1~5사젠(1사젠은 약 2.13m) 정도의 깊지 않은 구덩이를 팠다(세르게예프, 1977, p.33).

가장 발굴하기 좋은 철광은 스키타이, 흉노, 그리고 투르크 시대에 주로 이용되었을 것이다. 이 지역에 새로운 수공업이 도입되기 시작한 것은 18세기 이 지역에 러시아 주민들이 살기 시작하면서 좀 더 높은 생산수준으로 이루어졌다. 알타이 원주민들도 역시 광산에서 채굴을 하고 가공을 했지만, 고대 알타이만큼 집중적이며 성공적이지 못했다. 물론, "알타이의 대장장이들은 아주 훌륭한 장인들로서 모두들 그들의 작업을 칭찬한다. 특히 그들은 쇠의 담금질을 잘해서, 알타이 칼은 러시아인들도 좋아할 정도였다…. 나도 켄기 호수 근처에서 알타이인 대장장이가 작업하는 것을 본적이 있는데, 그 장인들의 정교함에 놀라지 않을 수 없었다."고 알타이의 금속기술을 칭송한 경우도 있다(라들로프, 1989, p.159).

P.A.치하체프는 알타이 동부 산악지대에서 철 광맥이 지속적으로 관찰되는 것에 주의를 기울였다(1974, p.143~144, 157, 160~161). 그는 그 지역 주민이 실제로 철 광석을 어떻게 가공하는지도 볼 수 있었다(1974, p.139~144).

알타이의 철 가공이 파지릭문화에 공헌한 바도 적지 않다. 파지릭 고분의 출토품 중에서 투부, 재갈, 칼, 검, 장식 등 철제 유물들이 출토되었는데, 그 양도 많으며 수준도 높다(그림 17).

이들 다양한 금속의 광산 이외에도 알타이에는 다른 여러 광물이 존재했음을 최초로 알타이를 조사했던 연구자들은 지적했다. B.클류계가 1786년에 남긴 기록에 따르면 비야강 근처에서 다양한 용도로 사용되는 홍색과 백색의 진흙층이 쌓여있다고 한

그림 17. 녹는 얼음 속의 파지릭문화 철도
(아크-알라하-3유적 1호 고분)

다(로젠, 1977, p.25에서 재인용). P.A.치하체프는 1842년에 이미 현재의 악타쉬 지역에서 진사(辰砂) 원산지를 기록했다. 물리–화학 전문가들에 따르면 우코크 무덤에서 출토된 금속 유물들을 분석하면 파지릭 문화인들은 알타이의 여러 곳에서 다양한 광물들을 이용했다고 한다. 그들은 다양한 구리를 제련함은 물론, 납 합금을 만들어서 나무로 만든 마구장식이나 나무로 만든 거울의 틀에 끼우기도 했다. 우코크의 제련기술에 대한 분석에 따르면 우코크 유물은 적어도 두 가지 방법, 즉 주석합금과 아말감 기법을 도입했다. 그리고 그들의 청동거울은 납과 주석, 때로는 수은 합금으로 표면을 코팅해서 반짝거림은 물론 잘 비치기도 했다(그림 18).

그림 18. 거울. 아크-알라하-3 1호 고분, 목제 케이스 안에
들어있었으며, 철판에 주석과 납을 코팅한 것.

파지릭인의 생산활동과 문화적 특징은 무덤 속에서 출토된 유물들의 비율을 비교함으로써 증명할 수 있다. 일상생활에서 음식은 가장 특징적인 요소이다(타스킨, 1989, p.25~26). 심지어 파지릭문화와 같이 목축을 기본으로 하는 주민들마저도 주요한 음식은 고기가 아니었다. 그것은 『신기한 풍습들의 모음[31]』과 같은 여러 고대의 기록에 잘 나타나 있다. 이 책의 저자 니콜라스 다마스키는 "우유를 마시는 스키타이 사람들은 반드시 암말의 젖만 먹는다. 그들은 이것으로 치즈를 만들어 먹고 마신다. 아마 그것 없이는 살기 힘들 정도인데, 사방을 다닐 때 자기 음식들을 가지고 다닌다(라트이세프, 1993, p.234). 이 증거는 좀 더 후대의 민족지적 자료로도 보강이 된다. 티베트라도 근처의 주민들에 관해 서술한 코즐로프는 "그들에게 고기는 아주 드문 음식이다. 심지어 부자인 유목민들도 아주 특별한 경우에만 자신들의 동물을 잡는다. 라도 사람들은 아주 늙거나 맹수에게 물린 동물들만 잡아서 먹는다. 게다가 그들은 이미 죽은 동물이나 짐승들에게 잡혀 죽은 목축동물의 고기도 먹지 않는다(코즐로프, 1947, p.272)." 티베트 동북쪽에 거주하는 탕구트에 대해 기록을 남긴 프르제발스키는 "그들의 주요한 음식은 다양한 형태의 유제품이며, 그 다음으로는 차, 짬파를 먹으며 고기는 드물다(프르제발스키, 1948, p.104)."고 하였다.

---

31) 그리스의 역사가이자 철학가인 니콜라이 다마스키(기원전 64~서기4년)의 저서로, 사방의 다양한 민족들에 대한 저술인데, 그 일부만 현존한다(역자 주).

그림 19. 육류의 음식이 남아있는 목제 기명(아크-알라하-3유적 1호 고분)

아마도 유목민들의 생계에서 고기가 무척 큰 비중을 차지한다고 생각하게 된 이유에는 그들이 손님 접대를 좋아하기 때문에 일반적인 손님들이 아니라면 아무리 가난한 사람들도 손님을 위해 양을 잡기 때문일 것이다(그룸―그르쥐마일로, 1948, p.484). 고고학자들도 파지릭의 고분과 같은 무덤 속에서 대부분 동물 뼈로 발견되는 육식 흔적 때문에 그들이 상시적으로 고기를 먹었을 것으로 생각한다(그림 19). 하지만 실제 발견된 것은 단독으로 몇 점 나오는 의례용 양고기, 드물게는 말고기를 잘라 놓은 것에 불과하다. 내가 보기에는 이러한 현상들은 의례와 관련된 예외적인 것으로 일상적인 음식과 연결하기는 어려울 듯하다. 고대와 전통적인 문화에서 고기를 풍부하게 먹는 것은 보통 여러 가지 이유로 제사에 바치는 것이지, 자주 반복하기는 어려웠을 것이다(클로치코프, 1999, p.50~63 참조).

중앙아시아의 다양한 목축민들 음식에서 가장 큰 부분을 차지하는 것은 보릿가루

---

32) 학명은 Agriophyllum gobicum으로 티베트지역에 많이 자란다고 프르제발스키가 보고한 바 있다. 한국어로는 번역된 예를 찾은 바 없다(역자 주).

나 술히르[32]를 볶아 맷돌로 갈거나 절굿공이로 갈아 먹는 짬파류였다. 기름을 섞은 짬파, 고기를 넣어 끓인 물을 넣은 짬파, 그리고 우유를 탄 짬파 등 18세기 말~20세기에 이 지역을 여행한 탐험가나 민속학자들은 짬파를 그들의 주요한 음식으로 보고했다. 코즐로바의 기록에 따르면 가을이 되면 목축민들과 정착민들은 곡물을 사고팔았다고 한다. "목축민들이 팔 수 있는 가장 실질적인 물건은 양모였고, 그들이 제일 필요로 한 것은 곡물이었다. 둘은 같은 무게로 교환되었다. 즉 양모 4푸드는 똑같은 무게의 곡물과 교환되었다. 번성하는 가족들은 매년 30에서 40푸드(1푸드는 약 16.38kg)의 보리를 생산했다(1947, p.342).

파지릭인들이 후대의 알타인들처럼 비록 소규모일지라도 보리파종을 했는지는 분명하지 않다[33]. 생계방식과 그들을 둘러싼 기후-환경 조건으로 볼 때 원시적인 농경에 종사할 수 있었을 것이다. 하지만 이것을 증명할 수 있는 근거는 아직까지 발견되지 않았다. 우코크를 비롯하여 파지릭 여러 고분의 봉토에서는 갈돌, 심지어는 맷돌까지도 발견된 적이 있다(몰로딘, 보로도프스키, 1994, p.72~79). 하지만 이것만으로 당시에 농경이 존재했다는 확고한 증거는 될 수 없다. 이 유물은 당시 파지릭인들이 야생 또는 재배종 곡물을 갈아서 식량(또는 다른 목적으로 사용할 수도 있었음)으로 썼다는 것을 증명할 뿐이다. 곡물 식량이 당시 파지릭인들의 음식에서 차지하는 비중은 절대 적지 않았을 것이다. 파지릭문화의 일반 무사급 고분인 울란드릭-1호 고분 유적의 2호 고분에서는 야생 호밀류 곡물을 갈아서 빚은 떡이 출토되었다(쿠바레프, 1987, p.137). 한편으로는 나중에 알려지게 되었지만 거칠게 간 곡물의 시리얼이나 밀가루는 여성의 가발을 만드는 재료로도 쓰였다(여성의 머리 장식에 관한 장을 참조).

---

33) 거친 산들 사이에 놓인 아르구트 협곡의 돌들이 섞인 평지가 있는데, 20세기 초반에 V.I.베레샤긴은 여기에서 놀랍게도 힘들게 관개를 해서 일구어낸 작은 보리 파종 흔적을 발견했다. 그는 고대에 재배한 흔적을 출르이쉬만 강에서도 발견했다(1927, p.22, 61). 우르술, 카옐틀리크, 바쉬카우스, 추야 등의 강유역과 추야 초원지대에서 고대의 관개수로 흔적을 발견했다. 하지만 이들 유구들이 어느 시기에 속하는 것인지는 현재로서는 판단하기 어렵다.

한편 맷돌이나 갈돌을 장례 의식 때 쓰는 예는 청동기시대 이래로 최근의 민족지 시대(즉, 근대)까지 아시아와 유럽의 목축민들에게 널리 퍼져있다(예컨대 나글레르, 2000, p.107~112). 이 유물이 상징적인 의미를 가지기 이전에 유라시아 목축민 사이에 널리 분포하였다는 점은 먹거리에 곡물이 차지하는 비중이 크다는 점을 반영하는 것이다.

코즐로프의 기록에 따르면 티베트인들은 볶은 보릿가루를 갈아먹는데 특별히 손으로 가는 맷돌을 사용했다고 한다. 이 맷돌은 지름 25~35cm 정도 되는 두 개의 평평한 돌로 만들어졌는데, 정착민뿐 아니라 유목민들도 사용했다고 한다. 그들은 자신의 손 맷돌을 다른 사람에게 준다면 자기는 곧 가난해지고, 자신의 목축 동물은 현기증을 일으키며 비틀대다가 결국 죽어버린다고 믿었다(1947, p.269). 아마 유목민의 신화체계에서 맷돌은 자기 가축들의 건강과 관련이 있다고 생각한 듯하다. 즉, 자신의 맷돌이 다른 사람의 손에 들어가서 그 맷돌이 돌아가면 마치 그 현상을 연상시키는 안 좋은 상황이 나에게 일어난다고 믿는 미신을 가지게 된 듯하다.

파지릭 사람의 생계에서 겨울철에 표범, 늑대, 산양, 양, 다람쥐 등 모피 동물을 사냥하는 것도 적지 않은 부분을 차지했다. 산악 알타이에서 전통적으로 사냥철은 10월에서 2월 중순까지 이어진다. 또한, 사냥은 파지릭인들의 먹거리를 다양하게 했고, 모피와 뿔은 그들에게 소일거리를 제공했다. 이밖에도 알타이 지역의 민족지에 따르면 사냥철은 서로 교제를 하고 만나서 정보를 교환하는 시간이었다. 사냥은 신비스러운 의식이 따랐고, 야생동물들을 지배하는 신령들에게 기원했다(야마예바, 1998, p.113~126).

우코크 고원의 파지릭인 먹거리에는 생선도 일정부분 차지했다(이는 그들의 머리카락을 분석해서 알아낸 사실이다). 물론, 전통적으로 유목민들은 물고기를 먹지 않는다고 알려졌으며, 그를 증명하는 예도 많이 있다[34]. 한편으로는 고대 유목민들

---

34) 프르제발스키에 따르면 몽골과 탕구트인은 물고기를 전혀 먹지 않는다고 한다(1948, p.85). 코즐로프도 이러한 관찰에 동의하며 티베트 라도 지역의 티베트와 몽골인들은 새도 안 잡고 물고기도 안 잡는다고 한다(1947, p.271).

은 잡식성이며 물고기도 그들의 먹거리에 포함된다는 증거도 있다. 예컨대, 스트라본[35]은 마사게티인들에 대해서 "그들은 땅이 있긴 하지만 농사에 종사하지는 않으며, 양고기와 생선을 먹으며 스키타이인이나 유목민 관습에 따라 산다"고 했다(스트라본, 11절, 8장, p.513). 한참 뒤 18세기 남부 알타이에 파견된 조공징수단도 어업이 존재했음을 지적했는데, 주로 이멘[36]과 하리우스[37]를 잡았다고 기록하고 고기가 잘 잡히는 강 하구의 위치도 표시했다(블라디미로프, 1990, p.156~157).

목축민의 생계에서 물고기가 차지하는 의미는 그들의 예술과 세계관에서 차지하는 비중으로도 판단할 수 있다. 실제로 물고기는 바샤다르 2호분, 파지릭 1호분, 아크-알라하 1호 고분 등에서 파지릭인의 의복과 마구의 장식으로 사용되었으며, 파지릭 2호분에서는 문신의 모티브로 사용되었다. 그밖에도 그러한 예는 많이 있다(그림 20). 후에 알타이 신화에는 아주 거대 괴물 물고기인 케르-발르익이 나온다. 이 물고기는 붉은 호수에 살면서 그 자궁 안에는 목축동물과 아이들의 영혼들이 들어있다고 한다(사갈라예프, 1992, p.72).

우코크의 풍부한 식물과 동물자원은 우코크에 사는 주민들의 물질문화에 많은 영향을 미쳤다. 파지릭인의 주변환경은 그들의 생계경제뿐 아니라 예술세계에 반영되는 세계관에도 영향을 주었다. 파지릭의 예술에는 서남아시아의 영향뿐 아니라 알타이에 사는 새와 동물들도 표현되었다. 파지릭인의 세계관은 산악 알타이의 자연, 기후, 그리고 자원들로부터 직접적인 영향을 받아서 의복, 생활용기, 음식, 그리고 매장의식에 반영되었다.

19세기 중반에 알타이를 살펴보았던 라들로프는 "알타이의 멋진 계곡들은 유목민들에게 이상적인 장소였기 때문에 이 지역의 다른 부유한 자원들에 관심을 두거나 이용할 생각을 하지 않는다"고 했다(라들로프, 1989, p.152). 그의 견해는 가난하게 살고 있는 알타이인들의 생활을 보고 떠올린 것이다. 하지만 고대 알타이 고분을 처

---

35) Strabon, BC,64~23년에 살았던 고대 그리스의 역사가(역자 주).

36) Taimen, 시베리아에서 사는 연어의 일종(역자 주)

37) 학명으로는 Thymallus, grayling fish라고도 한다(역자 주).

음으로 조사하자마자 알타이에
는 2천년도 훨씬 전에 살던 사람
들이 거의 모든 방면에서 높은
정신문화를 누렸음을 알게 되었
다(최초의 파지릭문화에 대한
이해는 카탄다와 베렐 고분의
조사를 통해서 알려지게 되었다(
라들로프, 1989, p.442~451).). 풍
성한 매장의례, 통나무를 가공해
서 관을 만드는 기술, 고도의 마
구 가공기술, 정교하게 제작된
모피코트, 수입품 실크, 그리고
범상치 않은 장식—실용 예술의
수준 등을 들 수 있다.

　이 주민집단은 유목민들에게
필수불가결한 재산들을 알타이
에서 만들어냈다. 이 시기 알타
이에서는 금광뿐 아니라 철광,
수은, 동, 납 등의 자원도 채굴
했다는 점을 상기해야 한다. 물
론, 이들은 대형 산업이 아니라
자신들이 필요한 것을 만들기
위해 채굴하는 소규모 수준이었
다. 주변의 호수, 숲, 그리고 목
초지를 개발하면서 그들은 단순

그림 20. 펠트제 물고기 모양의 치레거리로 장식한 마구장식의 복원도
(아크-알라하-1유적 1호 고분)

그림 21. 자안패장식, 아크-알라하-1유적 1호 고분

히 자신만의 생존을 넘어서 주변 지역 사람들과 활발하게 교역을 하면서 실크, 고수
풀(=향채, coriander), 자안패조개, 유리, 구슬 등의 이국적인 물건들도 수입할 수 있
었다(그림 21~22).

　파지릭 고분에서 출토한 유물들로만 판단한다면 그들은 프르제발스키 자신이
직접 보았던 유목민들에게서 느꼈던 '소박'한 인생(프르제발스키, 1948, p.72)은
아니었던 것 같다. 그들은 프르제발스키의 표현대로 '미발달된' 사람은 아니었다.
감탄스러운 장식, 미라 처리가 된 문신이 새겨진 시신, 화려하게 치장한 마구장식
에 표현된 그들의 세계관과 복잡한 신화세계 등은 19세기말~20세기 초 중앙아시

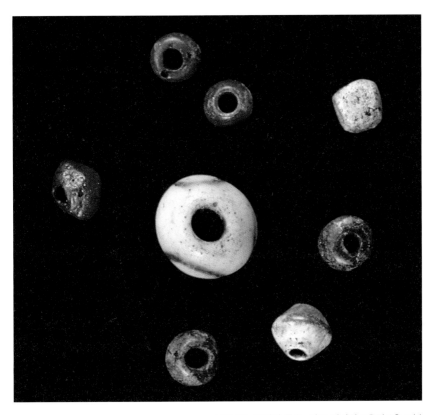

그림 22. 유리제 구슬, 아크-알라하-1유적 1호 고분

아, 카자흐스탄, 알타이 등을 여행한 탐험가가 본 것들과는 극히 일부분만 비교될
수 있을 뿐이다.

제 2 장

아크-알라하 강가의
파지릭 고분

자고로 망하지 않는 나라가 없었고, 도굴되지 않은 무덤도 없었다.
– 房玄齡의 晉書(644~646년)에서

1. 아크-알라하-1 무덤유적

　아크-알라하-1 무덤 유적은 서로 다른 시기의 5기 고분과 제사유적 1기로 이루어져있다. 이 유적은 아크-알라하 강 계곡의 중간 부분으로, 강의 왼쪽 하안 높은 구릉에 위치한다. 남쪽으로는 강이 흐르고 북쪽으로는 산맥 능선이 지나간다(그림 23-24). 가장 가까운 마을은 베르텍으로 무덤으로부터 북서쪽 15km에 위치한다. 무덤에서 약 15km 정도의 위치에는 러시아 쪽의 국경초소 아크-알라하가 위치한다.

　아크-알라하-1유적은 1990년에 처음 발견되었고, 그 해에 바로 제 1호 고분과 그 옆의 제사유구가 조사되었다. 그리고 2호 고분은 1992년에, 그리고 3호 고분은 1995년에 각각 조사되었다. 1, 2호 고분은 파지릭문화에 속하며 제 3호 고분은 古투르크 시기에 해당된다(폴로스막, 1994). 나머지 조사가 안된 2기의 고분은 적석의 형태로 볼 때 파지릭이나 투르크 시대의 고분들과는 다르다.

그림 23. 아크-알라하 계곡의 풍경

가장 큰 고분은 제 1호 고분으로 그 직경은 동서 약 18m이고 남북은 17.5m이다. 적석은 현재의 지표기준으로 볼 때 0.7m 정도로 쌓았다. 고분의 동북쪽으로 약 10m 되는 지점에는 흑회석 점판암으로 만든 2개의 발발(소형입석)이 나란히 서있다. 제사유구는 고분의 남서쪽으로 약 5m 되는 데 위치한다. 제사유구는 평균 직경 2m 정도 되는 반지모양으로 돌을 돌려놓은 호석유구 7개가 서로 이어져서 이루어진 것이다. 그 방향은 서북~동남 방향으로 일렬로 늘어졌다. 이 유구의 남서쪽으로는 직경 5m 정도의 자잘한 돌로 얇게 깐 적석(또는 즙석)유구가 있다.

제사유구로는 제 1호 고분으로부터 남쪽으로 25m 징도 떨어진 데 위치한 것으로 1990년에 조사한 적이 있다. 이 유구는 직경 8.5m로 자잘한 돌을 촘촘하게 한 층으로 로 지표에 깐 것이다. 이 유구를 조사하는 과정에서 무늬가 없는 자잘한 토기편들이 출토되었다.

그림 24. 아크-알라하 계곡의 풍경

1) 제1호 고분

발굴전의 외형을 보면 강가의 자갈과 점판암들로 섞인 적석으로 완만하게 쌓아 올렸다. 큰 돌은 흙들이 쓸려 들어간 3m 정도의 작은 구덩이가 형성된 무덤 중앙부 에서만 보인다. 무덤의 지표는 이미 풀들이 자라고 있었다. 적석은 두 구역으로 나누어서 손으로 일일이 제거했다. 가운데에는 남북 방향으로 둑을 남겨두었다. 먼저 지표의 표토를 제거하자 봉토의 주변을 따라서 커다란 돌을 지표에 박아서 만든 호석 3열이 나타났고(때때로 석판이 넘어진 채로 나오기도 했다.), 봉토는 전반적으로 자잘한 돌들로 보강되었다(도면 1-a). 자잘한 자갈과 돌들의 층 밑으로는 고분 구조를 이루는 커다란 돌들이 나타났다. 묘광으로 퍼낸 흙들은 무덤의 서쪽에 쌓아두었는데, 그 규모가 그리 크지 않은 것으로 볼 때 대부분은 묘광으로 다시 쏟아 부은 것 같다. 서쪽 구역에서는 돌들 사이에서 보존상태가 좋은 원형의 구멍으로 된 청동제 재갈이 출토되었다.

무덤의 중앙에서는 기준점 기준 24cm 밑에서 추가장이 확인되었다. 시신은 적석들을 치워서 만든 기다란 구덩이에 안치시켰다. 시신은 신전장으로 누웠으며 두향은 서편으로 향했고, 손은 팔꿈치 쪽으로 굽힌 채 손가락들은 대퇴골 쪽에 놓였다. 두개 골은 토압으로 부서졌다. 허리춤의 오른쪽에는 철제 원형 재갈과 2점의 양익식의 촉이 긴 화살촉이 출토되었다. 발 근처에서는 철제 고리와 몇 개의 양 뼈가 발견되었다. 무덤의 위는 돌로 충전되었는데, 충전토 안에서 작은 철제 허리띠고리가 발견되었다. 이 추가장은 출토 유물들로 볼 때 서기 14세기 정도에 만들어진 것으로 보인다.

매장 주체의 묘광은 고분의 한 가운데에 위치하는데, 동서남북의 방향과 거의 일치하는 정방형이다. 그 크기는 4.80×4.75m이고, 묘광의 동북쪽 부분은 생토에서 2.6m 깊이까지 큼지막한 돌들로 채웠다. 묘광의 다른 부분은 묘광을 만들 때 퍼 올린 흙으로 다시 덮었으며, 깊이 1m 정도에 이르러야 큼지막한 돌들이 나오기 시작했다.

영구동결층의 얼음층은 깊이 약 0.5m가 되어서야 나타나기 시작했다[38]. 얼음층은 자연히 녹는 것을 기다려서 제거했다. 묘광의 깊이가 2.9m로 그다지 깊지 않기 때문에 영구동결층을 녹이는 작업은 비교적 빠르게 진행되었다.

묘광은 가장 위부터 9줄 정도로 길이 4.6m, 두께 9cm 정도가 되는 통나무들로 벽을 쌓았다. 이것은 아마도 지역의 지반이 충적지이기 때문에 무너지는 것을 방지하기 위해 쌓은 것 같다. 우리 발굴팀도 비슷한 상황에 직면해서 묘광의 벽에 철제 사다리를 받쳐두었다.

깊이 1.8m에 이르자 전체 묘광을 덮을 정도의 규모로 무덤의 천정부에 해당하는 관재들이 등장하기 시작했다. 묘광의 천정부는 주거지를 해체해서 얻어낸 낙엽송

---

38) 특별히 언급이 없는 한 본문에서 깊이는 생토를 기준으로 한다.

통나무들이 사용되었다. 즉, 한 열을 두 개의 통나무로 이어서 넣기도 하고, 통나무의 끝에는 모서리 쪽에 홈이 남아있기도 했다(도면 1-b). 이런 것은 무덤의 묘광을 축조하는 것과는 관계가 없는 것이다. 모두 직경 15~20cm의 통나무 38기가 놓여있었다. 통나무 사이에는 마디가 많은 막대기들이 놓여있었다. 이제까지 주거지의 통나무를 무덤의 천정부 관재로 사용한 예는 없었다. 7개의 직경 16~20cm의 낙엽송계 통나무를(적어도 밖에서는 그렇게 보인다) 늘어놓고 끝은 다른 것과 맞추어서 잘랐다.

말의 매장(도면 1-c). 묘광의 동북쪽에는 나무로 만든 무덤 천정덮개가 없고, 대신에 커다란 돌을 올리고 흙으로 채운 부장용 말무덤이 있었다. 부장용 말무덤은 파지릭 1호, 4호, 5호 고분에서도 발견되었다. 하지만 파지릭 고분들은 말무덤이 모두 묘광의 바닥에 위치했지만, 우리가 발굴한 고분에서는 외곽의 안쪽에 위치했다는 점에서 다르다. 3.7×0.9m 구역 안에 모두 9마리의 말이 부장되었고, 그들의 털과 덧붙인 말총머리, 꼬리 등이 남았다. 모든 말은 투부(체칸)로 죽였으며, 그 흔적은 말 이마의 위(두정부)에 남아있다. 아마 좁은 구역에 이렇게 많은 말을 묻는 것이 쉽지 않았을 것이기 때문에 두 개의 층으로 묻었다. 즉, 7마리는 머리를 서쪽으로 했고, 2마리는 동쪽을 향하게 했다. 그야말로 빈틈없이 말들을 돌과 흙으로 된 구덩이의 바닥에 그냥 묻었다. 발견 당시에는 0.74m 정도의 두께로 진흙을 다진 것이 발견되었다. G.A.클레베잘의 방법을 사용하여 말의 뼈를 분석한 결과, 이 말들은 봄에 묻힌 것으로 결론을 내렸다(그레브네프, 1994, p.107).

말들은 마구와 각종 장식들을 한 채로 매장되었다. 그중 네 마리에는 철제 재갈이 채워졌다. 모두 7개의 완벽한 마구 일괄괄이 발견되었는데, 그중 5기는 실제로 말의 머리에 씌워졌고, 나머지 2개는 그냥 그 옆에 두었다. 마구일괄[39]은 모두 목제로 만들어졌다. 즉, 이마를 장식하는 원형 단추장식, 그리핀 장식, 머리 부분이 도드라

---

39) Упражь-마구일괄로 번역, 재갈과 재갈멈치를 비롯 말의 머리에 씌우는 마구 장식 일체를 말한다(역자).

지게 만들어진 오리장식, 팔메토스(Palmettos), S자형의 재갈멈치, 그리핀형 머리장식 등이 있다. 일부 말 장식에는 납으로 호일을 만들어 씌운 흔적이 남아있다. 말과 함께 3개의 목제 방패 같은 것이 출토되었다. 이는 파지릭 1호, 2호, 4호 고분 출토의 예와 비교해 볼 때 안장에 묶여있었던 것으로 보인다[40]. 말의 안장도 파지릭 대형 고분에서 출토된 것들과 같은 구조이다(루덴코, 1952, p.125, 126). 이 안장은 양모와 잡초를 넣어 꿰맨 두 개의 쿠션 같은 것으로 이루어졌는데, 보존 상태는 훨씬 안 좋다. 발굴된 말뼈의 등 부분에서 안장의 일부를 떼어낼 수 있었다. 잡초를 넣어 꿰맨 쿠션과 안장 위를 아플리케로 장식한 펠트 등이다. 바로 이 안장의 덮개에 물고기와 늑대의 모양이 표현되었는데, 이들을 전부 또는 일부라도 떼어낼 수 있었다[41]. 또한, 안장의 안교에 붙이는 목제 걸이쇠도 발견되었는데, 파지릭 3호, 5호, 바샤다르 고분에서도 발견된 것이다.

첫 번째 마구일괄(그림 25)은 휘어진 입체적인 그리핀 장식이 특징이다. 이 그리핀 장식의 목은 휘었고, 밑으로 부드럽게 내려가면서 벼슬이 이어져서 밑으로 이어지는 형태다(그림 25-b). 머리 위의 장식은 홈이 그어져 있으며, 눈은 마름모꼴이고 새 부리 납막(蠟膜)의 밑 부분은 일직선으로 마무리되었다. 볏의 밑 부분은 목에 걸기 위한 구멍으로 이어진다. 그리핀의 머리는 두 개의 복잡한 날개로 표현되어 지지판에 부착되었다. 또한, 중앙에 구멍이 뚫린 그리핀 머리는 이마를 장식하는 단추형 장신구이다. 모든 입체적으로 조각된 그리핀 장식은 가는 실을 걸 수 있도록 구멍이 뚫려있어서, 마구 장식에 걸 수 있게 되어있다. 굴레의 양쪽 끝은 S자형의 목제 재갈멈치가 달려있다. 여기에는 납작하게 그리핀의 모습이 서로 반대편을 향하게 새겨졌고, 마구일괄에 단단히 고정되게 부착되었다. 여기에 새겨진 그리핀의 모습은 사실상 입체적으로 묘사된 다른 그리핀들과 거의 같은 것이다. 다만 귀 부분을 좀 더 날카롭게 표현한 것이 다르다(그림 25-a).

---

40) 천마총의 말다래와 같은 용도였던 것으로 추정된다(역자 주).
41) 이와 같은 펠트의 예는 따로 펠트에 대한 장에서 서술하겠다.

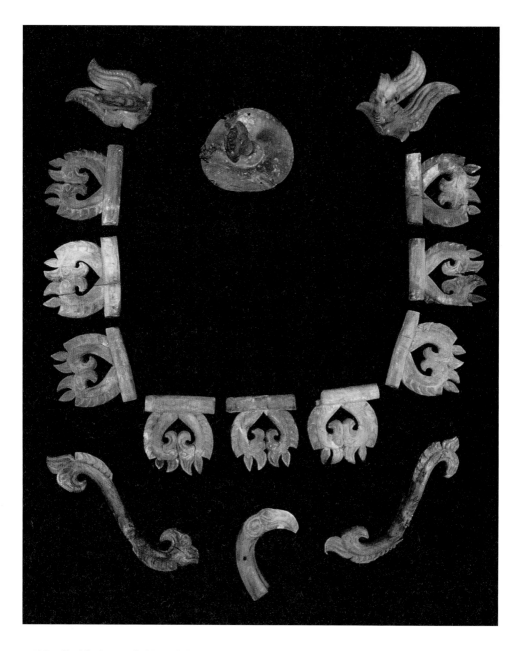

그림 25. 첫 번째 말: a-목제 마구 굴레 및 재갈장식, b-굴레 및 장식의 실측도, c-아크-알라하-1호유적의 1호 고분 출토 그리핀

a

그림 26. 세 번째 말 : a-그리핀형태의 마구 굴레장식, b-실측도, 아크-알라하-1유적 1호 고분

알타이 초원의 기마인

두 번째 마구 일괄은 사실상 첫 번째 것과 거의 똑같다.

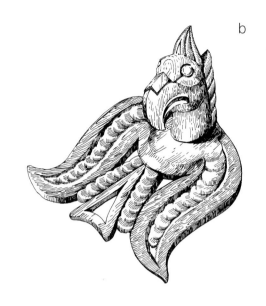
b

세 번째 마구 일괄에서 그리핀은 좀 더 큰 편으로 큰 눈, 좀 더 벌어진 부리로 되었다. 목은 좀 두꺼운 편이지만 반면에 갈기는 비교적 작고 머리 위의 상투 같은 볏은 좀 더 작고 날카롭게 표현되었다. 밑 부분에는 목을 세우기 위한 구멍이 있다. 그리핀의 머리는 두 개의 날개와 꼬리를 표현한 나무 장식판에 세우는데, 날개 장식은 앞에서 본 다른 마구 일괄의 장식과는 형태가 다르다(그림 26).

네 번째 마구 일괄 장식에 달린 그리핀은 가장 작은 것이다. 목은 아주 짧은 대신에 부리는 길게 표현되었고, 눈도 크게 만들었다. 이 그리핀들의 특징을 보니 적어도 2명 이상의 장인이 만들어 낸 것 같다. 한 장인은 목이 긴 그리핀을, 또 다른 장인은 목이 짧은 형태의 그리핀을 만든 것 같다. 아마도 그리핀의 머리가 부착된 날개가 표현된 장식판은 머리보다 단순하게 만들 수 있기 때문에 아마 앞의 두 장인보다는 실력이 떨어지는 제 3의 장인이 만들었을 수도 있다. 이런 식의 노동 분업은 장인과 그의 제자 사이에서 일어난 자연스러운 것일 것이다. 특정한 예술형식이 수백 년 간 이어지려면 경험의 전달이 지속적으로 이루어져야하기 때문이다.

또 다른 그리핀은 말의 가슴에 걸린 멍에를 장식하는 데 쓰이는 납작한 장식판이었다. 장식은 마치 멧돼지의 송곳니 같은 형태[42]로 표현되었고 그리핀도 그 형태에 맞추어 표현되었기 때문에 갈기나 상투머리도 없고, 귀도 만들어진 형태에 맞게 변형되었다. 비슷한 형태의 그리핀은 바샤다르 고분의 청동판에 새겨진 그리핀

---

42) 곡옥과 비슷한 형태를 의미함(역자)

그림 27. 네 번째 말 : 마구 굴레장식의 그리핀, 아크-알라하-1유적 1호 고분

(루덴코, 1960, p.61, 그림 37)과 안교에 새겨진 목제 장식(루덴코, 1960, p.286, 그림 145) 등과 비슷하다. 이 나무판의 끝은 단순화된 말굽처럼 마무리 되었다.

아크-알라하-1 유적 1호 고분에서 출토된 그리핀은 투엑타 1호 고분(기원전 6 세기)에서 출토된 예술품과 가장 유사하다(전게서, 그림 97-4, 6; 99-1~6 : 100- 5). 이들의 공통적인 특징은 꽉 다문 부리, 상투머리, 목을 따라 표현된 갈기 등이 다. 바르코바는 투엑타 출토의 독수리모양 그리핀을 파지릭문화에서만 보이는 가장 이른 시기의 그리핀 장식으로 보았다(바르코바, 1987, p.28). 재밌는 점은 1유적-

그림 28. 다섯 번째 말 : a-마구굴레의 일부 복원, b-백조형 장식, c-그리핀 장식, 아크-알라하-1유적 1호 고분

1호 고분과 투엑타 1호 고분에서는 이런 형식의 그리핀만 보이는데, 왕족급이건 일반급이건 다른 파지릭문화의 고분에서는 이런 장식품이 보이지 않는다.

마구굴레일괄 중에서 5번째와 6번째에서는 치레걸이 중에서 백조(또는 오리)모양의 목제 장식판으로 치장되었다(그림 18-a, b). 이 굴레장식의 모서리와 가운데, 모두 5점의 백조의 장식이 있다. 이 새 장식은 그리핀과 비슷한 형식으로 만들어졌다. 즉, 두 개의 날개와 그 사이에 꼬리가 표현되었고, 길고 매끄러운 목이 달렸으며 부리는 따로 분리되지 않고 둥글게 눈을 표현했다. 백조 또는 거위 장식은 파지릭의 예술품, 특히 마구 상식에서 발견된다. 예컨대 파지릭 제 3호 고분의 재갈멈치(루덴코, 1953, 도면 49-1)가 있다. 1유적-1호 고분에서는 이 유물이 마구굴레의 장식판으로 사용되는 또 다른 예를 찾았다. 마구 굴레 장식의 가운데에 놓인 새 장식의 옆에는 그와 비슷한 작은 귀를 표현하고 목 부분을 세심하게 표현한 그리핀 장식이

그림 29. 굴레의 끈을 장식판 목제 판,
아크-알라하-1유적 1호 고분도

놓였다(그림 28-b). 비슷한 그리핀의 장식은 표트르 대체 시베리아 컬렉션에서 야크, 늑대, 호랑이, 그리핀 등을 공격하는 형태로 표현된 바가 있다(아르타모노프, 1973, p.129, 130, 그림 175, 176).

다른 치레걸이들은 루덴코(1953, p.174~175, 그림 108 등등)의 표현대로 하면 '연꽃'형이다. 7번째의 마구굴레 일괄은 이 연꽃 장식으로만 이루어졌다. 이 7번째 마구 굴레 장식에 달린 재갈멈치는 삼판형 꽃잎 장식과 도식 화된 그리핀의 머리 장식이다. 비슷한 형태의 유물은 투엑타 1호 고분에서 보인다(루덴코, 1960, 그림 27). 부장된 말들의 근처에서는 60여개 이상의 멧돼지 송곳니형의 치레걸이들이 발견되었는데, 아마 굴레의 가슴장식으로 쓰였던 것 같다. 바샤다르 2호 고분에서는 실제 송곳니는 37개가 금박을 입힌 채로 출토되었다. 바샤다르 출토품은 굴레와 안장의 끈을 장식했다(같은 책, p.73, 그림 49, 5~8).

아크-알라하-1 유적 1호 고분에서는 연주형처럼 생긴 단면 반원형의 나무관이 출토되었다(그림 29). 비슷한 유물은 투엑타 1호 고분에서도 발견되었다(전게서, p.141, 도면 74). 또한, 가운데에 구멍이 두 개 뚫린 심장 모양의 꽃잎을 새긴 4판형 장식도 발견되었다. 이런 꽃잎형 장식은 바샤다르 2호 고분의 안장에 부착되어 장식된 예로 발견된 바가 있다(전게서, 도면 119).

마구 장식 중에서는 말의 굴레를 끼우는 버클 2점이 발견되었다. 이 버클은 장방형으로 사설(死舌)이 바깥쪽으로 달린 것이다. 비슷한 형식의 버클은 알타이 동남부의 파지릭 고분에서 널리 발견된다(예컨대 쿠바레프, 1991, p.52를 들 수 있음).

무덤에서는 모두 4쌍의 재갈이 출토되었는데, 모두 철제이다. 그 보존상태가

그림 30. 적석구역에서 발견된 청동제 재갈편, 아크-알라하-1유적 1호 고분

아주 안 좋기 때문에 세부적인 형태는 파악할 수 없다. 다만, 그 끝은 원형이라는 것만 확인할 수 있었다. 고분의 적석에서 아주 보존 상태가 좋은 청동제 재갈이 발견되었다. 구멍은 그리 크지 않지만 장기간의 사용으로 마모가 많이 된 상태였고, 재갈의 몸통부분은 노끈을 모방한 것 같은 형태인데, 이는 좀 더 고식의 형식에 해당한다(그림 30). 비슷한 형태의 몸통은 그 끝의 천공이 등자형인 아르좐 고분의 26호 실에서도 발견되었다(그랴즈노프, 1980, p.27, 도면 23-b). 아크-알라하의 청동재갈과 비슷한 형태는 기원전 5~3세기로 편년되는 초나라의 江陵현 雨台山 323호 고분에서도 발견되었다(楚墓…, 1984, p.86, 그림 1)[43].

전반적으로 보면 아크-알라하-1호 고분 출토의 마구장식은 투엑타 고분의 목제 장식들과 가장 비슷하다. 또 일부 마구의 요소들은 알타이 동남부 지역의 일반무사급 고분들에서 출토된 것들과 비슷하다(쿠바레프, 1987, 1988, 1991, 1992 등 참조). 일반무사급이 아닌 고분들에서 나온 장식들은 하나하나가 모두 섬세하게 만들어졌다. 파지릭의 나무 세공 장인들은 하나하나의 유물들이 개성이 잘 드러나도록 만들었다. 이것은 아마 거푸집에 넣고 주조를 하는 청동과는 달리 직접

---

43) 원저에는 이 서지 정보가 누락되어 있다. 湖北省荊州地區博物館, 1984 『江陵雨台山楚墓』 을 말한다(역자 주).

칼로 나무를 새겨서 만드는 목제 예술품의 특성과도 관련이 있다. 따라서 각 유물 하나하나는 각각의 장인들과 목수의 솜씨가 잘 반영되게 된다.

방호구(防護俱). 파지릭인의 방호구로는 도굴되지 않은 고분의 마구일괄 중에 출토된 것이 대표적이다. 이 방호구는 보통 안장에 매달리게 되어 있다. 현재까지 나무 막대기가 달린 가죽제와 목제 두 가지 종류가 발견되었다. 목제 방패가 처음 발견된 것은 투엑타 1호 고분으로, "목제 방패는 가죽방패에 나무 막대기를 댄 것과 같은 비슷한 형태여서 본래 산악 알타이인 들은 목제가 아니라 가죽 방패를 사용했음이 분명하다"라고 루덴코는 지적한 바 있다(루덴코, 1960, p.111, 도면 11-4). 최근까지 아크-알라하-1유적에서 원형 1점, 베르텍과 타샨타 고분에서 파편 2점 등 모두 3점의 나무 방패가 확인됐는데 이 출토품들로 그들의 원래 용도가 무엇인지를 다시 살펴볼 수 있었다.

그림 31. 말의 구역에서 발견된 목제 방패. 아크-알라하-1유적 1호 고분

아크-알라하-1 출토의 고분은 가죽 방패를 나무로 모방한 형태로 타샨타 고분군(쿠바레프, 1987, p.75, 도면 26-1), 투엑타(루덴코, 1960, 도면 11-4), 베렐(사마셰프, 2000, p.30~31) 등과 비슷하다. 그 크기는 27.5cm×38cm 이다. 방패의 안쪽은 매끄럽게 마연되었으며, 바깥쪽은 아래위는 2.5cm, 양쪽은 1cm 정도의 크기로 테두리를 치고 그 안에 28개의 선을 그었다.

다른 방패들도 베르텍 출토와 마찬가지로 독특한 형태여서, 그 바깥쪽에는 삼각형을 그어서 서로 일렬로 중앙 쪽으로 그 꼭짓점이 이어지게 만들었다(그림 31). 이 문양은 가죽제 방패에 그려진 문양을 모방한 것이지, 그 구조를 모방한 것은 아니다. 방패의 크기는 28.5cm× 37.5cm으로 테두리의 크기는 3.6cm×1.8cm이다. 또 다른 것은 현재까지 알려진 것 중 가장 작은 것으로 24.5×35.5cm이고 테두리는 5.6cm와 2cm이다. 이 모든 방패들의 가운데는 구멍이 뚫려서 손잡이를 고정하게 되어있다.

1유적-1호 고분에서 출토된 방패는 작은 편에 속한 것으로, 투엑타 출토품은 42×50cm에, 타산타 출토품은 44×35cm에 달한다. 파지릭 고분에서는 작은 크기의 가죽제 방패와 함께 큰 것(53×69cm)이 함께 출토되기도 한다. 쿠바레프는 울란드릭 고분군에서 시신의 밑에 놓여진 82×36cm의 방패를 발견한 바 있다(쿠바레프, 1987, p.74, 도면 26-2, 사진 11). 쿠바레프는 모든 소형과 목제의 방패는 무덤에 매납하기 위해 특별히 제작한 것이라고 보았지만, 내가 보기에는 크기만으로 이것이 무덤 봉헌용이라고 단정하기는 어려울 것 같다. M.V.고렐리크는 파지릭의 방패에 대하여 "대부분의 파지릭 고분 출토품은 크기가 작은데, 이로 볼 때 기마용 뿐 아니라 보병 용으로도 썼을 것이다"라고도 보았다(고렐리크, 1987, p.126). 또한, 그는 아시리아의 기원전 9~7세기 조각품에서 알타이의 방패와 비슷한 것을 발견했다(전게서, p.26). 솔로하 출토의 황금제 빗과 같은 조각품(Toreutics)에 묘사된 것을 참고한다면 스키 타이인들은 소형 방패를 사용했던 것으로 추정된다. 또한, 서부 몽골의 사슴돌에 도 파지릭 방패와 비슷한 것이 묘사된 것도 확인되었다(노브고로도바, 1989, p.197). 노브고로도바는 비슷한 방패가 周代, 한대의 화상석, 당나라의 보병, 그리고 좀 더 늦은 시기의 중세시대에서도 보인다고 하였다(전게서, p.221).

묘실. 무덤의 천정부분을 제거하자 안쪽에 크기 2.4×3.2×0.7m인 묘광이 드러났 다. 무덤의 위는 4층으로 된 자작나무 잎이 얼어붙은 채로 덮여있었다. 나뭇잎의 일 부 주변은 정확하게 접혀있었다. 자작나무 덮개는 부분적으로 관의 바깥쪽으로도 이어졌다. 내곽은 낙엽송으로 만든 통나무 4개(직경 15~20cm)로 쌓아올렸다. 그 덮 개는 14개의 직경 16~22cm이고 길이 3.3m가 되는 통나무로 쌓았다. 무덤의 바닥 은 13개의 통나무를 깔아서 만들었는데, 다만 무덤의 안쪽으로 향하는 면만 매끄럽 게 손질했다(도면 2-c). 묘실의 서쪽과 동쪽 편에는 통나무 대신에 적당히 잘라놓은 낙엽송 나무판재가 놓여졌다. 이 나무 판재에는 홈들이 파여 있어서 묘실 바닥의 판재가 잘 얹히도록 했다. 이와 같은 방법으로 묘실은 완벽하게 물샐틈없이 마무리 되었다. 이와 똑같은 방법으로 유스티드-12와 올란드릭 파지릭문화의 고분도 축조되었다(쿠바레프, 1991, p.28). 남벽의 밑에는 사각형 판재가 놓여있었다. 이 지점에서 외곽과 내곽 사이에 높이 1.2m, 직경 20cm의 통나무가 두 개 세워졌다. 아마 이 통나무는 두 곽 사이에 첫 번째 곽의 천장을 지탱하기 위해서 세워진 것 같다(도면 2-d).

묘실 안은 얼음으로 가득 찼다. 묘실의 남쪽에는 두 개의 낙엽송제 통나무 관이 뚜껑이 닫힌 채로 놓여있었다(도면 2-a, b). 첫 번째 관의 길이는 2.7m, 두 번째는 2.6m이다. 크기로 본다면 이와 가장 비슷한 통나무관은 파지릭 4호 고분으로 그 크기는 3m와 2.5m이다. 통나무 관의 뚜껑은 나무 쐐기를 써서 단단하게 봉해진 상태였다. 첫 번째 관의 경우 머리 근처에 5개, 발 근처에 1개의

그림 32. 묘실에서 출토된 토기,
아크-알라하-1유적 1호 고분

구멍이 있었고, 두 번째 통나무 관에는 각각 1개씩의 구멍이 뚫려있었다. 두 번째 관의 뚜껑에는 손잡이가 달려 있었다. 무덤 안의 얼음 때문에 통나무관은 다소 변형되고 균열이 있었지만 처음 만들었을 당시에는 고도의 장인정신으로 흠 없이 완벽했을 것이다. 사실 낙엽송목재로 관을 만든다는 것은 아주 어려운 작업이다. 왕족급 고분으로 분류되는 파지릭 1호, 2호, 5호 고분의 통나무관 뚜껑에는 만들 때 남겨진 균열과 깨진 자국이 있으며 군데군데 만들다 수정을 한 흔적도 보인다(루덴코, 1953, p.44).

곽의 동북쪽 빈 공간에는 음식이 담긴 그릇이 놓여졌다. 동쪽 모서리에는 바닥이 평편한 쿱신(액체를 담는 용도로 쓰이는 목이 달린 그릇) 2점(그림 32, 도면 2-b), 매끈하고 짧은 다리가 달린 쟁반 2점, 원저의 목제 기명 2점,

그리고 동물의 뿔로 만든 주머니형 그릇 2개(이 각제 기명은 얼음이 녹으면서 자잘하게 바스러졌다) 등이 놓여졌다. 쟁반 위에는 양의 꼬리뼈 부분분과 새끼양의 대퇴골 부분이 놓여있었다.

제1호 통나무관 : 이 통나무관 안에는 45~50세로 추정되는 유로포이드 남성이 묻혀있었다(그림 34; 도면 3-b). 그는 몸을 편 채 오른쪽으로 누워있었고, 두향은 동북쪽이고 손은 팔꿈치 쪽으로 굽혀있었다. 그의 머리맡에는 밑바닥이 평평한 목침이 있었다. 이 목침의 크기는 48×23×8.5cm로 이제까지 알려진 목침 중 가장 큰 것이다. 목침은 모든 파지릭 고분(전게서, p.86~88)과 투엑타 1호분에서 발견되었는데, 그 크기 또한 다양하다. 파지릭 2호 고분의 목침은 가죽과 모피로 만든 목침 커버도 있었으며, 가장 연대가 오래된 투엑타 1호 고분의 경우 목침에 머리 장식과 가발을 위해서 일부를 잘라내기도 했다(루덴코, 1960, p.114, 도면 65).

고대 이집트, 일본, 중국 등에서는 복잡한 머리 장식을 고정시키기 위해 목제 또는 석제로 만든 롤러헤드가 널리 쓰였다(케스, 1981, p.25; 리칭자오, 1974, p.44, 88). 1유적-1호 고분의 시신 밑에 있는 목침 근처에서는 펠트와 나무로 만든 머리 장식이 발견되었다. 이 머리 장식들은 사슴과 말의 모양으로 겉은 금박을 입혔다. 머리장식의 끝은 도식화된 새의 머리가 새겨졌고, 그 위에는 홈을 파고 말장식을 얹었다. 펠트로 만든 투구(가발)는 금박을 입힌 새와 나선형 문양을 붙였다.

이 남자의 목에는 복잡한 경식이 걸려있었다. 그 앞쪽은 금박을 입힌 나무로 만든 표범이 표현되었고, 그 표범의 입에는 사슴의 머리를 표현했다. 이 남자의 오른쪽 귀에는 금박을 입힌 나무로 만든 귀걸이가 채워졌다. 두개골에는 검은색의 직모 머리카락이 남아있었다. 목 근처에는 14개의 양모로 만든 끈들이 발견되었는데, 그 끝은 양모로 만든 둥근 술이 달렸다. 허리춤에는 표범을 조각하고 금박을 입힌 목제 허리띠 버클 2개 1쌍이 발견되었다. 또한, 그보다 약간 작은 허리띠 버클과 뿔로 만든 빗(그림 33), 단추가 발견되었다. 오른쪽 무릎을 따라서는 날이 위로

그림 33. 남성의 각제 빗, 아크-알라하-1유적 1호 고분

향한 투부가 발견되었다. 이 투부의 손잡이는 나무이고 그 끝에는 철제 고달이 달려있었다. 오른쪽 대퇴골 근처에는 보존상태가 나쁜 목제 칼집과 그 안에 철제 단검이 발견되었다. 왼쪽 대퇴골 근처에는 이미 전체 형태를 찾아볼 수 없는 활집에서 나무로 만든 밑 부분이 발견되었다. 이 활집의 밑 부분은 평평한 나무 판에 한쪽으로 일렬로 구멍이 뚫린 것으로, 활대가 붙은 화살촉 5점, 조합식 활의 목제부분 등도 발견되었다. 그리고 무엇인가에 붙였던 펠트 조각들도 남아있었다. 무덤에서는 촘촘하게 양모로 짠 붉은색 바지와 거기에 속하는 6개의 부속들, 끝에는 넓은 붉은색 노끈으로 만든 펠트 신발도 발견되었다.

제2호 통나무관 : 첫 번째 관보다는 다소 작은 크기로 16세 정도의 유로포이드 여성[44](도면 3-b)이 오른쪽으로 몸을 편 채 누워있었다. 두향은 동북쪽이다. 그녀의 머리 밑에도 목침이 놓여있었는데, 대체로 평평하고 모서리도 둥그렇게 마무리를 했다. 그 크기는 35×19.5×7cm로 옆의 남성 무덤의 것보다 크기가 훨씬 작으며 통나무관 안에 물이 차는 과정에 그 위치가 다소 이동을 했다. 머리 장식의 펠트 부분은 남아있지 않았다. 하지만 남아있는 그 골조부분을 통해보면(머리끝 장식은 금박에 쌓인 새머리 모양으로 역시 사슴과 말이 새겨졌다) 아마 머리장식은 옆에 매장된 남성의 것과 같았을 것으로 추정된다. 세 갈래로 땋아 묶은 머리 단이 일부 남아있었다. 귀걸이는 나무에 금박을 입힌 것 한 점이 있었고, 목에는 경식이

---

44) 2015년 새로운 DNA분석의 결과 이 무덤의 주인공이 여성이 아니라 청소년기의 남성으로 밝혀졌다(역자 주).

그림 34. 남성의 무덤, 아크-알라하-1유적 1호 고분

그림 35. 여성의 무덤에서 출토된 투부
(체칸., 아크-알라하-1유적 1호 고분)

있었다. 경식에서 나무로 만든 부분은 두 마리의 늑대가 장식되었고, 뒤편의 청동으로 만든 것이 나무로 만든 주머니에 꿰매서 붙어있었다. 가슴 부분에서 5개의 붉은색 끈이 발견되었는데, 남자 쪽의 출토품과 마찬가지로 그 끝은 둥근 술이 달렸고 크기는 다소 작다. 대퇴골 근처에는 34점의 자안패와 2점의 목제 단추(원형과 장방형)가 놓여있었다. 오른쪽 발끝 근처에는 목제 손잡이가 부착된 철제 투부(체깐)이 발견되었다(그림 35). 허리춤 근처에는 원형의 청동거울이 발견되었다. 이 거울은 가죽제 쌈지에 넣었고, 쌈지는 다시 가죽 주머니에 담겨있었다. 오른쪽 엉덩이 쪽에는 보존상태가 안 좋은 목제 칼집에 넣은 철제 단검과 가죽 끈이 발견되었다. 왼쪽 엉덩이 쪽에는 화살집의 나무로 만든 밑 부분이 남아있었는데, 여기에는 멧돼지와 표범의 전투장면이 새겨져있다(그림 36). 그 근처에는 7개의 화살촉과 그에 붙어있는 화살대, 복합궁의 부속들도 발견되었다. 이 여인은 붉은색 거친 천으로 만든 바지를 입고 있었고, 그 흔적은 골반뼈 근처와 다리뼈 근처에서

확인되었다. 허리춤 근처에는 금박을 입힌 목제 허리띠 버틀 한 쌍과 금박을 입힌 납작하고 둥근 철제품들도 발견되었다. 그 외에 옷과 신발의 일부인 펠트와 모피류의 잔편들도 발견되었다.

　매장 주체부를 모두 들어내자 목곽의 바닥 밑에는 끝을 정돈한 두꺼운 막대기가 발견되었다. 아마 무덤을 팔 때 땅을 다지는데 쓰였던 것으로 보인다.

2) 제2호 고분

　1유적−2호 고분은 1호 고분과 연접하여서 북쪽으로 서로 맞닿았다. 고분의 끝은 심하게 풍화되었고, 적석의 직경은 약 11m이다. 고분의 중간에는 원형의 깊은 함몰부가 형성되었다. 적석의 상부는 큼지막한 자갈돌로 이루어졌다. 적석을 걷어내고 그 표면을 정리한 결과, 이 무덤의 봉토는 대부분 묘광을 판 흙을 쌓아 올려서 만든 것임이 밝혀졌다. 묘광의 상부는 크고 작은 돌들로 충전되어 있었고, 그 밑으로는 돌과 흙이 한데 섞여서 충전되었다. 묘역은 직경 9.4m의 크기로 돌들을 쌓아서 덮었는데, 호석은 비교적 큰 자갈돌로 표토를 정리하고 몇 줄에 걸쳐서 세웠다. 묘광을 파서 퍼 올린 흙이 이 돌들을 덮은 예가 없는 것으로 볼 때에 먼저

그림 36. 여성무덤에서 출토된 고리트의 목심부분, 아크-알라하-1유적 1호 고분

묘광을 만든 후에 이 묘역을 조성한 것으로 생각된다.

적석부분은 그렇게 크지 않은 편이다. 묘역(봉토)내에서 적석은 자잘한 돌들이 깔려있고, 이미 풀들로 덮여있다. 주변은 약 1m 정도의 범위에 자잘한 돌들로 이루어진 돌의 띠가 돌아가는 것으로 볼 때 이 유구는 지속적으로 파괴가 되고 있었다고 생각된다. 묘역에서도 특히 중심부에는 큰 돌들로 채워졌다. 고분은 현재 지표에서 약 40cm의 높이다.

묘광. 묘광은 동북─남서 방향으로 만들어졌고, 묘역의 큰 부분을 차지한다. 묘광의 상부 크기는 3.95×2.70m이고 저부는 3.16×1.90m가 된다. 제 2호 고분은 1호 고분과 마찬가지로 충적토를 판 것이기 때문에 지속적으로 벽이 흘러내린다. 묘광의 충전토는 크고 작은 자갈돌과 생토를 파낸 사질점토로 이루어져있다. 깊이 0.8m 정도부터 충전토의 습기가 많아지면서 그 밑으로는 얼어붙은 점토와 자갈돌층이 이어진다.

부장된 말의 무덤. 말무덤의 상부 덮개부분은 깊이 1.76m에서부터 확인되었다. 덮개 부분은 보존상태가 좋지 않은 12개의 통나무로 이루어졌고, 그 크기는 1.68×2.7m이다. 말의 뼈는 깊이 1.8m부터 나오기 시작했다. 북쪽 벽에 따로 단이 지게 만들어 놓고 그 위에 말뼈를 매장했다(도면 3─d). 말은 배가 밑으로 향하고 발은 굽힌 채로 말무덤의 덮개 밑에 놓여있었다. 입에는 철제 재갈이 물려있었으며, 두개골에는 투부로 찍힌 구멍이 나있었다.

매장주체부. 묘광의 하부에는 2.0×0.95m 크기의 크지 않은 목곽이 설치되었다. 곽의 덮개는 충전토의 토압으로 붕괴된 상태이기 때문에 정확한 높이는 알 수 없다. 매장 주체부 위의 얼어붙은 통나무 층의 높이로 판단하건대 무덤 위에는 2개의 덮개가 있었던 것으로 추정된다. 아마 하부의 덮개는 7개의 통나무로 이루어졌고,

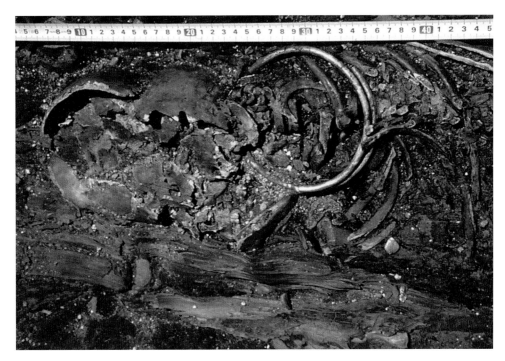

그림 37. 어린아이의 무덤, 목에 경식을 걸친 것이 잘 보임, 아크-알라하-1유적 2호 고분

그 밑으로 2m 지점에 묘광의 바닥이 있다. 묘광바닥은 5개의 나무판자로 이루어졌고, 시신은 8살의 어린이다. 시신은 오른쪽으로 누웠고 두향은 동북쪽이다. 무릎은 살짝 굽혔으며 오른쪽 손은 몸을 따라 자연스럽게 펼쳐졌고, 왼쪽 손은 팔꿈치 쪽으로 살짝 굽었다(도면 3-d).

두개골 위편에서 머리장식과 금박들이 발견되었는데, 도식화된 새의 머리와 소의 머리 등이 표현되어서, 이미 사라져버린 목제부분의 형태를 잘 보여준다. 머리장식으로 붙였던 두 마리의 그리핀을 표현한 장식도 발견되었다. 두개골 오른쪽에는 두꺼운 금박으로 만든 황금제 목걸이가 발견되었고, 목에는 금박 입힌 청동제 경식이 발견되었다(그림 37). 허리부분에는 중간 길이의 모래색깔의 부드러운 모피가죽이 남아있었고, 그 밑으로는 육식동물이 새겨진 목제 허리띠 버클 잔편이 발견되었다.

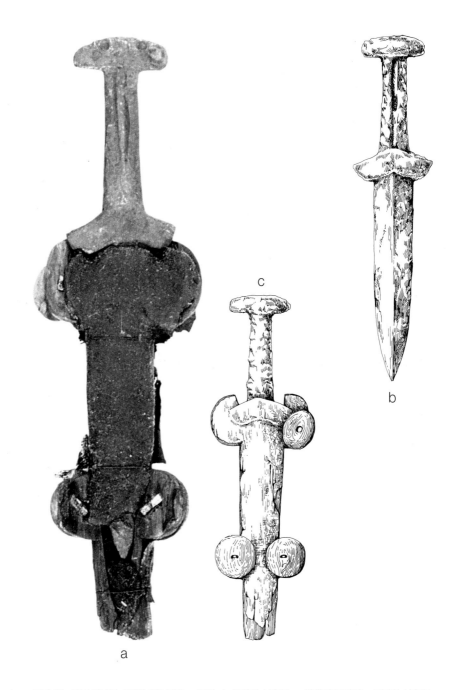

그림 38. 아크-알라하-1유적 2호 고분. a-동검, b-동검의 실측도, c-칼집에 들어있는 동검의 실측도

여기에 새겨진 동물은 꼬리와 발톱을 세운 발 모양이 표현되었다. 시신의 오른쪽 대퇴골 근처에는 17.5cm의 작은 동검이 칼집 속에서 발견되었다(그림 38). 이 칼집의 외부는 목제이고 내부는 가죽제이다. 그리고 칼집에는 큰 목제 단추도 달려있었다. 동검 근처에는 길이 12.5cm의 청동제 투부가 발견되었다(그림 39). 이 투부에는 나무 손잡이가 끼워졌고, 가죽끈으로 감아 고정시켰으며 소켓 안쪽은 나무 쐐기를 박아서 단단히 고정시켰다. 투부는 가죽 허리띠를 꼬아서 만든 고리로 고정시켰는데, 고리의 끝은 그리핀의 머리가 장식되었다. 허리띠의 바깥쪽 부분은 십자가 교차하는 장식이 되었다. 허리띠에는 청동제 걸이가 걸려있었는데, 아마도 이것은 고리트(스키타이인들의 화살통)과 관련된 듯하다. 물론, 고리트 자체는 남아있지 않았지만, 대신에 무덤에서는 8개의 삼익유경식 골촉이 시신의 발 근처에서 발견되었다. 아마 이 화살들은 원래 전통 안에 있었을 것이다. 두개골의 앞쪽 근처에는 덧띠가 돌아가는 단경호 형태의 토기(쿱쉰)가 깨진 채로 발견되었다(그림 40). 이 토기 근처에는 2개의 양 엉치뼈가 놓여있었는데, 원래는 나무 접시 위에 놓여있었던 것인데, 나무 접시는 남아있지 않은 것 같다. 목곽의 밑쪽 묘광 바닥에는 자잘한 녹색 자갈이 촘촘하게 깔려있었다. 목곽과 묘광의 벽 사이에는 중간 크기의 돌들이 빽빽이 채워져 있었고, 그 벽 중 한쪽에 부장된 말의 무덤이 설치되었다(도면 3-d).

2호 고분은 쌓여있는 적석의 상태로 볼 때 1호 고분보다는 다소 늦은 시기에 축조된 듯하다. 어른의 무덤 근처에 어린이들의 무덤을 만든 것은 파지릭문화의 기본적인 특징 중 하나이다. 아마도 여기에 묻힌 어린아이는 1호 고분에 묻힌 사람들과 친족관계였을 것이다.

아마도 이 아이는 당시 귀족 집안에 속했을 것이다. 이것은 바로 목곽과 부장된 말의 무덤이 증명한다. 또한, 무덤에서 공반된 동검, 투부 등 실제 무기를 축소화한 무기 일괄이 출토되었다는 점도 이를 반증한다.

이 아이의 머리 장식은 1호 고분에서 발견된 투구같은 머리 장식과도 비슷하다. 둘의 유사성은 남아있는 머리 장식이 금박을 입혔으며, 새머리로 장식되었다는 점

그림 39. 아크-알라하-1유적 2호 고분, a-청동제 투부, b-허리에 착용된 상태의 실측도

으로 알 수 있다(여기서 목제부분은 남아있지
않다). 1호 고분에서 남아있는 머리장식과
같은 것은 파지릭 사회에서는 군사집단에 속
한다는 상징이다.

2호 고분의 피장자인 어린아이의 사회적
신분을 증명하는 또 다른 유물로는 경식, 금제
귀걸이, 그리고 육식동물이 새겨진 허리띠 버
클 1쌍이다. 특히 재미있는 것은 짐승이 새겨
진 허리띠로 파지릭의 고분에서는 극히 드물
게 발견되며, 더욱이 아이의 무덤에서 발견된
예는 이번이 처음이다.

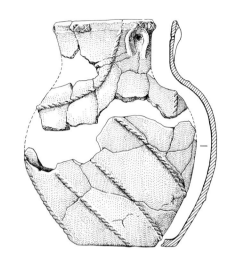

그림 40. 토기복원도, 아크-알라하-1유적 2호 고분

3) 제3호 고분

이 고분은 아크–알라하–1에서 마지막에 조사된 것이다. 이 무덤은 무덤열에서
벗어나 2호 고분의 동북쪽으로 치우쳐 위치한다. 적석부분은 직경이 약 13.5m로
장축은 남북방향이며 그 끝은 이미 침식이 되고 있었다. 무덤의 중앙부에는 도굴
흔적인 구멍이 남아있었다. 이 무덤은 투르크 시대에 속하는 것으로 고대에 이미
도굴이 되었다.

2. 아크-알라하-3 무덤유적

아크–알라하–3유적은 아크–알라하–1유적에서 동쪽으로 3km 떨어진 곳에 위치
하며 아크–알라하 국경수비초소에서 베르텍 마을로 가는 길의 사이에 위치한다. 그

근처에는 국경의 표시로 철조망이 지나간다. 이 유적은 두 줄의 무덤군으로 이루어 졌는데, 후대에 건설사업을 하는 과정에서 돌들을 많이 드러냈기 때문에, 첫 인상은 엉망이었다. 첫 번째 고분의 직경은 18m이고, 이 고분에서 남쪽으로 1m정도 떨어진 지점에는 1994년에 조사된 작은(직경 10m) 투르크시대의 고분이 있다.

1) 제1호 고분

먼저 고분의 적석을 제거한 후에 일반적인 방법으로 고분을 조사했다. 적석은 중간에 둑을 세우고 두 구역으로 나누어서 수작업으로 제거했다. 고분의 서편은 불도저로 돌들이 치워졌고 흙이 덮여있었다(도면 4). 따라서 적석을 하는 방법은 비교적 손상이 덜 된 동쪽편을 조사함으로써 추정할 수 있었다. 적석은 중형급 고분에서 일반적으로 쓰이는 방법으로 만들어졌다. 그 기저부는 촘촘하게 큰 강돌들을 깔았고, 그 사이사이와 상반부는 자잘한 자갈과 돌들로 채웠다. 고분 주변은 심하게 침식되었다. 표토를 제거하자 큰 돌과 석판들로 열을 지은 호석이 나타났다(그림 41). 이렇게 전체 무덤 구역이 표시되었다. 발굴 당시 적석의 높이는 0.5m였고, 남쪽은 묘광에서 퍼 올린 충적토들이 쌓여있었다. 무덤위의 적석과 호석열은 1유적-1호 고분에서 확인된 구조와 거의 같았다.

고분의 적석을 드러내고 바닥을 정리하자 고분의 중앙 묘광에 말각방형인 묘광의 흔적이 커다랗게 잘 드러났다. 이 묘광 안에는 다시 동북-서남방향으로 제 2의 구덩이가 확인되었는데, 그 묘광의 흔적은 분명해서 거의 방형에 가깝다(도면 4-b). 이 제 2의 구덩이(묘광)의 충전토는 중간 크기의 돌로 채워졌는데, 전체 묘광(즉, 실제 묘광)의 경우 흙과 돌을 섞어서 채운 것과는 다르다. 아마 이 제 2의 구덩이는 도굴갱이나 추가장 아니면 또 다른 용도일 수 있다.

말의 부장. 제 2의 묘광 밑으로 약 1m 지점에서 말의 뼈가 드러나기 시작했는데,

묘광의 바깥쪽으로도 이어졌다. 따라서 이 레벨에서 옆으로 발굴을 확장했다. 세심하게 정리한 결과 모두 3개체의 말뼈가 드러났다(도면 5-a). 그중 2마리는 구덩이의 북벽 쪽에 서로 맞댄 채 왼쪽으로 누워서 머리를 동쪽으로 향하게 누워있었다. 말머리의 레벨은 0.56m와 0.58m이고 몸통은 1.03, 1.05m이다. 말의 앞발은 뒤쪽으로 살짝 굽었고, 뒷발은 좀 더 심하게 굽혔다. 세 번째 말은 묘광의 서벽에서 발견되었는데, 배를 밑으로 하고 머리는 동쪽으로 향해 있었다. 머리는 깊이 0.52m, 몸통은 깊이 1.03m이다. 이 세 번째 말뼈가 다른 말들을 덮고 있는 것으로 볼 때 가장 나중에 매장된 것 같다. 그 점은 실제로 세 번째 말이 구덩이를 가로질러 눕혀있고, 다른 두 마리보다 훨씬 더 몸통을 휘어서 넣은 사실과도 부합한다. 모든 말의 입에는 철제 원형재갈이 물려있었다. 말 머리뼈 근처에는 굴레장식에 부착된 금박장식들이 발견되었지만, 정작 마구굴레 일괄은 남아있지 않았다.

말이 부장된 레벨에서 묘광의 남쪽에는 통나무 한 개가 놓여있었다. 묘광의 충전토는 자잘하며 중간 크기의 돌로 채워졌다.

1호 묘장(카라-코바문화의 추가장). 말의 무덤 바로 밑에는 흙으로 깐 간층이 있고, 곧바로 상당히 독특한 매장 구조인 돌로 만든 덮개가 드러났다(도면 5-b). 이 석제 유구의 남쪽에는 또 다른 부속유구가 이어졌다. 매장주체부는 나무판자를 2층에 걸쳐서 쌓은 목관으로 이루어졌다. 하지만 보존 상태가 안 좋아서 어떻게 관을 짰는지는 알 수 없었다. 이 목관은 두관족협의 마름모꼴로 머리 쪽은 직경 1.0m이고 다리 쪽은 0.7m이다. 길이는 2.2m이다. 이 목관(또는 상자)의 위에는 머리 쪽과 발쪽에 각각 나무판자를 덮고, 또 하나는 옆으로 깔았다. 아마 이 나무판자는 얇은 석판들을 제대로 세우기 위해 놓은 것으로 보이지만, 전반적인 양상은 도굴로 파괴되었기 때문에 알 수가 없다. 시신을 덮는 것과 관련된 유구는 모두 8개의 석판으로 이루어졌다.

석판은 평면상 삼각형으로 보인다. 석판 2개는 옆으로 세워져 있었고, 세 번째

그림 41. 작업 전의 고분 적석 평면도. 아크-알라하-1유적 2호 고분

그림 42. 첫 번째 말의 목제 굴레장식 세부, 아크-알라하-1유적 3호 고분, a-재갈멈치, b-끼우 개

알타이 초원의 기마인

변은 목곽의 일부로 대체했다(도면 5-c). 이 부속유구는 도굴되지 않은 부서진 토기, 병단이 원형인 철도 2점, 그리고 말의 갈비와 척추뼈 등이 발견되었다.

무덤은 옛날에 이미 도굴이 되었다. 도굴꾼들은 석제 덮개를 위로 끄집어내고 북쪽으로 밀어버려서 시신을 발쪽으로부터 끌어내렸고, 그 결과 시신의 하부는 무덤의 바깥쪽에 놓이게 되었다(도면 5-c, d). 남아있는 시신의 상태는 온전하게 해부학적 순서에 따라 잘 남아있었다. 즉, 도굴꾼들은 아직 시신에 살이 붙어있을 때 도굴을 한 것이다. 도굴 전에 시신이 어떻게 누워있었는지는 정확히 알 수 없다. 다만 시신의 두향은 동편이고, 시신의 밑에는 나무판자가 깔렸음이 부식된 흔적으로 나타났다. 공반 유물이나 시신의 개인 유물들은 전혀 발견되지 않았다. 무덤 근처에서 발견된 일부 유물들과 매장의식 들을 종합해 볼 때 이 무덤은 파지릭문화와 동시대에 속하는 카라-코바문화에 속하는 것 같다.

이후 발굴을 하면서 이 무덤은 실제로 원래 있던 무덤에 추가로 설치한 것이 밝혀졌다. 실제로 바로 이 카라-코바문화의 무덤은 파지릭문화의 무덤 덮개 위에 설치한 것이다. 사실 카라-코바문화의 주민이 자신들의 무덤을 파지릭 고분에 설치하는 것은 이번이 처음이 아니다.

2호 묘장. 카라-코바문화의 무덤을 드러내자마자 바로 그 밑으로 11개의 통나무로 만들어진 파지릭고분의 목곽 천장부가 드러났다. 그 크기는 2.30×3.60m이다. 이 통나무 사이사이는 얼어붙어 있었다. 이 천장 덮개를 드러내기 위해서는 먼저 통나무들 사이의 얼음을 녹여야했다. 묘광의 북쪽에서는 말뼈가 발견되었다. 말의 뒤편은 발이 서로 교차되게 접혀있었고 말의 머리와 상체는 목곽과 묘광 사이에 목곽 천정의 레벨 정도에 있었다(도면 5-b, c). 말의 머리에는 투부로 뚫린 구멍자국이 있었다. 말이 무덤의 덮개부 근처에 껴묻힌 것으로 볼 때 말의 추가 매장은 모든 무덤을 설치한 이후에 이루어진 듯하다. 이 말 근처에는 재갈멈치와 치레걸이(그림 42), 그리고 마구를 장식하는 목제 장식의 나무 편들이 발견되었다.

그림 43. 묘실의 얼음을 녹이는 과정. a-천정의 목재를 제거함, b-묘실 내에서 작업, 아크-알라하-1유적 3호 고분

b

묘광의 충전토는 충적토와 돌이 섞여있다.

무덤의 덮개를 제거한 순간 목곽 안은 완전히 얼음들로 가득 차있다는 것이 확인되었다(그림 43). 얼음들은 자연스럽게 녹아내렸고, 얼음이 부서지는 대로 목곽의 바깥으로 걷어냈다. 먼저 드러난 것은 파지릭 5호 고분(루덴코, 1953, p.44)과 비슷하게 박공(栱栱)된 통나무관의 뚜껑이었다. 이 뚜껑은 목곽의 남쪽에 위치하는데, 두정부가 둥근 청동 못으로 관에 박혔다(관의 옆쪽으로 2개의 못이 박혔다)(그림 46).

현재까지 알려진 파지릭 고분 중에서 유일하게 베렐 고분에서 발견된 청동 관정은 그리핀이 새겨진 것이었다. 그리고 바샤다르 2호 고분에서는 두정부가 버섯처럼 크게 만들어진 순동제 못을 썼다. 한편(우코크 고원에서는) 아크−알라하 강 유역의 쿠투르군타스 고분에서 4개의 순동제 관정이 출토되었다.

통나무 안의 얼음이 녹으면서 관을 장식하는 장식들이 드러나기 시작했다. 먼저

그림 44. 여성 고분 출토의 거울, 아크-알라하-1유적 3호 고분

길이가 38cm인 사슴이 아플리케 방식으로 장식된 것이 드러났다(그림 46-b). 관은 심지어 벽 쪽에 붙은 부분까지도 빠짐없이 장식이 되었다. 이 아플리케 장식은 현재 로서는 잔편만 남아있어서 6~7개 정도의 문양만 남아있는 정도이다.

관의 벽을 가죽 아플리케로 장식한 것 은 파지릭 1호와 2호 고분에서 잘 나타났 다. 예컨대 파지릭 2호 고분에서는 사슴이 표현되었다(루덴코, 1953, p.45).

한편 파지릭 대형 고분을 보면, 바샤다르 2호 고분에서는 관의 표면을 새김파기로 해서 동물의 문양을 표현하기도 했으며 파지릭 1, 2호 고분에서는 닭과 사슴을 표현한 가죽 아플리케와 자작나무껍질로 만든 띠로 장식했다. 아마 관을 이렇게 장 식하는 것은 마왕퇴 무덤에서도 발견된바, '관 속에 누워있는 시신을 악령으로부터 보호하기 위한 것'이다(크류코프, 페렐로모프, 사프로노브 외, 1983, p.260).

통나무에서 동쪽으로는 소위 말하는 '생활의 구역[45]'이 위치한다. 출토유물들을 차차 녹이기 시작하자(그림 46-c), 각 유물들은 서로 다른 높이에서 출토되었다. 예컨대 목제쟁반, 목제기명, 뿔잔 등과 같이 가벼운 유물은 물이 차올라서 얼기 전 까지 물위에 떠 있었기 때문에 물이 차오르던 그 레벨에서 발견되었다. 목제기명과 뿔잔같이 작은 유물은 목제쟁반보다 다소 높은 위치에서 발견되었다. 대부분 이들

---

45) 생활용기 및 생필품들이 부장되는 공간을 말함(역자 주).

그림 45. 여성 고분의 청동제 치레걸이장식, 아크-알라하-1유적 3호 고분

유물은 무덤의 바닥을 기준으로 해서 50㎝ 정도 위에 위치했다. 무덤의 바닥에서는 얼음에 파쇄된 토기 2점을 발견했다. 이들은 평저의 장경호(쿱신)로 눈금을 새긴 덧띠를 새겼고, 그 위에는 얇은 가죽 아플리케를 덧붙인 것이다. 두 토기에 공통적으로 가죽 아플리케 장식들이 붙어있거나 옆에 떨어져 있었다.

　토제, 목제, 각제 기명들은 모두 무덤의 동쪽 벽 부분에서 발견되었다(도면 6-a). 목제기명은 하나의 나무를 가공한 것으로 한쪽에 손잡이가 달린 컵형 토기(單耳杯)이다. 손잡이는 두 마리의 표범 장식으로 만들었다. 목제 기명 안에는 기다란 막대기 같은 형태로 된 붓(또는 스트로우)같은 것이 들어있었는데, 아마 유제품을 섞는 데 쓰이는 것 같다. 뿔잔은 손잡이는 야크의 뿔, 몸통은 산양의 뿔로 만든 것으로 바닥은 원저이다. 이와 비슷한 뿔잔은 파지릭 2호 고분에서 하부가 결실된 것이 발견된 바 있는데(루덴코, 1953, p.324, 도면 187), 당시에는 북이라고 잘못 기록되었다. 그

a

b

알타이 초원의 기마인

그림 46. 묘실의 얼음을 녹이는 과정, 아크-알라하-1유적 3호 고분

옆에는 하나의 나무로 만든 목제 쟁반들이 놓여있었고, 그 위에 음식들의 잔편들이
남아있었다. 작은 쟁반 위에는 양의 엉치뼈가, 큰 쟁반에는 철제 칼이 꽂힌 채로
놓인 어린 양의 엉치뼈가 발견되었다. 이 철제 칼의 병단장식에는 늑대의 머리에
염소의 뿔을 한 환상적인 동물의 머리가 새겨졌다. 작은 쟁반은 원래 쟁반으로 쓰는
나무판을 가공해서 밑에 작은 다리를 만들어 달았지만, 좀 더 높이를 높이기 위해
다리에 구멍을 뚫어 이어붙일 수 있게 했다. 이런 식으로 전체 쟁반의 높이는 15cm
에 이른다. 큰 쟁반 역시 쟁반으로 쓰는 나무판을 가공해서 짧은 다리 4개를 만들었
지만, 다시 그 다리들에 구멍을 뚫어서 밑에 다리를 더 부착했던 것으로 보인다.
하지만 따로 부착하는 다리는 발견되지 않았다. 두 나무 쟁반 모두 수선한 흔적이
남아있다. 작은 쟁반은 갈라진 것을 角絲(뿔에서 뽑은 실)로 꿰맨 흔적이 있고, 큰

그림 47. 표범장식 - 경식의 장식, 아크-알라하-1유적 3호 고분

쟁반에서는 망가진 쟁반다리를 다른 것으로 덧대어 붙인 흔적이 있다.

통나무관은 바샤다르 2호 고분처럼 끝에 귀때기가 달린 것으로, 그 안은 완전히 얼음이 차있었고(그림 49-c), 이는 몇 개의 구역으로 나누어서 제거했다. 통나무관의 높이는 0.68m, 길이는 2.73m이고, 깊이는 0.3m이다. 가장 먼저 얼음 속에서 드러난 것은 시신에서 가장 상부에 있는 머리 부분이었다. 머리 밑에는 작은 베개가 있었는데, 펠트로 안과 속을 넣고 꿰맨 것이다(그림 50-a). 시신은 25세 정도의 여성으로 오른쪽으로 누웠으며 무릎은 살짝 굽히고, 손가락은 팔꿈치 쪽으로 굽혀서 배쪽으로 손을 모은 채로 누워있었다(도면 6-b; 그림 50-b). 시신의 머리는 동쪽으로 향하고 얼굴은 북쪽으로 향하며 마치 자는 것처럼 누워있었다. 시신의 밑과 통나무관 바닥 사이에는 두꺼운 암색 계통의 펠트가 깔려있었다. 시신의 머리장식과 가발들은 그녀의 상반부, 통나무관의 상부 1/3지점에서 발견되었다. 얼음 덕택에 미라가 된 육신과 의복, 그리고 장신구들이 남아있었다. 이 시신의 몸은 손가락을 덮을 수

그림 48. 고수풀 씨앗이 담겨있는 석제기명, 아크-알라하-1유적 3호 고분

있을 정도로 소매가 긴 기다란 실크제 외투로 감쌌다. 허리춤에는 양모로 만든 긴 치마폭을 둘렀는데, 이 치마는 모두 3개의 원단을 가로질러 이어붙인 것으로 그중 2개는 홍색이고 나머지 하나는 백색이다. 이 치마는 양모로 만든 두껍고 긴 허리띠로 몸에 고정되었는데, 허리띠 끝에는 솔들이 달려있었다. 발에는 거의 사타구니까지 이어지는 펠트제로 만든 백색 타이즈를 신겼는데, 그 위에는 붉은색 천을 덧대어 장식을 했다. 타이즈의 윗부분은 붉은색 펠트로 띠를 둘러서 장식을 했다. 이 여성의 왼쪽 대퇴부 근처에는 붉은색과 흰색의 펠트를 덧대어 만든 주머니 속에서 청동거울이 발견되었다. 이 청동거울은 장방형으로 손잡이가 달린 원형의 나무틀 안에 놓여있었다. 이 나무 손잡이 끝에는 구멍이 뚫려있어서 허리춤에 걸 수 있었던 것 같지만, 끈 같은 것이 있었던 흔적은 없었다(그림 44). 아마도 이 거울은 그냥 시신 옆에 놓아두었을 가능성이 크다. 이 거울의 손잡이 근처에는 다양한 색깔의 구슬들 (유리와 파스타제)이 놓여있었는데, 그중 하나는 사람의 어금니였다. 그 밑으로는

그림 49. 통나무관의 해동작업, a-얼음에서 통나무가 나온 후

말총으로 만든 솔이 놓여있었는데, 긴 실린더 형의 백색 구슬을 잇는 실에 달려있는 것이다. 실 자체는 없어졌지만 남아있는 구슬의 위치와 형태로 그 존재를 알 수 있었다. 치마폭에서는 모두 5개의 청동치레거리 장식이 발견되었다(그림 45). 이 여성 시신의 목에는 복합 유물로 만든 경식이 걸려있었다. 경식에는 단면이 렌즈 형으로 살짝 굽혀진 나무판에 8개의 금박으로 만들어진 머리가 도드라지게 표현된

그림 49. 통나무관의 해동작업, b-모습을 드러낸 목관과 통나무관을 직사광선으로부터 보호하기 위하여 젖은 무명천으로 덮었음.

날개달린 표범 장식이 붙어있었다(그림 47).

　　이 여성은 머리에 가발을 썼다. 다행히도 발굴 과정에서 그 머릿결을 흐트러뜨리지 않을 수 있었다. 검은색 뭉텅이로 남아있는 가발은 말의 털로 만든 것이다. 가발은 금박을 입힌 목제 땋은 머리로 장식되었는데, 두 개는 짧은 것이고 한 개는 긴 것이다. 이 가발에는 61cm에 이르는 길쭉한 머리장식(모자)이 씌워졌다. 이 모자는

그림 49. 통나무관의 해동작업, c-통나무 안의 불투명한 얼음층, 아크-알라하-1유적 3호 고분

그림 50. 해동과정, a-먼저 두개부분이 녹음

길쭉한 펠트를 이어 붙여서 다시 검은색 천에 덧댄 것이다. 그리고 그 모자에는 15개
의 금박을 입힌 목제 새장식이 부착되었다. 이들 새 장식은 모두 날개, 발, 꼬리를
가죽으로 만들어 일일이 붙인 것이다. 가발에는 마치 배지처럼 금박을 입힌, 앉아서
상체를 돌린 모습의 목제 사슴장식을 붙였다. 또 다른 머리 장식으로는 머리들을
모아 땋아서 상단에 올리는 붉은색 양모로 만든 주머니가 있다. 이 주머니 안에는

그림 50. 해동과정, b-미라가 누워있던 양탄자와 통나무관의 바닥이 해동되는 광경, 아크-알라하-1유적 3호 고분

청동으로 만든 머리핀이 꽂혀있었다. 이 머리핀 끝에는 나무로 만든 사슴이 저립한 장식을 원형장식 위에 올렸다. 머리핀은 전반적으로 금도금이 되어 있다. 이 여성의 귀 쪽에는 금속을 철사처럼 늘어뜨려서 만든 귀걸이(또는 반지)같은 것이 있었다. 그 근처에는 석제 기명이 놓여있었는데, 그 안에는 일부 탄화된 향채 고수의 씨앗이 있었다(그림 48). 여기까지가 이 여성의 무덤에서 출토된 유물에 대한 서술이다.

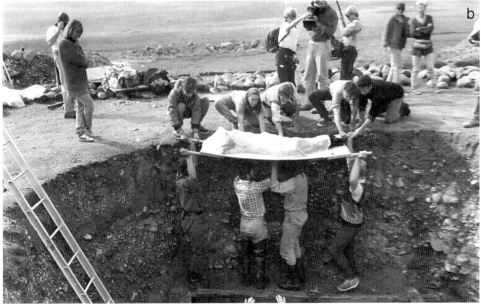

그림 51. 묘실에서 미라를 옮기는 과정, a-펠트를 깔아 놓은 들것에 미라는 옮김, b-미라를 실은 들것을 운구함, 아크-알라하-1유적 3호 고분

그림 52. 미라의 손가락, 아크-알라하-1유적 3호 고분

    다음으로 무덤에 묻힌 여성의 신체에 대해서 좀 더 살펴보자. 그 몸은 전체적으로 엠버밍(발삼)처리[46]가 되어있었다. 얼음 속에서는 미라화된 채로 발견되었지만, 전신이 다 미라화 된 것은 아니었다. 위에서 언급한 것처럼 머리 부분은 이미 두개골이 거의 드러난 상태였다. 재미있는 점은 이 두개골에 천공이 되었다는 것이다. 가슴부분에는 건초, 양모와 기타 물질들을 집어넣어 원래의 신체 형태를 복원시켜

---

46) 약초와 향료 등으로 염습을 했다는 뜻으로, 영어로는 엠버밍(embalming)이라고도 한다. 이하 발삼
     으로 통일해서 번역(역자 주)

놓았다. 배는 완전히 갈라져있었고, 그 안에는 가슴에 넣은 것과 마찬가지의 물질들로 채워놓았다(안에 채워놓은 것에 대해서는 이 책의 후반부에서 자세히 서술하겠음). 신체 각 부분의 보존 상태는 서로 다르다. 예컨대, 오른손의 조직은 손가락 부분 이외에는 거의 남아있지 않았다(그림 52). 왼쪽 손의 상태는 조금 더 좋았지만, 그래도 가죽에는 손상된 부분이 남아있었다. 이번 경우에 손가락이 중요한 이유는 손가락 끝까지 문신이 되어있기 때문이다. 시신의 어깨에서 손까지 문신이 되어있었고, 심지어 몇 부분은 손가락 끝까지도 문신이 되어 있었다. 문신의 스타일과 형태는 파지릭 2호분의 남성 미라에 시문된 것과 같은 형식이다. 중요한 점은 이 여성 시신의 손가락 끝에는 양모로 된 끈이 감겨있었다는 점이다[47].

통나무 관의 모든 유물들은 위쪽은 모피(털이 위를 향하게 해서)로 덮여있었고, 그 모피는 아플리케 기법으로 오려붙인 금박장식으로 장식했다. 이 금박을 모피에 어떻게 붙였는지는 정확하지 않다. 통나무를 열었을 당시 이미 대부분의 금박장식은 원래 위치에서 떨어진 후, 떠다니가 통나무 곳곳에서 얼어붙어버렸기 때문이다. 통나무의 남벽과 목곽 사이에서는 양탄자로 만든 고깔모자(콜파크)가 발견되었다.

말의 부장(도면 6-c, 7). 일반적인 파지릭 고분들과 마찬가지로 묘광 북벽에는 말들(이번 경우에는 털들)이 부장되었다[48]. 이 중 한 마리는 덮개 위에 매장되었고, 나머지는 깊이 2.82m에 폭은 0.65m의 목곽과 묘광 사이의 좁은 구덩이 안에

---

47) 우코크 고원의 V.I.몰로딘에 의해 발굴된 베르흐-칼쥔-2유적 1호 고분에서 발견된 시신의 오른손에도 똑같은 끈이 묶여 있었다. 시신의 손가락 끝에 끈을 묶는 것은 조흐치족(서부 몽골에 사는 오이라트 족의 한 분파)의 매장풍습에서도 보인다. 흑-백의 끈 한쪽 끝을 죽은 사람의 오른손 끝에 묶어 두고, 다른 쪽 끈은 살아있는 친척 중 한 사람의 왼손에 얹어놓는다. 그리고는 그 끈을 잘라서 죽은 사람의 영혼이 살아있는 사람들과 함께 하도록 힌디(탄가드, 1992, p.119). 이 풍습은 실이 인생의 인연을 상징한다고 믿는 것에서 기인한 듯하다. 실은 하늘로 이어저 천상의 세계와 사람을 이어주는 생명을 상징한다(르보바, 옥타브리스카야 외, 1988, p.184). 그리고 끈이 잘리는 것은 곧 죽음을 의미한다.

48) 사람이 묻힌 무덤에 말을 같이 배장하는 것은 파지릭문화의 특징으로서, 나리트 족의 신화를 보면 그 현상을 이해할 수 있다. 나르트 족의 설화에 따르면 영웅들은 그의 말이 살아있는 그 순간까지 존재하며, 말이 없다면 그는 '살아있는 시체'라고 하였다(쿠마호프, 쿠마호바, 1998, p.100~104).

그림 53. 말의 두개골, 아크-알라하-1유적 3호 고분

매장되었다. 말을 위한 특별한 유구의 설치는 없었고, 심지어는 바닥에도 특별한
시설이 없었다. 그래서 이 구역도 얼어붙어버리긴 했지만, 깨끗한 얼음은 없이
그냥 말들은 흙들과 섞인 채로 동결되어 있었다. 그럼에도 불구하고 말무덤에는
말아 땋은 꼬리장식, 양모 등이 남아있었지만, 우코크에서는 일반적인 가죽들은
말이건 마구이건 남아있지 않았다. 말은 서로 포개진 채 목곽의 벽에 붙여진 상태로

놓여있었다(도면 7-b, c, 그림 53).

다른 말들보다는 훨씬 높은 위치인 덮개 위에 놓여있었던 첫 번째 말에서는 나무 재갈멈치와 멈치 끼우개 1점만 발견되었다. 이 곧게 뻗은 재갈멈치는 파지릭의 예술에서 많이 쓰였으며, 파지릭 '왕족' 고분의 마구장식에서도 흔히 보이는 산악 염소가 표현되어 있다.

두 번째와 세 번째 말은 말 구덩이 동편에서 오른쪽으로 누워있는 채 발견되었는데, 그 머리는 동쪽으로 향하고 얼굴은 북서쪽으로 꺾인 상태였다. 다리는 서로 교차되게 굽혀있었으며, 두개골의 정부에는 투부를 맞아 생긴 구멍이 남아있다. 세 번째 말 위에 놓여있었던 두 번째 말의 경우 나무로 만든 마구굴레 장식일괄이 출토되었다(그림 54). 재갈멈치의 끝은 다른 파지릭문화 출토품에서는 찾아볼 수 없는 독특한 형태의 그리핀으로 장식되었다. 재갈에 걸리는 치레걸이는 재갈멈치의 끝과 완전히 똑같은 형태의 그리핀으로 장식되었다. 이런 형태의 장식일괄은 투엑타 1호 고분에서 발견된 것과 완전히 똑같은 말의 가슴장식이다. 두 번째 말의 안장은 밝은 홍색 양탄자로 만든 것으로, 그 위에는 사자와 그리핀을 합쳐놓은 장식이 아플리케로 붙어있었다. 이 그리핀은 날개, 뿔, 귀 등이 달렸고 꼬리에는 술이 달렸다.

세 번째 말은 그 머리뼈 기준으로 깊이 2.65m에서 발견되었다. 이 말의 이빨에는 철제 재갈이 채워있었고, 다량의 목제 치레거리 장식과 이마에 볼록 튀어나온 장식(즉, 당호)로 장식되었다(그림 55). S자형의 대형 재갈멈치는 그 끝이 파지릭문화의 독특한 양식으로 시문된 팔메트 장식으로 마무리되었다[49]. 그밖에도 아플리케로 장식된 양탄자로 만든 안장과 그에 딸린 목제 부속들(주로 안교에 해당)이 발견되었다. 안장덮개와 함께 두 개의 길게 땋은 장식이 발견되었는데, 이 장식은 양모를 둘둘 꼬아 여러 갈래로 땋고 그 끝에는 둥근 술을 단 것이다(그림 56-a). 또 다른 두 개의 땋음 장식이 발견되었는데, 이는 앞의 것보다 1/3정도 크기 밖에 되지 않고, 말의 머리 근처에서 발견되었다(그림 56-b)(이런 형태의 말 장식은 이제까지

---

49) 여기서 팔메트 장식은 도식화된 날개와 꼬리가 달린 그리핀 장식을 의미한다.

그림 54. 두 번째 말의 목제 굴레장식, a-전체 장식, b-재갈멈치와 끼우개, c-재갈멈치와 끼우개의 실측도

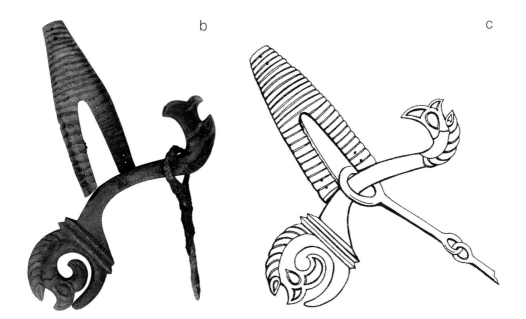

b   c

파지릭의 고분에서는 발견된 바가 없다). 짧은 뚫음 장식은 각각 3개의 목제 그리핀 장식으로 추가로 장식되었다. 이 장식들은 그리핀의 목 부분을 걸어서 뚫음 장식에 부착했다. 이 나무 장식에는 금박장식이 입혀졌다. 술과 그리핀 장식이 달린 뚫음 장식은 굴레장식에 부착되어 말의 머리 근처에 위치했다(그림 57).

이렇게 치렁치렁한 장식을 기승용 말에 다는 풍습은 아시리아에서 처음 시작되었다. 파지릭 문화처럼 술이 달린 장식으로 마구를 치장하는 예는 오를라트 석판(사마르칸드 주)에서도 보이는 것과 유사하다[50]. 이렇게 술을 뚫아서 만든 깃털로 말을 장식하는 것은 신비스러운 의미를 가졌을 것이다. 즉, '마스코트-아뮬렛'의 역할을 하는 동시에 이것을 소유한 사람들이 당시 사회에서 높은 위치였음을 의미한다(오클라드니코프, 1976, p.179).

---

50) 이 장식판에 대한 편년은 서로 이견이 있어서, 기원전 2세기설(푸가첸코바, 1987, p.57,58), 기원전 1~서기 1세기(베르나르, 압둘라예프, 1997, p.86), 서기 1~2세기(마슬로프, 1999, p.229) 설 등으로 분분하다.

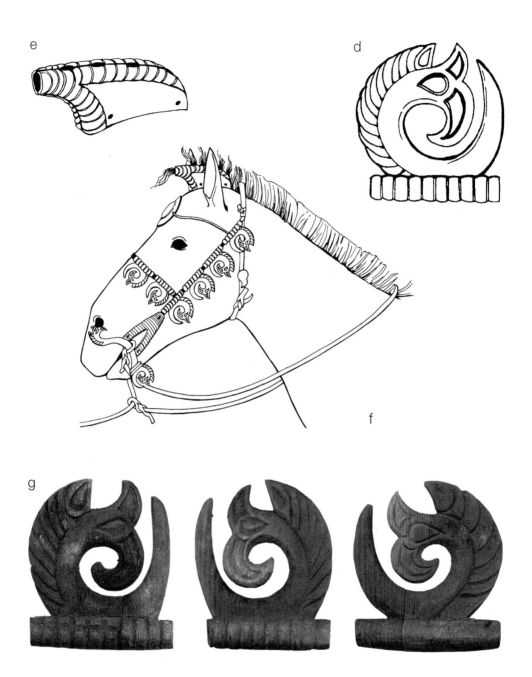

그림 54. 두 번째 말의 목제 굴레장식, d-치레장식의 실측도, e-갈기형 장식, f-굴레장식의 복원. 아크-알라하-1유적 3호 고분

세 번째 말을 덮은 황갈색 양탄자 덮개에는 두 마리의 사자를 닮은 그리핀이 장식되었다. 이 그리핀은 홍색 몸통에 뿔, 갈기가 달리고 녹색 귀에 흰색 얼굴을 했으며, 그 꼬리에는 술이 달렸다.

네 번째 말은 굴레의 장식과 일괄이 재갈멈치, 멈치끼우개와 장식들을 포함해서 거의 완전하게 부장되었다(그림 58). 특히 살짝 휘어진 재갈멈치에 표현된 그리핀 표현은 매우 훌륭하다. 머리 위의 상투갈기, 날카로운 귀, 가지런히 뻗은 갈기, 꽃잎의 테처럼 마무리된 부리 끝, 세로로 눈금이 새겨진 목 등이 그 특징이다(그림 58-b, c). 재갈멈치의 끼우개는 마치 저울처럼 반원형으로 새겨졌다. 이 말에는 특히 조합형으로 만들어진 대형 그리핀 장식이 발견되었다. 도드라지게 새겨진 머리가 날개와 꼬리가 표현된 몸통에 해당하는 목판에 부착되었다. 아마 굴레장식의 가장 중심 되는 장식인 듯하다.

다섯 번째 말은 깊이 1.97m에 벽과 아주 밀착되게 누워있었다. 역시 전체 재갈부속과 장식들이 잘 보존되어 있었다(그림 59). S자형 재갈멈치는 한쪽은 그리핀, 다른 쪽은 팔메트 장식이 그 끝에 새겨졌다(그림 59-b, c). 이런 팔메트 장식은 치레걸이에도 보인다. 재갈멈치 끼우개 장식에는 타이가영양의 머리 장식이 새겨졌다(그림 59-d). 말의 이마장식(당호) 대신에 작지만 아주 정교한 그리핀 장식이 놓여졌다(그림 60-a, b, c). 이런 형태의 그리핀은 표트르 대제 시베리아 컬렉션의 유물 중에 있다. 재갈멈치의 그리핀은 상투머리가, 날카로운 귀에서 이어지는 갈기 등이 아주 아름답게 묘사되었다. 또 다른 그리핀 장식은 머리 부분과 몸체를 따로 만들어 조합한 것으로 사슴의 뿔 같은 것이 새의 머리에 달린 것인데, 이것도 말굴레 장식의 일부로 같이 부착되어 있던 것 같다(그림 61).

이미 조사된 파지릭 고분의 예를 보면 가죽을 만든 마구굴레 장식도 적지 않았던 것 같다(루덴코, 1953, p.173~184, 도면 112~114). 아크-알라하 고분에서 가죽은 보존되지 않았다. 마구 일괄에서 가죽 같은 것과 함께 붙어서 나온 적은 없지만, 그를 제외한 마구의 여러 부속들은 말의 정확한 위치에서 발견되었다. 우리가 여기서 발

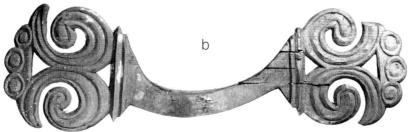

그림 55. 세 번째 말의 목제 장식. a-전체 장식, b-재갈멈치, 아크-알라하-1유적 3호 고분

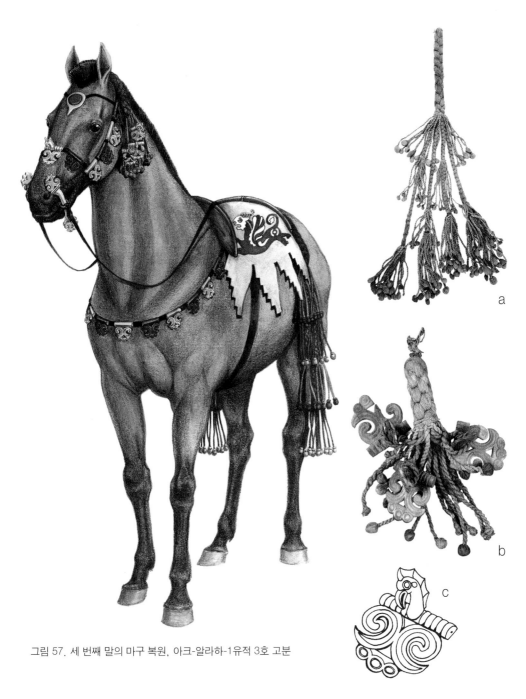

그림 57. 세 번째 말의 마구 복원, 아크-알라하-1유적 3호 고분

그림 56. 꼬아서 땋은 장식-세 번째 말의 굴레 및 안장의 장식, a-안장에 술을 달아서 건 양모치레걸이, b-머리장식, c-그리핀을 조각한 장식, 아크-알라하-1유적 3호 고분

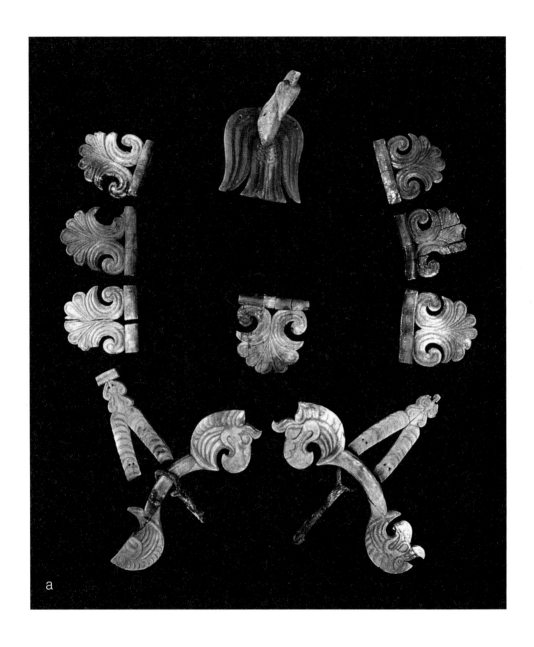

그림 58. 네 번째 말의 목제 굴레장식. a-전체장식, b-재갈멈치, c-재걸멈치 끝 부분의 실측도. 아크-알라하-1유적 3
호 고분

b

c

견하지 못한 가죽제 장식들은 파지릭문화 왕족고분의 조사를 통해 짐작할 수 있다.

다섯 번째 말의 펠트제 안장덮개에는 사자가 사슴을 물어뜯고 있는 장면을 새긴 2개의 아플리케가 꿰매져있었다. 비슷한 동물의 문양은 파지릭 고분 제 1호 안장에서도 발견된 적이 있다(루덴코, 1953, p.274, 도면 158).

여섯 번째 말의 굴레는 말무덤의 가장 밑바닥에서 발견된 것인데, S자 형으로 약간 굽고 그 끝을 그리핀 머리로 마무리한 재갈멈치가 출토되었다(그림 62). 여기에 표현된 양식은 이제까지 파지릭문화에서는 알려지지 않았던 새로운 것이다. 귀는 생략되었고, 갈기는 작게 물결치듯 표현되었다. 부리는 크며 상투머리는 크게 하나로 묘사되었다. 당호(이마장식)는 세 번째 말과 마찬가지로 둥글고 한쪽으로 뾰족하게 튀어나왔으며, 파지릭 1호 고분 출토 장식과 유사한 팔메트형 치레걸이도

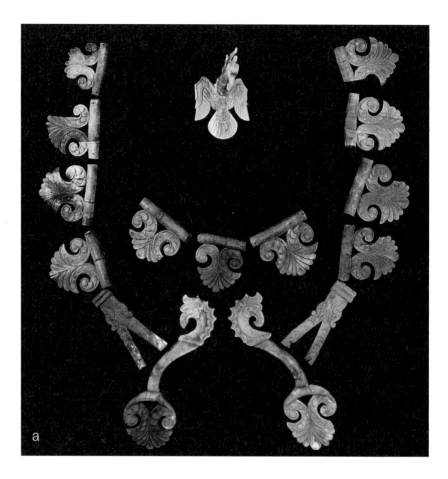

그림 59. 다섯 번째 말의 목제 굴레장식, a-전체 장식, b-재갈멈치와 끼우개의 실측도, c-재갈끝 부분의 실측도, d-치레 장식의 실측도, 아크-알라하-1유적 3호 고분

a

b

c

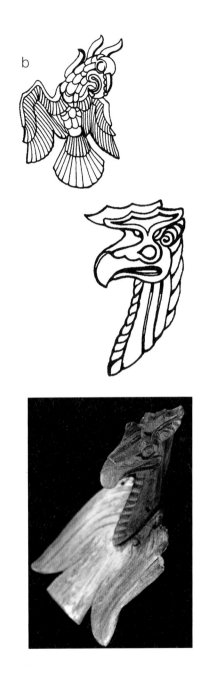

그림 60. 다섯 번째 말의 목제 장식, a-이마굴레의 그리핀 장식, b-그리핀의 실측도, c-굴레장식의 복원도, 아크-알라하-1 유적 3호 고분

그림 61. 목제 그리핀 장식, 다섯 번째 말 굴레 장식의 가슴쪽 장식부분과 그 실측도, 아크-알라하-1유적 3호 고분

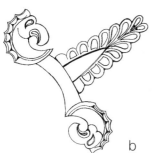

그림 62. 여섯 번째 말의 목제 굴레장식,
a-전체 장식, b-재갈멈치 및 끼우개의 실측도, 아크-알라하-1유적 3호 고분

출토되었다. 재갈멈치의 끼우개 장식은 펜 같은 것으로 문양을 새겨 표현했다.

1유적-1호 고분의 마구장식과 마찬가지로 아크-알라하-3유적의 제 1호 고분 마구 장식의 주요 모티브도 그리핀이다.

바닥은 목제바닥 대신 흑색과 암갈색의 양탄자 두 조각을 서로 기워 깔아놓은 양탄자를 깔았다. 이 양탄자의 밑바닥에는 자잘한 돌을 잘 깔아놓았다. 이 양탄자의 기다란 쪽 끝은 양탄자 매듭을 달아서 장식했다. 무덤방 바닥에서는 양탄자로 된 받침대 4점이 발견되었는데, 아마도 토기들 받침으로 쓰였던 것 같다. 이런 받침대는 파지릭 고분군의 대형 고분은 물론 일반 무사의 무덤에서도 발견되는 것이다.

한편, 무덤방 남벽 쪽에서는 금박을 입힌 긴 막대기를 발견했다. 묘실 안에서 우연히 발견되는 유물이란 없기 때문에 아마도 이 막대기도 특별한 의미가 있을 것이다. 텔레기트인들은 유르트에서 1~2개 정도의 막대기를 빼서 죽은 사람의 무덤에 놓는데, 그 막대기로 죽은 사람이 저 세상에서 자기의 집을 짓도록 하기 위해서이다(토샤코바, 1978, p.132).

3. 아크-알라하-5 무덤유적

아크-알라하-5고분 유적은 1990년에 발견되었고, 1994~95년도에 조사되었다. 이 유적은 아크-알라하-1유적의 근처에 위치하여 전체적으로 하나의 커다란 무덤 조합군을 이룬다. 아크-알라하-5유적의 고분 열은 아크-알라하-1유적의 동쪽으로 몇 미터 앞쪽까지 이른다. 전체 고분군은 모두 5개의 일반무사급 고분으로 이루어져 있고, 그 고분열은 남-북으로 이어진다(그림 63). 이 고분열의 가장 북쪽에 있는 제 6호 고분은 외형상으로 볼 때 고분열을 따라서 이어지지만, 파지릭 문화에 속하는 것이 아님은 분명하다. 이 6호 고분의 적석부는 남쪽에서 북쪽으로 이어지게 평평하며 커다란 자갈을 사용하여 원형의 모습을 갖추었다. 비슷한 형태의 유구는 1991년 몰로딘에 의해 조사된 아크-알라하 계곡의 베르텍-3·4유적에서 조사된 바 있다. 발굴을 해보니 이 유구 안에서는 토기 편과 말뼈 등이 출토되었으며, 흉노 시기의 제사유구로 밝혀졌다(몰로딘, 1994, p.98~104).

전체 아크-알라하-5유적의 파지릭 시기 고분은 어린이를 매장한 제 2호를 제외하고는 그 주변에 발발(소형입석)을 세웠다. 제 1호 고분에는 2개가 세워졌고, 제 3호 고분에는 2열로 세워져 배치되었다(이런 습속은 투르크 시대 고분의 특징임). 제 4호 고분에서는 13개의 발발을 일렬로 세웠고, 그 발발의 열 끝에는 다시 3개의 발발을 그와 직각으로 세웠다. 제 5호 고분에서는 3개의 발발이 일렬로 세워졌다. 물론, 현재 남아있는 발발은 처음 고분이 만들어졌을 때와 같지는 않을 것이다.

1) 제1호 고분

적석의 상부는 크지 않은 돌과 자잘한 자갈, 돌로 채웠는데 거의 침식이 되었다. 고분의 직경은 약 12m이다(도면 8). 이 고분의 적석부는 현 지표 기준 높이 15cm도 되지 않게 평평하며, 그 적석을 정리하는 과정에서 적석의 동편에서 석제 맷돌이 출토되었다.

이 적석은 가운데에 남북 방향으로 둑을 남기고 양쪽으로 구역을 나누어 정리했다. 고분의 중심부에는 뚜렷하게 묘광의 흔적이 드러났다(도면 8-b, c). 층위 상으로 볼 때 묘광에서 퍼 올린 흙이나 따로 흙을 쌓아 올린 층은 관찰되지 않았다. 고분의 내부 적석을 정리하자 그 주변에 자잘한 돌로 돌린 호석 열이 나타났고, 호석의 내부에는 동서남북 정방향[51]으로 향하는 말각된 방형 묘광이 드러났다. 묘광 내의 충전토는 묘광을 팠던 흙인 충적토에 자잘한 돌을 섞어서 다시 넣은 것이다. 묘광의 깊이는 2.5m에 달한다(도면 8-c).

---

51) 러시아식 표현, 동서남북을 다 가르키는 방향임(역자 주)

그림 63. 아크-알라하-5유적의 발굴광경(고분군을 북쪽에서 바라본 광경)

말의 부장. 묘광의 북쪽에 위치한다. 모두 6마리의 말이 매장되었는데, 머리는 동쪽으로 향한 채 서로 포개어져 눕혀졌다. 말들의 앞 다리는 앞쪽으로 뻗어있고, 뒷다리는 배 쪽으로 접혔다. 모든 말은 입에 철제 재갈이 물려있으며, 마구가 완전히 채워진 상태였다. 위쪽의 두 마리 두개골과 말뼈는 목곽의 덮개 위에 놓여있었다 (8-d ; 도면 9). 아마도 모든 재갈장식들은 처음에는 완벽하게 갖추어져 묻혔을 것이다. 하지만 다른 말무덤처럼 얼음이 형성되지 않고 하부만 땅이 얼었기 때문에 목제 유물 몇 점이 가장 밑바닥에서 나왔을 뿐이다. 여기에서 출토된 목제 유물은 아크–알라하–3유적 여성이 매장된 1호 고분에서 출토된 것과 같은 팔메트 형태의 재갈장식(그림 64), 조합식 그리핀 장식(그림 65), 환상적인 동물이 새겨진 잔편(그림

그림 64. 재갈멈치의 끝부분과 그 실측도, 아크-알라하-5유적 1호 고분

(66), 그리고 고양이과의 맹수(그림 67) 등이 있다. 또한, 붉은색 물감을 칠한 목제 방패(그림 68)와 양머리를 한 환상적인 동물을 아플리케로 장식한 양탄자로 만든 안장 덮개 등이 출토되었다.

무덤. 묘광 안에는 낙엽송 통나무 3열로 쌓은 작은 목곽이 설치되었다(2.2×1.1 ×0.64m). 목곽의 상부는 5개의 통나무를 이어서 덮었는데, 보존 상태는 좋지 않다. 목곽 남벽 쪽에는 보존상태가 좋은 나무로 만든 시상(尸床)이 놓여있었다. 시상은 3개의 판자를 붙인 것으로 짧은 다리 위에 놓여있었다. 다리는 직경 15~17cm의 나무 4개를 이어 붙였는데, 뿌리 쪽이 심하게 휘어진 것들을 이용했기 때문에 다리 부분은 자연스럽게 휘어진 부분을 이용한 것이다. 시상은 접을 수 있는 것으로 묘광 내의 대부분을 차지한다(도면 9-b,; 그림 69). 시상대 위에는 여성의 시신이 안치 되었다. 이 여인은 오른쪽으로 누워있었고, 무릎은 심하게 굽혀있었다. 미라화된 시신의 일부가 남아있어서 러시아과학원 시베리아분소 유전학연구소에 연구를 위하여 전달했다.

비슷한 시상대는 유스티드-12유적의 2호, 22호 고분(쿠바레프, 1991, p.31)과 베르흐-칼쥔-2유적 3호 고분에서도 발견되었다. 이밖에 청소년, 아이를 동반한 여성, 남성들이 그 위에 안치되었다. 이 고분은 좀 더 다양한 유물의 조합이라는 점에서 일반적 고분들과는 차별화가 된다. 이런 시상에 안치되는 사람들은 누구였으며, 사회적 신분은 어땠는지 알 수 없다. 단지 이런 고분에 묻히는 사람들은 좀 더 부유한 가정의 일원이었을 것이라는 생각이 든다. 이 시상대에 눕히려면 무릎을 심하게 구부려야 하기 때문에 무덤을 따로 만들었던 것 같다.

무덤 속에서 발견된 의복들의 잔편으로 미루어볼 때 이 여인은 붉은색 및 흰색 양모 치마를 두르고 양모 상의(셔츠)를 입었다. 신발은 남아있지 않았다. 시상대의 위쪽 두개골보다 높은 쪽에는 평평한 석침이 놓여있었고, 그 근처에는 목제 관식(디아뎀)과 금박 잔편들이 남아있었다. 또한, 그 근처와 시상대 바닥에는 양탄자 모자의 나무 장식들이 발견되었다. 아마 이 장식들은 시상대의 머리 쪽에 펼쳐져 있었던 것 같다. 이 여인의 펼쳐진 오른손 끝 쪽에는 紐가 달린 동경이 발견되었다. 아마 원래는 시신의 손바닥에 놓였던 것 같다(그림 70). 시상대의 끝 쪽 목곽의 남벽 쪽에서는 녹이 심하게 슬어버린 철제 단검이 목제 칼집 안에 들어있는 채 글자 그대로 벽에 꽂혀 있었다. 그리고 그 옆에서는 동경도 발견되었다(그림 70). 그리고 허리띠 버클의 목제 장식도 몇 점 나왔는데, 보존 상태는 좋지 않으며, 가운데 붉은색을 칠한 흔적이 있다.

이 무덤은 아마도 일종의 '케노탑(Cenotaph)'[52]의 역할을 했던 것으로 생각된다. 즉, 이 여인의 옆쪽 무덤 남쪽 끝 남성도 모셨을 것이다. 하지만 그 시신 자체는 안치하지 않고, 단지 그가 시녔던 유물인 단검, 허리띠, 동경, 머리 장식 등을 놓았던 것이다.

---

52) 사전적 의미는 무명용사의 무덤이라는 뜻인데, 여기에서는 불특정한 사람들을 무덤 내지 묘역을 만들지 않은 채 매장하는 추가장을 말한다(역자 주).

그림 65. 조립형 그리폰장식, a-출토광경, b-조립된 형태, 아크-알라하-5유적 1호 고분

b

　유감스럽게도 얼음은 시상대 밑에서만 형성되었다. 무덤 자체는 영구동결대의 바깥에 놓였기 때문에 보존 상태는 아주 좋지 않다. 다만 시상대에서 바닥으로 떨어진 물건들만 얼음 속에 갇힐 수 있었기 때문에 원형대로 보존될 수 있었다. 그 유물들은 머리 장식 일부인 사슴과 말 장식 등이다(그림 71).

　음식이 담긴 그릇은 일반적인 파지릭문화 무덤에서처럼 묘곽의 동북쪽 바닥에 놓여있었다. 여기에서 얼음은 목제 기명(즉, 쟁반과 그릇)들을 박살을 내버렸다. 시상대 위에서는 토기 잔편, 양의 골반뼈와 척추뼈, 철제 칼의 일부가 출토되었다.

　묘광의 깊이가 2.5m로 비교적 깊지 않은데다가 높은 시상대를 설치한 탓에 이 고분은 영구동결대의 얼음 속에 갇히지 않게 되었다. 다만 바닥에 얼음층이 일부 남아있을 뿐이었다. 이 무덤은 파지릭문화에 속하며 말굴레 장식은 아크-알라하-3 유적의 1호 고분과 비슷하다. 또, 여기 묻힌 여인의 의복 빛깔과 스타일은 3유적-1호 고분에서 발견된 여성의 의복과 비슷하다.

그림 66. 환상적인 새를 표현한 장식의 일부, 마구 굴레장식, 아크-알라하-5유적 1호 고분

2) 제2호 고분

이 고분은 1호 고분의 남쪽으로 연접해있다. 적석의 직경은 약 6m이다. 적석부는 자잘한 돌과 자갈들로 주로 이루어졌고, 자잘한 자갈도 일부 깔아서 메웠다(도면 10). 묘광은 적석의 한 가운데 위치하는데, 크기는 1.65×1.50×1.35m로 평면 형태는 둥글다. 묘광의 충전토는 흙과 자잘한 돌로 채워졌다. 묘광 바닥에는 정방형의 형태로 목곽[53]이 만들어졌는데, 그 덮개는 5개의 목판으로 덮여 있고, 묘벽은 2열의 통나무로 만들어졌다. 보존 상태는 아주 좋지 않다. 목곽은 장변이 동-서로 정확하게 일치했고, 무덤 덮개의 서쪽에는 커다란 돌이 놓여있었다(도면 9-a, b).

---

53) 그 내부에 별도의 시설이 확인되지 않은 바, 목관으로도 볼 수 있으나 기본적으로 파지릭의 목곽들과 똑같은 형태로 다만 그 크기만 축소된 것으로 생각되기 때문에 여기에서는 목곽으로 번역하겠다(역자 주).

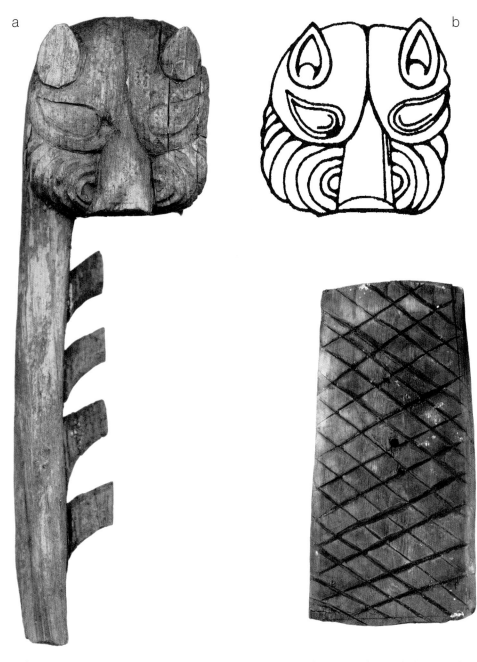

그림 67. a-고양이과 맹수장식, b-실측도, 아크-알
라하-5유적 1호 고분

그림 68. 목제 방패, 말의 매장구역에서 발견,
아크-알라하-5유적 1호 고분

그림 69. 침대의 프레임처럼 설치된 묘실, 아크-알라하-5유적 1호 고분

그림 70. 동경, 아크-알라하-5유적 1호 고분

이 목곽의 바닥은 8개의 목판을 이어서 만들었는데, 현재는 이 목판의 흔적들만 남아있다. 매장된 시신은 어린아이로 깊이 1,35m에서 확인되었다. 이 시신은 남벽 쪽에서 오른쪽으로 옆으로 누운 채 다리를 굽혀서 안치되었다(도면 9). 그의 머리 맞은편에는 압력으로 깨진 작은 토기편들이 놓여있었다. 시신의 흉부 근처에는 물고기 모양의 작은 목제품이 놓여있었고, 인골 근처에는 금박장식 편들이 널려있었다. 아마 이 금박은 시신의 옷에 붙어있었던 것 같다. 머리에는 평평한 돌이 놓여있는데, 아마 머리장식의 밑을 받치는 석침의 일종인 듯하다. 그리고 목곽 북벽에서는 이 어린아이의 다리 맞은편에서 양의 골반뼈가 발견되었다.

층위로 볼 때 고분 적석은 돌로 쌓아 올린 단일 층위이다. 고분의 중앙부는 묘광에서 퍼 올린 충적토와 돌이 섞여있는 층위에 적석을 했다. 이 아이의 무덤은 파지릭 문화에 속한다.

그림 71. 목제 머리장식의 장식, a-사슴, b-말, 아크-알라하-5유적 1호 고분

3) 제3호 고분

이 고분유적에서 가장 큰 것으로 1호 고분의 북쪽으로 연접해있다(그림 72). 적석의 직경은 14m이고, 높이는 현재의 지표면을 기준으로 0.5m 정도이다. 이 고분의 동쪽 구역은 침식이 되었으며, 서쪽은 적석의 상층이 결실되어 있다(도면 12).

고분의 적석은 대형 또는 중형의 강돌을 쌓고 그 사이를 자잘한 자갈과 쇄석으로 채운 것이다. 그 기반부에는 큰 돌이 놓여있는데, 주로 묘광의 주변에 모여 있다. 묘광에서 퍼 올린 흙은 비교적 단단한 편이어서 외견상 갈색의 불먹은 진흙과 충적층(이 지역에서는 생토층에 해당함)으로 이루어졌다.

3호 고분의 중심부에는 4.7×4.2m 크기의 묘광 흔적이 잘 드러났다. 이 묘광 유구의 흔적 경계부분은 좀 작은 크기의 돌들로 채워진 것이 뚜렷하게 드러났다. 아마도 도굴갱이거나 무덤을 만들 때 만들어놓은 출입구 같다. 묘광 내부의 충진토는 돌, 진흙, 자잘한 자갈들이다.

  말의 부장묘. 부장된 말은 깊이 0.88m 부터 드러나기 시작했다. 이 부장동물은 묘광의 북벽에 따라 분포한다. 여기에서는 모두 4마리의 말이 부장되었는데, 모두 마구를 갖춘 상태로 입에는 철제 재갈이 채워진 상태였다. 말의 두개골은 투부에 맞아 구멍이 뚫렸으며, 각 말은 서로 포개져있었고 글자그대로 목곽의 벽에 찌그러져있듯이 누워있다(도면 12-d).

  매장주체부. 묘광의 중앙부에는 3열의 통나무로 쌓아올린 목곽이 위치한다. 그 크기는 1.8×2.0×2.27m이다. 전반적으로 통나무의 보존 상태는 좋지 않으며, 목곽의 덮개는 8개의 통나무를 댄 것으로 깊이는 약 1.9m이다. 무덤은 도굴되지 않은 듯하다. 25~30세와 20~22세의 남성 2명이 매장되었다(도면 13-a, b). 그들은 왼쪽으로 누워있었고 머리는 동쪽으로 향했다. 첫 번째 인골은 깊이 2.27m, 두 번째 인골은 2.28m에 매장되었다. 두 인골 모두 글자그대로 묘곽의 동벽에 눌려있는 상태였다. 그중 한 구는 말이 배장된 북벽 쪽에 허리춤을 붙이고 무덤 바닥에 안치되었다. 이 인골의 허리춤에서 동경이 발견되었다(도면 13-a, b). 두 번째 시신은 6개의 나무판자로 만들어서 목곽의 일부를 깐 무덤의 바닥 위에 안치되었다. 바닥재는 큰 강돌과 푸른빛을 띠는 돌들을 잘 깔고 그 위에 흙을 덮어서 기반을 다진 후에 얹은 것이다(도면 13). 이 인골에는 그보다 늦은 시기에 부장된 토압으로 깨진 토기 1점만이 있다. 묘광의 단면으로 볼 때에 묘도는 고분의 남쪽으로 낸 듯하다.
  이 무덤은 시신들을 왼쪽으로 뉘어서 북벽 쪽으로 등을 향하게 해서 안치했으며, 머리 쪽에는 거의 빈 공간이 없다는 점이 특징이다. 이는 머리에 높은 장식을 화려하

그림 72. 적석의 제거, 아크-알라하-5유적 3호 고분

그림 73. 동경, 아크-알라하-5
유적 3호 고분

게 하는 파지릭의 매장 풍습과는 맞지 않다는 점을 의미한다. 또한, 뼈의 형태로 남아있는 고기음식도 부장하지 않았다. 물론, 액체 또는 국물이 있는 음식을 담았던 토기는 오직 한 인골의 옆에서만 발견되었다. 이러한 이질적인 매장풍습은 몽골의 울란곰문화 및 파지릭문화에서도 찾아볼 수 있다.

4) 제4호 고분

파지릭 고분 중에서 가장 북쪽에 있는 것으로 심하게 침식되었다. 고분의 직경은 8.7m이다. 적석부는 중간 크기의 돌을

그림 74. 적석의 제거, 아크-알라하-5유적 4호 고분

쌓고, 그 사이를 치밀하게 자잘한 자갈과 돌로 채웠다
(그림 74, 도면 14-a~c). 호석열을 기준으로 실제 고분의
직경은 8m가 된다. 묘광은 무덤의 중심부에 방형으로
설치되었고, 그 크기는 3.05×2.5m에 깊이 2.4m이다.
묘광의 충전토는 생토를 판 흙과 돌들로 이루어져있다.
무덤은 도굴되지 않은 듯 하며, 깊이 1.45m에서 묘광의
북쪽에 배장된 말의 무덤이 드러났다. 모두 2마리가 부장
되었는데, 서로 포개지게 누워있었고, 머리는 동쪽을 향해
있다(도면 14-d). 모두 입에 재갈이 채워졌으며 두개골에
는 투부에 맞아 함몰된 흔적이 남아있었다. 이 중 한 마리

그림 75. 거울, 아크-알라하-5유적 4
호 고분

의 말에는 굴레를 채우는 골제 버클이 발견되었다.

매장주체부. 목곽의 크기는 1.80×1.35m로 묘광의 한 가운데에 만들어졌다. 묘광의 바닥에는 푸른색 자갈이 깔려있었다. 목곽은 1열의 통나무로 벽을 돌렸고, 바닥에는 6개의 나무판자를 깔았다. 무덤의 덮개는 7개의 통나무로 만들었는데, 붕괴되어 바닥으로 떨어진 바람에 인골들은 사방으로 흩어졌다. 여기에는 2명이 매장되었는데, 35~40세의 남성과 비슷한 연령대의 여성이다(도면 15-e). 남성은 목곽의 남벽 쪽에 근접하여 깊이 2.35m의 위치에 오른쪽으로 몸을 굽힌 자세로 안치했다. 그 옆의 여성보다는 몸을 덜 굽힌 편이다. 여성은 남성보다 약간 낮으며 몸은 더 굽혀서 매장되었다. 남성의 손은 그 끝이 위쪽을 향하게 해서 가슴에 모아져있으며, 여성의 손은 서로 팔짱을 끼듯이 교차시켜 허리춤에 모았다. 남성의 허리춤 근처에는 나무 장식에 부착되었던 금박 편들이 많이 남아 있었고, 그 오른쪽 허리춤에는 철제 투부, 왼쪽 허리춤에는 동경과 의복의 잔편인 천 조각, 가죽, 모피 편들이 발견되었다(그림 75). 여성 시신의 오른편 허리춤에는 철제 투부와 칼이 놓여있었다.

목곽의 북벽 쪽에는 2점의 작은 쿱신이 깨어진 채로 발견되었고, 그 주변에서 양의 꼬리뼈와 철제 칼도 발견되었다. 아마 칼과 고기가 목제 쟁반 위에 놓여있었던 흔적 같다. 이 무덤은 파지릭 문화에 속하는 듯하다.

5) 제5호 고분

무덤열의 남쪽 끝에 위치한다. 적석부의 직경은 8m이고 높이는 현 지표 기준 약 0.32m이다. 이 고분은 거의 침식되지 않아 원형을 잘 보여준다(도면 15-a~c). 묘광의 크기는 2.35×2.43m로 무덤의 중심부에 위치한다. 묘광의 충전토는 돌과 흙으로 이루어졌다. 깊이 1.43m지점에서 심하게 부서진 목곽 덮개가 나타났으며, 목곽의 크기는 1.1×1.6×0.48m이다. 목곽은 2열의 통나무로 만들어졌으나 보존

상태는 아주 좋지 않다(도면 15-d). 매장된 사람은 40~45세의 남성으로 깊이 1.91m 지점에서 발견되었다. 이 시신은 머리는 동쪽으로 하고 다리를 굽힌 채 목곽의 남벽 근처에서 오른쪽을 향해 누운 상태였으며, 그 위에는 돌들이 깔려있었다(도면 15-e). 아마 이 고분은 제 3호 고분과 마찬가지로 머리는 동벽에 바싹 붙여서 매장했을 텐데, 무덤의 상반부는 손상된 듯하다. 그의 발 근처에서는 방패 같은 것으로 보이는 목제품의 흔적이 남아있었다. 북벽에는 토기편이 남아있었다.

말은 한 마리가 부장되었는데, 북벽의 깊이 1.02m에서 드러나기 시작했다. 머리는 동쪽으로 향했으며 재갈은 발견되지 않았다. 이 무덤은 파지릭 문화에 속한다.

아크-알라하-5유적의 특징. 아크-알라하-5유적은 일반무사급의 가족 무덤이다. 여기에는 모두 2명의 여성, 1명의 아이, 4명의 남성, 그리고 13마리의 말이 매장되었다.

사회적으로 가장 높은 위치를 점하는 것은 제 1호 고분이다. 그것은 주로 목곽 안에서 발견된 시상대와 북벽 쪽에 부장된 6마리의 말로 짐작할 수 있다. 이 고분에는 여성이 매장되었는데, 목곽의 남벽 쪽에는 남자의 것으로 보이는 유물 일괄이 발견되었다. 즉, 목제 허리띠 버클 장식, 목제 칼집에 담긴 철검, 목제 사슴과 말 장식(전쟁 투구의 장식 일부), 그리고 동경(주인공 여성의 것과는 별도임) 등이 발견되었다. 일반 무사급의 파지릭 문화 고분에서는 이런 식의 가묘(케노탑)와 같은 성격의 무덤은 그리 드물지 않다. 이런 경우는 보통 여성을 매장한 근처의 남성에게 속하는 유물들이 발견된다(쿠바레프, 1991, p.41). 아마 이런 경우는 여러 원인으로 인해서 남성을 같이 묻을 수 없을 때 생기는 것 같다. 이 고분의 발굴 결과, 이런 경우는 사라져 버린 사람의 물건을 묻을 뿐이지, 기존에 생각했던 것처럼 그 사람의 '인형'과 같은 상징물은 넣지 않았음이 밝혀졌다. 그것은 이번 발굴에서 발굴된 시상대는 한 사람만 들어갈 수 있는 크기라는 점으로도 증명된다. 또한, 이 무덤은 일부 영구 동결층에 들어갔기 때문에 여성의 주변에는 의복의 잔편과 신체 조직의 일부가 남아있었다. 따라서 만약에 남성을 대신하는 유기물질 '인형'이나 의복이 있었다면 그것들 역시 일부라도 남아있었을 것이다.

또한, 1호 고분에서 발견된 거울들은 모두 같은 형식이다. 이들 거울들이 하나의 거푸집에서 주조된 것이 아님에도 불구하고 이렇게 유사하다는 점은 바로 이 무덤에 묻힌 사람들이 서로 친족관계였다는 것을 의미한다고 생각된다. 파지릭문화에서는 쌍을 이루는 고분에서 거울과 토기류가 같은 형태로 출토되는 경우가 종종 있다.

아크-알라하-5유적에서는 말의 굴레를 장식하는 나무 장식 편들이 발견되었는데, 3유적-1호 고분(여성 귀족의 고분)과 비교해서도 결코 뒤지지 않는 수준이다. 또한, 환상적인 동물과 양머리를 새긴 아플리케로 장식한 양탄자로 만든 안장덮개 역시 높은 수준을 보여준다.

아크-알라하 5유적의 무덤군에서 가장 대형인 3호 고분은 고분열의 한 가운데 위치한다. 그런데 특이하게도 시신의 두향은 동쪽으로 해서 무덤의 북벽에서 왼쪽을 향한 채 안치되었다. 그중 한 남성 시신은 돌을 깔아 놓은 묘광의 바닥 위에 그대로 안치되었고, 두 번째 시신은 그보다 10cm 높게 나무판자로 만든 바닥 위에 안치되었다. 두 번째 시신의 밑에 깔린 나무판자가 첫 번째 시신의 일부를 덮는 것으로 볼 때 시신들은 순차적으로 매장된 것 같다. 게다가 무덤의 매장을 위한 출입 흔적도 봉분에서는 잘 보이지만, 덮개의 보존 상태가 안 좋은 관계로 구체적으로 어떤 방법으로 추가장을 했는지는 분명하지 않다.

제 3호 고분에 묻힌 남성들은 당시 사회에서 특별한 위치를 차지했던 것 같다. 왜냐하면 무덤 안에서의 위치가 마치 거울에 반사된 것처럼 매장되었고, 머리맡에는 파지릭 문화의 남성이 쓰는 전쟁용 투구나 모자도 없는 듯 하기 때문이다. 적어도 그런 모자나 투구를 놓을 자리가 없다. 게다가 파지릭 전사의 무덤에서 일반적으로 부장되는 무기도 보이지 않는다. 그럼에도 불구하고 말이 4마리나 배장되었는데, 일반 무사급의 파지릭 무덤에는 1마리 정도의 말이 배장되는 것과 비교하면 상당히 많은 편이다.

여하튼, 여기 묻힌 이 젊은 남자의 무덤이 파지릭문화에 속하는 것은 분명하다. 첫 번째로 비슷한 매장풍습이 파지릭 주변의 다른 문화에서 발견된 바가 없다. 두 번째로 파지릭문화의 고분에 기본적으로 보이는 매장풍습들이 보인다. 파지릭문화 의 일반적인 매장풍습과 다른 점을 볼 때, 지금은 알 수 없지만 이 사람은 당시 사회 에서 특수한 위치였거나, 특별한 상황에서 죽음을 맞이했을 가능성이 있다. 어쨌거나 이런 식의 매장은 파지릭문화에서 처음 발견된 것이다.

한편, 여성이 매장된 4호 고분에서는 남성처럼 무기일괄(투부와 칼)이 부장되었 다는 점도 특이하다. 이런 현상은 파지릭문화에서는 흔하지 않은 것으로 아크-알라하에서는 2번째로 발견된 군장을 갖춘 여성의 고분이다.

아크-알라하-5유적 및 다른 파지릭문화의 고분 열은 매장풍습의 다양성을 설명 한다. 전체 또는 부분적으로 영구동결대에 갇힌 상태로 발견된 파지릭문화 고분은 산악 알타이의 계곡 일대에 남북 방향으로 열을 지어서 만들어진 파지릭문화 고분의 남성, 여성, 아이 등 다양한 사람들의 신분에 대한 새로운 관점을 제공한다.

낙엽송으로 만들어진 이들의 목곽은 '왕족'급 고분에 축조된 목곽의 일종의 축소 판이다. 여기에는 왕족급과 같은 범주의 부장품들이 묻혔고, 가끔씩 귀걸이나 금박 장식과 같은 금은 말할 것도 없고 다른 지역에서 수입된 유물들(예컨대, 자안패조개, 구슬, 관옥 등)도 포함되어 있다. 각종 실용품에 표현된 예술과 미적 감각은 결코 '왕족'급 고분에 뒤지지 않는다.

실제로 파지릭의 일반무사 고분들을 직접 본 결과, 이 '일반무사급 고분'이라는 것은 미라를 비롯한 매장유물이 제대로 발견되지 않았기 때문에 생긴 견해 같다. 실제로 파지릭 문화의 일반 부사급 고분에 묻힌 사람의 몸에도 문신이 새겨졌고, 그 피부는 엠버밍처리를 했다(몰로딘, 1995, p.87~89).

하나의 고분 열 속에 매장되는 사실 만으로 무덤에 묻힌 사람이 당시 사회에서 높은 사회적 위치를 차지했음을 의미한다. 파지릭 고분에 매장된 사람들은 당시 사회에서 일정 정도 높은 위치에 속했을 것이다. 물론, 당시 산악 알타이에 살던 모든 사람이 이런 위치였다고 보기는 어렵다. 아마도 당시 파지릭문화에서는 고분 이외에도 다른 방식으로 시신을 처리하는 매장풍습이 있었을 것이다. 예컨대, 절벽에 묻는 애장(절벽위에 시신을 놓는 것), 천장(노천에 그냥 시신을 방치), 나무 위에 거는 풍장, 화장 등은 따로 무덤의 흔적이 남지 않는다. 어쨌든 고대나 전통적인 세계에서 한 가지의 매장풍습만을 쓰는 경우는 없으며, 대부분 몇 가지 풍습을 같이 쓴다.

4. 쿠투르군타스 고분군

아크–알라하 강의 하류지역 강안지대에서 멀지 않은 곳에 5기의 고분이 밀집해 있는 유적이다. 이 고분군은 아크–알라하 강이 카라–불라크강과 아크–콜 강 등과 합류하는 작은 산악 계곡에 위치하는데, 해발고도는 2,090m이고 아크–알라하 고분보다는 다소 낮은 데 위치한다. 아크–알라하 고분군과는 약 20km 정도 떨어져 있을 뿐이다. 현재의 기후식생으로 보면 이 지역이 더 온화하며 식물들도 풍부한 편이다. 낙엽송림이나 관목류, 물싸리[54], 무성한 높은 잡초들이 있다. 여기에서 아크–알라하 강의 오른쪽 하안대지에는 가파른 절벽이 이어지며, 왼쪽 하안지대는 좁은 계곡이 이어지는데, 그 위에는 투르크 시대의 제사유적들로 덮여있다(그림 76). 계곡 중앙부 높은 대지에 파지릭문화에 속하는 소형 고분이 위치한다.

1991년에 쿠투르군타스에서 가장 큰 고분이 조사되었다. 적석부의 크기는 직경 남북방향 25.5m이고 동서방향은 27.75m이다. 현 지표 기준 높이는 0.95m이다. 적석부의 동쪽에는 5개의 발발이 서있는데, 그중 가장 끝에 있는 것이 가장 높아서

---

54) 금로매(金露梅)라고도 불리우는 고지성 초본류로 러시아어로는 '쿠릴차'라고도 한다. 한국에서는 백두산 근처에서 주로 발견되며 지금도 바이칼, 알타이 등 고산 지역에서 주로 쓰이는 약초류중 하나이다(역자 주).

2.3m에 달한다. 이 고분의 서쪽으로는 큼지막한 돌들로 만든 인상적인 제사유적이 있다(그림 77).

발굴 전에 고분의 끝은 약 1m 정도의 범위가 이미 침식되어 있었으며, 적석의 가장자리는 자잘한 강가의 자갈들로 마무리를 했다. 그리고 적석의 끝자락에는 호석으로 돌린 석판의 윗 부분이 지표 위로 일부 노출되어 있는 상태였다. 적석의 중앙부에는 얕은 구멍이 있는데, 그 주변은 네 군데의 표토를 쌓아놓은 더미들로 둘러싸여 있다. 이미 S.I.루덴코가 지적한 대로 적석 한 가운데에 침식되었고, 그 주변을 돌아가며 흙이 쌓여있다는 것은 고분이 이미 고대에 도굴되었다는 표시이다. 이 고분에서도 봉분의 가운데가 함몰되었고 표토가 그 주변을 돌아가며 쌓여있어서 이미 도굴되었음을 강력히 시사했다.

우리는 먼저 고분의 주변을 따라 표토를 제거하며 전체 적석의 크기를 확인했다. 적석 주변은 푸른빛 석판을 세워서 마무리했는데, 일부는 처음 축조해서 세웠을 때 당시의 모습 그대로 남아있었다. 나머지는 눕혀졌거나 안쪽으로 기울어져 있었다(그림 78~79). 이 석판으로 만든 호석렬의 안쪽으로도 큼지막한 강돌로 돌린 석렬이 놓여 있었다. 이 두 석렬 사이는 중간크기와 자잘한 크기의 돌들로 빽빽하게 채워있었다. 이런 고분 구조는 바샤다르 제 2호 고분에서도 확인된 바 있다(루덴코, 1960, p.26). 이 고분의 가장 큰 특징은 무덤의 동편에 횡혈식의 무덤길(연도)가 존재한다는 것이다. 아마 이 연도는 묘광바닥에 목곽을 설치하고 말과 사람을 매장하는 데 용이하게 하기 위해 만든 것 같다. 그리고 이 연도를 통해서 묘광 안쪽으로 큼지막한 돌들을 굴려 넣었을 것이다. 쿠투르군타스 고분의 묘광은 3.3×5.2m의 크기로 고분의 중심에 위치한다(도면 16). 묘광의 충전토는 묘광을 만들 때 퍼 올린 흙과 크거나 중간 크기의 돌들을 섞어서 채웠다. 그중에서 큰 돌은 몇 톤에 이르기도 하며, 크기가 다양한 자잘한 통나무들도 포함되어 있다. 이 충전토 밑에서 불에 그을린 통나무 32개로 만든 목곽 덮개가 노출되었다(도면 16-c).

무덤의 내부에는 직경 7~8cm의 나무판자로 쌓아 올린 크기 4.2×2.2m 크기의

그림 76. 아크알라하와 쿠투르군타스 고분

목곽이 설치되었다. 이 목곽의 남, 북벽은 4열로 쌓았고 동, 서벽은 3열로 쌓았다 (이런 결구구조는 바샤다르 제 2호 고분에서도 사용되었다). 무덤의 덮개는 모래를 뿌린 11개의 나무판자를 치밀하게 이어 붙였고, 판자 사이에는 얼음들이 끼어있었다. 목재들은 탄화가 상당히 되었는데, 파지릭 고분과 마찬가지로(루덴코, 1953, p.23) 도굴에 의한 결과인 듯하다. 외곽의 안쪽에는 1.7×3.9m 크기의 내곽이 설치

그림 77. 표토 제거후의 쿠투르군타스 고분과 제사유구

되었다. 내곽의 덮개는 6개의 나무판자로 이루어졌고, 벽은 2열의 판자를 쌓았다.
내곽의 판자들은 서로 홈을 파서 잘 맞물리게 결구했다(도면 17-a, b).

　묘광의 아래 깊이 3.3m 지점에는 재처럼 부슬부슬해진 곽의 바닥이 드러났고,
바닥의 남벽 근처에서는 길이 3m의 낙엽송으로 만든 통나무 관이 놓여있었다. 이
통나무 관의 덮개에는 머리가 5cm인 아주 큰 청동제 관정이 박혀있었다(도면 17-

그림 78. 자갈과 석판으로 이루어진 고분의 서쪽 석열을 정리한 후, 쿠투르군타스 고분

a). 참고로, 현재까지 발견된 것 중에서 청동제 관정을 쓴 예는 베렐 고분이 있는데, 베렐 고분 못의 머리에는 그리핀의 모양을 장식했다. 그 밖에도 바샤다르 2호 고분의 통나무관에서도 머리가 큰 청동제 못이 발견된 바 있다.

예상한 대로 이 고분은 이미 도굴이 된 것이었다. 외곽과 내곽의 덮개는 모두 위에서 뜯어낸 흔적이 있었다. 도굴꾼들은 아마도 매장을 하자마자 도굴갱을

그림 79. 무덤구역 내에서 정리가 된 부분. 쿠투르군타스 고분

파고들어온 것 같은데, 관의 뚜껑을 열 생각도 하지 않고 통나무관의 중앙부를 곧바로 부수어 구멍을 내고, 그 구멍을 통해서 안에 안장된 30~40세의 남성 시신에 부장된 물건 중에 값나가는 것을 모두 꺼내갔다(도면 17-b, c). 통나무 주변에는 '일상품'들을 두는 구역이 있지만, 정작 유물은 그 가장자리에서 발견된 쿱신(목이 긴 항아리, 또는 장경호) 1점만이 발견되었다. 이 구역에서 보통 발견되는 목제

그림 80. 목제 양형 장식, 쿠투르군타스 고분

쟁반과 철제 칼은 도굴갱 속에서 발견되었다. 그밖에 두 점의 뼈화살(골촉), 의복장식으로 생각되는 청동제 그리핀 머리장식, 그리핀 모양의 가죽제 아플리케 장식, 목걸이(頸飾)의 일부인 목제 산양 머리 장식(그림 80), 구슬 몇 점, 전통(활집) 장식인 금박 철제 단추(鐵泡), 가죽을 오려서 도식적으로 표현한 환상적인 새 모양 장식, 아플리케 장식의 가죽지갑 잔편, 모피를 얇게 잘라낸 상의의 일부, 두 줄로 말아 땋은 니트제 끈 등이 '일상품'을 두는 부장공간에서 발견되었다. 이들은 모두 도굴하던 중에 시신에 속해 있던 물건들이 우연히 남겨진 것이다.

10마리의 말부장. 묘광의 북벽쪽에서 통나무로 덮인 10마리 말의 부장이 발견되었다. 말들은 서로 납작하게 깔려서 묻혀있어서 뼈와 마구의 보존 상태에

그림 81. 인면 치레걸이 및 그 실측도, 쿠투르군타스 고분

영향을 미칠 정도였다. 모든 말은 머리를 동쪽으로 향하고 배를 깔고 다리를 굽힌 채 묻혀있었다. 모든 말은 입에 철제 재갈이 물려지고 마구가 장착된 상태였다(도면 18). 쿠투르군타스의 말무덤은 다른 파지릭무덤의 경우와 마찬가지로 도굴 피해를 입지는 않았다. 하지만 실제 발견된 마구류는 매우 적었다. 말굴레 장식에서는 얼굴형 치레걸이 장식 몇 점만 남아있었고(그림 81), 금박을 입힌 4마리 말머리장식, 머리를 따로 끼우게 되어 있는 대형의 그리핀 장식(그림 82), 재갈멈치 등이 발견되었을 뿐이다. 그 외에 두 점의 뿔로 만든 굴레 버클과 기타 자잘한 나무 장식들이 발견되었다.

쿠투르군타스 고분은 우코크에서 매장된 파지릭문화 고분 중에 가장 높은 계급의 귀족고분급에 속한다. 적석의 크기로 보아도 이 고분은 1유적-1호 고분(직경이 10m)보다도 크다. 사자(死者)를 위해서 11개의 서로 이어지는 석렬을 세웠으며, 무덤에는 10마리의 말이 배장되어 1유적-1호 고분보다도 크다. 나무 장식들은 모두 금박을 입혔다.

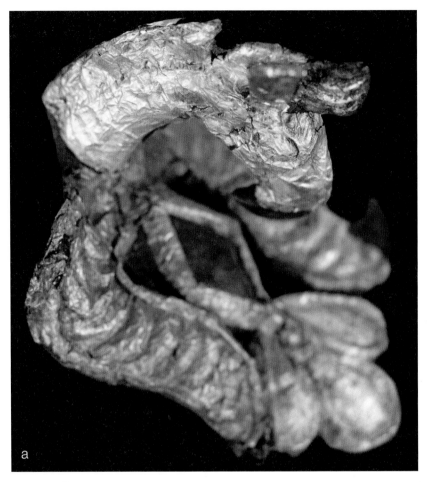

그림 82. a-금박을 입힌 목제 그리핀 장식,
b-실측도, 쿠투르군타스 고분

유적의 연대

우코크 고원에서 발굴된 모든 고분
들의 연대는 그 안에서 출토된 통나무
에 대한 수륜측정을 한 결과 약 39년의
기간 사이에 축조된 것으로 판명되었
다. 즉, 1유적-1호 고분에 묻힌 남성과
여자아이, 쿠투르군타스 고분의 남성,
아크-알라하-3유적 1호 고분의 여성,
그리고 아크-알라하-5유적에 묻힌
모든 사람들은 비교적 짧은 기간에
살고 죽었던 셈이다. 각 고분간의 축조
연대는 다음과 같이 정리된다. 가장 이
른 것이 쿠투르군타스, 2년 후에 베르
흐-칼쥔-1유적과 아크-알라하-1유

그림 82. c-쿠투르군타스 고분

적, 35년 후에 아크-알라하-3유적, 베르흐-칼쥔-2유적의 2호와 3호 고분, 그리고
2년 뒤에 베르흐-칼쥔 1호 고분[55](이상은 슬류샤렌코의 분석에 따름) 등이다.

이 책이 만들어진 현재까지 우코크 및 다른 파지릭 문화의 여러 유명한 유적에서
조사된 수륜연대와 방사성탄소연대 측정치의 비교치가 제출되지 않았다[56]. 하지만
지금까지 제시된 자료들을 종합해 볼 때 산악 알타이의 파지릭문화는 과거에

---

55) 베르흐-칼쥔1과 2유적은 몰로딘에 의해 조사되었다.

56) 필자의 지적대로 우코크의 나이테측정법은 이 글을 번역한 2014~2015년 현재에도 계속 진행되고
있다. 본문에서 언급한 이고르 슬류샤렌코씨는 우코크 고원뿐 아니라 울란드릭, 유스티드 등 주변
의 소형고분과 파지릭, 바샤다르와 같은 대형고분을 분석하여 비교하는 연구를 진행하고 있다. 현재
까지의 연구결과로 볼 때 본문에서 필자가 생각한대로 우코크 고원에서 파지릭고분이 축조된 연대
는 그리 길지 않으며, 전반적으로 연대도 이전에 생각했던 것보다 다소 늦은 기원전 4~3세기 정도
임이 밝혀지고 있다. 자세한 것은 역자 해제를 참고하기 바람(역자 주).

그림 83. 말의 머리와 그 실측도, 아크-알라하-3유적 1호 고분

알타이 초원의 기마인

생각했던 것처럼 기원전 7~2세기라는 넓은 시간 폭으로 존재했던 것 같지는 않다. 아마 그들은 훨씬 짧은 기간(약 2세기 정도) 존속했으며, 기원전 4세기 이후에 존속했던 것 같다(키셀료프, 1951, p.327~361 ; Source, 1991 등을 참조할 수 있음).

제 3 장

파지릭문화의 의상
파지릭인의 민족지적 특징의 복원

옷과 몸 사이에는 접촉 이상의 좀 더 친밀한 관계가 있다.
옷은 곧 몸의 일부이며, 그 선과 표면의 느낌으로 신체의 일부가 되어 좀 더 예술적으로
표현하게 된다. 그러니 몸에 걸치는 옷에 따라 사람의 존재가 변환되는 것도 당연한 것이다.
옷은 몸으로 자신의 사상에서 나오는 생각들을 강조하고 표현하며 사람의 마음을 대변해준다.
따라서 옷이야 말로 당시의 정신문화 스타일을 아주 잘 반영하는 도구이다.
– 파벨 플로렌스크, 이코노스타스에서

산악 알타이의 파지릭문화 얼음고분 속에서 출토된 의복들은 복식사에서 아주
드문 자료이다. 그 정도로 옛날의 천, 가죽, 양탄자, 모피 의류가 현재까지 전해지는
경우는 흔치 않기 때문이다. 고대인들의 의복세계는 보통 예술작품들, 즉 금속장식
품[57], 석인상, 모자이크, 선각화, 부조, 벽화 등을 통해 알 수 있다. 때때로 역사기록
에서도 복식자료들을 찾아볼 수 있다. 하지만, 아무리 많은 자료들이 있다 해도

---

57) 원어는 토레프티카(彫金, toreutics)라고 하는데, 금은동과 같은 금속판을 넓게 펴서 뒤에서 두들겨
    서 무늬를 만드는 예술기법을 말한다. 초원지역에서는 옷에 장식한 금속제 동물장식들이 주로 발
    견된다(역자 주).

58) 투르케스탄은 '투르크족의 땅'이라는 뜻으로 현재 중앙아시아 일대에 투르크 인들이 거주하던 곳으
    로 통칭하는 지역명칭이다. 투르케스탄은 크게 2 지역으로 나뉘어서, 현재 중국 신장성(新疆省) 일
    대가 동 투르케스탄에 해당하며, 서 투르케스탄은 카자흐스탄, 우즈베키스탄, 키르기스탄 일대를
    포괄하는 개념이다. 확실한 행정구역이 아니라 관습적으로 불린 명칭이기 때문에 경우에 따라 그
    범위는 알타이지역과 같은 남부 시베리아도 포괄하는 경우가 있다. 투르케스탄과 비슷한 말로 페르
    시아어 계통의 '투란(Turan)'이라는 용어도 사용되었는데, 이 역시 '투르의 땅'이라는 뜻으로 그 의
    미는 같다(역자 주).

실물자료만은 못할 것이다. 그런 점에서 투르케스탄[58], 몽골, 그리고 산악 알타이와 같은 중앙아시아 고대 유목민의 경우에는 다양한 환경에서 의복들이 보존되었기 때문에 아주 운이 좋은 경우라고 할 수 있다. 파지릭 이외에도 몽골의 흉노고분인 노인-올라(노용-올) 흉노 고분에서도 의복이 잘 남아있었으며, 중국 신장성의 경우도 청동기시대 이래로 여기에 거주하는 목축인의 의복이 덥고 건조한 기후 덕에 잘 남아있었다.

이전에 파지릭의 왕족급 고분을 발굴하여 발견된 의복자료를 통하여 양모로 만든 펠트는 현지에서 만든 것이며 실크는 수입된 것임이 밝혀진 바가 있다[59]. 이번에 우코크의 고분을 발굴하여 그 외에도 모피, 가죽, 양탄자 등도 의복으로 사용했음이 밝혀졌다. 또한, 산악 알타이의 얼음 고분[60]에서 거의 완형에 가까운 복식들이 최초로 출토되어서 파지릭의 의상이 어떻게 생겼는지를 이해할 수 있게 되었다.

셔츠계의 상의[61]

셔츠계의 상의(셔츠, 루바하)로는 2점의 완형 셔츠와 2점의 잔편이 발견되었다. 일찍이 루덴코와 루보-레스니첸코도 파지릭 제 2호 고분에서 출토된 완형과 잔편의 셔츠를 보고한 바 있다(루덴코, 1953, p.103, 241; 루보-레스니첸코 1994, p.224~229).

아크-알라하-3유적 1호 고분에서는 젊은 여성의 시신 상반신에 입혀진 황색계통의 실크제 셔츠 완형이 출토되었다(그림 84-a). 이 셔츠는 파지릭 2호 고분의 남성 셔츠와 같은 스타일이지만, 그 끝 매무새가 서로 다르다. 여성용 셔츠(그림 84-b, c)

---

59) 1920~40년대에 발굴하고 50~60년대에 루덴코가 정식으로 보고한 파지릭 유적 1~5호고분의 발굴자료를 의미한다(역자 주).

60) 여기에서 얼음고분(Замёрзшие Курганы)는 영구동결대의 얼음을 파고 무덤을 만들어서 그 안의 유기물질들이 잘 남아있는 고분을 통칭한다(역자 주).

61) 원 원어로는 루바하 또는 루바슈카로 외투안에 있는 얇은 상의를 의미한다. 여기에서는 셔츠계의 상의로 번역한다.

a

b   c

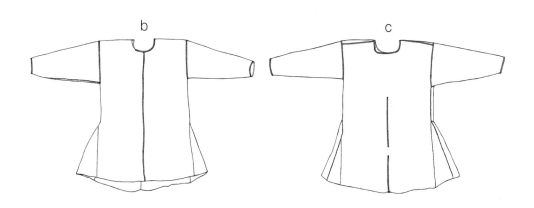

그림 84. a-여성고분 출토 실크제 셔츠, b, c-셔츠와 그 끝매무새의 그림, 아크-알라하-3유적 1호 고분

의 앞과 뒷부분은 각각 다른 천으로 기운 것이다. 한편 파지릭 2호 고분 출토품은 앞과 뒤에 각각 두 조각씩, 모두 4조각의 천을 이어 붙여 만들었다. 이들 셔츠 3점은 모두 소매 쪽을 기웠는데, 그 소매 솔기에는 붉은색 양모로 만든 끈들을 달았다. 그리고 소매의 끝과 목 부분에도 홍색 끈을 달았다. 아크-알라하 여성의 셔츠에 달린 장식들은 파지릭 2호 고분의 출토품 장식과 거의 일치한다. 재미있는 점은 이 여성 셔츠의 앞쪽엔 파지릭 2호 고분 남성의 옷과는 달리 수직으로 난 솔기가 없다. 그럼에도 불구하고 남성 옷과 마찬가지로 붉은색 끈들이 붙어있었다.

이런 술 장식은 많은 민족들에게 부적의 의미를 지닌다. 모든 의복의 절단면들, 즉 소매 끝, 셔츠의 끝, 그리고 솔기들은 악령들이 빠져나가는 구멍이 될 수 있다. 그런 의미에서 솔기를 가장 취약한 부분으로 생각해서 정성스레 마감을 했다(제니스 케비치, 1987, p.79). 한트족, 에네츠, 응가나산 및 여러 시베리아 민족들은 옷의 솔기부분에 사슴의 목덜미에서 뽑은 하얀 털로 덮었다(프르이트코바, 1970, p.3). 텔 레우트족이 여성 옷에서는 가슴부분의 갈라지는 부분, 소매 끝, 셔츠의 끝, 가랑이 들을 색감에서 구분이 되는(주로 붉은색) 색깔의 천으로 꿰매었는데, 역시 방호장식 의 의미다(르보바, 옥탸브리스카야 외, 1988, p.175). 동부 슬라브민족[62]들은 붉은 색 천을 소매 끝이나 셔츠 끝에 덧대는 것에 신령스러운 의미를 부여한다(마슬로바, 1984, p.177). 이 두 점의 완형으로 출토된 파지릭 셔츠에서는 옆쪽 솔기에 각각의 방향에서 두 개씩의 쐐기형을 기웠다. 이것은 현재 우리가 보기에 셔츠의 넓이가 넓음에도 불구하고 덧댄 것이다. 셔츠에는 별도의 재단은 이루어지지 않았다. 얼굴 이 나오는 부분은 목 부분을 둥그렇게 처리해서 집어넣을 수 있게 마무리했다. 셔츠 의 목 부분은 각 민족집단에 따라 연령별로 다른 용도로 입고 구분하는 데 중요한 역할을 한다. 사마르칸트를 중심으로 하는 중앙아시아 의복을 예로 들어보자. 어른남성, 처녀, 아이의 셔츠는 수평으로 어깨에서 어깨 사이로 구멍이 나있다.

---

62) 슬라브인은 크게 동,서,남으로 분류하는데, 그중 러시아, 우크라이나의 슬라브인이 동슬라브계통 에 속한다(역자 주).

반면에 여성 셔츠의 구멍은 아래위로 나있어 가슴이 드러나게 되어있다. 이는 바로 아이의 수유를 하는 데 편리하게 하기 위한 기능적인 차이이다(수하료바, 1982, p.20).

루덴코는 남성의 셔츠나 여성 또는 처녀의 셔츠 스타일은 완전히 일치한다고 보았는데, 이러한 현상은 여러 전통적인 문화들에 공통적으로 보이는 고졸한 방식이다. 즉, 속옷은 알타이 사람들의 경우 남성, 여성, 아이들 모두 할 것 없이 똑같다(라들로프, 1989, p.130). 몽골 여자아이의 옷 또한 어린아이나 남성의 옷과 차이가 없다(비크트로바, 1977, p.174). 몽골에 대해 기록을 남긴 플라노 카르피니 또한 아가씨건 여성들이건 남성들과 똑같이 옷을 입기 때문에 그들을 구분하기란 매우 어렵다고 기록한 바 있다(카르피니, 1997, p.34).

남성과 여성의 옷을 재단하는 방법이 비슷한 것은 또한 투르크메니스탄에 사는 발루치[63]의 전통적이고 평범한 집단들에서도 보인다(가페르베르그, 1970, p.57). 나아가서 모든 투르크멘 사람들(바실리예바, 1954, p.152)이나 타지크 사람들(라수도바, 1970, p.29)에게서도 보이는 풍습이다. 또한, 한국의 저고리나 바지도 사실은 여성과 아이의 것도 남자의 것과 같은 형식이다. 이는 사실상 바지가 고대에는 같은 기원이었음을 말한다(이오노바, 1977, p.60). 시베리아의 많은 민족들 사이에서도 고대 남성과 여성의 옷들은 같은 형태로 재단되었던 것과 같은 전통이 남아있다. 즉, 축치, 코락, 네네츠[64], 토파족[65] 등을 들 수 있다. 한편 카시미르의 고대 복장을 보아도 남자나 여성의 옷 모두 옷자락이 넓고 프리사이즈라는 점에서 전혀 차이가 없다(마레티나, 1977, p.14). 실제로 알타이 얼음고분에서 출토된 옷들도 사이즈가

---

63) 이란 고원에 거주하는 민족. 투르크메니스탄을 비롯하여 파키스탄, 이란, 아프가니스탄 등에도 거주한다(역자 주).

64) 이 세 민족은 모두 러시아의 북극권에 거주한다. 축치는 러시아 동북쪽 극북지역에 거주하며, 코락은 캄차트카반도 일대, 그리고 네네츠는 서부 시베리아의 극북권에 거주한다(역자 주).

65) 토파인은 현재 러시아 이르쿠츠크 일대에 거주하는 투르크계통의 민족으로 토팔라르(tofalar) 또는 카라가스(karagas)라고도 불린다. 대체로 사안-알타이 지역에 거주하는 투바인들의 한 지파로 간주한다(역자 주).

아주 크며 남성과 여성 의복의 재단에 차이가 없었다. 물론, 남성과 여성 옷의 기본적인 차이는 존재한다. 즉, 여성의 경우 허리춤에 치마를 걸쳤으며, 남자는 바지 또는 그와 비슷한 옷을 입었다.

아크-알라하-3유적 1호 고분에 묻힌 여성이 입었던 셔츠는 아주 길어서 무릎 근처까지 내려온다. 등 쪽의 길이는 113cm, 앞쪽은 110cm, 넓이는 80cm이며, 그 둘레를 가로질러 길이 191cm의 실크제 띠가 둘렀다. 이 천의 넓이는 130cm 이상인데 아마 어깨위에서 옆으로 가장자리를 둘렀던 것 같다. 파지릭 고분에서 출토된 것은 물론, 고대 중국의 실크도 그 넓이는 48~50cm를 넘지 않는다. 이것을 실크의 직조기 구조 때문으로 설명하기도 한다(루보-레스니첸코, 1994, p.146). 좀 더 넓은 실크는 중국의 경우 당나라 때가 되어서야 출현한다.

이 천 조직에 대해서 일본의 나라문화재연구소와 스위스의 Abegg-Stiftung에서 독자적으로 각각 분석을 진행한 결과 두 기관 모두 이 실크가 중국산이 아니라고 밝혔다. 실크의 넓이 뿐 아니라 다른 여러 특징들이 그러한 사실을 증명한다.

여성 셔츠의 실크 조직을 분석한 결과, 그 천 조직은 1cm²에 대략 30.5(날실)×18 (씨실)의 비율로 조직을 짰다. 이것을 다른 실크와 비교해보자. 이 고분에서 같이 출토된 실크제 주머니와 다른 파지릭 고분에서 출토된 남 중국산 실크(실크 원산지의 분석은 루보-레스니첸고, 1994, p.221에 근거)의 경우 1cm²에 치밀도가 80(날실)×33.5(씨실)의 조직으로 짜여졌다. 중국제 실크와 비교했을 때 치밀도는 떨어진다. 기원전 1천년 중반 경부터 생산된 중국의 다양한 실크(태피터, 렙스, 거즈 등)와 비교해 보아도(루보-레스니첸코, p.125~139) 어느 것과도 비슷하지 않다.

아크-알라하-3유적 출토 실크는 외견상으로도 보아도 아주 단순하게 직조된 것이어서 전통적인 중국제 실크와는 다른 것이다.

실크섬유조직의 단면을 현미경으로 분석해본 결과 이 실크는 양잠용 누에에서 뽑아낸 것이 아니라 소위 말하는 '야생' 누에로부터 뽑아낸 것으로 이 실크는 투사 (Tussah)식이라고 불린다. 투사식 실크는 흰색의 누에가 아니라 옅은 황갈색(어린 사슴의 가죽색)의 누에에서 뽑아낸 것이다. 그리고 그 색은 실제로 아크-알라하-3유적 1호 고분에서 출토된 실크 셔츠의 색깔과도 일치한다. 이 실크가 당연히 기원전 3천년 경부터 누에를 치고 양잠용 누에(Bombux mori)를 사용했던 중국의 실크에서 기원했을 리는 없다. 중국에서 발견된 가장 이른 실크, 심지어는 청동기, 옥, 토기 등에 남겨진 천조직 흔적들을 분석하면 예외 없이 모두 양잠용 누에에서 뽑은 것이다. 아마 이 여인의 셔츠를 만든 비단은 동 투르케스탄(신강성)의 남부 오아시스일 수도 있고, 어쩌면 인도의 동북부에서 만들어졌을 가능성도 있다. 그 근거로는 야생 누에에서 뽑아냈다는 점, 중국과는 다른 직조기술로 비중국적 실크를 만들었으며 착용방식도 다르다는 점을 들 수 있다. 실제로 파지릭 고분 출토 셔츠는 크기, 마무리 등을 보면 근동지역, 특히 기원전 16~11세기 사이의 이집트 조각상에 표현된 것들과 비슷하다(보고슬로프스카야, 1995, p.25~28). 또한, 페르시아, 메디아, 그리고 그들보다 더 늦은 시기인 파르티아 등의 것과 비슷하여서 전반적으로 중앙아시아 및 서아시아의 전통적인 복장의 일반적인 특징을 보여준다.

서구에서는 고대에 제작된 비중국적인 실크가 발견된 적이 없기 때문에 언제부터 야생 누에로 실크를 만들어냈는지 정확하게 규명하기는 힘들다(루보-레스니첸코, 1994, p.213). 동 투르케스탄의 공방에서 만들어낸 실크들은 중국 것과 차이가 있다. 이들이 만들어 낸 실크는 누에고치에서 뽑아낸 것이 아니라 나방 고치에서 뽑아낸 것이다. 그 결과 실크 조직은 엉킴도 있고 두께도 일정하지 않다. 이 천 조직에는 날실에 엉킴(롤백)이 좀 더 강했는데, 이 방법은 고대로부터 이 지역에서 양모를 가공하는 방법에서 유래한 것이다. 이후 이러한 기술은 실크나 무명 같은 다른 재료의 천 가공에도 도입되었다. 직조기는 중국 것과 완전히 달랐기 때문에 그 비단의 넓이는 130.5cm에 이르기도 한다(루보-레스니첸코, 1994, p.170~172). 하지만 동 투르케스탄 지역의 실크는 중국 편년에 따르면 한나라 시기로 기원전 2~1세기보다 빠를 수 없기 때문에(전게서, p.168) 전반적으로 그 시기가 매우 늦다. 게다가 아크-알라하 출토 실크는 동 투르케스탄 출토품과는 달리 그 조직에 엉킴이 없다. 한편, 동 투르케스탄에서 발견된 가장 이른 실크는 기원전 5~3세기로 편년되는 알라거우(阿拉溝) 고분에서 출토되었는데, 이 실크는 파지릭 왕족고분과 마찬가지로 중국제이다(전게서, p.217).

이상을 종합해 볼 때 파지릭 고분에서 출토된 여성 셔츠는 인도에서 기원했다고 결론지을 수 있다. 여러 참고문헌을 보면 고대 인도에서는 야생 실크와 양잠이 알려져 있다고 증명한다(Dhamija, 1995, p.3). 지금까지도 아쌈과 그 외 인도의 동쪽 주 일대에서 다양한 종류의 야생 실크(엔디, 무가, 타사르 등)를 만드는데, 이는 누에고치가 아니라 식물의 잎을 파먹는 다른 벌레로부터 뽑아낸다(자야크리쉬난, 1987, p.73). 최근까지도 인도대륙의 동쪽 지역에 있는 모든 여성은 실크를 뽑아낼 줄 알았다. 이 양잠 기술은 인도의 전통문화 유산 중 하나이다(Dhamija, 1995, p.3). 만약 필자의 주장대로 우코크 고분 출토품이 인도에서 기원한 것이라면, 바로 산악 알타이의 영구동결대에서 발견된 이 유물은 현재까지 남아있는 인도 지역에서 제조한 가장 오래된 실크가 된다.

무덤에 안치된 주인공이 수의로 실크제 셔츠를 입었다는 것은 그녀의 부유함을 상징한다. 알타이 고분에서 실크는 금보다도 훨씬 드물게 발견되기 때문에, 알타이 유목민 사이에서 실크는 황금보다 더 귀하게 여겼을지 모른다. 고대 투르크어로 실크는 '아기'라고 하는데, 이 뜻은 귀금속, 보물의 뜻이다. 파지릭 고분에서 실크는 오로지 왕족급 고분인 파지릭 2호, 5호, 바샤다르 1호, 카탄다 고분 등에서 발견되었고, 파지릭 3호 고분에서는 실크제 주머니가 발견되었다. 하지만 옷 전체를 실크로 만든 것이 발견된 것은 이번이 처음이다.

다시 이 여성 셔츠의 스타일을 살펴보자. 그 소매가 어깨 끝을 기준으로 60cm에 이를 정도로 매우 길어서 손가락을 다 덮는다. 소매가 아주 긴 복장은 고대와 중세 시대, 심지어는 현대의 전통적인 의상에서도 찾아볼 수 있다. 손가락을 덮을 정도로

긴 소매는 동부 슬라브족 여성 의상의 특징이기도 해서 서기 15세기 쾨니히스베르크 연대기의 그림에 표현되었다(마슬로바, 1956, p.600). 중국 한나라시기에 해당하는 기원전 2세기 초엽의 마왕퇴 무덤에서 출토된 할라트(가운) 소매는 손끝에서 25~30cm 정도가 더 길다. 보통 여성들은 팔짱을 끼거나 손을 모았기 때문에 이렇게 긴 소매는 손을 감출 수 있었다(크류코프페렐로모프 외, 1983, p.192).

이렇게 의복의 소매가 긴 이유에 대하여 스타리코프와 스이쵸프는 중국 북방의 추운 날씨 때문에 소매 속에 손을 넣을 수 있는 의복을 선호하게 되었다고(1977, p.205) 간단하게 설명한 바 있다. 기다란 소매는 파지릭 셔츠뿐 아니라 외투나 카프탄에서도 보인다. 아마 이런 경우는 기다란 소매는 장갑을 대신했을 것이다.

전통적인 문화에서는 손가락을 포함한 신체 일부를 드러내는 것은 가난함을 뜻하는 불운의 상징이기도 하였으며, 맨손으로는 중요한 것을 만지는 것이 금기시되었다(바르디나, 1995, p.198). 아마 비슷한 의식은 파지릭을 비롯한 고대에 상의를 만드는 전통에 영향을 미쳤을 수 있다.

내의[66]는 복식사적으로 볼 때 가장 고졸한 형태를 띤다. 파지릭 출토품과 크기가 비슷한 것으로는 이집트 투탕카멘왕의 무덤에서 발견된 넓이 95cm, 길이 113.5cm의 린넨 튜닉이 있다. 또한, 기원전 2천 년대 중반에 시리아와 이집트에서는 기다란 흰색 셔츠와 튜닉이 있었다. 이 경우 솔기와 목 부분과 같은 가장자리는 장식용 띠나 직조한 장식을 넣기도 했다(보고슬로프스카야, 1995, p.26). 흥미롭게도 순전히 장식적인 용도로 파지릭 여성용 셔츠의 앞쪽에는 목 부분에서 밑 부분으로 붉은 색 끈을 달았다. 시리아, 후리트(Hurrians), 이집트의 셔츠에서는 이와 마찬가지로 옷을 재단하는 솔기가 아닌 순수한 장식용 솔기를 만드는 경우가 보인다(전게서). 이와 같이 파지릭과 비슷한 재단 풍습은 고대 성경의 무대가 되는 지역의 민족들 사이에서도 존재했다.

---

66) 원문의 사전적 의미는 '내의(속옷)'이지만, 문맥상 외투 안에 받쳐 입는 셔츠 같은 것을 의미한다.

위에서 언급한 것처럼 목 부분에 수평으로 구멍을 낸 파지릭문화 귀족들의 셔츠는 서아시아나 중앙아시아의 남성과 여성 의복에서 고대부터 보이는 특징이다(스이쵸프, 1977, p.32, 35~36). 어떤 경우에는 이렇게 길고 넉넉한 셔츠를 양모로 만든 끈으로 두르기도 한다(예컨대 라수도바, 1870, 29; 바실리예바, 1954 p.152 등). 무릎까지 내려오게 길며 어깨부분에 솔기를 달고 짧은 소매를 단 셔츠-치마의 경우 아시리아, 조금 더 늦은 시기로는 메디아, 페르시아, 파르티야 등에서는 아주 중요한 의미를 지녔다(브룬, 틸케, 1995, p.7~8). 아마도 파지릭 고분에서 출토된 셔츠는 고대 이란계통 의상의 하나였을 것이다. 비슷한 셔츠는 시돈의 알렉산드로스 관에 새겨진 페르시아 사람이 입은 것과 비슷하다(이스탄불의 고고학박물관 소장)(Pasinli, 1992, p.22~23). 노인-울라 고분 출토의 양모제와 박트리아의 밑으로 흘러내리는 할라트[67]에서는 앞뒤가 없는[68] 셔츠가 발견되었다 (루덴코, 1962 a, 도면 62-63 외). 고고학 발굴품 중에는 중국 신강성 수바쉬-3유적의 6호 고분에서 발견된 여성의 양모제 붉은색 셔츠가 파지릭 출토품과 유사하다(郭建國 1994, p.9, 그림 10; p.10 도면 4; p.4).

하지만 모든 파지릭인들이 셔츠를 입었던 것은 아니다. 우코크의 경우에도 의복이 남아있는 일반무사는 물론 전사-귀족급의 고분에서도 셔츠가 발견되지 않은 채 외투가 그냥 알몸에 걸쳐진 경우도 있다. 예컨대 쿨-오바의 관식 장식에 새겨진 기마인, 가이마노바 고분의 금제 및 은제 기명에 새겨진 스키타이 사람들같이 스키타이의 청동장식품에서도 다수 표현되어 있다.

코즐로프의 기록에 따르면, 티베트인들은 여유가 있는 사람들만 외투나 가운(할라트) 안에 색깔이 있는 셔츠를 짧게 받쳐 입었다고 한다(코즐로프, 1947, p.80). 차이담[69]의 몽골에 대한 프르제발스키의 기록에 따르면, 남자건 여자건 할 것 없이 셔츠나 속옷을 입지 않았다고 하며(프르제발스키, 1948, p.127), 탕구트인들은

---

67) 중앙아시아와 근동에서 입는 가운같이 길게 늘어뜨리는 상의

68) 원문은 다음과 같다. "глухие рубахи без ворот" (역자 주)

69) 현재 중국의 칭하이성(청해성)에 위치함. 중국어로는 柴達木盆地이라고 한다(역자 주).

양모로 만든 외투를 맨 몸 위에 그냥 걸쳤다고 한다(전게서 p.103). 몽골 북서부의 경우 부자들만 추가로 셔츠를 입을 뿐 가난한 사람들은 맨몸에 가죽바지와 외투를 걸친다고 한다(포타닌, 1881, p.102).

감안해야할 점은 파지릭 사람들에게 셔츠는 반드시 필요한 의복은 아니었다는 것이다. 이것은 실제 이 셔츠가 이 지역 자체적으로 만들어내는 다른 양모제 의복에 비해서 질은 떨어진다고는 해도 그 재질 자체는 이 지역에서는 구하기 어렵고, 다른 지역에서 들여온 것으로 위신재의 성격이 짙은 고가제품이라는 것이다. 즉, 셔츠는 알타이 유목민들 사이에서는 기후와 문화가 다른 먼 지역에서 들여온 귀한 물건이기 때문에, 이것을 소유한 사람의 높은 사회적인 신분을 상징한다고 할 수 있다[70].

아크 알라하–3유적–1호 고분과 파지릭 2호 고분에서 출토된 두 셔츠는 두 고분의 거리가 수백km에 달함에도 불구하고 스타일, 재단, 색감 등에서 완전히 일치한다. 이는 곧 이들이 같은 본을 보고 똑같이 재단했음을 말한다.

치마

파지릭의 여성이 허리에 둘렀던 치마 완형이 3유적–1호 고분에서 출토되었다(그림 85). 그 길이는 144cm이며 허리춤의 폭은 90, 밑자락의 폭은 112.5cm이다. 이 치마는 세로로 꿰맨 3조각의 양모 천으로 이루어졌다. 상부와 하부의 천은 붉은색이며 그 사이 천은 원래 하얀 색이었지만 지금은 노랗게 변색되었다. 상부 천의 넓이는 52cm, 중앙부는 51cm, 하부는 39cm이다. 옆구리 부분의 솔기는 하나다. 상부와 하단 천의 끝단을 접어서 마무리하여 갈라지지 않게 했다. 이 여인은 관속에서 무릎을 살짝 구부린 채 옆으로 누워있었고, 치마는 그녀의 다리(심지어 발목까지)를 완전히 덮었다. 치마는 시신의 허리춤에 묶인 허리띠로 고정되었는데, 이 허리띠는

---

70) 아크-알라하 출토 실크제 셔츠에는 수선의 흔적이 잘 남아있었다. 앞쪽에 작은 구멍이 난 것을 뒤쪽에 있는 천을 이용해서 거칠게 땀을 따서 수선을 했다.

a

b

c

그림 85. a-여성고분 출토된 양모제 치마, b, c-치마폭, 아크-알라하-3유적 1호 고분

양모로 만든 붉은색의 두꺼운 끈으로 술 장식이 달린 것이다. 이 허리띠는 치마에
몇 군데에 걸쳐서 꿰매졌고 크게 매듭이 지여 묶여졌다(그림 85). 치마의 위쪽 끝은
바깥으로 접혀있어서 치마의 길이를 조정했던 것으로 보인다.[71]

---

71) 흥미로운 점은 아크-알라하 출토의 치마 상반부는 훨씬 색감이 강렬하다. 아마도 이 치마가 자루처
럼 보이게 하는 스타일로 입으면서 아래 위를 뒤집어 입었을 수도 있다. 아마 이런 식으로 아래위를
바꾸어서 무덤에 부장될 때는 마치 새 옷처럼 사용했을 것이다. 여러 전통적인 문화에서 옷의 아래
위를 바꾸어 입는 것은 금기시되고 있다. 즉, 상반신은 상반신에 위치해야 하며 하반신은 반드시 밑
에 위치해야 한다(루보-레스니첸코, 1994, p.226). 단지 무덤에 매장될 때에는 이러한 금기가 허용
되었는지도 모른다.

5유적-1호 고분에서 발견된 두 번째 치마는 그 일부가 출토되었다. 이 역시 양모로 만든 백색-홍색이며 앞의 치마보다 훨씬 좁은 간격으로 각 조각을 이어 붙였다. 각 조각의 색깔과 길이로 보면 흰색 24cm, 붉은색 26cm, 흰색 34cm, 붉은색 27cm의 순으로 이어 붙였다.

루덴코는 파지릭의 대형고분들을 발굴한 결과를 분석하면서 품질이 우수한 양모 천들은 이 지역 생산품이지만 어디 한 군데도 덧댄 흔적이 없기 때문에 이 지역의 양모제 옷으로 직접 옷을 기운 것 같지는 않다고 했다(루덴코, 1952 p.113). 1990, 1993, 1994년의 (우코크 고원의-역자 추가) 조사결과 치마를 포함한 파지릭인들의 의복들은 꿰맨 것이지 조각을 덧대어서 기운 것은 아니었다. 바지 역시 마찬가지로 꿰맨 것이었다. 파지릭 유적에서 출토된 의복들을 다시 한 번 확인해본 결과 파지릭 2호분에 매장된 여성은 아마도 3유적-1호 고분과 비슷한 치마를 입었던 것 같다. 파지릭 고분의 치마는 길고 좁은 폭 15cm의 붉은색 천과 다양한 색(길이 9.5cm, 길이 2.7m)의 천을 서로 번갈아가면서 꿰매어 붙였다(루덴코 1968, p.68~70). 에르미타주 박물관에는 두 점의 붉은색과 다양한 색의 천을 기워낸 태피스트리가 남아있다[72]. 파지릭 제 2호 고분에서는 붉은색과 녹색의 천을 꿰맨 천이 출토되었는데, 내가 보기엔 이 역시 치마의 일부인 듯하다. 물론, 이런 색감은 붉은색-흰색의 두가지 색으로 3열로 치마를 만든 것보다 좀 더 스마트해 보인다. 중요한 점은 치마의 천들은 가로로 덧대어서 만들지 세로로 덧대지는 않는 다는 점이다. 이와 같은 다양한 색깔의 양모로 만든 천을 덧대어서 만든 치마가 신강성 수바쉬-유적 6B고분에서도 출토된 바 있는데, 그 연대는 방사성탄소연대측정 결과 파지릭과 비슷한 기원전 4세기대로 나왔다(郭建國 1994, p.9; Mair, 1995, p.29).

독특한 방법으로 치마를 직조해서 입었던 풍습은 기원전 19~18세기 크레타의 여성들 사이에서도 발견된다. 그들의 치마는 여러 천 조각을 서로 겹치게 하여 그

---

72) 비슷한 태피스트리는 신강성 체르첸 자군루그(Zaghunlug, 扎洪魯克)유적에서도 출토되었는데, 파지릭 제 2호분 출토와 마찬가지로 붉은색, 녹색, 암황색의 양모 천들을 이어서 꿰맨 것으로 파지릭 출토 치마와 같은 계통일 것이다(Barber, 1999, p.66, pl.10, A).

가장자리를 따라 겹치게 해서 만들었다. 파지릭의 치마도 마찬가지로 수평으로 주름이 지는 것처럼 보인다(브룬, 틸케, 1995, p.9). 치마를 수평으로 층이 지게 만드는 풍습은 전 세계적으로 매우 오래되긴 했지만, 실제 사용은 드물었다. 아마도 이런 복식의 풍습은 중앙아시아의 유목민족들 사이에서 발생해서 전파되었을 것으로 보인다. 즉, 이는 양모를 직조하는 과정에서 좁고 기다란 천을 만들게 되었던 상황과 관련이 있을 것이다. 파지릭 문화의 치마와 완전히 동일한 형식은 신강성 수바쉬-3유적 8A호 고분에서 출토된 바 있다. 사진과 서술된 바를 참고하면 이 수바쉬 출토의 치마는 아크-알라하-3유적 1호 고분의 치마를 글자그대로 복제한 듯 비슷하다. 그 길이는 138cm, 넓이는 305cm이고 각 띠의 길이는 57, 46, 35cm이다(吐魯番博物館, 1992, p.55, 91, 92). 5유적-1호 고분에서 출토된 치마와 비슷한 것이 중국 신강성 체르첸(且末) 자그훈루크 고분[73]에서도 출토된 바 있다. 이 치마 역시 붉은색과 흰색(발견당시는 황색)의 양모를 이어붙인 것으로 그 폭은 28cm이다(Barber, 1999, pl.5B).

신강성 유목민들도 파지릭문화 주민들과 마찬가지로 서로 꼬거나 짜서 좁고 길게 만든 양모 천(그 길이는 1cm~57cm에 이름)을 서로 이어서 넓은 천을 만들었다. 이 천들은 카자흐의 보풀이 일어나지 않는 양탄자(알라샤[74])에 무늬를 넣은 띠를 꿰매는 것과 비슷한 방식이다[75]. 민족지적으로 보면 알라샤의 양탄자는 다양한 기법을 사용하여 화려한 색상과 문양 및 배경을 다양하게 넣은 것이 특징이다. 이 띠를 이어나가면서 앞줄과는 다른 새로운 문양들이 시문된다(무카노프, 1981, p.164~166).

---

73) 중국어로 유적 명칭은 扎滚鲁克고분으로 체르첸강(車爾臣河)의 서쪽 10km 지점의 충적대지 위에 위치한 대형 고분으로, 한나라시기 오아시아 국가였던 체르첸국(且末國)의 대표적인 무덤으로 주목받는다. 2002년에 중국 국가급중점문물보호단위(한국의 사적에 해당)로 지정되었다(역자 주).
74) 알라샤는 원래 카자흐스탄에서 가장 규모가 큰 부족의 명칭인데, 카자흐스탄의 전통적인 양탄자인 줄무늬가 들어간 양탄자의 이름으로도 쓰인다(역자 주).
75) 자그훈루크 고분의 출토품(Barber, 1995,p.54)은 카자흐스탄의 양탄자(무칼로프, 1981, 도면 58~61)와 좋은 비교가 된다.

허리띠

무덤 주인공의 의복 중 가장 중요한 부분 중 하나이다. 이 허리띠의 끝은 술이 달려있어서 풍성한 느낌을 주며 시선을 이끄는 역할을 하게 된다(도면 86). 이제까지는 가죽제로 만든 허리띠만이 파지릭문화에서 알려졌다. 양모를 꼬아서 만든 두꺼운 허리띠는 단순히 가죽허리띠의 대용품은 아니었다. 양모 허리띠는 독자적인 의복인 동시에 때로 가죽허리띠와 같이 사용되어서 실용적인 의복의 기능보다는 상징적인 의미가 더 강했다. 많은 민족들의 신화세계에서 끈은 이승과 저승 사이의 경계의 의미로 착용되었다. 니트로 만든 띠, 또는 그냥 니트(실)는 그것을 두른 사람을 주변으로부터 보호하는 방어막의 역할을 했을 것이고, 내가 보기엔 파지릭문화의 끈 허리띠도 같은 역할을 했었던 것 같다.

니트가 보호하는 역할을 하는 여러 민족지의 예를 들어보자. 베사라비아의 루마니아인들은 초승달이 뜰 때면 왼손, 발, 목 등에 흰색과 붉은색의 끈처럼 만든 것을 묶어서 병을 예방한다(나자렌코, 1993, p.69). 또한, 시베리아의 러시아인들은 허리띠뿐 아니라 앞치마, 남자의 바지 등 허리에 걸치는 모든 것은 허리띠를 두르는데, 몸을 두르는 보호기능이 생겨서 악령들이 침입하지 못하게 한다(라보넨, 1977, p.78). 동부 슬라브인들에게도 허리띠는 보호의 기능을 하는 상징물로 깨끗하지 않은 힘이 미치지 않도록 막아준다고 믿는다(마슬로바, 1956, p.694).

양모를 꼬아서 만든 띠는 인도·이란의 넓은 종교적 공동체에서 의식을 행할 때 중요한 역할을 한다. 이후에 조로아스터교도(남성, 여성, 아이 등)들도 끈을 마치 허리띠처럼 허리에 걸치는 흰색 셔츠나 니트를 둘렀고, 이는 성스러움의 상징이었다. 하루에 몇 차례씩 있는 기도 시간에는 72가닥(가장 깨끗한 숫자)으로 묶은 끈을 묶고 풀기를 반복한다. 참고로 아크-알라하 고분의 여성이 걸친 허리띠는 116가닥을 꼰 것이다.

아베스타의 오르마즈드-아쉬드의 1장에는 다음과 같이 적혀있다[76].

16. 이 육신의 세계에 살고 있는 그의 이름은 스피타나 차라투스라!!

    나의 모든 8개의 이름은 밤으로 낮으로 외쳐지고 불리울지라

    And he who in this material world O Spitama Zarathurtra!

    shall recite and pronounce those names of mine 8 either by day or by night

17. 그가 일어설 때도, 앉아있을 때에도 그의 이름을 외치리라.

    그가 성스러운 허리띠를 동여매고 있을 때에도, 풀어 헤칠때에도

    그가 집을 나설 때에도, 그가 자기의 마을을 나설때에도

    그가 자신의 고향을 떠나서 다른 나라로 갈 때에도

    He who shall pronounce them, when he rises up

    or when he lays him down; when he lays him down

    or when he rises up when he binds on the sacred girdle

    or when he unbinds the sacred girdle

    when he goes out of his dwelling-place,

    or when he goes out of his town,

    or when he goes out of his country and comes into another country

18. 낮이건 밤이건 악당들의 무기로서 그를 해할 수 없으니,

    모든 아에쉬마같은 격노하는 무리들의 칼로서, 망치로서, 활로서

    또, 칼로도, 곤봉으로도, 투석을 해도 그에게 미치지 않으며,

    그를 해하지 못하리라.

    That man, neither in that day nor in that night,

    shall be wounded by the weapons of the foe

    who rushes Aeshma-like and is Drug-minded.

그림 86. 여성고분 출토 양모를 꼬아 만든 허리띠, 아크-알라하-3유적 1호 고분

M.보이스에 따르면 페르시아어로 쿠스타라는 이 허리띠의 상징적인 의미는 수백 년에 걸쳐 완성되어왔다고 한다. 파지릭문화의 여성 복장에 쓰여진 술 달린 허리띠의 역할을 지나치게 과장하고 싶지는 않다. 적어도 내가 보기에 파지릭인의 의상에서 이 요소는 인도이란문화(넓은 의미로서)에 속하는 것이다. 단적인 예로 몽골의 여성 복장에서 허리띠라는 것은 아예 존재하지도 않는다. 여성을 뜻한 '부스구이'라는 말이 있는데, 예전에는 여성을 뜻하는 '에메게테'라는 말보다 더 많이 쓰였었다. 그런데 이 '부스구이'라는 말은 '허리띠가 없다'는 뜻에서 기원한 것이다(비크트로바, 1977, p.188). 종합하면 3유적-1호 고분, 5유적-1호 고분, 그리고 파지릭 제 2호 고분 등과 신강성 수바시-3유적 6B고분에서도 다양한 색의 양모를 꼬아서 허리에 걸친 띠가 발견되었다. 신강성 체르첸 자그훈루크 고분의 남성에서도 5색의 노끈을 감아서 만든 허리띠가 나왔지만, 이는 아크-알라하 출토품과는 직조방법에서 서로 다르다(Barbaer, 1999, p.58~59).

바지

바지는 파지릭문화에서는 남자들의 하의로 사용되었다. 우코크 고원에서는 모두

---

76) 역자가 확인한 바, 현재까지 아베스타는 한국어로 번역되지 않았다. 그리고 필자가 제시한 러시아어 번역본은 축약이 많고 시적 운율 등을 고려한 것이어서 그대로 한국어로 번역할 시에는 오역 가능성이 높아서, 여기에서는 영어를 저본으로 번역을 했다(영어 번역은 James Darmesteter tran. 1883 The Zend Avesta, Oxford at Clardon Press를 참조함, 역자 주).

3점의 바지 완형이 출토되었는데, 모두 붉은색(현재는 갈색 계통)을 띤다.

이 바지는 1990년 1유적-1호 고분에서 최초로 발견되었다(그림 87). 이 바지는 4부분으로 구성되었고, 두 부분의 삽입구가 있다(도면 87-b, c). 한쪽 삽입구는 방형이고 다른 쪽은 사다리꼴이다. 이 모든 부분들은 서로 엮이지 않았다. 또, 솔기와 같은 기타 이음의 흔적이나 실로 꿰맨 흔적도 없다. 만약 녹슨 쇠같이 다른 의복의 일부 중에 사라진 것이 없다고 한다면, 이 부분들은 마치 재단하기 직전에 모아놓은 것과 같은 상태이다. 이 의복이 당시에 서로 기워져 있었는지는 여러 부분에서 판단하기 쉽지 않다. 단지 이제까지 발견된 파지릭 바지들과 그밖에 우코크 고원에서 발견된 여러 복식들 중에서 이 유물만이 유일하게 기운 흔적이 없다는 점은 분명하다. 사각형의 삽입구는 뒤쪽으로, 마름모꼴의 삽입구는 앞쪽으로 달려있다. 아마 바지의 윗부분은 끈 같은 것으로 묶었을 것이다. 이 의복의 원자재는 양모 천이며, 직조방법은 단단하게 능직으로 만들었다. 이 천의 폭은 약 27cm로 씨실의 기본 방적사는 0.05cm 정도이며 오른쪽으로 꼬아서 만들었다. 1cm의 끈에는 5~8 정도의 꼬임이 보인다. 스레드를 위해서는 0.08cm의 방적사를 역시 오른쪽으로 꼬아서 만들었으며, 1cm의 노끈에 4~6번의 꼬임이 보인다. 천 조직의 치밀도를 보면 2.5cm를 기준으로 씨실은 25~26이 기본이고, 스레드는 32~33회 정도이다.

바지의 넓이는 약 27cm로 천의 넓이와도 부합한다. 완성품의 길이는 104cm로 바지의 위 아래쪽 절단면은 양쪽 모두 0.7~0.8cm로 접혀 있다. 바지 상부의 끝은 20세기 중반까지 중아아시아의 바지들에서 보이는 것과 똑같이 접어서 꿰매 바깥쪽으로 접었다. 바지의 아랫단은 안쪽으로 접었다. 바지의 아래쪽은 옆쪽에 비해 2.5~3.5cm정도 좁아졌으며, 그 결과 바지의 아랫단 넓이는 각각 20.5~21.5cm에 이른다.

바지단과 삽입구의 절단에 관해서는 재미있는 방법이 민족지적 자료에 남아있다. 즉, 자르고자 하는 부분에 해당하는 천의 스레드 실을 뽑아내고는 그 선을 따라서 날실을 잘라냈다. 이 바지의 큰 특징은 앞쪽의 절단방법과 추가로 다른 부속으로

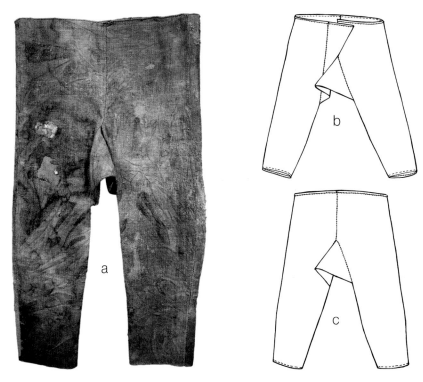

그림 87. a-남성 양모제 바지, b-앞에서 본 모습, c-뒤에서 본 모습, 아크-알라하-1유적 1호 고분

덮는 것이다. 이 길쭉한 부분을 따라 마름모꼴로 45cm에 이른다. 이 삽입구의 긴 면은 바지 쪽에 부착되었고, 다른 면은 꿰지 않은 채 면을 덮었다. 이런 형태의 바지를 다시 복원해본 결과 정사각형 형태의 크기 33×27cm에 넓이 6cm 정도를 덧대면 된다. 이 6cm는 두 번째 마름모꼴 삽입구의 길이가 된다. 아마 이 부분에서 두 삽입구는 서로 이어졌을 것이다. 이런 식의 바지는 다른 파지릭 고분에서 비슷한 예를 찾을 수 없다. 이 바지의 주인공은 귀족에 속하는 40~45세의 기마인 전사 남성으로 9마리의 풍부한 마구장식이 채워진 말이 배장되었으며, 거대한 목곽과 낙엽송으로 만든 통나무관이 사용되었다. 그 옆으로는 다른 젊은 여성 전사(역자 후기에서도 적은 바, 10대의 남성임이 뒤에 밝혀짐—역자 주)통나무관이 같이 놓여있었다. 이 여

자 역시 양모로 만든 바지를 입고 있었지만 보존 상태는 좋지 않았다. 단지 허리띠 부분, 발부분 등 3조각 정도만 발견되었기 때문에 바지의 길이는 알 수 없었다. 바지의 넓이는 원단의 넓이와 같은 28cm였다. 바지의 하부와 상반부 끝은 솔기로 마무리 되어서 잘린 면이 안쪽으로 오도록 접어서 마무리를 했다(접힌 부분의 넓이는 0.5~0.6cm정도이다). 바지의 상반부는 바깥쪽으로 향하게 마무리 되었고 아랫단은 안쪽으로 향하게 접혀졌다. 바지의 옆면은 곧 원단의 끝부분이 된다. 바지의 밑단을 23cm정도로 좁히기 위하여 바지의 밑단은 그 끝에서 4.5~5cm정도 안쪽으로 접었고 옆면을 따라 꿰맸다.

사각형 삽입구는 완성된 것을 기준으로 약 26cm가 된다. 양쪽의 잘라낸 흔적은 모두 안쪽으로 접어서 마무리했다. 이 여성 바지에 삽입구는 몇 개인지 정확하게 밝힐 수 없었다. 남성바지와는 달리 여성 바지에는 앞쪽에 자른 면이 없다. 바지에는 세로로 연결되는 원단을 썼으며, 삽입구에는 가로로 연결되는 원단을 썼다.

바지를 직조한 방법은 분명하지 않다. 하지만 잔편으로 남아있는 것으로 미루어 볼 때 삽입구는 서로 이어졌고, 그 다음 바지에 이어 붙였다. 바지의 하부를 조사해 본 결과 먼저 모든 바지의 하반부를 잘라낸 후에 옆쪽 솔기를 이어 붙였다. 바지의 양쪽 끝은 원단의 끝을 잇거나 그 천의 앞쪽으로 서로 이어서 휘갑치기(=오버로, overlock)크로 붙였다. 또 다른 방법으로는 절단이 있다. 즉, 끝을 잘라서 0.5~0.8cm 정도를 접고 그 끝은 정돈하고, 그 다음에 오버로크로 서로 이었다. 솔기는 작은 바늘코로 만들어져서 2.5cm 정도의 오버로크에는 5~8.5땀 정도의 바늘 코가 있고, 덧대어 기운 곳은 5~7땀 정도로 했다. 여성 바지의 잔편들로 미루어볼 때 그 제작방법은 두 가지로 나뉜다. 첫 번째는 일본의 전통복장인 '몸빼' 스타일로 바지 사이에 삼각형 삽입구가 있는 것이다. 두 번째는 발락(투르크메니스탄의 여성바지) 스타일로 바지의 상반부에 1개의 사각형과 2개의 삼각형 모양의 삽입구를 붙인 것이다.

이런 형식의 바지는 남성 전사의 무덤인 베르흐-칼쥔-2유적 1호와 3호 고분에서도 발견되었다. 1유적-1호 고분의 남성바지와는 양모로 만들었다는 점과 더 짧아

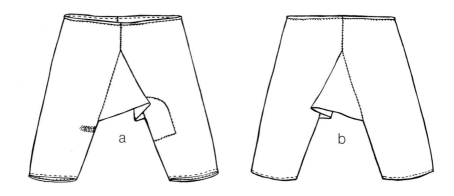

그림 88. 남성의 양모제 바지, a-앞쪽, b-뒤쪽, 베르흐-칼쥔-2유적 1호 고분

졌다는 점에서 차이가 있다. 베르흐-칼쥔-2유적 1호 고분에서 발견된 바지는 붉은색 양모를 능직방식으로 직조한 것이다(그림 88). 그 길이는 83cm에 넓이는 28~29cm(상부 기준)으로 원단의 넓이와도 일치한다. 바지의 하단부는 23cm 정도로 좁아진다. 삽입구는 마름모꼴로 정방형의 천 조각 2개를 붙여서 만든 것이다. 삽입구 넓이는 46cm이다. 바지 원단에 끝이 없는 경우는 자른 면을 안으로 접게 해서 깁는 방식으로 마무리를 했고, 그 다음에 바지들을 서로 이어 붙였다. 바지의 하단부와 상반부는 역시 안으로 접게 해서 깁는 방식으로 마무리했고, 그 다음에 안쪽으로 접었다. 바지 왼쪽부분의 무릎부분에는 촘촘한 바늘코로 20×14cm크기로 바지와 원 재질의 천 조각을 대고 기웠다. 베르흐-칼쥔-2유적 3호 고분 출토 바지의 경우 길이는 90cm이고 위쪽의 넓이는 36cm로 원단의 넓이와 일치한다(그림 89). 바지 옆쪽에 이은 부분은 실제 원단의 끝자락에 해당하며 바지는 밑으로 내려갈수록 안쪽으로 좁아진다. 삽입구는 길이가 36cm로, 대각선 방향으로 오버로크 식으로 만들어졌다. 삽입구에는 양모로 만든 감침질의 흔적이 보인다. 감침질의 흔적은 여러 부분에서 보이며 바지의 뒷부분은 바지와 같은 원단으로 만든 사각형 덧댄 흔적이 있다. 재미있는 점은 이 바지의 허리띠는 바깥쪽으로 돌리게 되어있다는

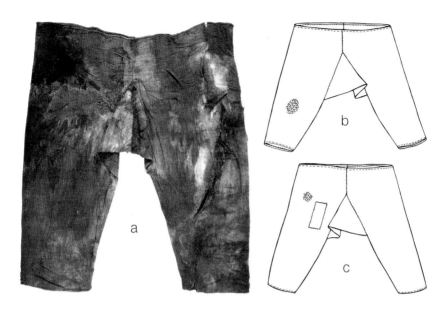

그림 89. a-남자의 양모바지, b-앞쪽, c-뒤쪽, 베르흐-칼쥔-2유적 3호 고분

점이다. 이런 방식의 허리띠는 1유적-1호 고분의 남자와 여자의 바지 모두에서 보이며, 반면에 베르흐-칼쥔-2유적 1호 고분 출토 바지는 반대로 안쪽으로 돌리게 되어 있다.

긴바지. 이 바지는 페르시아, 스키타이, 리디아, 프리기아 등 인도유럽인 그룹에 속하는 집단들의 가장 두드러지는 특징으로 간주되는 새로운 요소이다(브룬, 틸케, 1995, p.9). 양모로 만든 바지는 신강성의 수바쉬-3유적에서도 알려진 바 있다(郭建國 1994, p.6, 도면6, 25A호 고분의 남성, p.9, 6B고분의 여자는 양모제 치마를 둘렀음). 또한, 洋海유적[77]에서는 길이가 124cm인 긴 바지가 발견되었다(吐魯番博物館, 1992, p.55, 90). 그리고 체르첸의 자그훈루크에서도 출토되었다(Barber, 1999, p.37). 노인-울라 6호 고분에서도 양모와 실크 바지가 출토된 것도 유명하다. 노인-울라

---

77) 鄯善縣에 위치한 청동기시대~당나라 시기의 무덤 유적(역자 주).

출토 바지는 끝마무리, 스타일, 그리고 길이(114cm) 등에서 파지릭 출토품과는 차이가 있다(루덴코, 1962, 도면 10, 11, 그림 32, 33; p.39~43). 바지와 장화는 기마인들에게는 필수적인 장비다. 그리스와 중국 같은 '문명화'된 사람들에게 이 복장은 야만인의 것이다(리크만, 1986, p.19, 28). 중국 전국시대 趙 武靈王과 관련된 '호복기사'에 대한 논쟁이 그 좋은 예이다. 오랑캐의 옷을 착용할 수 있는가? "나는 오랑캐의 옷을 입는 것은 어쩔 수 없다고 본다. 하지만 천하의 사람들이 우리를 보고 비웃을까 두렵다"라고 무령왕이 이야기했다(크류코프 외, 1983, p.336)[78]. 오랑캐 기마민들의 옷을 차용한 예는 중국 뿐 아니라 조로아스터교 사제들에게서도 찾아볼 수 있다. 아무다리야 퇴장유적에서 발견된 장식판을 비롯한 여러 유물에는 그들의 모습이 잘 남아있다(아무다리야 퇴장유적, 1979, 그림 49~61; 피치칸, 1991, 도면 8쪽). 원래 남성이건 여성이건 바지의 기원은 말 위에서 주로 생활을 영위하는 유목민들에게서 일찍이 등장했다고 한다(가겐-토르나, 1933, p.122). 물론, 예외의 경우도 있다. 아랍의 경우 17세기 이전까지 유목민임에도 불구하고 바지를 입지 않았고, 바지를 입고 말을 타는 것을 경멸했다(불라노바, 1970, p.277).

생계경제 및 생활방식 외에도 자연기후환경 또한 이런 저런 모양의 복식들이 전래되는 데 큰 역할을 한다. 그럼에도 불구하고 19세기말~20세기 초에 중앙아시아를 여행한 러시아 탐험가들의 눈에는 중앙아시아의 건조한 기후에도 많은 민족들은 바지를 입지 않았던 것으로 비춰진 것 같다. 코즐로프는 "바지를 알고 있는 티베트인은 적었다"라고 지적했으며(코즐로프, 1947, p.179), 프르제발스키는 차이담 몽골인(올류트인)은 "양가죽으로 만든 판탈롱은 단지 겨울에만 입었으며, 탕구트인들은 대부분의 경우 판탈롱을 모른다"고 기록했다(프르제발스키, 1948, p.103, 127). 파지릭의 바지는 사실상 투르크메니스탄의 바지인 발락과 그 외형이

---

78) [史記] [趙世家]에 나오는 호복관련 논쟁에서 조 무령왕의 발언부분을 인용하는 듯하다. 참고로 원문은 다음과 같다(밑줄친 부분이 작가가 언급한 부분으로 생각되는 구절임).: 趙武靈王北略中山之地. 至房 子. 遂之代. 北至无窮, 西至河. 登黃華之上. 與肥義謀胡服騎射以敎百姓, 曰: "愚者所笑, 賢者察焉. 雖驅世以笑我, 胡地, 中山, 吾必有之!" 遂胡服(역자 주).

남성(베르흐-칼쥔-2유적 1호 고분)과 남자아이(아크-알라하-1유적 2호 고분)의 복원도

거의 일치한다(바실리예바, 1954, p.160, 그림 18-b, c). 보로비요바의 연구에 따르면 투르크메니스탄의 바지에 보이는 사각형의 삽입구와 똑같은 형태는 오로지 타타르인, 바쉬키르, 그리고 페르시아인들의 복식에서만 보인다고 한다(보로비요바, 1930, p.315~316). 러시아의 경우 단지 세 집단에서만 이러한 복식이 보이는데, 그들은 동유럽, 아시아, 카프카즈 등 이러한 복식들이 널리 유행하는 유목민들과 직접 연접해있는 곳에 사는 집단들이다(마슬로바, 1956, p.592). 일본의 여성 작업용 바지인 몸뻬도 일부 비슷한 점을 찾을 수 있다(크세노폰토바, 1977, p.147~148, 도면 26). 북 카프카즈의 깊은 산악지대에 위치한 무덤유적인 모세바야 발카에서는 서기 8~9세기의 북서부 카프카즈 지역의 원주민이 입었던 옷 중 가장 오래된 것이 발견되었다. 그중에는 인형의 겉에 입힌 바지도 포함되어 있다. 이 바지는 대각선으로 사각형 쐐기처럼 접어서 바지가 밑으로 내려갈수록 좁아지게 했다. 바지의 가장 위는 곧장 끈을 돌려서 동여 묶을 수 있게 했다(라브도니카스, 1990, p.60). 아이나 인형에게 입히는 옷은 노인들의 옷과 마찬가지로 고졸한 의복의 형태가 오랫동안 잘 남아있다. 모세바야 발카 유적의 인형에 입힌 이란 스타일의 바지는 파지릭의 바지와 유사하다. 옛 몽골의 바지에서는 완전히 다른 스타일이 보인다. 즉, 그들은 바지의 옆 부분에서 비스듬하게 바지자락이 흘러내리는 식으로 만들어졌다(비크토로바, 1977, p.174).

아마도 파지릭의 일반무사계급 고분에서 발견된 바지가 밑으로 갈수록 짧아지는 이유는 실용적인 이유에서 설명될 수 있다. 즉, 모든 고분에서 남자건 여자건 할 것 없이 무릎 이상 올라오는 양탄자로 만든 장화-타이즈를 신고 있었기 때문이다. 체르케스족[79]의 복식을 묘사한 첼레비의 17세기 후반기 기록에 따르면 그들은 얇은 천으로 만든 바지를 입고, 그 위에 기다란 가죽 또는 천으로 만든 타이즈를 신어서 무릎 위나 허리춤에서 고정시켰다고 한다(라브도니카스, 1990, p.88). 파지릭인의 고분에서 짧은 바지와 긴 바지가 동시에 발견된다는 것은 전혀 이상할 것이 없다.

---

79) 북부 카프카즈 지역에 거주하는 민족, 흔히 아드이그(Adyg)라고도 불린다(역자 주).

이 사실은 경우에 따라 다양한 옷을 입었음을 의미한다.

아마 양모로 만든 바지가 파지릭문화 남성들이 착용한 유일한 하의는 아니었을 것이다. 그들은 다른 유목민족들과 마찬가지로 가죽, 모피, 스웨이드(suede)로 만든 바지를 입었을 것이지만, 아직 실물자료는 발견되지 않았다. 파지릭 고분에서 발견된 바지를 보면 무릎이나 엉덩이 부분이 심하게 닳아있는 것을 볼 수 있다. 따라서 이 바지는 장례용이 아니라 일상복들이었다고 보는 것이 설득력 있어 보인다.

양탄자 타이즈. 우코크 고원의 파지릭 무덤에서는 3쌍의 완형과 2상의 잔편으로 남은 양탄자 타이즈가 발견되었다. 한 쌍은 3유적-1호 고분에서 발견되었고, 두 쌍은 베르흐-칼쥔-2유적 1호와 3호의 남성고분에서 발견되었다. 1유적-1호 고분에서는 잔편이 발견되었다. 그들 사이에서 기본적인 스타일의 차이는 찾아볼 수 없다. 모든 타이즈는 흰색 양탄자로 만들었으며, 양말부분이나 엉덩이 부분 등을 덧대 기웠다. 파지릭 제 2호 고분에서 출토된 타이즈(루덴코는 이를 남성용으로 보았음, 루덴코, 1953, p.111, 그림 35-a 참조)와 장식만 서로 다를 뿐 같은 스타일이다.

여성용 타이즈. 여성용 타이즈는 양말 쪽에서의 길이가 89cm로 그 상부 끝은 붉은색 양탄자로 화려한 무늬를 아플리케로 부착했다. 발바닥 쪽에는 붉은색 양모로 만든 길이 20cm의 덧 띠를 붙였다(그림 90-a, b). 남성용 양탄자 타이즈(길이는 99cm)는 발바닥 쪽에 마찬가지로 길이 20cm의 덧 띠를 붙였다(그림 90-c). 또한, 다른 타이즈 한 쌍에는 가죽으로 만든 화려한 아플리케가 덧붙여졌다(그림 91-a, b). 파지릭인들은 일상생활에서도 남성과 여성 모두 타이즈를 신었다. 여성들은 치마 밑에 입었고, 남자들은 짧은 바지 위에 입었다. 이 타이즈를 몸에 어떻게 달라붙게 했는지는 정확하지 않다. 단지 울란드릭-1유적의 2호 고분에서 아이가 신던 가죽장화(=타이즈)와 함께 그 끝을 묶는 가죽끈(37cm)도 같이 나왔다. 아마 타이즈의 윗부

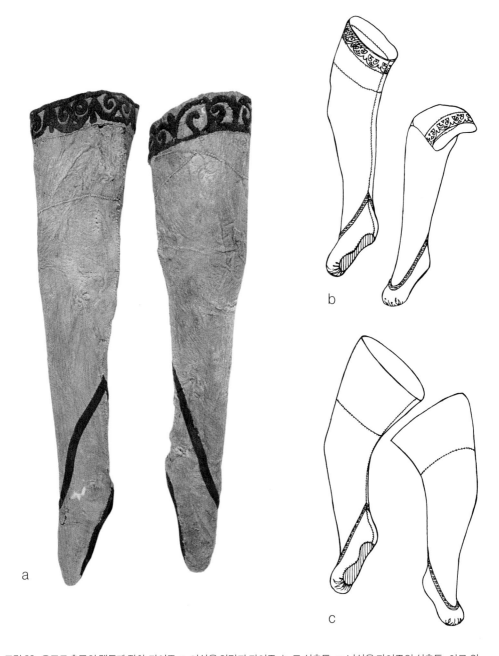

그림 90. 우코크 출토의 펠트제 장화-타이즈 a-여성용 양탄자 타이즈, b-그 실측도, c-남성용 타이즈의 실측도, 아크-알라하-3유적 1호 고분, 베르흐-칼쥔2유적 1호 고분

분을 묶었던 용도로 보인다(쿠바레프, 1987, p.86). 아마 노인-울라에서 출토된 중국제 레깅스처럼 파지릭의 타이즈 역시 고리를 사용해서 허리춤에 고정시켰을 가능성이 크다(루덴코, 1962, p.40, 도면 12). 서유럽의 남성 복장에도 기다란 타이즈를 갑옷(chausses)에 고정시키기 위해 특별한 리본이 사용되었다(메르찰로바, 1993, p.162, 184). 스트랩을 이용해서 허리의 동환(銅環)에 높은 가죽 신발을 묶는 것이 북극권의 민족들에게서 보인다(예컨대, 포포바, 1958, p.92 참조). 이란의 여인들은 치마의 허리춤에 실크로 만든 바지를 고정시켰고, 그 밑으로 신발을 신었다(류쉬케비치, 1970, p.283). 그 외에 비슷한 예는 현재로서는 찾을 수 없다. 기다란 양탄자 타이즈는 산악 알타이의 험난한 환경의 산물이며, 이 옷은 기마인의 것이다. 길고 그 끝이 넓게 벌어지는 타이즈는 신강성 수바쉬-3유적에서도 발견되었는데, 이 유적은 파지릭과 같은 시기이거나 더 이른 것이다(郭建國 1994, p.9; Mair, 1995, p.28).

파지릭 타이즈와 비교될만한 이미지는 페르세폴리스의 동쪽 아파다나(Apadana)에 새겨진 조공을 바치는 사카족이다(그림 91-c).

외투

파지릭인의 상의는 다양한 외투이다. 이제까지 파지릭문화의 외투는 '왕족급' 고분의 출토품만 알려졌는데, 우코크 고원에서 처음으로 일반무사의 고분(베르흐-칼쥔-2유적)에서도 발견되었다. 베르흐-칼쥔 1호 고분에서 출토된 외투는 양쪽으로 가죽을 댄 것으로 흰색의 모르모트와 양피를 합친 것이다(현재는 색깔이 황갈색이다). 그 크기는 길이 96cm, 너비는 외투를 접었을 때 79cm이며, 소매에서 목 부분까지의 길이는 105cm이다(그림 92). 이 외투의 가장 큰 특징은 목의 칼라(깃)가 없이 모피를 안쪽과 바깥쪽에서 기운 것이다. 내면은 양피고 외면은 모르모트의 모피이다. 세부적인 복식은 남아있지 않지만 보존처리하는 과정에서 복원할 수 있었다. 아마도 이 외투는 일직선으로 이어져서 밑으로 갈수록 약간 넓어지며 소매부분은

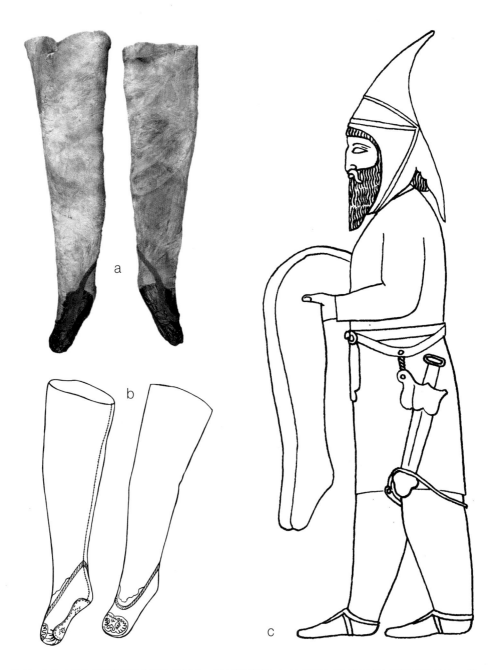

그림 91. 우코크 고원 출토의 양탄제 장화-타이즈. a-남성용 타이즈, b-그 실측도, 베르흐-칼쥔-2유적 3호 고분, c-페르세폴리스의 사카인 조각.

길고 좁아서 손가락들도 덮을 수 있을 정도이고, 그 끝에는 양모로 만든 끈이 남아 있다. 외투의 오른쪽 하반부의 허리춤 근처에는 붉은색으로 염색한 말의 갈기로 만든 술을 따로 부착했다(그림 92-b, 93). 나림지역의 에벤키족들도 이와 비슷한 장식은 축제에 쓰는 모피제 카프탄[80]에 붙인다. 에벤키 족의 경우도 파지릭과 마찬가지로 외투의 허리춤 쪽에 2열로 말의 갈기 두 묶음을 부착한다(르인지나, 1995, p.216). 에벤키들은 실제로 말의 갈기를 자신들의 옷을 장식하는 데 자주 쓴다(표도로바, 1988, p.94~95).

베르흐-칼쥔-2유적 3호 고분에서 출토된 외투의 안쪽은 양피를 덧댄 것이다(그림 94). 또한, 외투를 장식하는 데 담비와 검은 나귀 가죽을 이용했다. 이렇게 아주 귀한 모피동물과 나귀류 가죽을 옷 장식에 쓰는 것은 야쿠트의 전통 복식에도 자주 보인다(가브릴례바, 1998, p.41 외). 외투를 재단하고 장식하는 데는 힘줄로 만든 끈이 쓰였다. 외투의 크기는 복원한 상태를 기준으로 길이 115cm, 너비 245cm, 소매길이 85cm, 어깨넓이 85cm 등이다. 이 외투의 일부분에서는 세부적인 가공 흔적이 남아있었다. 가는 장식을 위한 솔기를 딴 것이 잘 보인다. 실로 가죽의 윗부분만을 꿰매었다. 1cm의 솔기에는 15번의 땀을 떴다. 이것은 파지릭 복식에서 장식에 일반적으로 쓰이는 방법으로, 루덴코에 따르면 아주 견고했을 것이라고 한다.

외투 소매는 좁고 길게 나왔어서 손가락을 다 덮을 정도이다. 외투의 한 쪽 소매 끝에는 양모끈이 붙어있었는데, 베르흐-칼쥔-2유적의 1호 고분에서 발견된 외투처럼 소매 끝은 끈으로 이어졌던 것 같다. 이는 모든 파지릭문화의 복식에서 보이는 특징이다. 카탄다고분에서 발견된 카프탄과 꼬리달린 외투(tail coat), 제 2호 파지릭 고분의 담비로 만든 소매(루덴코, 1953, p.103, 109)[81] 등에도 똑같은 것이 달려있다.

---

80) 투르크 계통 민족들이 입는 전통적인 남성의 상의(역자 주).

81) 루덴코는 소매의 끝이 손가락을 덮기에는 너무 넓지만, 실제로 그 끝은 꿰매져 있음을 지적했다. 따라서 이 옷은 어깨에 걸쳤을 것이라고 보았다(루덴코, 1953, p.106). 아마도 파지릭의 이런 외투는 신강성 체르첸 자그훈루크의 여성 무덤에서 발견된 양모제 가운처럼 겨드랑이 부분을 꿰매지 않고, 그 구멍으로 손을 빼냈을 가능성도 있다(Barber, 1999, p.48). 비슷한 예는 에벤키의 카프탄에서도 보이는데, 소매 끝에 장갑을 단단하게 묶었다. 대신에 사냥꾼들이 긴급한 경우에 신속하게 손을 뺄 수

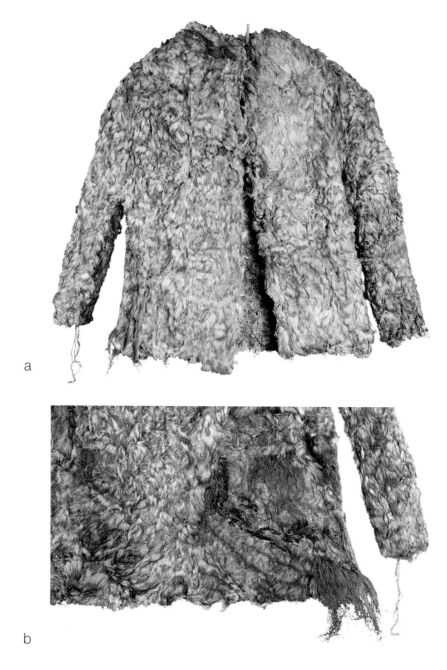

a

b

그림 92. 외투, a-앞쪽, b-모피제 부속, 베르흐-칼쥔-2유적 1호 고분

그림 93. 외투의 뒷부분, 베르흐-칼쥔-2유적 1호 고분

이것을 근거로 루덴코는 파지릭 주민이 입었던 외투의 소매는 장식적인 용도로만 사용되었고, 외투는 마치 페르시아의 칸디스[82]처럼 몸에 걸치는 용도였다고 보았다. 나아가서 파지릭 출토 카프탄의 기원을 페르시아의 칸디스에서 찾았다(전게서, p.110~111). 내가 보기엔 파지릭의 외투에서 소매는 장갑과 동시에 손을 덮는 역할을 했을 것 같다. 실제로 베르흐-칼쥔-2유적의 남자는 손을 외투에 넣어서 입은 채로 매장되었다[83]. 물론, 상황에 따라서 당시에 외투를 그냥 걸쳐서 입었을

있도록 카프탄의 소매에는 손이 빠져나올 수 있는 구멍을 터놓았다(투골루코프, 투라예프, 스페바 코프스키, 자하로프, 1997, p.95).
82) Kandys, 고대 페르시아인인들의 가운처럼 생긴 외투(역자 주).

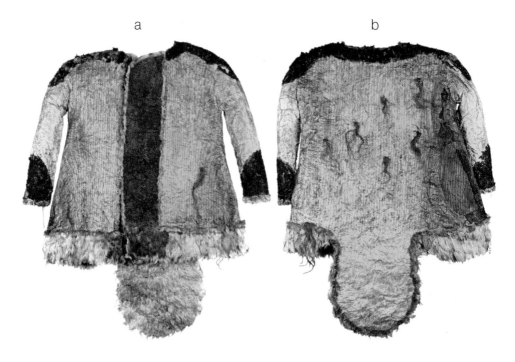

a   b

그림 94. 외투, a-앞쪽, b-뒤쪽, 베르흐-칼쥔-2유적 3호 고분

가능성도 배제할 수 없다. 신강성 수바쉬-3유적(기원전 5~3세기)의 여성미라는 양모로 만든 외투를 어깨에 걸친 채 발견되었다. 하지만 이 외투의 소매는 따로 막혀있지 않은 채였다(Mallory, Mair, 2000, p.220).

베르흐-칼쥔-2유적 3호 고분에서 출토된 외투는 안쪽을 모피로 장식했다. 허리춤 부분에는 가죽으로 만든 아플리케가 남아있는데, 가죽을 오려내서 붙인 것으로 그 크기는 7×18×33×3.5cm로 각 문양의 덩어리마다 일일이 외투에 기웠다. 이들은 솔기와 (이 경우는 옆으로)옷자락을 따라서 붙였다. 전통적인 야쿠트 복식

---

83) 나무 단추를 달고 벙어리장갑을 이은 후에 모피를 덧댄 외투가 신강성 하미시 근처 키질초크 (Qizilchoqa)의 무덤에서 발견된 바 있는데, 그 연대는 기원전 8~6세기로 편년된다(Mallory, Mair, 2000, p.217, fig 130). 이런 외투의 예는 응가나산, 셀쿠프, 한티, 에벤키 등의 민족지 자료에서도 보인다(한티의 외투에 대해서는 (샤지, 2000, 도면 14~20)을 참조바람).

그림 94. 외투, c-부스러진 그 잔편들, 베르흐-칼줜-2유적 3호 고분

에서도 유프티 또는 사피얀[84] 제작기법처럼 비슷하게 검은색 가죽을 오려서 붙여 만들었다(가브릴례바, 1998, p.36~37, 그림 14)[85]. 외투의 허리춤은 대각선으로 붉게 물들인 말총과 청색의 가죽조각을 이어 붙여서 만든 술을 2열로 달았다. 이 술들 사이에는 위에서 언급했던 검은색의 망아지 가죽을 아플리케로 붙였다. 소매의 아래쪽 끝과 카프탄 둘레를 따라서 회색의 담비가죽으로 만든 좁은 띠를 둘렀다. 소매와 옷자락의 밑자락에는 푸른색으로 물들인 모피동물의 가죽으로 띠를 만들어 돌렸다. 이런 띠는 소위 '꼬리'(외투의 엉덩이부분)에도 이어진다. 망아지 가죽의 띠 (너비 약 15cm)는 소매, 옷자락 끝, 어깨부분에도 이어진다. 특히 '꼬리'부분은 이 외투의 가장 큰 특징으로, 크기 57×49cm로 마찬가지로 양가죽으로 만들었다. 이런 '꼬리달린 옷'(또는 tail coat)은 1865년 라들로프가 조사한 카탄다 고분에서도 발견되었다. 카탄다 출토품은 올리브색의 실크로 겉은 담비의 가죽으로 만들어졌으며, 현재는 모스크바의 국가역사박물관에 소장되어 있다.

카탄다의 꼬리달린 담비코트와 가장 유사한 예는 타이가지역의 에벤키의 미렐렌이라고 한다(루덴코, 1953, p.111). 바실리예비치는 이런 모피코트 '꼬리'의 기능적 타당성에 주목했다. 즉, 아메리카의 에스키모들에게 이런 '꼬리'는 작업을 하다가 앉을 때에 반드시 필요하다고 했다(바실리예비치, 1958, p.172). 실제로 이런 꼬리는 사냥꾼들에게 기능적으로 필요하다고 한다(전게서, p.145). 걸어 다닐 때는 이 꼬리를 묶어놓았고, 타이가 삼림지역에서는 이 위에 앉을 수도 있었다.

이렇게 꼬리달린 외투는 북아시아 뿐 아니라 알래스카까지 널리 퍼져있어서, 애서배스칸(Athabascan), 카리부(Caribou)의 에스키모들 사이에서도 확인된다. 알래스카에 퍼져있는 이러한 외투는 시베리아식 스타일이라고 할 수 있다. 나아가

---

84) 유프티(юфть)는 가죽을 기워서 가공하는 러시아의 전통적인 제작방식을 말하며 사피얀(saffian)은 'morocco leather'라고도 불리며 양모 조각을 이용해서 문양을 새기고 장식하는 기법을 말한다(역자 주).

85) 야쿠트인들이 검은색 가죽을 만드는 데는 상당히 길고 복잡한 과정을 거쳐야함을 가브릴례바의 기록을 통해 알 수 있다(가브릴례바, 1998, p.78~79). 아마도 파지릭의 알 수 없는 가공기술도 그와 기본적으로 유사했을 것이다.

서 이런 꼬리달린 외투는 시베리아의 큰 강 계곡마다에 분포하여서 동남쪽으로는 중국의 북방에서 프리바이칼과 프리앙가라지역까지 넓게 이어진다고 한다(오클라드니코바, 1996, p.255)[86]. 베르흐-칼쥔-2유적 3호 고분과 카탄다 고분의 양모로 만든 외투는 이러한 꼬리달린 외투들 중에서 가장 오래된 유물이며, 남자 사냥꾼들의 복식으로 아주 오랫동안 유행했음을 증명한다(전게서, p.254). 하지만 파지릭문화의 꼬리 달린 외투가 어디에서 기원했는가의 문제는 너무 오래전 일이기 때문에 쉽게 판단하기 어렵다.

아마도 꼬리달린 외투와 어깨에 걸치는 외투는 위에서 언급한 지역보다 훨씬 넓은 지역에 분포했을 것이다. 아마도 전체 중앙아시아의 유목민족—목축민들 사이에서 널리 사용되었을 것이다. 예컨대 몽골에 대한 기록을 남긴 플라노 카르피니에 따르면 "몽골의 반외투는 털들을 밖으로 내놓는 형태이고 뒤편은 열려있다. 하지만 이 외투에는 꼬리가 달려있어 뒤편에서 무릎까지 이어진다"라고 하였다(카르피니, 1997, p.34). 이 외투가 거친 기후환경 조건에서 상당히 실용적으로 편리한 외투라는 점을 감안한다면, 이 스타일은 특정한 민족들 사이의 차이를 보여주는 것은 아니라고 생각된다.

코즐로프에 따르면 티베트 남성과 여성들은 알몸 위에 걸치는 외투인 '작파'와 양모제 가운인 '틸라'를 입는다고 기록했다. 틸라의 경우는 여름에만 주로 입는 것으로 언제나 누구나 입었던 옷은 아니었다. 주로 남자는 외투인 작파를 입고 허리띠를 둘렀다. 그렇다면 몸 둘레에는 찻잔, 담뱃대 등의 물건을 둘 주머니는 없다(코즐로프, 1947, p.179)[87]. 루부룩의 기록에 따르면 "몽골인들은 겨울에는 적어도 두 벌의 외투를 만들어서 하나는 털이 몸 쪽으로 향하게 하고, 또 다른 것은 바깥쪽으로 향하게 해서 바람과 눈을 막는다"고 한다(플라노 카르피니, 1997, p.97). 남부 알타이인들은 겨울에 아주 따뜻한 외투를 입는데, 그 털은 밖을 향하게 한다(포타포프, 1951,

---

86) 암각화 자료에 꼬리가 달린 전사상의 분포를 의미한다(역자 주).

87) 따라서 소매 부분을 주머니로 썼다는 뜻임(역자 주)

p.18). 목깃이 없는 양모제 외투는 모든 동부 슬라브인들 사이에서 널리 유행했다. 그들의 기후와 생계경제(양 목축)와 잘 부합하는 것이다. 또한, 이 양모 외투는 동부 슬라브인들의 결혼과 집짓기에 이루어지는 의식에서도 중요한 위치를 차지했다(마슬로바, 1956, p.708~711).

신강성 수바쉬-3유적 6B고분의 여성 미라에서도 목깃이 없고 모피를 안쪽에 댄 외투가 발견되었다(郭建國 1994, p.9; Mair, 1995, p.29). 이 외투의 소맷자락 속은 텅 비었고, 그냥 여성 미라의 어깨에 걸쳐진 상태였다. 파지릭의 일반무사급 고분에서 발견된 몸을 두르는 외투와 관련해서 현재 알타이인들의 민족지 자료에 나오는 기다란 외투는 실제 마상 생활에 편했다(포타포프, 1951, p.18). 물론, 베르흐-칼쥔-2유적 3호 고분에서 발견된 것은 특히 넓고 큰 편이다. 이 무덤에서 남성 시신은 다리부분을 심하게 굽힌 채 옆으로 자는 듯이 누워있었고, 외투의 '꼬리'는 그의 다리를 거의 다 덮고 있었다. 알타이의 목축민과 툰드라 지역의 순록을 치는 사람 등을 포함해서 유목민들의 의복은 그들에게 작은 집과 같은 역할을 했다(골로브네프, 1995, p.28). 거친 환경에서 최대한 편안함을 주려면 그 정도로 부피가 커야 했다.

파지릭인들의 상의는 자리에 관계없이 그들의 신분적 지위를 나타냈지만, 전반적인 특징은 서로 공유한다. 즉, 전반적인 외형, 기움방식, 장식, 자잘한 바늘코로 하반부로 이어지는 섶을 따라 힘줄로 꿰맨 것, 가죽을 잘라서 아플리케로 장식한 것, 끝부분의 마감, 검은색 담비, 다람쥐 등 여러 모피동물로 만든 소매, 청색, 녹색, 붉은색 등으로 염색한 것, 모피를 안과 바깥쪽으로 덧댄 것 등이다. 이들 간의 주요한 차이는 원재료에 있다. 파지릭 귀족의 무덤에 부장된 옷은 담비, 얼룩무늬 모피(emine) 등으로 만들었다. 예컨대 카탄다 출토의 꼬리달린 외투는 실크로 덮었고, 그 위로 금박장식들이 붙여졌다. 일반무사의 무덤에서는 양, 마모트 등이 사용되었으며 값비싼 모피는 일부 장식에만 사용되었다. 전반적으로 파지릭문화 주민은 외투를 만드는 데 모피, 잘게 오려붙인 가죽, 금박, 염색한 말의 갈기, 목제품 등 다양한 재료들을 이용하여 다양한 장식들을 했다.

우코크 출토 외투를 파지릭 제 2호 고분 출토 모피로 만든 카프탄 잔편들과 비교해보면, 파지릭인들 사이에서는 상의를 만드는 데 일정한 통일된 방식이 있었음을 알 수 있다. 가장자리의 마무리는 검은색 또는 회색의 모피동물 모피로 한 점, 푸른색으로 염색을 한 점 등이 유사하다. 그리고 루덴코가 흉배장식으로 보았던 카프탄의 장식도 사실은 외투의 '꼬리'장식일 가능성도 있다(구체적으로 파지릭 제2호의 여성용 카프탄과 파지릭 7호 고분 어린아이가 입었던 외투를 의미한다)(루덴코, 1953, p.115, 도면 97, 98-3). 즉, 내 생각에는 파지릭 2호 및 7호 고분 출토의 상의들도 모두 베르흐-칼쥔-2유적 3호 고분과 마찬가지로 꼬리가 달렸을 가능성이 크다. 게다가 좁게 늘어진 퉁구스족의 카프탄과 달리 넓게 흘러내리는 파지릭 외투에는 흉배장식이 필요 없다.

양탄자로 만든 복식류. 양탄자로 만드는 복식은 목축민족들 사이에서 널리 퍼져있다. 발로치(Baloch)족과 아프간 사람들에서는 양탄자 하나로 만든 목동의 할라트인 타푸르가 유명하다. 이는 깔개나 담요로도 쓰인다. 타푸르는 어깨에 걸치는데 긴 소매는 실제로 사용하지 않으며(마치 파지릭의 출토품처럼) 대신에 그 안에 식량이나 자잘한 물건들은 넣어 다닌다. 타푸르는 고대 유목민의 전통이 잘 남아있는 고졸한 복식으로 목동들 뿐 아니라 상위계층의 대표자들도 장식들을 주렁주렁 달아서 입었다(가페르베르그, 1970, p.57~61). 파지릭인들은 넓은 양탄자로 만든 카프탄-망토를 입었다(그림 95). 남성용 양탄자로 만든 흰색 카프탄은 파지릭 3호 고분의 말을 배장한 구역에서 나왔다(루덴코, 1953, p.103, 그림 57). 그 세부적인 모습은 위에서 말한 타푸르와도 유사하다. 그 타푸르의 안쪽은 양탄자의 크기 및 형태에 따라 서로 다르며 일종의 깔개 역할을 한다. 파지릭의 카프탄은 몇 개의 부드러운 양탄자 패치로 만든 패드가 있다(전게서, p.107). 또한, 그 기다란 소매의 끝도 꿰매어 봉해져있다. 재미있는 점은 카프탄과 함께 후드와 두 조각의 양탄자를

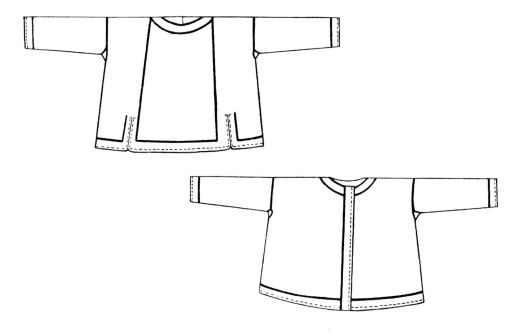

그림 95. 양탄제 카프탄, 파지릭 3호 고분(С.И.루덴코에서)

이어 붙여 만든 패치 2점이 출토되었는데, 아마 이것은 주머니였을 것 같다(전게서, p.108~109). 타푸르의 안쪽에는 작은 주머니가 두 개가 있는데, 손이 시릴 때 여기에 손을 넣고 할라트를 붙잡기 위해서이다(가페르베르그, 1970, p.60).

메디아인과 페르시아 인들은 아케메니드 왕조가 성립된 전후시기에 양탄자로 만든 옷을 널리 사용했다. 역사기록에는 기마인의 망토가 사람의 전신을 감싸는 것처럼 묘사되어 있는데, 티아라스(왕)들은 몸 전체를, 귀족은 비교적 긴 것, 일반인들은 짧은 것을 쓴다고 한다(크세노폰트, 책 8, 3장-6, 13). 이 옷은 대중적인 옷으로 전쟁보다는 초원에서 주로 입었다. 터키에서도 목축을 할 때는 그와 비슷한 양탄자 망토를 지금까지도 입는데(Lang, 1991, p.49~50, add, 1), 케페네크와 아바, 두 종류가 있다. 목축용 양탄자 망토는 중앙아시아와 서남아시아의 여러 민족에 널리 분포해있다(쿠르일례프, 1970, p.254~255). 또한, 중부아시아지역의 '헤네베크'

는 터키어의 '케페네크'와 비슷한 이름으로 알려져 있다. 양탄자로 만든 파지릭 3호 고분에서 출토된 망토와 비슷한 재킷-비옷은 투바의 유목민들 사이에서도 사용되는데, 이들은 투바의 영웅서사시에도 등장한다. 그리고 루브룩의 몽골에 대한 기록에서도 찾아 볼 수 있다(바인쉬테인, 1991, p.185~186). 코즐로프에 따르면 티베트인들은 산위로 올라가는 길에는 외투나 할라트 외에 친고우라는 회색빛 양탄자 망토를 걸친다(코즐로프, 1947, p.180). 한편, 20세기 초까지도 동부 슬라브족들 사이에서는 양모로 만든 '구냐'라고 불리는 망토같이 생긴 따뜻한 상의를 사용했다. 특히 그들은 우크라이나 산악지대를 비롯해 고지 목축을 주로 하던 집단들이다(마슬로바, 1956, p.697). 이들 망토에 소매도 만들긴 했지만, 대부분은 그냥 걸치며 입었고, 소매는 묶어서 주머니처럼 사용했다(전게서).

이제까지 알려진 모든 파지릭 복식은 무덤에서 나온 것이다. 고대와 중세시대 다양한 민족들의 전통문화에서는 죽은 사람이 어떤 옷을 입고 저승으로 가는지에 대한 다양한 믿음이 존재했다. 그 의식세계는 크게 두 가지로 나뉜다. 첫 번째는 죽은 사람을 위해서 따로 수의를 만들어야한다는 믿음으로 옷을 만드는데, 평상복과 스타일이나 형태에서 차이가 없으며, 다만 특수한 컬러의 더 좋은 원단을 쓸 뿐이다. 이런 수의는 죽기 한참 전부터 준비를 한다. 때때로 수의를 다 만들면 사람이 곧 죽을까봐 일부러 옷을 완성하지 않기도 한다. 응가나산[88](그라쵸바, 1976, p.47; 포포프, 1976, p.37, 39), 나나이[89](킬레, 1976, p.197), 아타파스 알래스카(제니스케비치, 1987, p.92), 축치(죠르니츠카야, 1980, p.204), 코략(고르바쵸바, 마스튜쉬나, 1980, p.217) 등의 민족이 그러한 믿음을 가지고 있다. 또 다른 민족들 사이에서는 죽은 자가 저승으로 가려면 평소 이승에서 유일하게 입었거나 가지고 있었던 옷을 입어야 한다고 믿는다. 그러한 예로는 네네츠(호미치, 1996, p.152), 토프(멜니코바, 1994, p.120), 한트(프르이트코바, 1953, p.208, 209) 등이 있다. 파지릭인들도 이

---

88) 동부 시베리아 북극권에 살고 있는 시베리아의 원주민(역자 주).

89) 혁철족이라고도 불리며 러시아 아무르강 유역 및 중국 흑룡강성 일대에 거주하는 극동의 원주민(역자 주).

부류에 속한다. 무덤에서 발견된 옷들은 그들이 살아생전 입었던 옷들이며, 실제로 오랜 기간 동안 많이 사용해서 닳은 흔적들이 있다. 현재 많은 민족들 사이에서는 새 옷을 입는다는 것은 일정 정도 위험하기 때문에 아주 결정적인 순간(무덤에 묻히는 순간도 포함)이 닥쳐야만 입어야 한다고 생각한다(바르디나, 1995, p.199). 파지릭 문화에서 죽은 사람들이 평소 입었던 옷을 그대로 입혔는데, 아마 가지고 있는 유일한 옷을 사망 당시에 입었던 것이다. 이러한 전통은 아프가니스탄의 틸랴—테페에서 발굴된 귀족무덤에서도 확인되었다. 틸랴—테페의 주인공들은 일정 부분 파지릭문화의 후손이라고 생각된다(사리아니디, 1989, p.165~166;베르나르, 압둘라예프, 1997, p.81~86)[90]. 이 무덤을 분석한 야첸코는 무덤의 주인공들이 썼던 모든 금은제 유물들, 즉 팔찌, 걸이, 반지 등은 심하게 닳아있었고, 그들이 살아생전 지속적으로 몸에 착용하고 다녔다고 보았다. 또한, 복식도 무덤에 묻기 위하여 따로 만들어놓았다고 보기는 어렵다고 했다(야첸코, 1989, p.267~268). 특히 파지릭 2호분에서 출토된 수입된 금제 귀걸이는 한번 부러진 것을 파지릭인들이 직접 수리한 흔적이 있는 것이다. 이렇게 수리한 흔적이 있는 채로 곧장 무덤에 매납된 것이다.

물론, 우리가 발견한 복식들이 전부가 아닐 수도 있다. 예컨대 축치족의 민족지를 보면 타이즈나 바지를 꼭 시신들에게 입히지는 않는다(프르이트코바, 1976, p.34). 파지릭인들에게도 시신에 입히는 수의를 마치 겨울에 꼭 껴입는 옷처럼 하나하나 세부적으로 똑같게 할 필요는 없을 것이다. 하지만 적어도 우코크 얼음 고분에서 발견된 복식들은 당시 파지릭인들이 어떤 복식생활을 했는지에 대한 전반적인 이해를 가능하게 했다.

많은 민족들 사이에서는 유물(복식도 포함)을 깨뜨리는 훼기의 풍습이 있다. 예컨대 응가나산의 경우 수의를 몇 조각을 찢어놓는데, 그래야만 고인이 편하게

---

90) 어떤 문화에서는 무덤에 묻히는 시신들이 어떠한 옷도 입지 못하게 한다. 예컨대 아베스터 경전에 따르면 조로아스터교에서도 비슷한 금기가 있다.

저 세상으로 갈 수 있다고 믿는다(그라쵸바, 1976, p.47). 포포프의 연구에 따르면 이러한 현상은 죽은 사람이 살아남은 자들의 행운을 거두어가지 않게 하기 위해서라고 한다(포포프, 1976, p.34). 한티족의 경우는 시신에게 입히는 수의는 한 점도 온전하게 놔두지 않는데, 그래야만 죽은 사람이 그 옷들을 사용할 수 있다고 생각한다. 이와 같이 옷도 저승과 이승에 대한 그들의 관념과 부합한다. 즉, 온전한 것은 이승의 것이고 불완전하고 깨진 것은 저승의 것이라는 것이다(쿨렘진, 1984, p.137). 또한, 바슈간 지역의 한티들 사이에는 죽은 사람의 영혼은 하루가 지난 다음에 시신으로 다시 돌아와서 영원히 떠나간다고 알려준다고 한다. 그 때 다시 깨어난 죽은 사람은 죽은 자기의 옷이 갈갈이 찢겨진 것을 보고 비로소 자신이 죽었다는 것을 안다고 한다. 그래서 죽은 다음날 시신의 옷을 찢는다(전게서, p.132). 이와 같이 수의에 특별한 표시를 하는 것은 죽은 자들에게 알려주기 위한 것이다. 셀쿠트 족은 옷에 구멍을 내고 신발의 밑창을 떼어내는데, 이는 사자에 속한 물건들도 죽어야한 다는 믿음에서 기인한 것으로 부수고 훼손시켜서 물건을 죽이는 것이다(프로코피예바, 1976, p.125). 부장품을 깨트리거나 훼손시키는 것은 시신을 위한 부장품들을 처리하는 가장 일반적인 방법이지만, 그렇다고 유일한 방법도 아니다. 즉, 우리와는 다른 저승으로 떠나는 사람(시신)의 부장품은 그에게 속하는 것이기 때문에 굳이 훼손시킬 필요는 없지만, 착용방법은 다르게 하는 것이다. 티베트의 경우 사람이 숨을 거두면 그가 입고 있던 망토의 뒤를 앞쪽으로 해서 덮는다(다비드-네엘, 1991, p.25). 케트와 유간지역의 한트족은 시신의 옷은 오른쪽으로 옷깃을 여미는 우임(右衽)을 한다. 보통 그들이 입는 옷은 왼쪽으로 여미는 좌임이다(알렉세옌코, 1976, p.104; 쿨렘진, 1984, p.132). 고대 중국인들은 수의를 왼쪽으로 여몄고, 그를 '襲'라고 했다[91]. 중국인들은 평소에는 우임을 했고, 이러한 착용방법을 자신들이 오랑캐들과 구별되는 가장 큰 특징이라고 했다(크류코프 외, 1983, p.193~194).

---

91) 본문에서 중국어 원문을 적시하지 않았지만, 『說文』에 xi로 발음되는 좌임하는 옷을 襲이라고 하는 바(襲, 左衽袍, 從衣), 그를 지칭하는 듯하다(역자 주).

바흐지역의 한티족들은 수의에 풀어지지 않게 이중매듭을 했고(이를 죽음의 매듭이라고 부름), 신발 끈을 잘랐다(쿨렘진, 1984, p.136).

파지릭 고분의 부장품들을 살펴본 결과, 앞에서 본 것처럼 고인들을 저승으로 보내는 다양한 의식이 존재하는 것 같지는 않다. 우코크의 도굴되지 않은 얼음고분 속 파지릭인들은 부장 유물들은 물론 수의마저도 평소에 수선을 했던 흔적이 남아 있는 일상복을 그대로 사용했음을 알 수 있었다. 옷에는 따로 시신을 위해 구멍을 뚫거나 자른 흔적도 없으며, 옷도 일반적인 방법으로 입었고, 허리띠도 채웠다. 단지, 이들 의복에 죽은 사람을 위하여 특별히 매듭을 다는 등 세밀한 착용방법이 있었을지도 모른다. 하지만 우리가 당시 평상시 매듭을 어떻게 묶었는지 모르기 때문에 모두 밝혀낼 수는 없다. 유일하게 망자를 위해서 옷을 만들어 입힌 경우는 1유적-1호 고분에서 발견된 바지로, 기다란 양탄자 타이즈와 연결하면서 어떠한 이음새나 꿰맨 흔적도 없다. 외견상 이 바지는 새롭게 재단한 듯해서 매장용으로 특별히 제작했을 가능성도 있다. 또한, 상의 소매가 꿰매져있는 경우도 이에 해당할 수 있다.

시신의 수의는 부장품과 마찬가지로 당시 주민들의 사후세계와 저승에 대한 관념을 반영한다. 시신의 수의를 결정하는 것은 무덤을 만든 시기일까, 아니면 저승에 대한 관념일까. 응가나산의 경우 죽은 사람에게는 언제나 겨울옷을 입힌다. 왜냐하면 저승세계는 늘 춥다고 생각하기 때문이다(포포프, 1976, p.37). 야쿠트 족의 수의에는 반드시 모피외투가 포함된다(가브릴례바, 1998, p.31). 오로치족에게 저승은 마치 거울과 같은 것이어서 모든 것이 반대라고 생각한다. 따라서 여름에 죽으면 겨울 수의를, 겨울에 죽으면 여름 수의를 준비한다(베레즈니츠키, 1999, p.60). 이와 같은 민족지적 자료들은 시신에게 입히는 수의는 바로 그들의 저승세계에 대한 관념을 반영하지, 무덤을 만드는 때의 계절과는 관계가 없다. 우리가 조사해 본 결과 파지릭인들은 평소에 입었던 모든 옷을 입거나 같이 묻어서, 저승세계의 여러 경우를 감안했던 것 같다.

파지릭의 도굴되지 않은 고분들을 조사해보니, 일반무사건 귀족이건, 어른이건 아이건 할 것 없이 모든 옷에는 평소에 입어서 닳아서 기운 흔적들이 있다. 이는 곧 당시 복식을 매우 소중히 생각했으며 장기간 입었다는 것을 의미한다. 서기 4세기에 암니아누스 마르켈리누스는 그들의 복식에 대해 다음과 같이 기록했다. "그들에게는 외출복과 가정복의 차이는 없다. 한번 튜닉을 걸치면 그 색깔이 변하건 말건 완전 넝마가 되기 전까지 오랫동안 입고 다녔다(라브도니카스, 1990, p.20)." 19세기말 몽골에 대한 기록을 한 포타닌은 다음과 같이 지적했다. "속옷과 상의는 닳아버리지 않는 한 갈아입지 않는다. 따라서 가난한 사람들은 매년 봄과 가을에 겨울옷과 여름옷을 서로 바꿔서 입는 식으로 옷이 완전히 넝마가 될 때까지 입는다(포타닌, 1881, p.103)." 물론, 옷의 부분별로 마모되는 정도는 서로 다르지만, 파지릭 고분에서 출토되는 옷들은 일정정도 옷이 닳아 떨어진 흔적을 흔히 볼 수 있다. 하지만 우리가 파지릭의 복식들을 살펴보면 상대적으로 '새 것'(물론, 2천 년 전의 의복이라는 사실은 변함이 없다)으로 보이는 요소들도 발견할 수 있었다. 아마도 그런 부분들은 시신을 매장할 때 그냥 입히기에는 너무 적당하지 않아서 일정 정도 수선을 한 것이다. 예컨대 아크−알라하−3유적 1호 고분의 여성이 신은 양탄자 타이즈의 붉은색 아플리케 장식은 같은 무덤의 거울을 담은 주머니에 새겨진 장식과 같은 것이다. 여하튼, 전반적으로 이들의 수의는 그들이 평상시에 입었던 그대로를 사용했다.

천으로 만든 의복들은 값진 것이었다. 즉, 셔츠의 경우 일반 기마무사의 무덤에서는 출토된 바가 없으며, 그냥 맨 몸에 외투를 걸친 상태로 발견된다. 또한, 같은 귀족급 고분이라 할지라도 1유적−1호 고분의 경우에서도 셔츠가 없었다. 전반적으로 파지릭 고분에서 나오는 복식상은 라들로프가 알타이지역을 여행하며 남긴 기록을 연상시킨다. "가난한 사람들은 대부분 장화, 바지, 외투 정도만 있을 뿐이다…. 모두들 칼을 찬 허리띠를 두르고 있으며 부싯돌과 담뱃대도 있다. 더운 여름날이 되면 그들은 외투를 벗어서 허리춤에 묶고 상반신은 완전히 알몸으로 드러낸다.

복원도 Ⅱ. 파지릭인의 외투 착용법

우리의 가이드 역시 웃통을 벗은 채 말을 타고 다니곤 한다. 모자가 없이 다니는 알타이인들은 정말 드물다(라들로프, 1989, p.135)." 외투는 겨울옷이 아니었고, 파지릭인들은 1년 내내 입었을 것이다(복원도 Ⅱ참조). 이는 티베트인들이 한랭한 기후 때문에 양털로 만든 외투를 1년 내내 입는 것과도 유사하다(프르제발스키, 1948, p.103). 코즐로프의 기록에 따르면 티베트 유목민들은 외투에서 한쪽 또는 양손 모두를 빼서 허리춤까지 늘어뜨리고 다니는데, 이는 이동에 편리하거나 너무 더운 것을 방지하기 위해서라고 한다(코즐로프, 1947, p.179). "또한 탕구트인들은 1년 내내 오른쪽 소매를 비워서 다니기 때문에 오른손과 오른쪽 어깨부분은 맨살이 드러난 채로 활동한다(프르제발스키, 1948, p.223)." 또한, 그와 비슷한 풍습은 차이담 몽골인들 사이에서도 보인다(전게서, p.147). 이와 같이 오른쪽 소매를 벗고 다니는 풍습은 기마민족들에게는 여러 가지 측면에서 편리하다는 실용성 때문에 널리 통용되었을 것이다. 게다가 파지릭의 남성과 여성은 자기 몸에 새겨진 문신을 자연스럽게 드러낼 수도 있었다.

또한, 셔츠가 없다는 것은 파지릭들 사이에서 가난함을 의미하는 것이 아니라 전통의 일부였다. 아마도 셔츠는 여성들과 최상위 계층의 남성(파지릭 제 2호 고분의 예)들만 입었던 것일 수 있다.

고대와 중세시대 여러 민족들 사이에 널리 퍼져있는 또 다른 매장풍습으로는 무덤에 죽은 사람이 사용했던 다른 물건들도 함께 부장하는 것이다. 만시족은 죽은 사람들의 물건도 같이 무덤에 넣었으며(소콜로바, 1971, p.235), 한티족들은 평상시에도 그랬듯이 시신에게 여러 겹의 셔츠와 옷들을 겹쳐 입혔다(프르이트코바, 1953, p.209; 1971, p.103). 여성을 매장하는 데는 많은 물질적인 소비가 필요하다. 예컨대 응가나산의 경우 여성에게 속했던 물건들은 물론, 심지어는 그녀가 집에서 수선했던 것과 지난 1년간 교환하고 판 것들도 포함된다. 하지만 그들은 이 옷들을 예전의 주인에게 던져버린다고 한다(포포프, 1976, p.41). 고대 중국에서는 사람이 죽으면 그가 집에서 가졌던 것을 모두 정리해서 가져간다(레비-브륄, 1994, p.256). 마왕퇴 1호분에서는 6개의 죽간더미, 옷, 천 등을 발견했다. 시신에는 약 20여개의 다양한 실크 옷을 입혔다(루보-레스니첸코, 1994, p.35).

대부분의 왕족급 고분들은 예전에 이미 도굴되었지만, 그들의 복식도 아마 시신이 입고 있기도 했고, 그 옆에 따로 두기도 했을 것이다[92]. 예컨대, 파지릭 3호분의 말무덤에서는 양탄자로 만든 하얀색 카프탄이 발견되기도 했다(루덴코, 1953, p.91~93, 도면 36). 또한, 카탄다 고분의 자작나무 덮개 위에서 담비 모피로 만든 꼬리 달린 외투, 모피로 만든 카프탄 및 그 위에 부착되었던 금박 입힌 나무 장식, 모피 흉배 등 풍부한 복식 유물이 나왔다. 당시 고분을 조사한 라들로프의 기록과 도면을 보면 목곽 내 통나무관의 시신은 손상되지 않은 채로 안치되었던 바, 실제로 시신의 몸에 걸쳤던 것은 아닐 것이다(라들로프, 1989, p.447~448). 또한, 그가 조사한 카탄다 마을의 파지릭 고분에서 멀리 떨어지지 않은 다른 고분을 조사한 기록을 보면 '집에서 직조한 천으로 만든 바지와 양탄자로 만들었고 모피를 덧대어 가공한 타이즈'가 발견되었다고 한다(전게서, p.445).

---

92) 과거 왕족급 고분이 발굴될 당시에는 시신들은 벌거벗은 채로 노출되어 있었고 옷이나 장식들도 통나무 관 바깥쪽에 널려있었다. 그래서 당시에는 그들이 셔츠나 바지가 없이 그냥 매장되었을 것이라고 보기도 했다(루덴코, 1953, p.50).

베르흐-칼쥔-2유적 1호 고분과 같이 우코크 고원의 파지릭 일반전사의 무덤에서는 시신의 머리맡에서 또 다른 모자들도 발견되었다. 또한, 아크-알라하-3유적 1호 여성 고분에서는 목곽과 통나무 관 사이에서 양탄자로 만든 고깔모자가 발견되었다[93]. 이런 정황들을 종합해본다면 파지릭인들은 사망 당시에 사자가 가지고 있었던 모든 복식들을 매장했다고 볼 수 있다. 이를 다시 말하면 당시 파지릭 사회에서 가장 높은 신분에 있었던 이 고분의 피장자들 조차도 추가로 가지고 있었던 복식들은 별로 없었다는 뜻도 된다. 파지릭인들은 사실상 완벽한 의미에서의 유목민은 아니었다고 할 수 있지만, 그들은 지속적으로 이동을 했고, 1년에 2번, 많게는 4번 정도 이동하면서 일용품들을 옮겨야 했다. 그리고 모든 구성원은 자기 물건들을 직접 지상에서 옮겨 다니듯이 저승으로도 옮겨야 했었다. 프르제발스키도 "탕구트 인들은 자신의 옷들을 모두 싸가지고 다니기 때문에, 글자그대로 옷에 파묻혀있다"라고 묘사했다(프르제발스키, 1948, p.104). 또한, 그는 카라-쿠르친 족에 대한 서술에서(전게서, p.192)도 비슷한 언급을 했다. 또한, 레리흐는 "가난한 몽골인들이라고 해도 그들이 달고 다니는 은장식은 우리(러시아) 부자 농민들이 달고 다니는 것보다도 더 큰 것이다. 은의 다소에 따라 가족의 풍족함을 판단할 수 있다"고 기록했다(레리흐, 1999, p.263).

사자에게 속했던 모든 물건들을 무덤에 같이 묻는 풍습은 고대와 중세 문화에서 아주 널리 퍼져있는 풍습이다. 이와 같은 풍습은 돌아가신 분이 저승으로 갈 때 자기 물건을 모두 가져가야 하고, 또 그렇게 해야지만 그가 자기의 물건을 가지러 다시 이 세상으로 올 생각을 안 하기 때문이다(레비-브륄, 1994, p.255~260). 많은 민족 집단들 사이에서는 죽은 사람의 물건들을 정리할 때 가장 먼저 옷을 없앤다. 그 이유는 옷과 그 주인 사이에는 죽음으로써도 갈라놓을 수 없는 신비스러운 힘이 남아있다고 생각하기 때문이다(전게서, p.261). 이와 같은 단순한 관념은

---

93) 신강성과 같이 무덤에 부장된 모든 유물들이 샅샅이 조사된 경우에도 복식이 추가로 매장된 경우를 볼 수 있다. 체르첸의 자그훈루크 유적에서는 남성의 무덤에서는 양모로 만든 망토가 시신으로부터 상당히 위에 위치한 상부에서 가죽으로 만든 안장 밑에서 출토된 바 있다(Barberm 1999, p.43).

러시아인들에게서도 찾아볼 수 있어서, 돌아가신 분의 옷을 집안에 두면 또 다른 죽음을 부른다고 믿었다(프로코피예바, 1993, p.63).

　파지릭의 복식들은 아주 큰 사이즈이다. 아마도 더 많은 원단을 사용해서 옷을 만들수록 이 세상에서 사람의 힘을 더 강하게 해준다고 믿었던 것 같다. 다른 것은 차치하고서라도, 옷은 부의 상징이었다. 무덤에 같이 묻는 복식들을 훼손시키고 잘라버리는 것은 그들의 부를 없애는 것 뿐 아니라, 그들의 생명의 힘을 없애서 저승에 가서 살 수 있도록 하는 것이 목적이다. 웅가나산 주민들의 경우 칼로 옷을 찢는 것은 바로 사람의 영혼을 죽이는 것과 마찬가지라고 생각하는 관념이 있다(포포프, 1976, p.34). 또한, 아케메니드는 고관의 죄를 벌하는 방법으로 고관의 몸 대신에 그의 옷에 채찍질을 가하였다. 즉, 학대를 직접 몸에 하지 않고 옷으로 대표되는 그의 사회적인 위치에 가한 것이다(이반칙, 2000, p.196). 양모로 만든 의복은 실크나 무명에 비할 바는 아니겠지만, 그래도 여전히 파지릭 사람들에게는 귀중한 물건이었을 것이다. 티베트의 경우 직조는 보통 남성들이 담당하는데, 현재도 옷을 만드는 데 필요한 원단 한 덩이를 살려면 몇 달 동안 일을 해야만 벌 수 있는 돈을 지출해야 한다(페셀, 1985, p.41). 특히나 원단의 가치를 높게 평가한 사람들은 황금을 무수히 보유했던 아메리카 원주민들이다. 그들에게 전쟁용 망토는 상으로 수여하는 물건이었다. 왕의 조카였던 H, de 구아타비타는 "사람들은 왕의 궁전을 차지하고서 그의 수많은 망토와 원단, 다양한 색의 구슬들을 집어 던져버렸다. 그리고 나중에 이 기독교인들은 자기들이 버린 물건들이라면, 그의 3배 분량의 황금을 얻을 수 있다는 사실을 깨달았다"고 기록했다(피오트로프스키, 1982, p.7). 의복의 원단은 베다 아리아인들 사이에서 비싼 값으로 매겨졌다. 사제들은 노동의 대가를 지불하기 위해 원단이 필요했다(엘리자렌코바, 1989, p.449). 천은 신께 제사를 지낼 때 주요한 공물중의 하나였음은 일본과 또 기타 나라들에서 찾아볼 수 있다(예르마코바, 1995, p.97). 또한, 우그리족[94]은 한티와 만시의 성지에서 신과 정령들에게 옷과 천들을 바쳤다(예컨대, 게무예프, 1990, p.41~42, 108~112 외에). 그리스의 신전 등 다른 예도 있다. 조로아스터교도 사이에서는 특수한 옷(새 것으로 아름다운)은 후생에서 사자의 영혼을 위한 것으로 규정되었다(크류코바, 1995, p.77). 옷을 사람의 영혼과 함께 사는 것으로 생각하는 것은 세계문화의 공통점이다. 즉, 웅가나산의 경우 옷을 잘 보전하는 것은 그 옷 주인의 삶과 밀접하게 이어진다고 보았다. 즉, 옷이 훼손되면 그 주인은 질병 또는 죽음에 이르게 된다고 생각했다(포포프, 1976, p.34). 얼음 고분 속에서 완형으로 발견된 의복들은 대부분 깁거나 덧대어 수선한 흔적이 있어서 파지릭인들이 자신의 의복을 아주 조심스럽게 관리했음을 알 수 있다. 아마도 파지릭인들에게도 옷에 대한 비슷한 관념이 있었음을 반영하는 듯하다. 그렇기 때문에 파지릭인들도 훈족이나 알타이인들처럼 자신들이 걸치는 옷이 어깨에 걸수 있는 한 계속 걸치고 다녔을 것이다(라들로프, 1989, p.135). 또한, 넝마로 된 옷도 그냥 버리지 않았다. 포타닌의 기록에 따르면 황하 유역에 거주하는 쉬론골인(또는 달다인)[95]의 경우 부유하지 않은 여성들은 옷이 완전히 누더기가 되어 떨어져나갈 정도가 되면 옷 조각이 아무리 작아도 그것을 버리지 않고 신발 밑창으로 활용했다고 한다(포타닌, 1950, p.393). 또한, 다른 민족지 자료를 보면 헌 옷이나 누더기로 갓난아기나 아이들의 옷을 만들어 입혀서 악마의 손길로부터 막았다(예컨대, 바실리예바, 1954, p.165를 참고할 것). 또한, 누더기들을 기워서 만든 옷은 악령으로부터 지켜내는 힘이 있다고 하는 생각은 타지크, 우즈벡, 카라칼팍[96], 카자흐, 키르기즈 등의 주민들 사이에 퍼져 있다(쥬코프스카야, 1988, p.93).

파지릭 복식의 색감. 고대 유물들이 당시의 색감을 그대로 보존하면서 현재까지 남아있기는 매우 어렵다. 게다가 보통 의복같이 오랜 기간 남아있지 못하는 유물들은 그럴 가능성이 더더욱 적다. 고고학자들이 발굴하는 고대 유라시아 유목민들의 유물들은 대부분 색감이 없는 그리스 조각 같은 것이어서 그 진면목을 보기는

---

94) 우랄 산맥 일대에서 우그리어를 사용하는 집단들을 통칭한다. 우그리어는 우랄-알타이어계의 일종으로 서부 시베리아와 우랄산맥 일대에 거주하는 한티족과 만시족(오브강의 우그리)과 헝가리인들로 나뉜다.

어렵다. 한편, 설화, 민족예술, 제례 등을 연구하는 민족학자들은 각 집단 사람들은 특정한 색감에 대한 다른 안목을 가지고 있기 때문에 민족마다 색감에 대하여 각각 다른 미적인 감각을 가지고 있다는 것을 쉽게 알 수 있다(사마리나, 1992, p.147). 하지만 고고학자들이 유물을 연구할 때 이와 같은 색감의 차이에 대해서는 거의 주목하지 않는다. 그것은 위에서 설명한 것처럼 실제 유물이 출토될 때 그 겉에 칠한 천연색의 색감이 남아있는 예는 잔편으로 남아있는 경우마저도 매우 적기 때문에 실제로 언급할 것이 거의 없기 때문이다. 하지만 다행히도 파지릭문화는 시베리아와 중앙아시아 여러 고대문화 중에서도 거의 유일하게 그들이 구현하고 선호했던 색감이 무엇인지 거의 완벽하게 알 수 있다.

파지릭인들은 강렬한 색, 특히 붉은색을 좋아했다[97]. 가장 선호하는 조합은 붉은 색과 흰색이다. 또한, 청록색, 황색, 흑색 등도 사용했다. 물론, 각 색깔이 무엇을 상징하는 지는 모두 밝히기 어려울 것이다. 한편, 히타이트의 제례에 대한 기록과 같

---

95) 포타닌(1835~1920)이 중국의 서북부와 몽골을 여행하면서 남긴 기록에서 그 존재가 러시아에 알려 졌다. 그가 표기한 '쉬론골'은 언어학적 분류인 몽골-쉬론골어족으로도 알려져 있는데, 현재는 감숙 과 청해성 일대에 사는 土族을 의미한다고 한다(소비에트 대백과사전에 의거). 하지만 다른 언어의 백과사전에 쉬론골이라는 용어에 대한 별다른 설명이 없다. 또한, 코즐로프의 기록을 보면(Козлов П. I Монголия и Амдо и мертвый город Хара-хото, 1923 참조) 달는는 '둥게르 바' 또는 '쉬론골'이 라고 기록되어 있다. 또한, 프르제발스키의 기록에도 그들의 일상에 대한 기록들이 남아있다(Н. М. Пржевальский. Третье путешествие в Центральную Азию". Стр. 328-330). 이와 같이 러시아의 핵심적인 중앙아시아 탐험가들의 기록에 공통적으로 남겨진 것으로 볼 때 당시 비교적 거대한 집단 을 형성했을 것으로 추정된다. 하지만 정작 이들은 몽골의 기본 부족에 편입되지 않았기 때문에 이 후 기록에는 많이 남지 않았은 것으로 생각된다. 러시아 여행가들의 기록에 따르면 이들은 주로 밀, 귀리, 보리 등을 심는 정착생활을 했으며, 일부 유제품을 사용하기도 했지만 벽돌로 집을 짓고 정착 을 하여 마을을 이루었다고 한다. 한편, 또 다른 이름으로 '달다'라고도 하는데, 달다는 당시에 중국 인들이 몽골인들을 통칭하던 달달(韃靼), 즉 타타르의 발음을 달리 기록했던 것으로 생각된다(실제 로 토족을 白韃靼이라고 부르기도 했다). 그렇다면 이들이 기록한 쉬론골인은 특정한 민족이라기보 다는 서북지방의 몽골계통 주민을 통칭하는 이름일 가능성마저 있다(역자 주).

96) 현 현재의 우즈베키스탄 북부 아무다리야 강가 유역에 주로 거주하는 투르크계 민족(역자 주).

97) 파지릭 고분에서 출토된 대부분의 직물은 현재 그 색감은 다소 애매한데, 이는 결국 시간이 많이 지 났기 때문이다. 반면에 신강성에서 출토된 직물들은 당시의 강렬한 색감들을 잘 간직하고 있다. 이 는 무덤을 축조한 지역의 토양에 소금이 많이 포함되어 있고, 심지어는 암염층에 있기도 했기 때문 이다. 소금은 여러 색소에서 추출한 색감을 잘 보존하는 특성을 지녔다(Barber, 1999, p.32).

이 여러 색깔에 대한 언급이 있기도 하지만, 문제는 각 명칭이 어떤 색깔을 말하는 지는 분명하지 않기 때문이다(아르진바, 1982).

다양한 민족들은 각종 색깔의 명칭을 완전히 다르게 부르고 설명한다. 각 색깔을 상징하는 명칭이나 상징은 매우 다양한데 각 문화에서 널리 각 색깔을 대표하는 특징들이 다르기 때문이다(이오르단스키, 1982, p.67). 호머가 기록한 그리스 시대의 축제의상은 샤프란—노란색—이며, 붉은색은 스파르탄의 군복, 강렬한 줄무늬 장식은 헥토르의 장식이었다(브룬, 틸케, 1995, p.11). 백색이 상례(喪禮)를 표시하는 경우는 중국(수슬로바, 1977, p.243)이나 동부 슬라브족에서 찾아볼 수 있다(마슬로바, 1984, p.46, 97). 백색은 아울러 알타이족을 비롯한 많은 민족들에게는 성스럽고 정결한 상징이었거나(튜흐테네바, 1994, p.62), 천상의 세계를 상징했다(쿨렘진, 루키나, 1992, p.109). 마르코 폴로의 몽골에 대한 기록을 보자. "그들의 새해는 2월에 시작된다. 위대한 칸과 그의 모든 신하들은 남자건 여자건 할 것 없이 백색 옷을 입고 새해를 경축한다. 그들에게 흰 옷은 행운을 의미했다(플라노 카르피니, 1997, p.257)."

페르시아의 시인 니자미 간자비가 활동했던 12세기 초엽 동방에서 추모를 위한 색깔은 청색이었다. 이러한 전통은 지금까지도 타지크인 사이에 남아있다. 또한, 옷의 색깔은 착용자의 연령에 따라 바뀐다. 한국의 전통의복에서 어린 여자아이들과 아가씨들은 붉은색, 파란색, 녹색, 황색 등의 화려한 옷인 색동저고리를 만들어 입는다. 반면에 나이를 먹게 되면 흰색을 주로 입는다(이오노바, 1977, p.152). 젊은 사람과 노인의 옷이 다른 것은 동부 슬라브민족들 사이에서도 마찬가지다. 늙은 여인이 입는 셔츠는 흰색으로 거의 장식도 달려있지 않다(마슬로바, 1977, p.152). 붉은색은 고대 중국은 물론 투르크, 몽골어족 계통의 중앙아시아 유목민족들 사이에서는 남쪽을 상징하는 기쁨의 색이었다(루보-레스니첸코, 1994, p.124; 튜흐테네바, 1994, p.63). 남쪽은 파지릭인들에게는 성스러운 방위이다. 목곽 내에서 목관은 목곽의 남쪽 벽에 붙여서 설치했다. 바로 남쪽은 새로운 인생이 시작되는 방향이다. 중국과 페르시아인들은 검은 색의 북방에 대비해서 붉은색의 남방을 상정했다. 파지릭인은 무덤의 북벽에 말의 무덤을 설치했으며, 페르시아 속담에는 '검은색 그 위에는 아무것도 없다'는 말이 있다. 그 말은 모든 색깔은 검은 색으로 덮어버릴 수 있고, 검은색이 칠해지면 다른 색깔 무엇으로도 바꿀 수 없다는 뜻이다. 시인 니자미는 '검은색은 아름다울지니, 색 중의 색이로다'라고 썼다(니자미, 1968, p.425). 출토유물로 볼 때 파지릭인들은 검은색을 기피했던 것 같다. 심지어 검은색 가죽은 그 위에 금박을 입혀서 그 색을 숨겼다. 시베리아의 원주민들 사이에서 검은색은 지하세계, 질병, 기아, 죽음을 의미했다. 검은색 양탄자는 시상대나 통나무 밑에 깔개로 쓰였다. 반면에 흰색은 천상의 세계를 의미했다. 많은 파지릭 무덤 덮개에는 백색의 자작나무 껍질이 쓰였다(1유적-1호 고분이 그 좋은 예임). 한티족들은 '자작나무가 덮인 산 고개 너머에는 또 다른 세상이 있고, 그곳에서 우리로부터 떠난 사람들(즉, 병자건 죽은 사람이건)을 고치고 살려준다'고 믿는다(쿨렘진, 루키나, 1992, p.92). 파지릭 문화인들이 평상시나 축제 때 흰색과 붉은색의 의복을 좋아했다는 점은 그들의 문화 속에서 이들 색깔에 대한 선호도가 있었음을 의미한다. 파지릭인들의 수의는 따로 만들어진 것이 아니라 평상시에 입던 것을 그대로 입혀서 무덤에 묻은 것이기 때문이다.

아마도 파지릭인들에게 붉은색이란 사람 몸속을 도는 피의 색깔을 연상시켜서 살아있음을 상징하는 것일 수도 있는데, 이는 여러 민족들 사이에서 공통적으로 나타나는 관념이다. 파지릭인들의 유물에는 복식뿐 아니라 목제기명, 칼집, 허리띠 버클 등도 모두 붉은색을 칠한 흔적이 있을 정도다. 또한, 붉은색의 복식은 다산과 가임의 연령을 의미한다(숨초프, 1996, p.252). 흑, 백, 청의 기본적 색감 3요소는 알타이 지역 스키타이시대의 주민들이 가장 기본적으로 쓰던 색상이다. 이런 현상은 흰색의 옷에 붉은색 얼룩을 입혀서 입었던 슬라브 인들의 고대 복식과도 일맥상통한다(니콜라예바, 1988, p.111). 흥미롭게도 산악 알타이 생태계에서 붉은색 식물은 없다. 단지 짧은 가을을 지나고 낙엽이 떨어지기 직전에 잡초들과 나뭇잎들이 붉게 물들 정도이다. 아마도 붉은색을 선호하게 된 또 다른 이유는 자연적으로 이 지역에 붉은색이 없기 때문일 것이다. 특히 백색과 붉은색이 조화된 색감은 아마도 눈 위에 떨어진 붉은 피처럼 느껴질 것이다. 그것은 목축민, 사냥꾼, 전사들에게는 진정한 일상의 모습이다.

반면에 신강성 오아시스에서 발견된 복식들에서는 파지릭인보다 좀 더 다양한 색깔들이 사용되었다. 특히 하늘색, 파란색, 그리고 녹색을 자주 썼다. 둘 사이의 차이는 색감에 대한 선호도의 차이라기보다는 신강지역의 환경이 워낙 다양한 색감의 식생이 존재한다는 환경에 기인한 것인 듯하다(예컨대, Barber, 1999, pl. 4, a, b, 6, a, 7, a, b, 8, a, 10, a 등). 한편 일반무사급의 파지릭인들에게는 단색 계열이 많다. 의복의 색감은 민족적 계통, 사회 및 예절의 표시, 세계관, 심리상태, 그리고 미적 감각을 단적으로 보여준다(니콜라예바, 1988, p.111). 각 민족들의 색감에 대한 선호는 주변 환경, 경관, 기후, 그리고 그들이 영위하는 생계경제의 특징에 따라 결정된다.

모자와 헤어스타일

모자와 헤어스타일은 서로 이어지는 것이며 사람의 복식에서 매우 중요한 위치를 차지한다. 태고부터 모자는 성스러운 천상세계를 의미했다. 모자에는 그 주인공을 상징하는 주요한 의미가 집중적으로 표현되었다. 중세시대에 모자는 바로 그 모자 주인공의 사회적 지위를 상징하며, 심지어는 그들이 속해있는 사회에서 전권을 대표하는 상징이기도 했다(보이초프, 1995, p.54). 바로 최근까지도 유목생활을 하면서 여전히 씨족사회의 조직이 일부 남아있는 사람들 —예컨대 키르기즈나 투르크메니스탄 사람들— 사이에서는 모자의 형태에 따라 여성의 족속을 구분했다(수하료바, 1954, p.301).

모자와 머리장식은 사람의 복식 중에서 가장 변하기 쉬운 것이어서, 평생 몇 번에 걸쳐서 바뀐다. 또한, 다른 복식의 여러 부분들은 한 번에 하나밖에 착용할 수 없는 반면에, 모자는 동시에 몇 개가 존재할 수 있다[98]. 이 현상은 우코크의 얼음 고분에서 출토된 유물들에서 확인할 수 있었다. 일반무사의 무덤을 발굴한결과 하나의 무덤에서 두 개의 모자가 출토되었는데, 두 모자 중 대표로 하는 모자에만 목제 동물장식이 부착되어 있었다. 그러니 양탄자 재질의 유물이 남아있지 않은 다른 무덤들에서도 몇 개의 모자가 동시에 부장되었을 가능성도 배제할 수 없다. 한 사람에게 여러 개의 모자가 있었다는 사실은 각 모자가 퍼레이드, 장송, 일상용, 집안용 등 다양한 용도로 지정되었음을 의미하며, 아마도 파지릭인들은 모자가 없이는 아예 다니지도 않았을 것이다.

여성용 모자와 헤어스타일. 아크-알라하-3유적 1호 고분의 젊은 여성 무덤에서는 모자—보존상태가 좋은 가발—이 출토되었다(복원도 Ⅲ, 그림 96). 아마 이 복잡하게 만들어진 모자의 바닥은 양탄자로 만들었고, 그 위에 구멍을 뚫은 것 같다. 이 양탄자로 만든 모자 바닥에는 먼저 말의 갈기로 만든 층을 깔고, 그 위에 전체 헤어스타일이 장식된 가발덩어리를 얹어서 고정시키고 접착시켰다. 그 위에는 다시 머리

복원도 Ⅲ. 여성의 가발-머리장식 착용(아크-알라하-3유적 1호 고분)

---

98) 신강성 체르첸 자그훈루크 고분에서는 남성 무덤에서 10개의 모자가 동시에 출토되었다(Malloy, Mair, 2000, p.214~217).

그림 96. a-여성 고분출토 가발

를 한 층 더 올렸다. 머리 꼭대기에는 양탄자 뭉치에 양모로 만든 끈을 묶어서 돌린 머리채가 올려졌다(그림 97). 그 위에 붉은색 양모로 만든 주머니를 얹고 '세계수'를 상징하는 붉은색의 원뿔형으로 만든 길이 68.6cm의 머리 장식을 얹었다. 이 기다란 장식은 긴 이파리처럼 생겼다. 그 속심은 나무로 만든 막대기를 끼운 양탄자이고, 그 위에 양모로 만든 검은색 천으로 덮었다(그림 98).

b

그림 96. b-가발, 아크-알라하-3유적 1호 고분

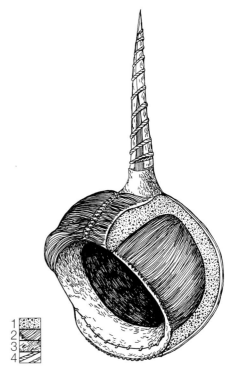

1
2
3
4

그림 97. 여성 가발의 모식도. 1-재료들의 접착, 2-머리 칼, 3-펠트, 4-양모제 노끈, 아크-알라하-3유적 1호 고분

　　이 '나무형 장식[99]'에는 15개의 나무로 만든 새 장식이 부착되었다. 이 목제 새 장식에는 가죽으로 만든 날개, 발, 꼬리 등이 부착되었다(그림 99). 이 형태는 자신 의 머리 위에 9마리의 새를 장식한 샤먼 모자를 썼다는 만주족 여자 샤먼인 '니산'의 기록과 유사하다. 이 나무 장식의 밑 부분에는 사슴장식이 부착되었는데, 그중 하나 는 붉은색 원통형 심에 꽂은 비녀 끝에 꽂은 장식이다. 또 다른 것은 정확히 몸통이 정확히 절반으로 갈라지게 해서 가발장식에 마치 배지처럼 끼워서 부착하였다(그림 100). 새김무늬로 장식한 나무 머리장식을 헤어스타일에 더하였다(도면 101). 또 재미있는 것은 머리의 스타일을 형성하는 검은색 모자 몸통이다. 외견상으로도 이

---

99) 원문에는 '세계수'로 되어있으나, 여기에서는 그냥 나무 장식으로 바꿈(역자 주).

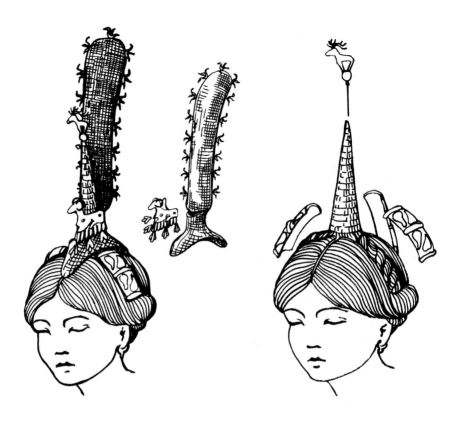

그림 98. 여성 가발에 붙여진 장식들의 위치복원(슈마코바의 복원)

검은색 통머리 장식은 하나의 재질로 만든 것이 아니다. 고형의 덩어리에는 단단하게 탄화된 검은색 0.2~2.0mm의 조각들이 보이는데, 이는 심하게 탄화된 곡물 낱알의 쭉정이(껍질)가 있었다. 머리 장식이 일부 깨어진 부분에서는 직경 1mm정도의 흰색 조각들을 넣은 것이 군데군데 보였다. 또한, 그을음과 비슷한 검은색 자잘한 알갱이들이 흩어져있는 것도 보였다. 이 모든 물질들은 세월이 무색하게 지금도 독특한 냄새를 강하게 풍겼다.

모자의 화학적 성분은 성분분석, 렌트겐분석, 열분석 등을 해본 결과 그 80% 이상이 유기물질이며, 모자의 주요 성분에는 칼슘, 철, 그리고 규소 등이 포함되어 있음이 밝혀졌다. 소량의 물질로는 순동, 아연, 망간, 크롬, 알루미늄, 인, 칼슘, 염소, 그리고 아마도 비소 등이 있었다. 이 물질들은 비유기적 물질(약 20%를 차지함)이고, 아마도 진흙 성분 속에서 포함되었던 것 같다.

가소체(플라스틱) 물질은 중성지방 성분과 그것이 녹아내리며 만들어진 지방산과 강한 냄새를 풍기는 물질인 아크롤레인 등으로 이루어졌다. 분석결과 여기서 나온 모자를 만드는 데 쓰였던 지방은 식물성이 아니라 동물성이다. 모자의 기저부는 심하게 탄화된 접착제로서 거칠게 빻은 곡물 열매를 밀폐된 용기에 넣고 450~550도 정도의 온도로 가열하여 열분해를 해서 만든 것이다. 모자를 만들 때 높은 점성을 내기 위하여 가열한 지방을 섞어서 탄화된 접착제를 만들었다. 이 접착제를 양탄자 모자 위에 바른 후 머리털을 붙였다. 그것이 다 식은 후에 그 위에 다시 그을음이 섞인 곡식으로 쑨 풀과 지방을 덮어 바르고, 그 위에 가발의 역할을 하는 머리카락을 만든 주머니를 얹었다.

모자(즉, 가발)의 성분분석과 제작과정을 복원한 결과 이 모자—가발의 용도와 의미에 대해 알 수 있게 되었다. 이 모자—가발의 성분분석 결과 잡초계통의 탄화된 식물(야생화 갯그령 Leymus, Hochst으로 추정됨) 성분이 대량으로 함유되었다. 이 성분이 여성의 모자—가발에 함유되었다는 것은 결코 우연이

아니며, 아마도 일정한 상징적인 의미를 지녔던 것으로 보인다. 이삭과 씨앗은 식물로 대표되는 상징들 중에서도 가장 뿌리 깊은 다산과 영원한 인생을 의미한다. 사람들은 이삭을 신께 바치면서 영혼이 깃든 부적처럼 사용했다. 또한, 이삭은 신화 속에서 머리칼과 동일시되는 의미로 자주 사용되었다. 처음 땅과 하늘이 열렸을 때 잡초 줄기가 사람의 머리카락이 되었다는 식의 신화는 널리 퍼져있다(토로포프, 1982, p.371). 그러한 관점에서 봤을 때 무덤에 매장된 여성의 모자–가발 장식으로 탄화된 이삭줄기를 썼다는 것은 다시 부활하기를 바라는 마음에서 비롯된 것이라고 생각할 수 있다. 아마도 신이나 조상의 영혼에게 제사를 지내면서 야생에서 자라는 잡초줄기를 그을려 탄화시켰을 것이다. 그리고 이 과정에서 얻어진 탄화물은 당시 사회에서 가장 중요한 복식중 하나인 머리 장식에 쓰였을 것이다. 왜냐하면 복식 중에서 머리 장식이 가장 중요하고 사람을 보호하고 눈에 띄는 장식적인 성격을 가졌기 때문이다.

불을 숭배하는 풍습은 고대 인도–이란어족의 목축민들 사이에서 널리 유행했었다. 그중에서도 특히 중요했던 신은 스키타이에서 불의 신으로 숭배된 타비티이다 (라예프스키, 1977, P.87~91 외). 사르마트 제례의 가장 큰 특징은 그를 관리하는 여성사제에게 있다. 이 여성사제는 아마 집안 대대로 계승했으며, 집의 화덕에 제물을 바치는 데 쓰는 성스러운 불을 관리했었다(스미르노프, 1964, p.254). 서부 시베리아, 카자흐스탄, 프리우랄, 자우랄 지역 등에 널리 분포하는 스키타이, 사브로마트, 사르가트 등 여러 유목민족과는 달리, 파지릭문화에서는 불을 숭배하는 특별한 증거가 무덤에서는 확인된 바가 없었다. 다만 일반무사의 고분에서 목곽 내에서 불을 지핀 흔적이 확인될 정도였다(쿠바레프, 1987, p.20). 하지만 이번 발굴에서 여성의 모자–가발은 마치 불을 담은 그릇의 형태로 복식에서 가장 중요한 부분인 머리를 장식했다. 이는 바로 당시 파지릭 문화에서도 불을 숭배했으며, 그불을 관리하는 사람은 다른 고대문화들과 마찬가지로 여성이었음을 의미한다. 그녀의 손을 통해서만 이미 저승으로 떠난 조상, 현재 살아있는 사람, 그리고 미래

그림 99. 목제 조형장식-여성 가발장식

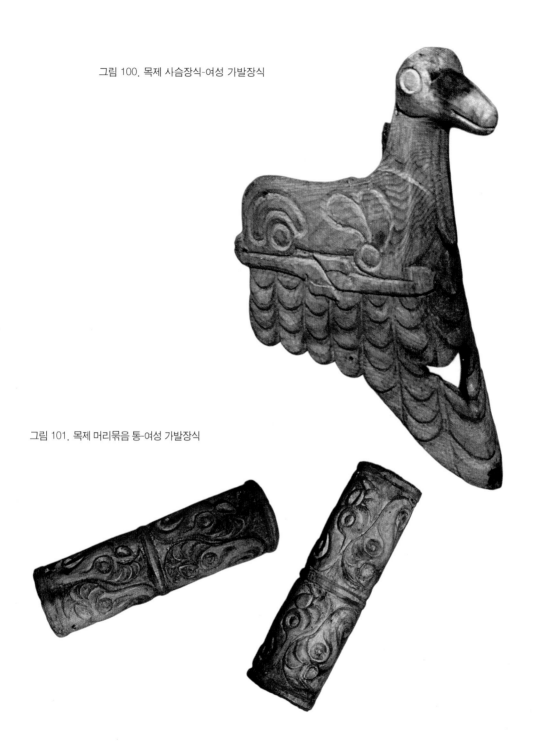

그림 100. 목제 사슴장식-여성 가발장식

그림 101. 목제 머리묶음 통-여성 가발장식

의 후손들 사이의 관계가 이루어질 수 있었다. 왜냐하면 집안 화덕의 불은 성스러운 것이며 꺼지지 않게 영원히 보존되어야 하기 때문이다. 아마도 이로써 이제까지 발굴된 모든 파지릭 여성 고분에서 공통적으로 머리 위에 머리-가발장식의 흔적인 검은색 흔적이 남아있는지를 설명할 수 있을 듯하다. 이는 최근까지 지속적으로 보고되어 왔지만, 적당한 해석을 내릴 수 없었던 문제(쿠바레프, 1991, p.37)였다.

태고 이후 현재까지 지방질과 기름은 가발과 머리장식을 하거나 머릿결을 관리하는 데 쓰인다. 현재도 서부 아프리카 원주민들은 동물성지방과 진흙을 이용해서 조각품들을 이어붙이는 데 쓴다. 때때로 이 재료들로 머리에 달라붙는 가발을 만들기도 하는데, 가까이에서 자세히 봐야 간신히 가발인줄 알 정도이다(물질의 기원, 1995, p.113). 줄루족 남성은 식물성 성분에 지방과 숯을 넣고 끓여서 만든 라텍스로 만든 고리형 장식을 머리에 붙이는데, 이를 '어른의 왕관'이라고 부른다(전게서, p.114). 이와 같이 파지릭인들의 머리장식에는 다른 여러 문화에서 공통적으로 쓰이는 재료를 이용하여 땋은 머리와 가발을 부착했다. 대부분 지역에서 지방질을 접착제로 사용한 것이다.

모자-가발의 접착제에서 다량의 칼슘이 검출된 것으로 미루어 볼 때, 동물 뼈에서 추출한 성분이 접착제에 포함되었을 가능성을 의미한다. 모피동물의 접착제 (모피를 가공하고 남은 부스러기로 만든 접착제)를 사용하여 머리장식을 만드는 예는 몽골 여성(비크트로바, 1977, p.181)과 이집트에서 미라를 만들 때 머리를 붙이는 방법(자마로프크시, 1981, p.195)에 쓰인다. 우코크의 파지릭 고원에서 출토된 목제품의 금박장식 표면에서도 칼슘이 검출되었다. 아마도 머리에 모자-가발을 붙이던 접착제는 목제 금박장식에 사용된 것과 같은 것일 가능성이 크다. 유감스럽게도 모자-가발장식에 접착제의 성분은 남아있지 않았다. 이것은 실제로 수용성 골제 접착제를 사용했다면 가능한 상황이다.

가발은 머리의 정면을 따라서 썼다. 이는 고대의 가발을 착용하는 일반적 방법이다. 여성의 머리를 완전히 삭발한 예가 확인된 것은 이번으로 세 번째가 된다. 첫 번째로 이러한 풍습이 확인된 것은 파지릭 제 2호와 5호 고분의 발굴을 통해서이다. 첫 번째의 경우(즉 2호 고분)에서는 머리 전체를 삭발했으며, 두 번째 경우는 머리 정수리 부분만을 남겨두었다. 파지릭 5호 고분의 양탄자에 묘사된 여신의 머리 역시 삭발을 했으며, 표트르 대제 시베리아 컬렉션의 금제 장식판에 나무 밑에 누워서 쉬는 모습으로 묘사된 기마인도 역시 비슷하다. 루덴코는 머리를 세심하게 밀어버린 것은 사망한 후에 두개골에 천공을 하는 풍습과 관련이 있다고 보았는데, 파지릭의 일부 계급은 살아생전에 이미 삭발을 했었을 가능성도 배제할 수 없다. 아리스테이의 기록에 따르면 아르기페이[100]는 태어나면서부터 대머리라고 한다(루덴코, 1952, p.114). 鮮卑 및 烏桓족도 머리를 삭발했다[101]. 오환과 선비의 경우 정수리 부분을 남겨놓고 모두 밀었으며, 때로는 20cm 정도까지도 이르는 땋은 머리를 늘어뜨리는 변발도 했다(크류코프, 페렐로모프 외, 1983, p.60).

파지릭 2호와 5호 고분에서는 여성의 땋은 머리가 발견되었는데, 일부는 생모로 일부는 말총을 이어 붙여 땋은 것이다(루덴코, 1952, p.115). 이 땋은 머리는 머리의 주변을 양탄자와 가죽으로 만든 리본들과 양모제 실로 묶은 것이다. 유스티드와 울란드릭 고분에서도 땋은 머리의 위쪽 잘린 부분에 가죽제 리본을 이어붙인 것이 발견되었다. 이 유물로 볼 때 당시 땋은 머리는 크게 3가닥으로 엮었음을 알 수 있다 (쿠바레프, 1987, p.291, 90-1;1991, p.112). 현재까지 축적된 자료로 볼 때 파지릭 여성들은 잘라낸 땋은 머리와 장식을 사용했는데, 그 양식은 시베리아 여러 민족에서 사용하는 것과 같은 것이다(예컨대, 클류예바, 미하일로바, 1988, p.103~129.).

이같이 접착식으로 땋은 머리로 장식하는 풍습은 비슷한 시기 신강성의 체르첸 자그훈루크(기원전 1000~600년)유적에서도 발견되었다. 여기서 머리 장식은 4개의 땋은 머리로 되었는데, 그중 2개는 자기 자신의 감색 머리를 말아서 만든 것이고, 나머지 두 개는 황갈색이다(Malloy, Mair, 2000, pl.7, p.193).

---

100) Argippaei, 그리스어로 οργιμπάτοι 로 표시됨(역자 주).

101) 관련된 사서의 기록은『後漢書』「烏桓鮮卑列傳」에 기록된 "以髡頭爲輕便"이다(역자 주).

귀족은 물론 파지릭 고분에 매장된 일반 무사급 여성들이 왜 삭발을 했는지는 확실히 알 수 없다. 하지만 전통적인 문화에서 여성의 머리와 머리장식이 아주 중요한 부분을 차지했음은 잘 알려져 있다. 그들은 해가 바뀔 때에, 또는 한 해에도 몇 차례씩 사회적 또는 가족의 지위가 바뀔 때마다 머리 장식을 바꾸었다. 아마도 파지릭 여성들에게 삭발이란 결혼, 출생이나 성인식과 같이 일정한 나이가 되면 행해지는 의식이었을 것이다. 루브룩의 기록에 따르면 몽골 여성은 결혼한 다음날 머리의 가운데에서 이마 쪽으로 삭발을 한다(루브룩, 1997, p.98). 스트라본은 비슷한 풍습에 대해서 이베리아의 여인들은 이마가 푸른빛이 들 정도로 앞머리를 완전히 밀어버린다는 아르테미도르를 인용하며, 이는 '오랑캐의 모습'이라고 정의한 바 있다(스트라본, 제3권, 4장 17절).

여자아이들이 성장할 때는 그들의 머리칼을 감추어야지만 악령의 방해로부터 벗어난다고 생각하는 믿음은 많은 민족 집단들 사이에 퍼져있다. 그렇기 때문에 때로는 머리를 완전히 감추었다가 결혼식이 끝나면 완전히 밀어버리거나(예컨대 서방의 유태인), 가려지지 않은 머리칼을 이마 쪽으로 당겨서 그 위에 모자를 덮는 경우도 있다(투르크메니스탄)(수하료바, 1954, p.317). 동부 슬라브 민족들 사이에서는 결혼한 여성들은 머리칼을 짧게 자르거나 아예 삭발하는 경우도 있다. 또한, 전 세계적으로 긴 여성의 머리칼은 신비스러운 힘을 가지고 있다는 공통적인 믿음이 있다. 머리칼을 잘라서 희생으로 바치는 것은 과거로부터의 단절을 의미한다. 머리를 자름으로써 하늘과 맞닿을 수 있고, 심지어는 조상들과도 통할 수 있다. "이전부터 머리를 자르는 것은 성화(聖化)되는 것을 의미하며 영적인 능력이 태동함을 의미한다. 이시스의 여신들은 지금까지도 잘 알려져 있다시피 완전히 삭발을 한다. 머리를 밀어버리는 의식은 일종의 '변환'을 의미하는 표시라고 한다면 저승으로 떠나는 것은 곧 머리카락이 전혀 없이 태어나는 갓난아기와 비교할 수도 있다(칼융, 1995, p.267). 아프리카 몇 몇 부족 사이에서는 여성이 애도 기간에는 머리를 삭발함으로써 정결화 된다고 믿는다. 이 삭발은 죽음으로부터의 정화를 의미하며,

죽은 남편과의 부부관계를 정리함을 상징한다(이오르단스키, 1982, p.296).

물론, 다른 풍습과 믿음도 존재한다. 한티 주민들은 머리를 짧게 깎거나 밀어버리면 삶이 그만큼 줄어들고 인생의 활력도 적어진다고 믿는다. 따라서 남자건 여자건 모두 머리를 짧게 자르는 것을 금했으며 어느 누구도 하늘이 주신 인생의 기간을 맘대로 바꾸게 되는 머리 자르는 짓을 하지 않는다(탈리기나, 1997, p.216). 텔레기트족은 평생 머리에서 빠진 머리칼을 모두 모아서 땋은 머리를 만들어 무덤에 같이 묻는다. 이 땋은 머리는 저승에서 사자의 베개역할을 한다(르보바, 옥탸크르스카야, 사갈라예프 외, 1989, p.59).

고대 인디아에서 머리는 새로운 활력을 불어넣는 힘인 동시에 다른 한편으로는 죽어버린 정결하지 못한 가죽으로 인식되었다. 그래서 머리칼이 자라고 그를 자르는 것은 마치 식물이 자라고 시드는 과정과 동일시하여 전반적으로 풍요함을 상징했다(아르진바, 1982, p.119). 머리카락을 인생의 활력과 동일시했기 때문에 임종 직전에는 머리를 잘랐다. 그러한 예로는 로마를 들 수 있다(콘스테블, 1994, p.170~171). 시베리아의 민족 중에는 가임기를 지난 여성들은 완전히 삭발했다는기록이 있는데, 그러한 여인들은 다른 세상으로 갈 준비가 되었다는 뜻이다(클류예바, 미하일로바, 1988, p.126).

아마 파지릭 여인의 무덤에서 발견된 모자—가발은 아주 복잡하게 만든 것으로, 평상시에 착용한 것이 아니라 무덤에 안치된 시신을 위해 특별히 만든 것으로 생각할 수 있다. 하지만 중앙아시아의 목축민들 사이에서는 모자를 쓰는 풍습이 널리 퍼져있었다. 포타닌은 몽골의 서북부를 여행하며 할하계통의 몽골여인들에 대한 기록을 다음과 같이 남겼다. "그들은 모피의 접착제(아교)로 붙인 똘르고인 볼뜨를 썼는데[102], 그 모자 위에는 남자들과 똑같은 모자를 썼다. 그들은 잘 때나 심한 질병에 걸렸을 때에도 이 모자를 벗지 않는다. 먼저 머리칼을 양쪽으로 가르고, 아교를

---

102) 원 몽골어로는 толгойн боолт이다. 이는 외출이나 장식용이 둥근 머리를 의미하는 '테르구르 우스'와 달리 집안에서 쓰는 모자이다. 일반적으로 검은 가죽제이며 정수리부분이 터졌고, 양 옆에는 덮개가 덮인 것이다(최해율, 『유목민의 꽃, 몽골 여자복식의 흐름』, 2008, p.206)(역자 주).

써서 소뿔 모양의 골격에 빗어서 붙이고 핀을 방사형으로 고정시켰다. 머리카락은 볼프 모자 사이로 늘어뜨려서 양쪽 어깨까지 이어졌고, 양쪽의 땋은 머리는 손바닥이나 그보다 조금 더 큰 넓이의 장식판을 붙였다. 그를 싸는 관은 종이로 한번 말아서 자는 동안에도 망가지지 않게 했다. 그들은 나무 또는 철판(하브칙)으로 만든 판을 끼웠다. 하나의 판은 위쪽은 귀까지, 아래쪽은 목에 끼웠다. 중간 부분은 비워두거나 아니면 2~3개의 철판을 더 끼워서 전반적으로 철판으로 둘렀다. 그래서 목쪽의 판은 바깥쪽보다 짧게 되어 있다. 철판(하브칙)의 밑에는 머리를 구겨 넣었고, 밖에서는 머리에 가려있다. 그 밑의 머리는 댕기머리와 이어졌는데, 그 댕기머리는 검은색 머리칼주머니, 즉 '두발낭'에 넣었다. 하브칙의 밑에 불룩하게 머리를 넣어서 마치 베개같이 되어 있는 것은 할하어로 '분토'라고 한다(전게서, 1881, p.105~106). 이 기록으로 볼 때 이 모자는 파지릭 출토품 보다 훨씬 복잡한 듯하다. 그럼에도 불구하고 몽골여인들은 이 장식을 한 채로 생활뿐 아니라 잠도 잤다. 또한, 長春眞人의 몽골답사기인『長春眞人西遊記』에도 몽골여인의 모자에 대한 기록이 있다. "결혼을 한 여인들은 머리에 자작나무로 만든 신장의 두 배가 되는 모자를 쓴다. 그리고 그 일부는 검은색 베일로 감싸는데, 부자인 여인은 붉은색의 베일로 꼬리처럼 이어지게 쓰기도 한다. 그 겉모습 때문에 이 모자는 거위 또는 오리와 비슷하다고 하여 '구구'라고 불린다. 그들은 다른 사람들이 무심결에 이 모자와 부딪히는 것을 두려워하여 유르트를 출입할 때는 몸을 구부리고 거꾸로 걸어간다(서유기, 1995, p.300)." 이 기록을 보면 몽골여인들이 이러한 머리장식을 하고 어떻게 유르트를 드나들었는지 명확하게 알 수 있다. 이런 엄청난 머리장식에도 불구하고 그들이 일상적으로 움직이는 데는 크게 불편하지 않았다.

아마도 장춘진인 구처기보다 조금 더 늦은 시기에 기록을 남긴 플라노 카르피니의 기록에도 똑같은 모자가 기록되어 있는 듯하다. "그들은 머리에 막대기와 나무껍질로 만든 1큐빗 길이의 둥근 장식을 단다. 그 상단은 사각형이고 하단은 넓어지는 형태로 그 끝에는 가늘고 긴 황금, 은, 또는 목제나 깃털로 장식된 막대기가 있다. 이 모자(머리장식)는 어깨까지 늘어지는 모자에 부착된 것이다. 이 모자(머리장식)는 부카란, 누투르 또는 발다힌[103] 등으로 덮었다. 그들은 이 모자가 없이는 사람들에게 나타나지 않으며, 여자들은 서로 이 머리장식으로 알아보았다(루부룩, 1997, p.34). 루부룩은 이 관찰에 자기의 설명도 덧붙였다 "이 여성들이 말을 타고 가는 것을 멀리서 보면 마치 투구를 쓰고 창을 든 군사들과 같이 보인다. 즉, 보카는 투구로 보이고, 머리위의 비녀꽂이는 마치 창처럼 보인다(전게서, p.99). 여행가들의 많은 기록을 보면 많은 유목민들은 높게 목제나 다른 재질로 만든 막대기를 머리 위에 세우는 머리장식을 한다(예컨대, 포타닌, 1950, p.388 참조). 이와 같이 높고 복잡한 모자(머리장식)은 결혼한 여성을 표시하는 필수적인 장식이었으며, 반드시 착용해야 했었다[104].

파지릭인의 머리장식(가발) 하부에는 금박을 입힌 황금과 새의 장식을 해서 '세계수'를 상징했다는 점이 주목된다. 시베리아의 주민들에게 새는 아직 태어나지 않은 어린아이의 영혼을 의미한다. 즉, 나나이인들은 사람의 영혼은 작은 새에 깃들어 거대한 나무에 자란다고 믿는다(킬레, 1976, p.191). 씨족 또는 가족의 나뭇가지에 있는 새들은 그 씨족이나 가족의 미래 구성원들을 상징한다(이바노프, 1976, p.163~165). 응가나산은 새들은 곧 어린아이들이기 때문에 그들 옷의 견부에는 뇌조의 날개를 장식해서 붙였다(포포프, 1976, p.41). 나르임의 셀쿠프족에게 새는 태양이 사람에게 주는 영혼을 의미한다(토밀로프, 1992, p.168). 칼 융의 의견에 따르면 세계수는 모계의 상징이다(칼 융, 1994a, p.223). 아마 파지릭의 여성 머리장식에 세계수가 보이는 것은 이러한 맥락인 듯하다.

아크-알라하 유적의 여성이 머리에 쓴 가발은 장식이 조각된 세 점의 목제판으로 장식되었다. 그중 하나는 뒷머리에, 나머지 두 개는 양쪽 옆머리에 하나씩 붙여

---

103) 부카란, 누르투르, 발다힌(Букаран, нуртур, балдахин) 등으로 기록되어 있으나 원의는 불명함 (역자 주).

104) 아크-알라하-3유적 1호 고분의 여성 머리 장식(가발)이 매장용으로 만들어진 것이 아니라 평상시에도 쓰고 다녔다는 증거는 검은색 천에 뚫린 2개의 구멍으로 알 수 있다. 이 구멍들은 나무막대 쪽에서 닳아서 뚫린 것이다.

졌다(그림 98, 복원도 III). 동남부 알타이지역의 일반무사급 여성무덤에서도 이러한 기능의 목판이 3점씩 출토된 바 있는데, 그중 일부는 문양이 시문되었다(쿠바레프, 1987, 그림 36; 1991, p.111~114; 1992, 그림 21, 22). 하지만 이번에 발견된 목제 머리 장식은 그리핀의 부리를 한 산양(사이가)의 모습이 새겨져있다. 또한, 지지대, 사슴이나 다른 동물이 새겨진 머리꽂이(비녀), 양쪽으로 몸통을 펼쳐지듯 장식한 사슴장식, 여기에 드물게는 높은 곳에 위치한 비녀가 하나의 조합이 된 경우는 남서부 알타이의 일반무사급 고분에서 많이 출토된다(전게서).

   루덴코가 발굴한 파지릭 제 2호 고분에서는 붉은색 실로 짠 주머니가 두 개 발견되었는데, 하나의 주머니는 다른 주머니 안에 포개진 채였다(루덴코, 1953, 도면 75-5, 6). 여기서는 뿔이 달린 사슴을 표현한 목제 장식 2점도 발견되었다. 또한, 속심이 있는 원형구 위에 서있는 목제 사슴장식도 발견되었고, 크기가 다소 작으며 꼬리와 날개를 부착식으로 따로 만든 목제 새 장식(부리는 그리핀 형)도 발견되었다(전게서, 도면 79). 다시 말하면 아크-알라하-3유적 1호 고분에서 발견된 모자-가발 장식은 왕족급 고분 및 일반무사급의 파지릭고분 모두에서 발견되었기 때문에 사제나 샤먼의 것은 아니다. 하지만 샤먼의 모자로서의 상징도 그 안에 있기 때문에 현재의 우리가 가지고 있는 샤먼의 모자에 대한 관점에서 본다면 같은 종류로도 생각할 수 있을 것이다(이 문제에 대해서는 남성 모자에 대하여 언급할 때 다시 고찰해보겠다). 아마 시간이 한참 흐른 후에 이러한 장식은 극소수의 샤먼들에게만 제한적으로 사용되었지만, 고대에는 모든 사람들의 모자와 복식에 사용될 수 있었을 것이다. 이를 일반화시키기는 어렵다고 해도, 적어도 파지릭문화에서는 그러했음이 분명하다.

   아크-알라하-3유적 1호 여성 고분의 통나무 관과 목곽의 남벽 사이에는 길이 84 cm의 기다란 두 조각의 양탄자로 만든 고깔모자가 출토되었다(그림 102). 이와 비슷한 모자가 파지릭 제 2호 고분에서도 출토되었다. 그 길이는 73cm인데, 그 주변은 금박을 입힌 둥근 가죽무늬가 기워져있었다. 비슷한 고깔모자(소위 베디민식 고깔

그림 102. 여성 고분의 펠트제 고깔모자, 아크-
알라하-3유적 1호 고분

모자)는 신강성의 수바쉬 유적에서 유로포이드
계통의 여성 미라에서 도 발견되었고, 그 길이는
60cm이다(Mallory, Mair, 2000, p.220, 그림 111).
파지릭 고분에서 출토된 이 고깔모자는 여성들의
머리에 씌워졌다가 무덤에 매장될 때 벗어 놓았던
복잡한 머리장식을 담는 일종의 주머니 같은 역할
을 했을 것이다. 이렇게 끝이 뾰족한 원통형 고깔
모자가 전 세계적으로 널리 퍼져있다는 것은 그리
놀라울 것이 없다(물질의 기원, 1995, p.116).

목제 관식(冠飾, diadem)

이 유물은 파지릭의 일반무사급 고분에서도
흔히 출토되는 유물로서, 쿠바레프의 연구에 따르
면 이 유물은 동남부 알타이에서 남성뿐 아니라
여성이나 아이의 고분에서도 출토된다고 한다(쿠바
레프 1991, p.123~125, 도면 52-15, 51-9, 27;
1987, p.114~116, 그림 45; 1992, p.101~104, 도면
31). 이 유물은 종종 비녀꽂이와 공반된다. 우코크
고원에서는 5유적-1호 여성고분에서 2점의 관식
(diadem)편이 발견되었다(도면 103). 이 관식 위에
는 치렁치렁한 뿔이 달린 사슴이 새겨졌다. 비슷한
유물은 바르부르가즈-1유적 25호 고분에서도 출토
되었다(쿠바레프, 1992, p.103, 도면 30). 이 관식은
어떻게 머리에 걸었을까? 잘 알려진 예로 사사니드

의 모자를 묘사한 예술품에는 반드시 관식도 같이 걸었던 것으로 되어있다. 아마도 파지릭인들도 관식을 따로 걸거나, 아니면 다른 모자와 한 세트로 걸었을 것이다(그림 103).

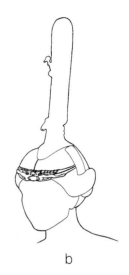

왕족급 고분에 매장된 여성의 가발—모자와 댕기머리 등은 알타이 동남부지역의 일반 무사급이나 중급 고분 출토품과 비교할 때 상당히 다양한 편이다. 포타닌은 "서부 몽골인들은 다양한 모자들을 쓰는데, 각 부족들(예컨대 듀르뷰트, 토르고우트, 바이트 등)은 각각 자신들만의 모자를 고집하며, 다른 모자는 쓰지 않는다"고 지적했다(포타닌, 1881, p.31). 또한, 다른 부분에서는 "몽골 여자는 다양한 방법으로 머리를 밀어버리는데, 각 부족에 따라 서로 다르다"고도 했다(전게서, p.105). 유리

b

레리흐의 연구에 따르면 티베트의 유목 구역에서는 여성들의 헤어스타일이 지역에 따라 심하게 다르다(레리흐, 1999, p.263). 따라서 우리가 살펴본 파지릭문화 여성들의 머리장식(가발)은 각 지역 문화에 속하는 사람들의 지역적인 특성이 반영된 것이라고 할 수 있다.

파지릭 여성들 사이에서 머리를 삭발하고 가발을 쓰고 다니는 전통은 성서세계의 여러 나라에서도 확인된다. 그 지역에서는 고대에 오랜 기간 동안 머리를 삭발하고 가발을 쓰는 것이 세련된 것으로 간주되어 왔다. 그와 관련하여서는 루덴코가

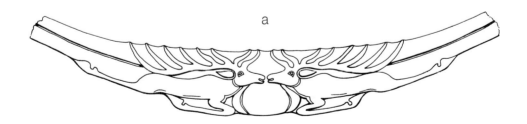

a

그림 103. a-목제 관식, b-그 사용방법(추정, 아크-알라하-5유적 1호 고분)

파지릭 제 2호 고분에서 발견한 턱에 거는 턱수염 장식(루덴코, 1953, 도면 35)은 아마도 파라오의 권력의 상징으로 턱에 턱수염장식을 걸었던 전통과도 비교할 수 있을 것이다.

여성의 모자—가발과 댕기머리에는 전례 없는 정보들이 담겨있다. 파지릭인들과 함께 살아보지 않는 한 당시 사회에서 어떠한 의미로 사용되었는지를 정확히 읽어낼 수는 없다. 다만 가족관계, 사회적 신분, 씨족 등과 같은 일련의 문제와 관련이 있다고 추정할 뿐이다. 현재로서는 이 문제를 해결하거나 결정적인 정보를 제공할 수 있는 단서를 찾지는 못했다. 단지 우리는 모자—가발의 상징적인 의미에 대해서만 제시하는 정도이지만, 이것만으로도 매우 중요한 진전이며 다른 문제들도 해결할 수 있는 근거가 된다.

남성의 모자 가발과 머리

파지릭 고분 연구가 100여년 이상 지속되었지만, 양탄자로 만든 기마전사의 모자가 발견된 것은 이번 우코크의 얼음고분이 처음이다. 이제까지는 모자의 목제장식들만 발견될 뿐이었다(쿠바레프, 1987, p.169~171). 그래서 머리장식을 덮은 모자건 동물장식의 장신구들이건 정확한 것은 없었다. 이제까지 우코크 고원에서는 3점의 완형 양탄자로 만든 투구[105]와 또 다른 스타일의 남성용 모자 1점이 발견되었다.

양탄자로 만든 파지릭인의 투구는 2개의 조각을 이어 붙여 만든 것인데, 각 개인의 머리 크기에 맞게 제작된 것이어서 실제로 썼을 경우 귀까지 덮고 머리에 밀착되게 쓸 수 있었다. 모자의 꼭지 끝은 새의 머리 형태로 오려냈으며(베르흐—칼쥔—2유적 1호와 3호의 일반무사급 고분)(도면 19–a, d). 다른 경우는 1유적—1호 고분처럼 귀족고분에서 출토된 좀 더 복잡한 형태로 똑같은 목제 장식에 금박을 입힌 장식을 붙인 경우가 있다(도면 19–b, c; 그림 106, 107). 좀 더 예술적으로 뛰어난

---

105) 여기에서 투구는 금속제 전쟁용 투구라기보다는 덮어쓰는 후드형 모자를 말함(역자 주).

투구가 파지릭 제 2호분에서 출토되었는데, 그리핀의 외형에 사슴의 얼굴을 한 형태로 투구의 끝머리를 장식했다(루덴코, 1953, 도면 73-1, 3, 4; 89, 4)(도면 19-e).

이 모자의 외형(복원도 IV)을 보면 고깔모자에 가까운데, 이런 형태는 스키타이 시대의 여러 조형예술품을 비롯하여 페르세폴리스 부조판의 아르샤키드 1세 동전에 이르기까지 여러 예술품에서 보인다. 스키타이의 고깔모자와 파지릭 고깔모자의 가장 큰 차이는 스키타이 고깔모자와는 달리 파지릭 모자는 귀를 덮을 수 있게 양쪽 끝을 길게 늘어뜨려서 서로 묶을 수도 있다는 점이다(도면 19-f). 페르세폴리스에 새겨진 사카족의 투구에는 뒷부분의 목 부위에서 서로 묶을 수 있는 가닥이 있는데, 파지릭 모자에는 없는 것이다(도면 19-h). 한편 중앙아시아 아무라디야 매납유적에서 발견된 황금제 장식판에 새겨진 전사와 제사장의 모자와 비교하면, 중앙아시아의 모자는 꼿꼿이 서지 않고 뒤편으로 약간 굽어졌고, 뒤편에는 가닥이 있다(도면 19-g). 파지릭의 고깔모자와 가장 비슷한 것은 페르세폴리스 벽에 새겨진 조각 중에 '장례행렬 속의 전사'장면에 묘사된 사카의 것이 있는데, 여기에는 어떠한 장식도 달려있지 않다(도면 19-i).

파지릭의 모자와 비슷한 것은 유기물질이 잘 보존될 수 있는 천혜의 조건인 신강성의 서북부지역 무덤에서 출토되었다. 기원전 1800년 전의 청동기시대 무덤인 古墓溝[106](누란)에서 발견된 유로포이드 미라는 두 조각을 이어 붙여 만든 그리 높지 않은 고깔모자를 쓴 상태로 발견되었다(도면 19-k). 아마 이 고깔모자는 스키타이, 사카, 月氏(파지릭인)[107] 등 중앙아시아 유목민족이 쓰는 고깔모자의 시원적인 형태로 추정된다. 이 모자들은 새의 깃털로 장식되어 있어서 새의 상징으로 장식된 파지릭 고깔모자와 잘 비교된다(Wang, 1996, p.64). 이후 이 고깔모자는 좀 더 길어지고 귀 부분을 덮을 수 있을 정도로 양 옆이 길어지는 등 파지릭 것과 비슷한 형태로 바뀌게 된다. 이 모자를 이루는 두 조각의 천을 잇는 솔기는 양탄자의 '깃'을

---

106) 정식명칭은 孔雀河古墓溝로 로프-노르 동쪽의 공작하 유역에 분포한 무덤군이다.

107) 月氏족을 파지릭문화로 비정하는 것은 주로 러시아학자들이 지지하는 견해이지만, 연대 및 시공간적인 차이에 따라 상이한 견해가 존재한다(역자 주).

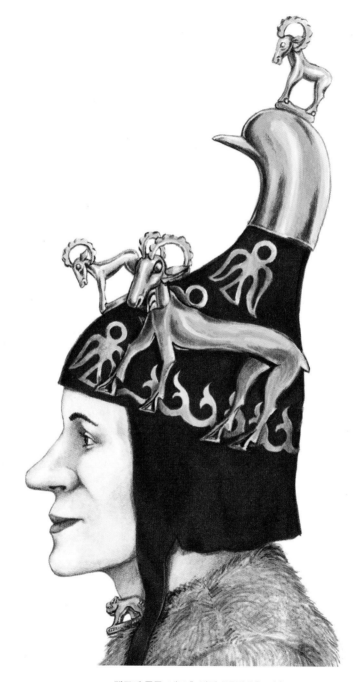

펠트제 투구, 베르흐-칼쥔-2유적 3호 고분

그림 104. 남성 펠트제 투구에 장식된 목제장식, 아크-알라하-1유적 1호 고분

오려낸 것으로 꿰맨 것이다(五堡 무덤[108])(Hami ancient civilization, 1997, p.25, 그림 253). 이 모티브는 유명한 사카의 청동제 쿠반양식 투구에도 잘 표현되어 있다(이 유물은 지표채집된 것으로 사마르칸트 박물관에 소장되어 있다).

　파지릭의 양탄자모자와 같이 투구처럼 생긴 모자들은 꼭 똑같지는 않더라도 비슷한 형태로 유라시아 유목민족들 사이에서 상당히 넓게 분포한다. 그중에서도 파지릭의 투구형 모자가 가지는 가장 큰 특징은 모자 안에 나무로 만든 심을 넣어서 모자 끝을 높이 올릴 수 있고, 그 위에는 말, 사슴 뿔 달린 산양과 같은 동물을 새긴 목제장식을 놓은 점이다(그림 104, 105). 이 모자는 원칙적으로 남성의

---

108) 哈密五堡墓地는 1978, 1986, 1991년에 신강성문물고고연구소에서 발굴한 청동기~초기철기시대
　　의 무덤으로 모두 113개의 무덤이 발견되었다. 주요 장제는 장방형 수혈토광묘이다. 여기에서 출
　　토된 미라와 본문에서 언급한 고깔모자는 2011년 8월에 하미박물관을 방문했을 때 전시 중이었
　　다(역자 주).

그림 105. 펠트제 투구, 아크-알라하-1유적 1호 고분

알타이 초원의 기마인

무덤에서만 나온다(쿠바레프, 1987, p.97~100; 1991, p.107~109; 1992, p.95~96). 우코크 고원에서 출토된 모자 장식 덕택에 이 동물 장식들이 양탄자로 만든 모자의 어디에 붙어있었는지를 복원할 수 있었다(그림 105). 말 장식 중 하나는 그 끝에 부착되었고, 머리에는 새가, 다른 것은 주변에 붙어있었다. 사슴은 모자의 왼편에 붙여 있었다(도면 19-c). 모든 나무 장식은 금박을 입혔다(복원도 IV). 양탄자 투구형 모자 위에는 아플리케로 오려서 붙인 장식들도 있는데, 이는 아크-알라하-1호 고분과 같다. 남자의 모자 위에는 당시 파지릭 사회에서 가장 성스러운 '상부 세계'를 상징하는 새, 사슴, 말, 뿔 달린 산양 들을 장식했다(도면 105, 복원도 IV). 뿔 달린 산양, 때로는 뿔만으로도 파지릭인들에게 동물의 상징으로 사용되었는데, 이러한 상징은 파지릭인에만 한정된 것은 아니었다. 이식고분의 말 장식에도 아이벡스(야생염소)의 뿔이 달려있다(아키세프, 1978, p.18~19). 아마도 이렇게 아이벡스와 말을 혼합시켜 놓은 듯한 모습은 중앙아시아 유목민족들 사이에서 태양과 천상세계를 상징하는 것으로 보이고, 파지릭인들도 여기서 성스러운 상징을 차용한 것 같다. 다른 인도-유로포이드 민족들 사이에서 이 상징적인 동물은 사자(死者)를 저승으로 인도하는 역할을 한다. 예컨대, 투엑타 2호 고분, 바샤다르 2호 고분, 베렐 고분에서는 말에 나무로 만든 아이벡스의 뿔을 붙인 것이 발견되었다.

나르트의 서사시에서 '블라네'(암사슴)라는 용어는 영웅서사시의 주인공이 가지고 있는 유명한 말을 비교하며 묘사하는 데 사용한다. 예컨대 투타리쉬의 말은 별명이 사슴의 머리를 한 '명갈색의 이마'이다(쿠마호프, 쿠마호바, 1998, p.113). 또한, 미인 아군다를 남편의 집으로 데려다 준 것은 7마리의 사슴이 끄는 은색 마차였다(칼로예프, 1968, p.311). 사슴의 뿔이 달린 말에 대한 내용은 몽골의 결혼식 축가에도 나온다. "사슴의 뿔을 흔들며 말이 오고 있다네, 그는 담비로 만든 목 장식을 하고 있다네…(갈다노바, 1992, p.80)." 민족학적 자료로 볼 때 말-사슴의 형태는 주로 결혼식에서 많이 등장하는데, 이는 결혼을 함으로써 다른 가족으로

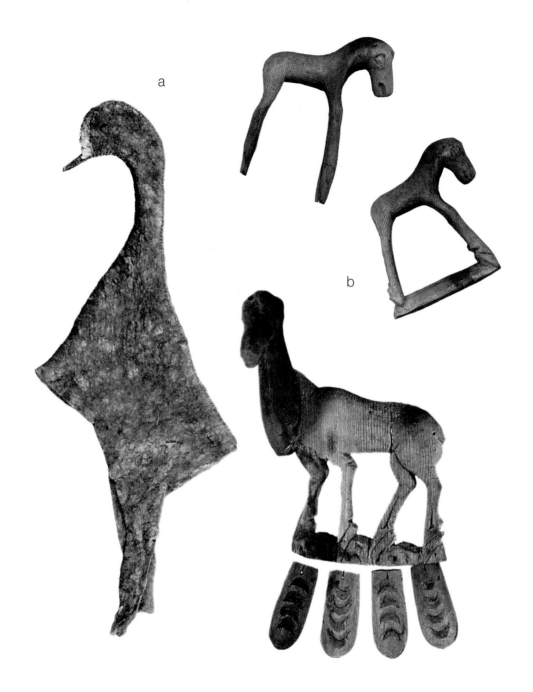

그림 106. a-펠트제 투구, b-투구의 목제 장식, 베르흐-칼쥔-2유적 3호 고분

편입된다는 것을 상징한다. 그리고 이 상징이 무덤에 쓰인다면 그는 바로 저 세상에서 새로운 탄생을 한다는 의미가 된다. 몽골민족은 아가씨를 결혼시키는 것과 죽은 사람을 장사지내는 것은 서로 다를 바가 없다고 생각했다. 그래서 결혼식과 장례식을 완전히 동일시했다(전게서, p.76).

파지릭인의 양탄자 모자는 외형으로 보면 새처럼 생겼다. 아마 이 모자를 쓰는 사람의 외형도 새처럼 보였을 것이다. 프로코피예바는 알타이-사얀 지역의 샤먼(나아가서 몽골, 부리야트, 야쿠트 족 등도 비슷함)의 옷은 새를 형상화 한 것이라고 했다(프로코피예바, 1971, p.62). G.N.포타니나를 인용해서 포타포프는 샤먼들은 부엉이 머리와 날개 달린 새의 모자를 쓴다고 했다. 따라서 '이를 통해서 볼 때 고대로부터 샤먼의 복장에는 새의 상징이 있었음이 분명하다'고 결론 내렸다(포타포프 1991, p.210, 217). 샤먼의 의복에 달린 새의 특징은 원래 샤먼의 의복이 아니라 일상복에서 사용되는 것이다(노비크, 1984, p.68). 파지릭인의 투구형 모자는 그 주민들의 상징이었다. 이 모자에는 그들을 도와주는 영혼들이 깃들어 있으며, 아마 그들이 죽으면 가는 천상세계를 상징할 것이다. '날아간다'는 말이 '죽는다'는 것을 의미하는 것은 고대 투르크족이나 사얀-알타이 주민들의 종교적 관점에서 널리 통용되는 생각이었다(포타포프, 1991, p.51). 1957년에 몽골 호쇼-차이담에서 유명한 퀼-테긴의 석상이 발견되었다. 그런데 재미있게도 퀼-테긴의 모자 근처에는 날개를 펴고 날아가는 새의 모습이 장식되었다(Novgorodova, 1980, p.204). 이와 같은 여러 상징들은 복식에서 가장 중요한 부분이라고 할 수 있는 모자에 집중되었다. 실제로 모자에는 그 주인공을 보호하는 기능이 있다. 알타이인들은 모자가 벗겨지는 꿈을 꾸면, 실제로 그 사람은 죽는다고 믿는다(시트니코바, 1986, p.90).

티베트 고승들 중에서 '효' 의식을 하는 승려들 중 일부는 파지릭 것과 비슷한 모자를 쓰는데, 그 꼭지에는 멧돼지나 까마귀의 머리와 같은 장식을 했다. 그중 멧돼지로 장식한 모자 한 점은(몇 개의 예가 알려졌지만, 정확하게 몇 개인지는 알 수 없음) 뮌헨의 국립민족학박물관에 보관되어 있다(Musche, 1987, taf, 29-1; 29-2)(도면 19-m). Br.Musche는 이 티베트 모자가 유명한 사산 페르시아의 동전, 인장, 암각화 등에 새겨진 것들과 유사하다는 점을 지적했다(전게서, taf 27-1~3; 28). 사산조의 모자와 투구들은 멧돼지, 그리핀, 말, 독수리, 사자, 표범, 호랑이 등의 머리로 장식했다. 무세의 의견에 따르면 가장 흔히 쓰이는 장식은 멧돼지와 그리핀의 머리인데, 이들은 애매하게 표현되었기 때문에 분명히 무엇인지 서로 가리기 힘들 정도라고 한다(도면 19-m). 동전에 새겨진 이 모자를 쓴 인물들은 외견상으로는 여성에 더 가깝다. 아마도 여신 아나히타를 표현했거나 아니면 여왕을 표현한 것 같다. 고양이과에 속하는 맹수의 머리를 새긴 것은 주로 귀족이나 부왕의 모자에 표현되었고, 소나 말의 머리는 왕비나 공주의 모자에 표현되었다(전게서, p.282, 287). 파지릭의 새 또는 말의 장식이 그 끝에 달린 모자는 단순히 추정이 아니라 실질적인 자료로서 티베트의 모자와 사산조 모자의 가장 오래된 시원적 형태를 보여준다. 이 모자는 산악 알타이 기마전사들의 대표적 특징 중 하나이다. 아마 그 우두머리는 이 머리끝 장식의 크기나 예술적인 정도가 달랐을 것이다. 아마도 사슴의 몸통을 한 그리핀은 왕족의 상징이었을 것이다. 이렇게 환상적인 새와 그를 목에 걸었던 사람 사이에는 감정적으로 신비스러운 관계가 존재했을 것이다.

이와 같이 새나 짐승의 머리로 모자를 장식하는 것은 동부 이란 지역 유목민족들의 기본적인 특징이었다. 산악 알타이 머리 장식이 사산조의 모자에서도 발견되며, 이란의 신, 여신, 지도자들의 모자에서도 똑같이 발견된다. 따라서 파지릭문화가 기본적으로 이란계통의 문화에 뿌리를 두고 있다는 또 다른 증거가 될 수 있다.

비슷한 투구가 존재하는 또 다른 전통도 있다. 이 모자는 몽골 아스하트 지역의 투르크시대 석관에 새겨진 젊은 사람의 머리에 새겨진 것이다. 여기서는 여러 젊은이들 중에 한 명의 머리 위에 새겨진 것이다(도면 19-j). 또한, 라마교를 창시한 쫑카바의 모자도 파지릭의 투구모자와 아주 비슷하다. 그의 모자는 머리에 쓰는 작은 후드가 있어서 귀 쪽까지 덮게 되어있다(비크트로바, 1977, p.190). 그 모자는

쫑카바나 그의 제자 및 추종자를 묘사한 모든 그림
에서 볼 수 있다(탱화…, 1995, p.23~34 외)(도면
19-n). 한편 야쿠트의 고대 및 전통문화에서 남성과
여성의 모자에서도 짐승의 머리 쪽을 살려서 그대로
만든 짐승 가죽의 모자(살쾡이, 늑대, 여우 등)가
종종 보인다고 Ya.I.린데나우의 기록에 보인다
(가브릴레바, 1998, p.24~31). 아마도 이런 성격의
모자는 투르크 및 몽골족 주민들 사이에 남아있는
스키타이 시절 이란 문화의 요소일 것이다. 의례를
치를 때 전쟁용 투구를 모자 장식으로 쓰는 예는
종종 볼 수 있다. 예컨대, 조로아스터교의 신관은
의식을 위한 전용 의복으로 기마민족의 복식을 입
었으며, 그 복식에는 투구도 포함되어 있다. 그리고
그 옷을 수백 년 간 계속 입는다(보이스, 1988, p.83~
84).

양탄자로 만든 투구형 모자는 의식용(또는 매장
용) 머리장식으로, 실제로 우코크의 얼음 고분에서
그 유물이 발견됨으로써 증명되었다(그림 107). 보통
그 모자는 사자의 어깨 근처에 걸쳤다. 파지릭의 남
성과 여성은 기다란 모자를 부장했기 때문에 목곽의
통나무관이나 시상대가 1.3 정도 이상 길게 만들어
졌다. 반면에 사글리문화나 울란곰 문화(파지릭의
주변문화)에서는 사자의 머리가 목곽에 거의 붙을
정도로 위치하여 매장되었는데, 이는 이들 문화
에서는 그런 높은 모자를 쓰지 않았다는 간접적인

a

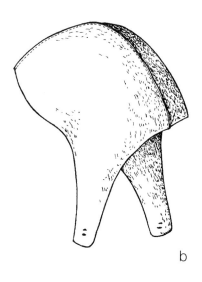

b

그림 107. a-펠트제 남자 모자, b-실측도,
베르흐-칼쥔-2유적 1호 고분

그림 108. 남성의 헤어스타일, 베르흐-칼쥔-2유적 3호 고분

증거가 된다.

파지릭 전사 투구는 연구자들에게는 이 문화의 귀속과 주인공의 사회적 신분을 규명해주는 좋은 자료가 된다. 파지릭인들 자신에게도 이 투구는 하나의 공동체에 속해있다는 상징이었으며, 그 사회에서의 위치를 표시해주고, 그들을 보호해주는 역할을 했다.

파지릭인의 남성 헤어스타일이 다양했음은 현재까지 우리가 가지고 있는 그리 많지 않은 자료들을 통해서도 충분히 짐작할 수 있다. 파지릭 5호 고분의 남성은 앞쪽의 머리만 밀고 뒤쪽은 그냥 놔두었다. 파지릭 2호 고분에서 출토된 남성의 머리에서도 앞부분만 머리를 밀었다. 하지만 뒷머리를 길렀는지는 알 수 없다. 왜냐 하면 이 사람의 뒤쪽 두피는 벗겨졌기 때문이다(루덴코, 1953, p.129). 우코크에서 출토된 또 다른 자료들을 종합해 볼 때 파지릭 남성들은 머리를 밀지 않았거나, 민다고 해도 전체를 밀지는 않았다. 아크-알라하-12유적 1호 고분에 매장된 남성의 경우 기다란 머리카락이 남아있었는데, 실제로 두정부나 이마에는 머리가 없었다. 베르흐-칼쥔-2유적 3호 고분의 또 다른 남성은 밝은 색 머리칼에 멋있는 헤어스타 일로 장식했다. 이 사람은 머리 윗부분(두정부)을 남겨두고 주변은 모두 머리칼을 밀었고, 두정부는 머리를 자르지 않았다. 두정부의 머리를 다시 두 갈래로 땋아서 땋은 머리를 만들어 양쪽 어깨로 늘어뜨리게 머리칼을 장식했다(그림 108). 남자가 머리를 땋는 풍습은 고대와 전통문화 사이에서 흔히 찾아볼 수 있다. 예컨대 아메리 카 인디언이나 한티족과 만시족의 땋은 머리를 한 장사들의 이야기가 있다. 한티족 은 머리칼을 곧게 빗어 넘겨서 귀 너머로 두 갈래로 묶었고, 그 사이에 양모 털을 섞 어서 묶었다. 그 털은 보통 붉은색으로 마치 작은 땋은 머리처럼 된다(프르이코바, 1953, p.161, 도면 43). 라들로프의 기록에 따르면 알타이의 남성들은 뒷머리에 머리 칼을 남겨두었고, 그 머리를 가늘게 땋았다고 한다(라들로프, 1989, p.130). 중국은 기원전 3세기경부터 병사들이 머리에 쪽을 지어 비녀를 꽂았다(크류코프, 페렐로모 프 외, 1983, p.198~199). 진시황의 병마용에서는 땋은 머리로 머리를 장식한 흔적을 많이 볼 수 있다. 만주지역에서는 20세기 초반까지도 하류 계급 사람들 사이에서 땋은 머리를 한 것을 흔히 볼 수 있었다.

땋은 머리는 티베트 북부의 유목민족(호르프) 사이에서도 성행했다. 레리흐의 기록에 따르면 부유한 사람들은 그 땋은 머리가 무릎까지 닿았는데, 더 길게 하기 위해 말총머리를 이어붙이기도 했다(레리흐, 1982, p.214). 노보고르도바가 몽골에서 조사한 사슴돌 중에는 무기가 달려있는 허리띠, 장식, 귀에 걸린 귀걸이 등 일반적인 장식 이외에도 땋은 머리가 전사의 머리에 표현된 경우도 있다고 한다(노브고로도바, 182, p.68).

베르흐-칼쥔-2유적 3호 고분 남성 시신의 머리모양과 상당히 비슷하게 두 갈래로 땋은 머리를 만들어서 늘어뜨린 경우가 타림분지의 자그훈루크 고분(체르첸지역)에서도 발견되었다(Mallory, Mair, 2000, pl, 1, 2).

아마도 파지릭인들에게 머리는 그 사람의 사회적인 신분과 친족에 따라 일정한 규칙이 있었을 것으로 생각되지만, 더 이상 구체적인 이야기는 현재로서는 힘들다.

장식품

장식은 사람이 옷을 입을 때에 자신의 모습을 바꾸는 결정적인 요소가 되기 때문에 복식에서 없어서는 안 될 부분이다. 고대와 전통사회에서 옷 장식은 그 사람을 도와주거나 지켜주는 영혼의 모습을 새기는 등 마스코트와 부적의 역할을 했다. 이러한 장식품이 가지는 기능은 현재까지도 이어져오고 있다. "만약 각 민족집단들이 장식품을 통하여 지역적이며 친족의 관계를 나타낸다고 본다면(즉, 장신구의 부착이나 문양모티브), 각 집단끼리 서로 주고받는 것 또한 있을 것이다(표도로바, 1988, p.104).

무덤에서 발견되는 파지릭인의 장신구는 대부분 목제이며, 남성과 여성의 성차이는 그리 크지 않다. 모두 귀에는 귀걸이를 걸었는데, 여성은 2개를, 남성은

1개를 걸었다. 신강성의 미라는 이와 달리 귀에 귀걸이 대신에 양모로 만든 끈을 걸었다. 이들이 달았던 귀걸이는 기본적으로 단순한 편이다. 아크–알라하–3유적 1호 고분의 여성 시신에 달린 것처럼 단순히 황금으로 만든 얇은 고리가 있고, 아크–알라하–1유적 2호 고분의 어린이가 달았던 것처럼 도식화된 그리핀의 머리를 표현한 금판을 붙인 것도 있다. 또 다른 경우로 1유적–1호 고분에 묻힌 남성과 여성처럼 목판에 금박을 입한 장식도 있다(그림 109). 한편, 유스티드–12유적의 4호 고분처럼 좀 더 정교한 것도 있으며(쿠바레프, 1991, 도면 34), 파지릭 2호 고분의 경우처럼 수입된 것으로 보이는 보석구슬이 달린 황금제 귀걸이도 있다(루덴코, 1953, 도면 27–10).

목걸이 장식(경식)

경식은 파지릭인 사이에서는 남성과 여성은 물론 아이들까지 모든 사람들이 착용했다(예컨대, 쿠바레프, 1991, p.125). 경식은 청동(또는 가끔 은제도 있음)으로 만든 원형의 고리로 그 끝은 나무로 만든 육식동물, 또는 그 머리의 장식을 둔 것이다. 경식은 전체적으로 금박을 입혔다(그림 110–b). 그중 특히 호화로운 유물로는 1유적–1호 고분 출토품이 있다. 반면에 아크–알라하–1유적 2호 고분의 어린아이가 묻힌 무덤에서는 단순히 고리형으로 만들어진 경식이 출토되었다. 대부분의 경식은 베르흐–칼쥔–2유적 3호 고분처럼 단순히 나무로 만든 고리로 되어 있으며, 아니면 더 간단하게는 그 끝의 장식을 나무로 만들고 나머지 고리를 기다란 나무 봉으로 만든 것도 있다(쿠바레프, 1987, p.116; 1991, p.125 외). 이 모든 경식들은 무덤의 매납용으로 특수하게 만든 것이다. 일반적인 파지릭인들은 아마도 살아생전에 경식을 쓰지 않았을 것이며, 사후에나 만들어 붙였을 것이다. 이렇게 죽은 사람의 목에 가벼운 경식을 거는 것과 비슷한 예로 이집트에서 미라의 수의에 걸었던 경식이 있다. 조금 다른 형식의 경식도 있는데, 아크–알라하–3유적 1호

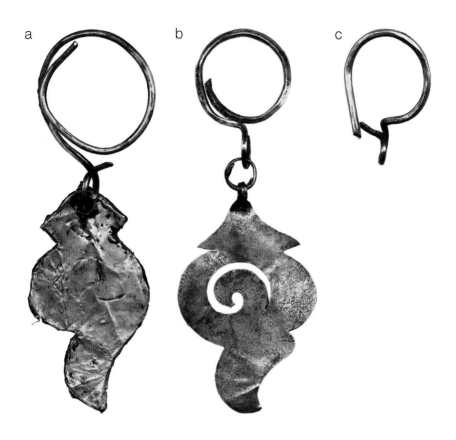

그림109. 우코크 파지릭문화 고분의 귀걸이, a-아크-알라하-1유적 2호 고분, b-아크-알라하-1유적 1호 고분, c-아크-알라하-3유적 1호 고분

고분에서처럼 목제 경식의 고리 사방에 8마리의 날개가 달린 표범을 장식한 것도 있다(그림 110-a). 이 경식은 전체적으로 금박을 입혔는데, 그와 비슷한 조합의 경식은 파지릭 제 2호 고분에서 발견되었을 뿐이다(루덴코, 1953, p.133, 도면 79)

대구(帶扣, 허리띠버클)

대구는 남성의 복식에서만 발견되며 출토 예는 비교적 드물다. 최근에 발견된

유물 중에서 여성의 허리띠는 유일하게 1유적-1호
고분에서만 발견되었다(그림 111). 이 허리띠는 목제로
만든 장방형 판을 장식한 것이다. 파지릭인의 허리띠
버클은 소위 '흉노식'으로 오르도스와 바이칼 지역에서
주로 청동제로 발견되는 장식판과 같은 형태이다(쿠바
레프, 1987, p.76~79, 도면 27 외). 베르흐-칼쥔-2유
적 3호 고분, 아크-알라하-5유적 1호 고분 등에서도
발견되었다.

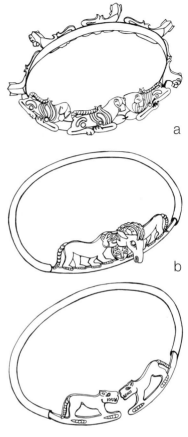

여성의 옷에 쓰인 장식들로는 유리제 또는 진흙제
의 구슬류와 유리제 관식이 있는데, 그 수량은 그리 많
지 않으며 파지릭 2호, 5호, 6호 고분에서 발견되었다
(루덴코, 1953, p.135). 최근에 발견된 예로는 아크-알
라하-3유적 1호 고분에서 출토된 구슬과 관식이 있다.
전통적으로 투르크에서 구슬과 관식은 아이와 갓 태어
난 갓난아기를 보호하는 장식으로 쓰였다(르보바,

그림 110. 우코크 파지릭고분의 경식, a-아크-알라하-3유적 1호 고분, b-아크-알라하-1유적 1호 고분

그림 111. 남성 무덤출토의 목제 허리띠 버클, 아크-알라하-1유적 1호 고분

옥타브르스크야, 사갈라예프, 1988, p.174~174). 반지, 팔찌 같은 것은 아예 발견되지 않았다. 아마도 파지릭인들은 그런 계통의 장식은 애초에 사용하지 않은 듯 하다. 하지만 값비싼 칼집이나 팔찌 같은 것은 파지릭 최고위급 신분의 고분에서 도굴되었을 가능성도 있다. 어쨌든 전반적으로 파지릭 사회에서는 남성이든 여성이든 장식은 모두 머리 쪽에 집중되었다고 생각된다(즉, 모자와 헤어스타일). 다른 장식품으로는 가죽, 자작나무, 양탄자 등으로 만든 아플리케 장식으로 그 주요한 모티브는 짐승, 새, 물고기 등이었다.

한편, 산악 알타이의 파지릭인들이 입었던 복식들은 평소 입었던 것이며, 금박을 입힌 나무 장식들은 비슷한 형태로 황금이나 청동으로 만든 예가 없는 것으로 볼 때 일상생활에서 달고 다니는 장식이었던 것 같다. 부스러지고 오래 보존되기 어렵다는 이유만으로 무덤부장용으로 만들어졌다고 보기는 어렵다.

아마 우리는 당시 사람들의 옷이 지금의 군복처럼 실용적이고 편리하게 만들어져서 질기며 군더더기 없었을 것이라고 생각할지 모른다. 하지만 반대로 당시 사람들은 거추장스러운 옷을 좋아했다. 이래저래 군더더기가 많은 옷을 입었음을 우코크 고원의 얼음 고분에서 발견된 유물들이 생생하게 증명한다.

세계 사방의 어느 문화를 보아도 각 민족의 복장과 장식에서는 쓸데없고 거추장스러워 보이는 것이 많다. 복잡한 머리장식과 헤어스타일, 목과 손에 거는 목걸이나 팔찌, 여러 개를 동시에 끼운 반지 등, 매일 조심스레 관리해야 하는 물건일 것이다. 심지어는 코에 막대기를 꽂고 입술 밑에 원판을 넣고 성기를 치장하기도 한다. 아마 우리가 알고 있는 모든 장식들은 한 개인들에게는 매우 성가신 일이었을 것이다. 하지만 그런 것들이 없다면 그들은 한 사회의 구성원으로 아예 인정받지 못했을 것이다.

내가 보기엔 금박을 입힌 여러 장식들은 단순히 금제 유물을 대신하기 위한 것이 아니라 평상시 장식으로 사용된 것 같다. 장신구들은 개개인에 소속된 것으로 자주 수리도 하고 새로 제작하기도 했을 것이다. 비록 이 유물들이 잘 부스러지기 쉽다고 해도 그 주인보다는 오래 보존되었다. 또한, 그 유물이 아무리 잘 부스러지기 쉬운 소재라고 할지라도 주변의 시선이 그것을 높게 평가했었다.

파지릭인의 화장품과 색소

파지릭문화의 무덤에서는 각 시신의 계급에 따라 종종 다양한 색소들이 발견된다. 그 색소들은 가죽이나 모피로 만든 작은 주머니나 쌈지에 넣어서 보존했다(쿠바레프, 1987, p.89; 1991, p.94). 쿠바레프가 발굴하면서 육안으로 관찰한 바에 따르면 일반무사급 고분에서 주로 발견되는 색소는 다양한 색의 진흙(오커)으로, 주로 명적색, 흑색 등이 많으며 녹색 가루가 나온 예도 1번 있었다고 한다(쿠바레프, 1991, p.23, 1). 왕족급 고분 중에서는 파지릭 2호 고분에서 발견된 담비 모피로 만든 주머니(크기 20×27cm)에서 검은 색 색소가 담겨있는 것이 발견된 적이 있다(루덴코, 1948. p.31, 도면 15-2). 루덴코는 이 색소로 그 무덤의 통나무관 안에서 발견된 턱수염을 칠하는 데에 쓰였다고 한다(루덴코, 1953, p.131). 파지릭 고분 여성 시신의 머리맡 밑에 검정색 물감흔적들이 있음은 진즉부터 확인되었는데, 이는 머리를 염색하는 데 쓰였던 것으로 추정된다(쿠바레프, 1991, p.37). 이렇듯 파지릭인들이 머리를 염색하기 위하여 색소를 썼던 것은 이전부터 알려져 있었다. 단지, 그 성분과 기원 및 다른 용도로 무엇이 있는 지는 아직 알려져 있지 않다.

1993년도에 발굴된 아크-알라하-3유적 1호 여성 고분에서는 소형의 화장품세트가 발견되었다. 이 세트에는 가는 나무로 만든 대에 말총으로 만든 검은색 털이 달린 붓도 있다. 원통형의 관으로 만든 관옥류가 여기에 이어졌는데, 아마 지금은 삭아 없어진 가죽 끈에 달려있었을 것이다. 그 근처에는 소량의 밝은 청록색 가루 같은 것이 흩어져있었는데, 아마 그 가루가 담겨져 있는 작고 납작한 금속제 통이 깨져서 속의 내용물이 나온 것 같다(그림 112, 113).

이 가루 성분에 대한 화학분석을 러시아과학원 시베리아분소 촉매연구소에

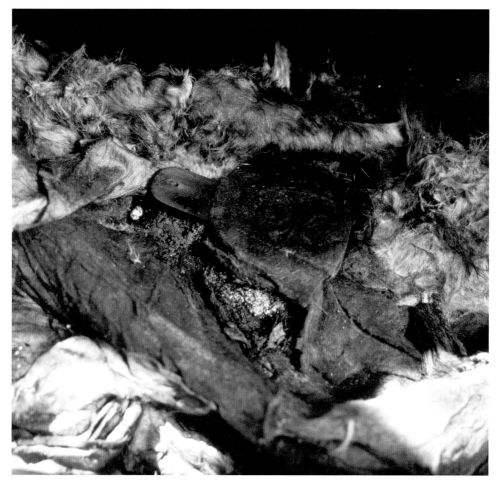

그림 112. 화장품 일괄의 수습광경, 아크-알라하-3유적 1호 고분

의뢰하였고 그 결과 이 물질은 광물질인 비비아나이트(Vivianite, 藍鐵磺)임이 밝혀
졌다. 비비아나이트는 1817년 영국의 광물학자가 처음 발견했기 때문에 그의 이름
을 따서 붙여진 광물이다. 그 이전까지는 이 물질은 막연히 푸른색의 철광석이라고
만 불리며, 값이 저렴한 청색 색소로 많이 쓰였다. 비비아나이트는 산악 알타이에
많이 분포하는데, 특히 금맥을 찾는데 그 지표 역할을 하는 광물로 알려져 있다.

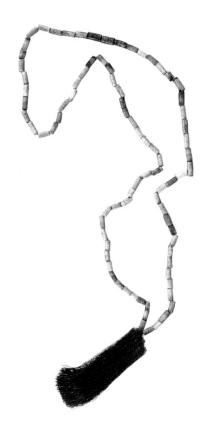

그림 113. 대리석제 구슬과 말총으로 만든 붓,
아크-알라하-3유적 1호 고분

즉, 비비아나이트가 분포한 지역의 하부 층위에는 금광의 비율이 높은 광맥이 깔려있는 경우가 많다 (주로 산악 알타이와 쇼리 산악지역 일대). 아마도 파지릭인들은 금광을 찾는 과정에서 자연스럽게 비비아나이트를 알게 되었고, 그 이후 비비아나이트를 염료로 사용했던 것 같다. 아마 금광의 근처에 있다는 이 광물의 특성 때문이라도 파지릭인들은 이 광물을 성스럽게 사용했던 것 같다. 귀하다고 평가되는 물질들은 그들이 귀해서가 아니라, 그 안에 숨어있는 마력과 종교적인 이유 때문이다(테네르, 1983, p.100). 파지릭 고분에서 비비아나이트가 흔하게 발견되지 않는 이유는 비비아나이트가 일반 염료와는 다른 용도로 사용되었기 때문일 것이다. 즉, 의례를 준비할 때 사람의 얼굴을 칠한다든지 하는 용도로 특별히 사용했을 것이다. 아크-알라하-3유적 1호 고분에서는 연필심으로 흑연 대신 비비아나이트를 넣은 '연필'이 발견된 바, 그리는 용도로 사용했다는 것을 증명한다. 물론, 파지릭인들의 얼굴에 화장을 그렸던 흔적은 아직 발견되지 않았다. 하지만 신강성 수바쉬 고분에서는 몇몇 남성 미라의 얼굴, 즉 이마와 목에 선을 그은 흔적이 남아있다(郭建國 1994, p.20). 또한, 신강성 체르첸의 가즈훈루크 고분에서 발견된 미라 얼굴에도 염료를 칠한 흔적이 발견되었다(Wang, 1996, p.65). 재밌는 것은 황금색과 노란색 두 선으로 여성의 얼굴을 칠했는데, 나선형으로 코 주위와 눈꺼풀 주위를 그렸다. 또한, 목에도 크게 붉은색으로 그린 삼각형이 있는데, 삼각형 안에도 역시 똑같은 나선형 무늬를 그렸다(Barber, 1999, p.47, pl.3; Mallory, Mair, 2000, p.193). 또한,

같은 무덤에 묻힌 남성 미라의 얼굴에도 나선형 무늬가 새겨졌는데, 이는 태양을 상징하거나 양의 뿔을 상징한다고 연구자는 보았다(Malloy, Mair, 2000, p.192, pl.1 ; Barber, 1999, p.24). 게다가 이들 무늬는 타가르와 타쉬트익문화의 무덤에서 발견된 데드마스크를 연상시키는 나선형무늬이다(바데츠카야, 1999, p.48~54, 그림 6; 키셀료프, 1951, 그림 1, 43). 파지릭 문화에서 그리 멀리 떨어지지 않은 주변 지역들에서 이렇게 얼굴에 그림을 그리고 몸에 문신을 하는 풍습이 널리 퍼져있다는 점을 미루어 볼 때, 파지릭인들은 너나 할 것 없이 모두 이러한 무늬를 얼굴에 하고, 몸에 무늬를 새긴 것으로 생각된다. 지구의 여러 곳에서 민족학적 자료를 살펴보면 사람이 태어나고 죽는 사이에 수많은 인생의 주요한 순간마다 사람들은 얼굴과 몸에 자신들만의 특별한 방법으로 색을 칠한다. 예컨대, 마르코 폴로는 푸기국(지금의 복건성에 해당하는 복주)사람들은 '전쟁에 나갈 때는 머리를 삭발하고 얼굴은 칼날과 같은 색깔로 칠한다'라고 하였다(플라노 카르피니, 1997, p.310). 흉노의 풍습에 따르면 汗의 유르트로 들어가려면 얼굴을 반드시 먹으로 칠해야 했다. 북쪽 땅(北地) 출신으로 그들의 풍습을 잘 알고 있었던 王烏는 말꼬리를 내려놓고 자신의 얼굴에 먹을 칠했다[109]. 그제야 비로소 칸의 유르트로 들어갈 수 있었다(그룸-그르쥐마일로, 1926, p.86). 사브로마트의 고분에서 발견한 유물들에 대한 해석을 하면서 스미르노프(1964, p.161)는 사브로마트의 여성 사제들은 자신들의 몸에 다양한 색의 염료로 칠을 했으며, 그 칠에는 성스럽고 신비스러운 의미를 부여했다고 보았다.

아크-알라하-3유적 1호 고분의 여성 미라 머리에서는 비교적 상태가 좋은 가발이 발견되었다. 가발의 주요한 성분을 이루는 검은 색 덩어리 부분을 정밀 분석한 러시아과학원 촉매연구소의 연구결과는 위에서 살펴본 바가 있다. 이 검은 색 덩어리는 이전에 추정했던 것과 마찬가지로 그을음을 이용해서 만든 검정색 안료였다. 보통 전통적인 문화에서는 머리를 염색하는 풍습들이 많은데, 대체로

---

109) 기원전 110년경의 일로 『사기』 「흉노열전」에 기록되어 있다(역자 주).

원래 색깔과는 정반대의 색으로 염색했다. 솔로몬 군도의 원주민들은 자신들의 검은 색 머리를 알칼리성 안료를 이용해서 붉은색이나 노란색으로 염색을 하고, 다시 오커(진흙)가루로 머리칼을 풀었다(물질의 기원, 1995, p.115). 로마인들 사이에서는 게르만족과 전쟁을 할 때 자신의 머리를 마치 게르만족의 여인들처럼 금발로 물들였다. 그들은 가발을 쓰거나 자신의 머리를 염색했다. 하지만 정작 머리를 염색 또는 탈색하는 기술은 게르만족의 여인이나 다른 외국인들에게는 없었다(브룬, 틸케, 1995, p.12). 테오크리토스(Theocritus)의 주석집(Scholia)에는 파이스의 나무에 대해 나온다. '이 나무는 스키파리, 또는 스키타이의 나무라고 불리며, 사과색의 양모나 흰색 닭털로 색을 칠한다'라고 되어있다(라트이세프, 1993, p.174에서 재인용). 마케도니아의 알렉산드리아 대왕과 동시기에 살았던 역사가 팔레파트 아비도스키에 따르면 메디아인들은 흰털을 검정색으로 바꿀 수 있는 염료를 처음 발명했다(전게서, p.165). 사르마트의 사제들은 여러 가지 안료를 사용해서 자신을 치장하여 그 위치를 강조하려고 했다(스미르노프, 1964, p.161). 그를 위해 그들은 자신들의 머리를 성스럽다고 간주되는 색으로 염색했다. 그 증거로는 타라-부타크 지역의 3호 고분에서 발견된 사제의 두개골과 그 주변에 밝은 주황색 안료가 있었던 흔적을 들었다.

　모든 파지릭 사람들이 원래부터 흑발은 아니었다. 예컨대, 파지릭 5호 고분의 여성은 원래 가늘고 부드러운 암갈색 머리칼을 가지고 있었다(루덴코, 1953, p.66). 베르흐-칼쥔-3유적 3호 고분에 매장된 젊은 남성의 머리칼은 짙은 황금색이었다. 히포크라테스는 자신의 저서 "공기, 물, 토지에 대하여"에서 붉은색 모습을 한 스키타이인들에 대한 강렬한 인상을 다음과 같이 묘사했다. "모든 스키타이인들은 태생적으로 붉은색을 띤다. 그들의 땅에는 태양도 제대로 힘을 미치지 못하고 추위에 빛들도 미약해져서 붉은색으로 변한다"고 했다(라트이세프, 1992, p.113의 재인용).

　물론, 땅 속에 묻혀있는 시신의 머리칼은 시간이 지나면서 점차 검은 색 머리는 붉은색-황금색, 심지어는 빨간색으로 변할 수 있다는 점도 간과할 수 없다(법의학, 1998, p.81). 아마 신강성에서 '매혹적인 붉은 머리칼의 미라'로 불리는 하미지역 일대에서 발견되는 미라들을 이러한 현상으로 설명할 수 있다(Malllory, Mair, 2000, p.188~189).

여성들의 가발이 검정색인 것은 당시 그들이 문화적으로 사회계급상에서 일정한 위치를 차지함을 상징하는 것이다. 그리고 파지릭 남성들은 목제 동물장식을 한 양탄자 투구로 문화-사회적인 지위를 상징했다.

여성들의 가발에 사용되었던 검정색 물질들 또한 다른 용도로 사용되었던 것 같다. 실제로 무덤에서 이 물질은 시신의 허리춤 주머니에 담긴 채 발견되었다. 이 물질은 짐승의 지방성분과 섞인 채 발견된 것으로 볼 때 부드러운 젤 같은 물질로 크림처럼 바르는 용도였을 것이다. 중앙아시아 여성들은 전통적으로 연고(주로 검은색)를 얼굴에 바르는 풍습이 있는데, 이는 얼굴가죽이 바람과 태양에 부풀어 오르는 것을 방지하기 위한 것이다(고르눙그, 1997, p.395). 다비드-네엘은 티베트 여성들을 묘사하면서 그들의 얼굴은 지방과 그을음을 두껍게 발랐다고 기록했다. 레리흐 역시(1982, p.183) 티베트 산악지대를 여행하면서 겨울의 바람을 막기 위하여 검은색 페이스트로 얼굴을 바른 여성들을 보았다. 그의 관찰에 따르면 젊은 여성들은 뺨을 붉게 물들였다. 티베트의 라도에 대한 기록을 남긴 코즐로프(1947, p.272)는 전문 직업이 있는 티베트여인뿐 아니라 일반적인 여인들도 얼굴에 칠을 한다고 했다. 한편 훨씬 흥미로는 것은 찰돈[110]의 풍습으로, 멋쟁이인 젊은 여인들은 겨울에 목 주변을 발라서 피부를 노상의 바람과 추위에서 막아준다고 한다. 이처럼 얼굴에 바르는 풍습은 남성들에게 교태를 부리는 풍습이기 때문에 부정적으로 볼 수밖에 없다. 하지만 이 나라에서는 워낙 예전부터 지켜오던 풍습이기 때문에 지금도 수많은 승려들(그들 중 상당수는 젊은 남자들)이 모여 있는 라싸나 캄

---

110) 찰돈(Чалдон)또는 첼돈(Челдон)이라고도 함. 17~18세기에 러시아 동부 지역에서 서부 시베리아 지역으로 최초로 이주한 주민들을 말함(역자 주).

지역에서 풍습이 이어지고 있다(전게서, p.272). 프르제발스키(1883, p.259)의 기록에도 라사에서는 집을 나서기 전에 검은색 칠을 하는 풍습이 있다고 기록했다. 츠비코프(1991, p.97~98)의 기록을 보자. '티베트의 도시에 사는 여성들은 얼굴을 암갈색으로 된 무언가를 바르는데, 내가 보기에는 차를 오랫동안 끓여서 만든 것 같다. 젊은 여성이건 늙은 여성이건 모두 얼굴을 각자의 방법으로 칠했고, 얼굴에 무엇인가를 칠하지 않고 거리에 나서는 것을 부끄럽게 생각했다' 아마도 이들 기록들을 종합하면 티베트 도시에서는 이전부터 전해 내려오는 이런 풍습이 여전히 남아있었던 것 같다. 하지만 처음에 이러한 풍습이 시작되게 된 동기인 바람, 태양, 추위로부터 얼굴을 보호하는 기능은 사라진 것 같다.

똑같은 방법으로 스키타이와 사브로마트의 여성들도 얼굴에 칠을 했다(주예프, 1996, p.65). 아마 사브로마트 인들이 칠한 것은 파지릭인들 사이에서는 전혀 발견되지 않는 석회 성분을 이용한 흰색 계통과 붉은색 계통의 광물이었던 것 같다(스미르노프, 1964, p.161).

또 다른 검정 안료의 용도는 눈썹과 눈 주위를 칠하는 마스카라였다. 크세노폰은 아스티아가를 이용해서 젊은 시절의 사이러스[111]를 본 장면을 다음과 같이 묘사했다. "세련된 옷차림에 크게 표현된 눈, 그리고 붉게 물들인 머리털, 이것은 메디아의 풍습이다(크세노폰 1권 3장 2절)." 메디아 인들의 칠하는 풍습은 잘 알다시피 이후 페르시아로 이어졌다. 스트라본의 인도인에 대한 기록을 보면 '남성들은 자신들의 수염을 다양한 색으로 칠해서 아름답게 보이려고 하며, 얼굴을 칠하기 위해서는 무엇이라도 한다(스트라본, 15, 1장 30, 54).' 몽골초원에서도 여성들은 자신들의 눈썹과 눈이 강조되게 화장한다. 기욤 드 루브룩은 자신의 저서 "동방 나라로의 여행"에서 바투 카간 친척의 부인들 중 한 명을 직접 본 느낌을 다음과 같이 적었다. "그의 옆에는 그의 부인이 앉았는데, 그녀의 눈과 코 사이를 다 밀어낸 것 같았다. 마치 코 외에는 아무것도 없는 납작코처럼 보이게 만들었다. 그리고 눈썹도 무슨

---

111) Cyrus왕으로 고레스왕으로도 알려져 있으며, 키르, 키리라고도 읽는다(역자 주).

검은색 연고 같은 것을 발라서 우리가 보기에는 메스꺼웠다(플라노 카르피니, 1997, p.103)." 기욤 드 루브룩이 이해할 수 없었던 것은 몽골사람의 평평한 얼굴에 양쪽 눈썹을 이어지도록 그은 것인데, 이것은 고대로부터 현재까지 중앙아시아 여러 민족들 사이에 널리 퍼져있는 풍습이다. 그들의 생각으로는 이렇게 눈썹이 이어져있는 것은 아름다움의 상징이었다(수하료바, 1982, p.118). 이 점은 중앙아시아 주민들과 여러 부분에서 역사적으로 서로 이어지는 파지릭인들에게도 해당된다고 할 수 있다. 파지릭과의 관련성을 생각한다면 그룸-그르쥐마일로가 투르판에서 본 기록도 흥미롭다. "투르판의 여인들은 속눈썹과 눈썹을 크게 강조하는데, 여기에는 두 가지 목적이 있다. 하나는 두 눈 사이의 넓은 거리를 좁히고자 하는 것이고, 다른 하나는 몽골인의 특징을 최대한 부드럽게 하면서 이란인의 특징에 가깝도록 하기 위해 속눈썹과 눈썹을 크게 그린다. 바로 이것은 이 지역 주민들이 투르크-몽골계통이 아니라 인도-아리안 계통임을 증명하는 것이다!(그룸-그르쥐마일로, 1948, p.223)." 기욤 드 루브룩이 몽골 여인들(13세기)를 관찰하고는 "그들은 자신들의 외형을 거의 알아볼 수 없게 다시 얼굴을 징그럽게 그린다"라고 했다(플라노 카르피니, 1997, p.99).

아마도 파지릭인들은 지방에 녹인 그을음 성분으로 만든 이 재료들을 가지고 얼굴과 몸에 문신을 새겼을 것이다. 이는 아크-알라하-3유적 1호 고분에서 출토된 여성 미라의 몸에 새겨진 문신을 분석한 결과로도 증명되었다(폴로스막 외, 1997, p.188~189). 시베리아와 극동 원주민들 사이에서 문신을 하기 위하여 가장 널리 이용되는 재료는 바로 여러 가지 나무를 태워서 얻은 그을음을 지방과 수액에 녹여서 사용하는 것이다(루덴코, 1949, p.149; 코체쉬코프, 1989, p.43). 5천 년 전에 살았던 알프스 아이스맨의 몸에 새겨진 문신 역시 그을음을 이용해서 새겨진 것이다(Van der Velden, Leo den Dulk, 1995, p.277). 이집트에서도 눈썹을 그리는 데 그을음을 사용했다. 방연광(galena)과 함께 그을음은 최근까지도 사용되는 검정색 안료다(Sammet, 1990, p.3~4). 중국에서도 처음에는 석탄 종류로 먹을 만들었지만 나중에는 소나무를 태워서 만든 숯을 사용했다(크류코프 외, 1983, p.239~240).

다양한 문화권에서는 이 검정색 안료를 얻기 위해 각기 특수한 방법을 사용했다. 물론, 숯 검댕은 집안의 화덕이나 냄비 바닥 같은 데서 쉽게 얻을 수 있을 것이라고 생각할 수 있다. 하지만 위에서 말한 테르네르가 쓴 아프리카의 전통적인 문화에서도 살펴봤듯이, "검정색 안료를 얻는 것도 나름 복잡한 과정을 거친다. 먼저 좀목형 떨기나무(Vitex pachyhylla)를 태워서 검댕을 얻고, 여기에 타닌성분의 중화제를 섞었다(테르네르, 1983, p.100)."

역사기록이나 고고학적 자료로 볼 때 안료를 화장품, 위생용품, 치료 등의 목적으로 사용한 것은 아주 오랜 옛날부터라고 알려져 있다(Sammet, 1990, p.4~60). 파지릭인들도 예외는 아니었다. 동물성 지방에 그을음을 섞어서 만든 안료는 아마 높은 산악지대의 험한 기후상태에서 피부를 보호하는 연고로도 쓰였을 것이다. 아마 이 안료를 눈가에 바른다면 바람으로부터 눈을 보호하는 용도였을 것이다(이는 이집트에서 처음 알려져 있다)(킨크, 1976, p.40). 치료 목적으로 눈 주변에 바르는 것은 중앙아시아 여러 지역에서 민족학적 자료로 널리 알려져 있다. 또한, 신강성 수바쉬-3유적에서는 수리마타쉬[112]도 확인되었다(郭建國 1994, p.16). 또한, 눈 주변을 칠하는 것은 의례적인 의미도 있다(쉐르코바, 1996, p.96~115).

파지릭 고분에 묻힌 시신 주위에서 그 사람이 개인적으로 사용할 수 있도록 마른 염료(검은색, 붉은색, 청녹색 등)가 함께 묻힌 것으로 볼 때, 파지릭인들은 이들 염료를 개인적으로 지니고 다니면서 연고나 화장 등의 용도로 상용할 수 있었던 것 같다. '고대와 전통문화에서 얼굴에 바르는 염료(또는 화장품)는 민족-문화-사회적인 지표가 된다. 얼굴에 무엇인가를 그리는 것의 중요성은 고대 사람들에게 얼굴은 단순히 현재의 모습이 아니라 그 미래를 보여주는 표시로 보았기 때문이다. 따라서 얼굴에 화장을 하는 것은 사회적으로 의미 있는 상징을 그렸으며, 얼굴이야

---

112) 주로 초기 철기시대 중앙아시아에서 발견되는 유물로 외견상 숫돌과 비슷한 석제로 만든 길쭉한 석제품으로 눈과 얼굴 주변에 화장품을 바르는 도구의 일종이다(А. М. Беленицкий и др., Средневековый город Средней Азии.-Ленинград.-1973. 참조)(역자 주).

말로 당시 사회에서 서로 서로를 위해 표시할 수 있는 가장 이상적인 표면이 된다(포-도로가, 1994, p.90).'

파지릭 복식에서 군장(軍裝)[113]

파지릭의 고리트(화살통)[114] 기마전사의 복식 중 일부이다. 파지릭인들은 다른 고대 민족들과 마찬가지로 자신들의 활과 화살은 무기와 사냥도구에서 가장 중요한 것으로 보았다. 파지릭과 같은 '오랑캐'들에 대해서 오비디는 '그들의 용맹스러움은 화살통 속의 활시위와 화살에서 나온다'라고 썼다(오비디, 1982, p.90). 이러한 기록은 실제로 파지릭 고분의 발굴을 통해서도 틀리지 않았음이 밝혀졌다. 나무로 만든 복합궁, 활시위, 화살촉 등은 도굴이 되지 않은 파지릭 얼음 고분에서조차도 그리 흔하게 발견되는 유물이 아니다. 예컨대 울란드릭의 42기 고분에서는 7기의 고분에서, 그리고 유스티드 유적 44고분에서는 6개의 경우에서만 활의 부속이 출토되었다(쿠바레프, 1992, p.69). 남성 고분에서 이들 화살의 부장비율은 대체로 1:6이된다. 즉, 6명의 주민에 1명꼴로 전사가 있는 셈이다(흉노의 경우는 1:5가 된다)(유목민족사, 1989, p.17~18).

복합궁은 무덤 속에서 잔편으로 출토되었기 때문에 전체적인 모습을 완전히 복원하기는 불가능하다. 파지릭고분에서는 실제 무기를 직접 묻는 경우는 극히 적기 때문에 복합궁의 경우도 일부만을 묻거나 아니면 일부 부러뜨리고 굽혀서 묻었을 것이다. 파지릭인들이 화살을 사용한 유일한 증거로는 제 5호 파지릭 고분에서 출토된 양탄자에 새겨진 그림이다. 이 그림에는 파지릭의 기마전사가 여신 앞에서 서있는데, 그 기마전사의 왼쪽 무릎에는 화살통과 활집 케이스를 마치 주머니처럼 한데

---

113) 여기에서는 파지릭인들의 무기를 살펴보는 것이 아니라 복식의 일부가 된 군장을 살펴보겠다. 이 군장을 제대로 알 수 없다면 그들의 무기를 완전히 복원할 수 없을 것이다.

114) 원문은 고리트, 즉 그리스어 Gorythus로 화살을 담는 주머니, 즉 전통을 의미한다. 대체로 희랍권과 스키타이 고고학에서는 '고리트'로 부르기 때문에 여기서는 고리트로 통일한다(역자 주).

묶은 '아래 위가 모두 막힌' 고리트(전통)가 달려 있다(도면 20-d). 여기에 묘사된 그림이 실제 파지릭인의 전통이 맞는 지는 우코크의 발굴을 통해 증명할 수 있었다.

파지릭 고리트의 복원. 우코크의 얼음 고분을 발굴함으로써 파지릭인의 고리트를 복원할 수 있었다. 베르흐-칼쥔-2유적 1, 3호의 도굴이 되지 않은 고분을 조사함으로써(몰로딘, 1995, p.87~89; Molodin, 1996, p.36~42) 시신의 왼쪽 무릎 근처에서 목제 화살부속의 세부적인 것들도 모두 발굴되었다. 또한, 뼈로 만든 화살촉, 붉은색으로 칠한 목판 등이 나왔다. 그 근처의 얼음 속에서 양탄자 편들도 출토되었는데, 내가 보기엔 이들도 고리트의 일부인듯하다. 이 두 고분의 남자 시신 왼쪽 어깨부위에서는 독특하게 접혀진 고깔모자 같은 양탄자가 출토되었다. 미라가 발견된 3호 고분에서는 길이 75cm의 활집 덮개도 같이 나왔다. 이 활집 덮개의 둘레는 스키타이식 활과 똑같은 형태로 만든 것으로(그림 114), 그 위에는 화살들이 놓여있었다. 아마도 이 화살들은 특수 제작된 가죽제 주머니에 넣은 것 같다(고렐릭, 1995, p.377). 투엑타 1호 고분에서도 가죽으로 만든 고리트 저부편이 출토되었는데, 역시 비슷한 형태였던 것 같다(루덴코, 1960, p.123, 도면 59).

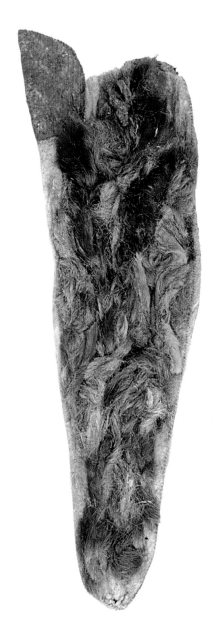

그림 114. 펠트제 활케이스, 베르흐-칼쥔-2 유적 3호 고분

고분에서 발견된 '고깔모자'형 양탄자는 붉은색과 황색을 띠는 두 개의 양탄자를 이어 붙여서 만든 것으로 보존 상태는 좋으며, 그 위쪽을 서로 꿰매고 밑쪽은 꿰매지 않았다. 이 고깔형 양탄자는 양탄자를 꼬아 만든 줄을 달았고, 그 줄 끝에는 서로 꿰지 않은 양털뭉치를 공 모양으로 만들어 마무리했다. 또 다른 쪽은 붓처럼 장식을 했다. 이 고깔에 달린 붓처럼 생긴 장식 중 하나는 3가닥의 붉은색과 황색의 치레걸이를 달았다. 고깔과 붓을 서로 잇는 부분에는 작고 붉은 머리칼 뭉치를 같이 엮어서 양탄자 털에 감았다(그림 115). 또 다른 고깔에는 두 개의 솔이 달려있는데, 그 위쪽은 좁아지면서 6개의 실이 연결되었고, 밑쪽에는 4점의 치레걸이가 늘어졌다(그림 116).

이 유물이 발견됨에 따라 1유적-1호 고분의 남성 왼쪽 어깨 편에서 두 조각의 양탄자를 이어붙이고 7개의 노끈이 달린 술 장식을 단 이 '고깔' 형태의 유물 또한 같은 용도로 사용된 것임을 밝혀낼 수 있었다. 또한, 이 유물과 함께 통나무 안에서는 5개의 화살촉과 활대, 목판으로 만든 활의 부속 등이 발견되었다(폴로스막, 1994, p.28~32, 그림 19, 20; p.39, 그림 33). 같은 고분의 2호 무덤에 매장된 젊은 여성전사의 왼쪽 어깨에서도 7가닥의 노끈, 서로 투쟁하는 동물의 형태가 새겨진 목판, 7개의 골촉, 그리고 활의 부속과 활대 등이 발견되었다(전게서). 또한, 바샤다르 제2호 고분에서도 아크-알라하에서 출토된 양모로 만든 노끈 및 치레거리와 유사한 것이 발견되었다(루덴코, 1960, p.56). 또한, 비슷한 방울모양의 술이 달린 노끈도 쿠투크군타스의 이미 도굴당한 남성을 매장한 고분에서도 발견된 바 있다. 아마도 이들 모든 고분에서도 베르흐-칼쥔-2유적의 고분에서 발견된 것과 동일한 '고깔'이 있었을 것이라고 추정된다. 이 '고깔'은 화살의 상부부분을 넣고, 그 옆으로 화살의 끝을 넣는 주머니로 쓰였을 것이다. 다시 말하면 이 '고깔'은 고리트의 일부분으로 고리트의 상부를 덮는데 쓰였을 것이다.

이와 같이 '고깔'의 용도를 추정할 수 있는 데는 또 다른 근거가 있다. 즉, 이 고깔의 무덤 내에서의 위치, 그리고 이런 고깔의 안쪽에 활의 부속이 남아있는데,

그림 115. 펠트제 고깔, 베르흐-칼쥔-2유적 3호 고분

이 부속은 시위를 걸 수 있도록 튀어나오고 그 뒤편으로는 홈이 파져있는 형태이다 (그림 117-a). 또 다른 이와 비슷한 유물은 뿔로 만들었는데 양탄자로 만든 활집의 하부에서 발견되었다(그림 117-b). 이와 비슷한 활 부속은 기원전 1세기로 편년되는 노보시비르스크 주 바라바 지역 벤게로보-7유적 2호 고분의 7호 묘장(폴로스막, 1987, p.74, 그림 73-2)과 미누신스크 분지 스이르 차아타스의 서기 1~2세기대 유적에서도(크이즐라소프, 1960, p.126~127) 발견된 바 있다. 또한, 이 '고깔'의 크기 를 볼 때 활의 윗부분 1/3 정도를 커버할 수 있게 되어 있으며, 사람의 머리에는 억지로 고깔을 쓰고 꾹꾹 눌러도 들어가지 않는 크기이다. 이 위쪽 구멍으로는 시위 를 걸 수 있도록 화살 부분이 튀어나오게 되어있다.

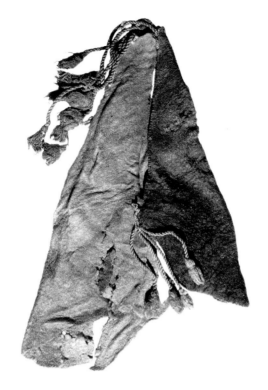

그림 116. 펠트제 고깔, 베르흐-칼쥔-2유적 1호 고분

위에서 설명한 내용들을 근거로 우코크에서 출토된 3점의 고리트에 대한 그래픽 복원을 시도해보았다. 이 복원에는 이들 유물들의 크기와 자세한 부속들을 모두 감안했다. 그리고 기본이 되는 샘플자료로서는 Yarhu(투르판)[115]에서 출토된 스키타이식 목제 활을 잡았다(吐魯番博物館, 1992, p.46, fig.65). 여기에서 '뿔'부분은 심하게 비대칭적으로 휘었는데, 활의 길이는 86.2cm이고 뿔들의 관계는 1 : 1.2가 된다. 모든 자료들을 검토해 볼 때 활집 안에 있는 들어있는 활의 하부는 이 '뿔' 중에서 기다란 부분이 된다. 즉, 활집 안에 화살의 커다란 부분이 들어가 있게된다. 베르흐-칼쥔-2유적 3호 고분의 남아있는 활의 길이는(따로 이어붙인 밸브부분을 고려하지 않을

---

115) 야르호토, 즉 현재 지명으로는 투르판의 交河古城을 말한다(역자 주).

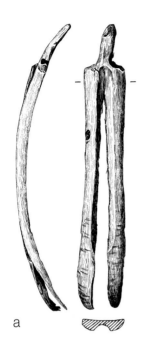

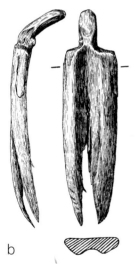

그림 117. 활 부속,
a-목제, b-각제,
베르흐-칼쥔-2유적 3호 고분

때) 75cm가 된다(그림 118). 또한, 그 활집의 밑 부분이 휘어지기 전까지의 길이는 57.5cm가 된다. 이와 같은 계산을 종합하면 베르흐-칼쥔-2유적 3호 고분에서 출토된 활의 총 길이는 110.6cm가 된다. 또한, 이 무덤에서 발견된 길고 단단한 목판의 길이는 73.5cm가 된다(그림 119). 베르흐-칼쥔-2유적 1호 고분에서 출토된 기다란 목판의 길이가 68~69cm가 되는 경우에는 활집의 길이는 68~69cm가 되고 활은 92.1cm가 된다(그림 120). 1유적-1호 고분에서는 고리트의 기다란 목판에 길이가 63.5cm가 되고 활집의 길이는 67~66cm가 되며, 활의 전체 길이는 90cm가 된다(그림 121). 여성 무덤에서 발견된 기다란 목판은 파지릭 예술의 정수를 보여주는 대표적인 예이다. 이 목판 위에는 표범이 멧돼지를 사냥하는 장면이 생동감 있게 그려 있는데, 멧돼지조차도 사냥감으로 보이지 않을 정도로 강하게 묘사되었다(그림 122-a). 파지릭 유물과 비슷한 목판 장식은 신강성 鄯善(크로라이나)지역 洋海무덤에서도 출토된 바 있다(吐魯番博物館, 1992, p.43, fig. 59). 아마 이로 볼 때 파지릭과 동 투르케스탄(즉, 신강)은 비슷한 고리트를 사용했던 것으로 추정된다. 한편 신강성 鄯善지역 수바쉬 무덤에서도 비슷한 유물이 발견되었다. 수바쉬 출토품은 4개의 가죽을 끼워서 고리트를 만들었으며 여기에 단단한 목판을 대고 연결시켰다. 또한, 그 옆에는 작은 주머니가 달려있는데, 그 안에 2~6개의 화살이 담겨있는 전통이다(王炳華, 1993, p.16; 郭建國 1994, p.17). 화살이 몇 점 들어있지 않은 것은 파지릭 고리트의 특징이다.

고리트의 윗부분을 마치 모자 같은 '고깔'형으로 만든 것은 아마도 이 고리트를 얼굴처럼 묘사했던 증거일 수 있다. 예컨대,

한나라의 부조품에 새겨진 흉노 고깔도 비슷하다. 고대 및 전통적인 여러 문화에서 모자는 사람을 상징하고, 그를 대표하는 것으로 인식했기 때문에 모자는 절대 잃어버려 서는 안 된다. 그래서 루시(고대 러시아인)들은 사람들 앞에서 남자의 모자를 벗기는 것은 모욕을 주는 행위로서 당사자는 창피를 당한다는 뜻이 된다(달, 1995, p.684). 페르시아의 원통형 인장에는 싸움을 하는 드라마틱한 장면이 있다. 페르시아 전사는 사카족 전사의 모자를 손으로 붙잡고 있고, 사카의 전사는 투부를 휘두르며 저항하는 그림이다(도면 20-c). 벤델기의 스칸디나비아 전사의 투구에는 용마루를 따라서 도식적으로 표현된 동물들이 새겨

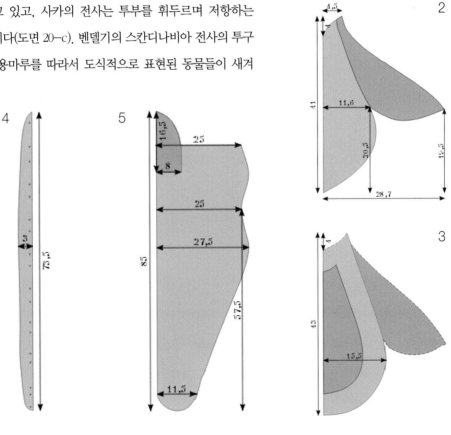

그림 118. 고깔(1, 2, 3), 활집(4)와 활집판(5)의 구조도

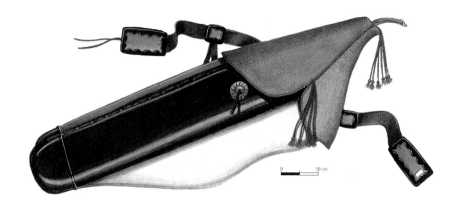

그림 119. 위가 덮인 고리트의 복원도, 베르흐-칼쥔-2유적 3호 고분

그림 120. 고리트 복원도,
베르흐-칼쥔-2유적 1호 고분

그림 121. 남성용 고리트의 복원도,
아크-알라하-1유적 1호 고분

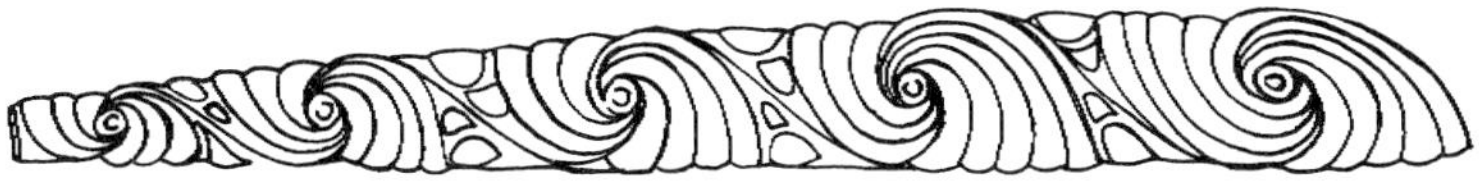

그림 122. 고리트에 부착된 목판(신강 洋海) 출토

겨있는데, 이들은 전사를 보호하는 조상과 토템 들이다. "서사시
에서는 적을 죽인 전사들이 가장 먼저 하는 것은 그 적의 보호자들
을 죽이는 상징적인 의식을 한다(흘레보프, 토도로바, 1996, p.30~
31)." 그들은 멧돼지를 잡아서 투구위에 얹어서 양쪽으로 가른다
(베오울프에 대한 기록으로 흘레보프, 토도로바, 1996, p.3에서
재인용). 나르트의 신화에서는 적의 머리를 베면 그를 후드에 담아
서 집으로 온다고 한다(쿠마호프, 쿠마호바, 1998, p.158).

위를 덮어버린 고리트는 살만에세르(Shalmaneser)(기원전 860~
849)의 문에 붙여진 청동판에 새겨진 아시리아 인들의 모습에서도
찾아볼 수 있다. 여기에는 왼쪽 어깨에 고리트를 메고 걷는 전사가
조각되어 있다(Champdor, 1964, p.152~154). 이렇게 신이나 왕
앞에서 자신의 화살통을 덮개로 막아버리는 전통은 메디아와
페르시아에도 이어졌다. 그 증거로는 페르세폴리스의 조각이
증명한다(도면 20-a, b). 이 조각에서는 왼쪽 옆구리에 위가 닫힌
고리트를 멘 전사가 조각되어 있다. 이 조각을 관찰하면 고리트의
위는 주머니 같은 것으로 덮었지만 단면의 형태로 볼 때 파지릭의
것과 비슷해 보인다.

이처럼 덮개로 덮은 고리트 형상은 기원전 7세기말~6세기의
3/4분기로 편년되는 스키타이시대의 석상에도 보인다(올호프스키,
1999, p.241). 이 석상의 왼쪽 허리띠 밑으로는 작은 활이 방형의

그림 123. 여성 고분출토의
고리트의 세부, 아크-알라
하-1유적 1호 고분

활집 안에 담겨 달려있는데, 활집은 땅으로 향하고 있으며 그 안에 뛰어오르는 표범의 장식이 새겨져있다(도면 20-е). 이 표범의 모습은 1유적-1호 고분에서 출토된 단단한 목판의 표범과 매우 흡사하다. 이와 비슷한 형태의 스키타이시대 석상에서 덮개를 덮은 고리트가 발견된 예는 기원전 7~6세기로 편년되며 흑해연안의 북편, 돈강 유역, 프리쿠반, 스타브로폴 고원지대 등에 분포한다(페트렌코, 1986, p.175 ; 솔로마티나, 1995, p.104, 그림 1-a). 그리고 동부 그루지야에서도 발견되었다(다쉐프스카야, 로르디기파니제, 1995, p.99~101). 또한, 위를 덮은 고리트는 알타이의 추이 스텝에서 발견된 사슴돌(도면 20-е)과 체르토므일릭 고분에서 발견된 스키타이의 청동병에도 표현되었다(도면 20-ж).

뚜껑이 닫힌 고리트는 고대 조각에서 드물게 발견되는 편이다. 왜냐하면 무기들은 기본적으로 언제나 전투에 나설 수 있는 상태여야하기 때문이다. 그런데 고리트에 덮개를 덮은 이미지들의 경우는 신과 왕들 앞에서 평화로운 모습을 보여주기 위함인 것 같다. 스키타이와 사카인들에게 활은 천상세계의 상징이며, 죽은 사람이 신의 앞으로 나아가는 모습을 활과 함께 묘사하여서 그렸다(사보스티나, 1983, p.54~55). 따라서 뚜껑을 덮은 화살집을 표현한 것은 그것을 소유한 자가 지상이 아니라 천상세계에서 신과 함께 있음을 표현하거나 살아있는 사람의 경우에는 왕의 앞에 있음을 표현한 것 같다. 첫 번째 경우처럼 죽은 전사를 표현한 것은 스키타이의 석상이나 사슴돌이 좋은 예이며, 두 번째 산 사람을 표현한 경우는 페르세폴리스 조각에 표현된 것을 들 수 있다. 아마도 파지릭 전사들은 천상세계로 올라가서 하늘의 초원에 들어가기 위하여 화살집의 뚜껑을 닫은 것으로 생각된다.

덮개로 위를 닫은 화살집은 활과 화살이 습기에 차거나 하자가 생기는 것을 막는데 쓰인다. 예컨대 고대 러시아인들의 무기에 대해 연구를 한 P.von 윈클레어에 따르면 '행군 중에 특별한 위험이 없다고 생각되면 모든 전통(화살집)의 위는 가죽이나 다른 주머니로 둥글게 덮는다. 이 주머니는 토흐투이라고 불린다(윈클레어, 1992, p.293).

이와 같이 파지릭의 얼음무덤에서 발견된 양탄자로 만든 고깔모자와 같이 생긴 유물은 전통적으로 화살통을 덮는 덮개로 쓰였으며, 그것은 죽은 자를 위하거나 행진을 할 때에 사용된다. 이 전통은 파지릭 문화를 이란계통의 문화권과 연결시키는 수많은 증거중 하나이다.

복식은 그것을 입는 사람을 상징한다. 복식은 때때로 그것을 입은 사람의 역할을 대신하는 것으로 변하기도 한다. 예컨대 실종 또는 물에 빠져 죽는 등의 사고로 희생되어 시신이 없는 무덤의 경우 그 사람의 옷을 대신 넣는다. 울란드릭-1유적 2호 고분에서는 작은 아이의 가죽옷만 발견되었다(쿠바레프, 1987, p.84~85, 그림 30). 또 다른 경우를 살펴보면, '폴리네시아인들은 옷이라는 것을 몰랐다. 마르키스 섬에 백인들이 오자, 그들을 쌍둥이라고 불렀고, 흰옷을 벗어내자 그들은 그 쌍둥이 가 서로 분리된 것으로 이해했다(하이엘달, 1971, p.130).' 옷을 신체의 일부로 생각 하고 영혼이 깃들었다고 생각했기 때문에 사람들은 그 옷이 넝마가 되도록 입고 심지어는 그 이후에도 지속적으로 사용했다. 아마도 같은 이유 때문에 오비강의 우고르 족은 새 옷을 입는 경우에도 원래 입던 헌 옷을 벗지 않았다(프르이트코바, 1971, p.103). 사람들은 옷을 입음으로써 자신만의 모습을 만들어냈고, 옷을 입은 외 형상의 모습으로 자기를 타인들과 구분했다. 모든 옷의 외형은 그들만의 스타일을 지니고 있다(키레예바, 1970, p.6). 꼬리가 달리고 소매가 기다란 외투를 입은 남성은 마치 거대한 새같이 보인다[116]. 게다가 이 전사는 머리에 새같이 생긴 양탄자로 만든 모자(투구)를 뒤집어썼다(복원도 IV). 파지릭 기마전사의 복식에 새의 모티브가 차용 된 것은 민첩함, 교묘함, 추진력, 모든 곳을 갈 수 있음, 그리고 지치지 않음(물론, 이 모든 요소는 걷는 것과의 비교이다) 등 기마전사가 자신을 하늘의 새에 빗대고 싶다고 느끼는 이유이다[117]. 아마도 파지릭인들의 복식에 표현된 이미지는 바로

---

116) 재미있는 점은 아쿠트족의 결혼예복에 대한 연구를 보면 그 예복의 소매는 짧아서 손목 근처까 지만 닿는다. 아마도 이것은 새의 날개와 같은 상징을 하기 때문에 결혼한 여성은 마음대로 날아 갈 수 있는 자유가 없어진 바, 그것을 상징하는 소매가 짧게 된 것 같다(가브릴례바, 2000, p.66).

복원도 V

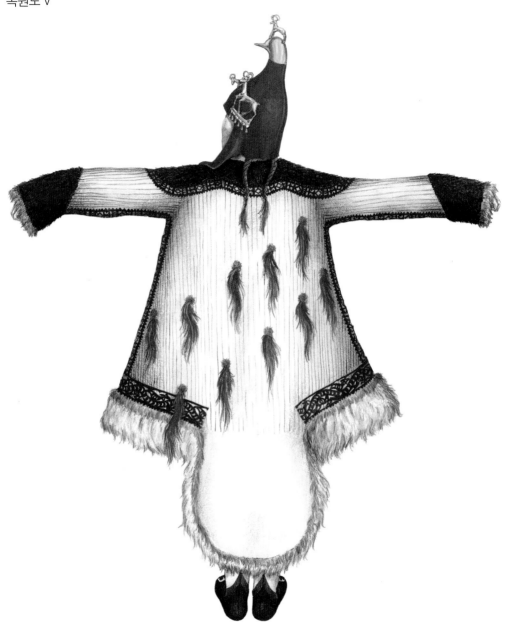

꼬리가 달린 외투, 베르흐-칼쥔-2유적 3호 고분의 남성이 착용

자신들이 되고 싶어 하는 모습이며, 주변의 다른 집단들도 그들을 그렇게 느꼈을 것이다. 그들의 이러한 외관 때문에 '황금을 지키는 그리핀'이라는 신화와 같은 이야기가 나오게 되었고, 헤로도토스의 기록에 등재되었을 것이다. 또한, 중국의 신화에는 영생불멸이며 깃털이 달리고 하늘을 날 수 있는 '仙'이 있다.

최근 중앙아시아를 여행하고 유목민족 세계를 여행한 탐험가들의 기록을 보면 그들의 복식은 가죽, 모피, 양탄자 등을 이용해서 더 입기 편하고 실용적이며 기후와 환경조건에 잘 어울리는 옷들을 만들어 입는다[118]. 기본적으로 유목민족들은 양모로 천을 짜서 입었다(티베트 양모는 아주 유명해서 수출될 정도이다). 하지만 천은 일상적으로 쓸 수 없는 것이고, 그 값도 매우 비쌌다. 산악 알타이지역을 비롯하여 많은 전통적인 유목민족들은 직조기술 자체를 몰랐다.

이런 연유로 기원전 1천 년대 중반 경에 유로포이드 계통의 주민들이 중앙아시아에서 직조하고 천을 짜서 양모를 생산했다는 것은 믿기 어렵게 보일 수도 있다. 당연히 이러한 각 지역의 기술은 그 사람들의 필요에 따라서 생겨나는 것이다. 즉, 이러한 직조기술은 단순하게 모피, 양탄자, 가죽으로 만든 옷으로만 생활할 수 없는 사람들의 요구에 따라 생겨난 것이다. 그 문화에는 전통적으로 양모를 직조하는 기술이 있었고, 유목—목축민들이 자신들에게 어울리는 형태로 옷을 만들었다[119].

---

117) 고레스에게 크리산트는 이렇게 말했다 '내가 만약 기마인이 된다면 난 마치 날개를 단 것 같을 것이오.'(크세노폰트, 4권, 3장, p.16). 또한, 같은 문서에서 그가 동물들 중에서 가장 부러워한 것이 지포켄타우르(hippocentaurus)였다(전게서, p.17).

118) 차이담의 몽골족들은 보통 직접 만든 양탄자 옷을 입는다. 양탄자로 할라트를 만들어 남성과 여성 모두 입는다. 셔츠와 속옷류는 아예 모른다(프르제발스키니, 1883, p.147). 티베트 유목민족에 대한 레리흐의 기록에 따르면 그들은 대부분 맨몸 위에 곧바로 양가죽으로 만든 옷을 입는다고 되어 있다(레리흐, 1999, p.263). 세로세프스키(1993, p.316)는 야쿠트의 말을 인용하여 '그들의 옷은 타르바간, 삵, 담비, 여우, 비버 등의 모피로 만들었는데, 그보다 훨씬 전에는 암말과 소가죽으로 만들었다고 한다.

119) 프르제발스키(1883, p.416)는 1879~1880년에 티베트를 여행한 기록을 남기면서 남부 탕구트인들의 알로바, 또는 드물게는 양털을 꼬아서 만든 실을 가지고 자신들의 옷을 만들거나 텐트에 썼다고 한다. 이러한 꼰 머리는 남자들 뿐 아니라 여성들도 기다란 막대에 감아서 썼는데 실에 감아서 빙빙 돌아가게 달았다. 이와 같은 작업은 뱅뱅 도는 막대기를 상의의 끝에 달아서 하기도 했다(그림 123). 그의 기록 이후 거의 50년이 지난 후에 레리흐(1999 p.260)도 티베트에 대한 기록을

고고학적 자료들을 볼 때 중부아시아의 복식전통은 기본적으로 가벼운 양모로 만들어서 바람이 잘 통하는 옷을 입고, 때때로는 훨씬 온화한 기후에 적합한 가벼운 천으로 만든 옷을 입었을 것 같다. 이 가벼운 천으로 만든 옷은 그런 옷만 입을 수 있었던 소아시아, 중앙아시아, 근동 등과 관련이 있는 것이다. 투르판과 같은 신강성의 여러 오아시스 도시에서도 이렇게 가벼운 옷은 아주 옛날부터 널리 사용되었을 것이다[120]. 하지만 알타이 고원지대에 거주하는 유목민족이었던 파지릭인들에게는 필요 없는 사치로 보였을 것이다.

천과 양탄자로 만든 의복들(바지, 치마, 타이즈, 모자 등)과 여성의 가발은 인도·이란문화에 속하는 것으로 파지릭문화의 일부가 되었다. 풍성한 바지와 모피로 만든 장화(타이즈)는 산악 알타이의 거친 환경이 낳은 산물이다. 파지릭의 외투는 이제까지 알려진 시베리아 민족들의 민족지자료(한티, 야쿠트, 에벤키 등)와 공통점도 있지만 기본적으로 자신들만의 전통으로 만들어진 것이다. 그 이유는 모피의 튼튼함을 그대로 전하기 위한 독창적인 방법(힘줄로 만든 실을 작은 바늘을 이용하여 줄을 이어서 윗부분을 덮어서 꿰맨 점)으로 만들었다. 또한, 가죽을 오려내서 아플리케로 장식한 점도 파지릭문화 만의 특징이다. 시베리아의 풍성한 바지는 여러 점에서 파지릭 바지의 전통을 계승했다고도 할 수 있다. 하지만 전반적인 바지가 파지릭과 같은 구성인 경우는 없다. 파지릭인들은 외투를 만들기 위하여 삼림지역의 모피동물(다람쥐, 담비, 검은담비) 등을 쓰는 것 외에도 모르모트, 양, 망아지, 말총, 말가죽 등을 사용했다. 이 원재료들만 보아도 이 사람들은 삼림으로 둘러싸인 계곡 사이에서 목축을 했었음을 알 수 있다.

1925~28년의 여행에 근거해서 남겼다. 대부분의 모든 남성들은 양털로 실을 뽑는 작업을 하는데, 손으로 배배꼰 후에 다시 나무에 감는다. 이것은 유목민들이 자기 양떼들이 풀을 뜯는 동안이나 천막의 화롯불 가에서 주로 하는 작업이라고 한다. 최근의 경우를 보면 지질학자 셀리바노프(1995, p.111)가 이란에서 작업을 하는 동안 탐사에 따라온 이란 운전사들은 밤마다 모닥불 가에 앉아있는 동안 계속 손에서 무슨 실을 쥐고 있었는데, 그들은 아주 능숙하게 문질러서 실을 뽑아내는 작업을 하는 중이었다고 한다.

120) 양모로 만든 의복 중 가장 이른 것은 타림분지의 기원전 2천년기의 유적인 古墓溝 무덤유적에서 발견되었다.

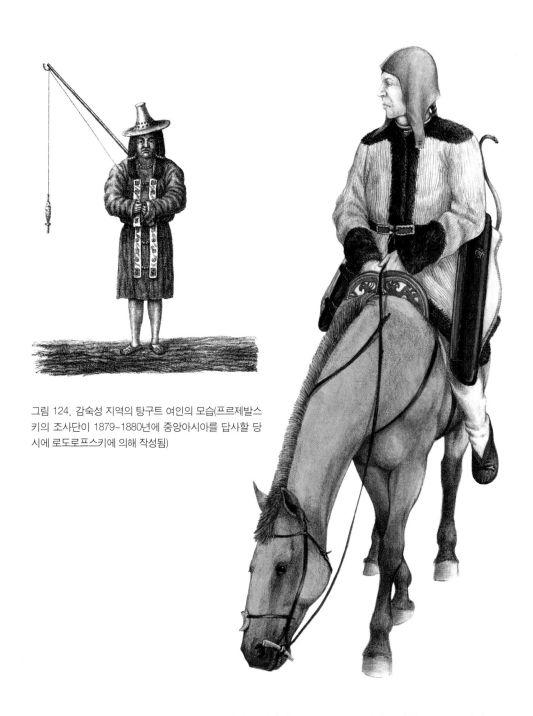

그림 124. 감숙성 지역의 탕구트 여인의 모습(프르제발스
키의 조사단이 1879~1880년에 중앙아시아를 답사할 당
시에 로도로프스키에 의해 작성됨)

복원도 Ⅵ. 말위의 기마인, 우코크 고원의 남성 무덤 출토품에 근거한 복원

파지릭인의 의복세계는 그들이 산악 알타이의 험준한 자연환경에 잘 적응했었음을 보여주는 좋은 본보기이다. 지금의 기준으로 보아도 이만큼 잘 만들기가 쉽지 않을 것이다. 이 의복들의 기본적인 특징은 이동하며 살아가는 중부 아시아 유목민족들의 전형적인 복식이다. 이 주장은 신강성의 초기 철기시대 유로포이드의 특징을 지닌 주민의 무덤에서 나온 여러 복식들로 알 수 있다. 물론, 신강성의 자료들은 주로 서술위주로 보고되었고 사진은 상대적으로 적기 때문에 그 전반적인 면모를 구체적으로 파악하기는 힘들다. 단지, 최근에 E.Barber, J.P.Mallory, V.Mair 등의 출판물이 나오는 바람에 빈약한 자료가 그나마 조금 더 보충될 수 있었다[121]. 또한, 나 자신도 쿠를레(庫爾勒市)와 투르판의 박물관에서 소량이지만 볼 수 있었다. 이들 자료만을 보아도 두 지역 간의 상관관계를 충분히 짐작할 수 있었다. 그 유사성은 복식의 일부 요소에 보이는 유사성만이 아니라 복식과 의복의 주 원단이었던 양모직을 비롯한 전반적인 조합을 말하는 것이다. 과연 이와 같이 양탄자로 만든 치마, 바지, 타이즈, 모자, 모피제 외투, 양모직으로 만든 허리띠 끈 등의 복식조합이 당시 중부 아시아 유목민족과 정착민족 사이에

복원도 VII. 수바쉬의 사제, 수바쉬(4~3 세기 BCE)의 고분 발굴에서 출토된 여성의 복원도

얼마나 넓게 퍼져있었는지는 알 수 없다. 하지만 민족지 자료들을 볼 때 전반적인 복식의 조합은 서로 비슷했을 것이고, 세부적인 속성들은 서로 달랐을 것이다.

---

121) 본 출판서는 2002년에 나온 것이고, 당시까지는 신강성 출토의 복식류를 비롯한 많은 자료의 공개
가 제한적이었다. 하지만 최근에는 박물관의 전시품 및 출판자료는 기하급수적으로 증가하는 상
황이다. 특히 최근의 로프노르(小河) 무덤에서의 출토품이 인상적이다(역자 주).

제 4 장

매장풍습에서 토기

물을 마시기 위해서 찻잔을 건넨다는 것은 어떤 의미에서는 죽는 것과 같다.
찻잔에서 물을 따라내는 것은 어떤 의미에서는 신에게 바치는 것이다.
선물을 받는다는 것은 마치 예물을 헌상 받는 것과 같다.
찻잔을 바친다는 것은 각각의 방법으로 죽은 사람들이 신격화되는 것이다.
찻잔을 바침으로써 땅과 하늘이 된다.
차를 가득히 따른 찻잔에는 땅과 하늘, 죽음과 신이 동시에 존재한다.
이 네 가지는 처음부터 서로 서로 연결되어 속해 있었던 것들이다.
다른 모든 사물들보다 훨씬 이전부터 이 네 가지는 공백 위에 존재했었다.
찻잔을 주는 것은 선물이다. 땅과 하늘, 신과 죽음을 담아주기 때문이다.

마틴 하이데거 '사물'[122]

빈약하건 부유한 고분이건 모든 파지릭 무덤에는 음식과 마실 것을 담았던
목제 쟁반과 다양한 토기들이 있었다. 죽은 자에게 바쳐진 예물은 곧 그를 담은
그릇의 숫자를 의미하며, 이 그릇의 숫자는 죽은 사람의 사회적인 신분과도 관련이
있지만, 보통 제공된 예물의 종류는 사회적인 신분에 영향을 받지 않는다고 한다.
일반무사이건, 전사이건 가족의 어머니, 족장 등 누구든지 간에 무덤 안에는 토기,
목제 잔, 목제 쟁반 등이 놓여있었고, 다소 드물게 출토되기도 하지만 모든 등급의

---

122) 원 서지정보는 마틴 하이데거의 대표적 저서 『존재와 시간』이다(역자 주).

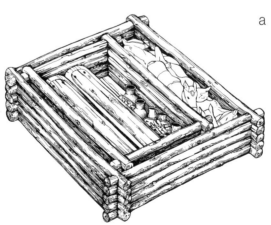

그림 125. a-아크-알라하-1유적 1호 고분, b-아크-알라하-3유적 1호 고분, 우코크 파지릭인들의 묘실내부 장식의 복원도

그림 126. 각제 기명, 얼음 속에서
나오는 과정, 아크-알라하-3유적 1호
고분

알타이 초원의 기마인

무덤에서는 뿔잔도 발견된다. 즉, 토제, 목제, 골제의 세 가지 기명이 있는데, 이 3이라는 숫자는 原이란인들이 성스럽게 생각하는 숫자이다(보이스, 1994, p.10). 아마도 이 3가지 재료는 땅, 식물, 동물이라는 세 범주를 대표하는 것일 수 있다.

봉헌하는 음식의 종류와 무덤 안에 놓는 방법은 서로 비슷한 문화라고 할지라도 상당히 다양하다. 따라서 매장풍습에서 이 음식의 공양이라는 측면은 문화적인 차이를 알려주는 아주 중요한 지표가 된다.

최근에 우코크의 얼음고분에서는 거의 완벽하게 유물이 발견되어서 무덤 안에서의 각종 그릇들과 다른 생활용기들에 대한 민족학적인 세부자료들을 얻을 수 있었다. 이를 통해 무덤에서의 위치와 그 의의를 밝혀내는 결정적인 자료를 얻을 수 있었다. "제의에서 모든 기명들의 속성(기형이나 문양)에 나타나는 모든 특징들은 훨씬 더 깊은 의식세계를 반영한다. 제의를 통하여 기명들은 신화의 모습과 연계된다(안토노바, 1986, p.55)."

우코크 아크-알라하-3유적 1호의 여성사제 고분을 살펴보자. 통나무 관에 매장된 시신과 말이 배장된 사이에 해당하는 목곽 안의 빈 공간은 부장품들을 놓기 위한 공간이다(그림 125). 이 중에서도 특히 해가 뜨는 동쪽의 목곽 끝쪽에는 의식에서 마셨던 음료를 담은 그릇과 가장 좋은 부분의 고기(양고기에서 꼬리뼈 부분과 말고기의 골반 부분)를 담은 목제 쟁반이 놓여있었다. 그 외에 가벼운 목제 잔과 두 점의 쟁반(각각 크고 작은 것), 그리고 뿔잔은 목곽 안에서 물 위에 떠 있다가 얼어붙었고, 2500년 뒤에 얼음 속에서 발견되었다(그림 126, 127). 쟁반 위에는 삶은 고기가 남아 있었고, 얼음은 그 주변에 갈색으로 변해 있었다. 얼음이 녹으면서 이 부분은 지방이 들어간 국물처럼 변했고, 특유의 냄새를 풍기기도 했다. 큰 쟁반 위에는 고깃덩어리와 함께 철제 칼(鐵刀)이 놓여 있었다. 이 철도의 끝은 고리처럼 구멍이 뚫렸으며, 산양의 뿔을 장식하고 다시 금박을 입혔다. 손잡이 양쪽은 톱니처럼 생긴 이빨로 넓게 벌린 얼굴이 묘사되었다(그림 127, 128). 아마 고기를 자르는 칼로 이렇게 이빨로 생생하게 장식된 칼만큼 적당한 것도 없을 것이다. 작은 목제 쟁반에는

그림 127. 목제 기명, 얼음 속에서
나오는 과정, 아크-알라하-3유적 1
호 고분

알타이 초원의 기마인

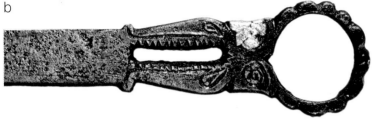

b

a

그림 128. 철도. a-전체 기형, b-병단 부분, 아크-알라하-3유적 1호 고분

작은 다리가 달려있었다. 큰 목제 쟁반에는 단지 다리의 밑 부분만 남아있었고, 다리 자체는 오랜 기간 사용하다가 떨어져 나간 것 같다. 그래서 무덤에 묻을 때에는 그냥 다리가 없는 쟁반처럼 사용했던 것 같다. 그중에 다리를 받치는 받침부분이 떨어져나가 대패질을 해서 가공한 막대기를 달았다. 아마도 이번 경우는 그들이 '유물'을 사용했던 예로 보인다. 즉, 과거에 대한 성스러운 기억을 보존하기 위하여 과거에 사용했던 그 상태로 만들어서 쓰고자 했던 것 같다[123].

무덤방 바닥에서는 얼음으로 깨어져 산산조각 난 2점의 장경호(쿱신)가 발견되었다. 그 높이는 35~40cm이고, 목 부분의 길이는 12.5~13cm, 구연부의 높이는 9.8cm이다. 이 토기의 구연부와 견부에는 사선으로

---

123) 사실 이 목제 쟁반들이 원래는 파지릭 제 2호 고분군에서 가져온 것이라고 해도 놀랄 일은 아니다. 파지릭 고분의 도굴은 이미 잘 알려져 있다시피 매장이 된 직후에 곧바로 이루어졌다. 그 무덤에는 모두 4개의 쟁반이 부장되었는데, 그중 1개만 원형으로 남아있었다. 나머지 3개는 모두 뚜껑이 열렸고 그중 하나는 뚜껑조차 발견되지 않았다. 이 쟁반들의 다리들은 무덤 바닥의 얼음 속에서 발견되었다(루덴코 1953, p.82~83). 아마도 이 다리들 중에서 정사각형 말뚝처럼 만들어서 호랑이(또는 표범)를 조각한 것은(전게서, 도면 20-7, 8) 아크-알라하의 여성고분에서 발견된 것과 같은 것이다. 아마 이전에 살던 유력한 조상이 가지고 있었던 물건은 새로운 주인을 지켜주고 보호한다고 생각했을 것이다. 게다가 고대 사람들의 생각에서는 다른 사람의 무덤에서 얻어낸 것은 저승으로부터 가져온 것이기 때문에 특별한 힘을 지니고 있다고 믿었다(프로프, 2000, p.167).

a

b

그림 129. 목제 기명, a-대형, b-소형, 아크-알라하-3유적 1호 고분

X자형을 새겨놓은 돌대문을 돌렸다. 그리고 토기는
가죽 아플리케로 닭의 문양을 만들어서 붙인 것이 파편
으로 남아있었다. 또한, 구연부를 따라서 납작한 가죽
들이 붙어있었다(그림 130). 이런 형태는 제 2호 파지릭
고분과도 똑같다(루덴코, 1953, p.91). 그리고 바닥이
원저이던 첨저이던 모든 토기의 바닥에는 양탄자를
고리처럼 만든 받침대를 놓았다. 이런 받침대가 처음
발견된 것은 제 2호 파지릭 고분으로, 모두 6점이 발견
되었다(전게서, p.88~89). 아마 이 받침대는 무덤 바닥에
그냥 놓았거나 바닥 양탄자에 꿰매어졌을 것이다. 흥미
롭게도 받침대로 쓴 양탄자 고리는 3개가 서로 이어지
게 봉합되었다[124]. 예컨대 아크-알라하-3유적 1호 고분
과 베르흐-칼쥔-2유적 3호 고분을 들 수 있다(그림 132).

전통적으로 무덤 안에 놓이는 음식들은 저승으로 가
는 길에 먹으라고 놓아두는 것이다(이는 비단 파지릭고
분 만의 이야기가 아니라 모든 고대와 중세시대 무덤들
에 해당하는 이야기이다). 또한, 무덤 안에 바쳐진 음식
에 대한 다른 해석도 있다. 알타이인들은 무덤 안에 음
식을 놓는 이유를 먼저 저승으로 간 사자의 친척들을
대접하기 위한 것으로 여긴다. 이와 관련된 기록을 보면
알타이인들은 여성의 무덤 안에 양의 가슴과 엉치 부분

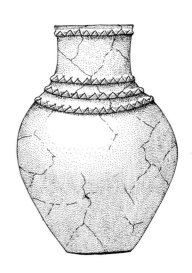

그림 130. 토기와 그 위를 장식한 가죽
아플리케, 아크-알라하-3유적 1호 고분

---

124) 아마 토기가 특정한 위치에 서로 놓여진다는 것은 매우 중요
한 의미를 지녔을 것이다. "모든 물건을 바로 그 제자리에 두어
야만 그 성스러운 의미를 지니게 된다. 만약 다른 위치에 놓
인다면 그는 세상의 원리를 깨는 것이며 각 물건들은 자신의
위치에 놓일 때 비로소 힘을 발휘한다(레비-스트로스, 1994,
p.121)."

의 고기를 놓아두었다. 죽은 여인이 이 고기들을 저승에서 친척들에게 바치며 그들의 세계로 들어갈 수 있게 하기 위해서이다(샤티노바, 1981, p.101). 내가 보기에도 무덤에 놓인 여러 가지 음료와 좋은 부위의 고기는 바로 죽은 사람들이 천상세계에서 만나야할 신들에게 바치는 파지릭인들의 헌상품이었을 것이다. 무덤에 음식과 음료를 놓았다는 것은 다른 의미에서는 사람들을 초청하는 것이라고 할 수 있으며, 이런 초대는 신들과 만나는 또 하나의 방법이다(우바로프, 1999, p.98). 음식을 흠향한다는 것은 바로 성스러운 세계로 받아들여졌다는 것을 의미한다(말리노프스키, 1998, p.45).

또한, 이란이나 투르크—몽골 계통의 주민들 사이에서는 신에게 바치는 공물을 위한 특별한 제기는 존재하지 않았다. 우리가 알고 있는 한, 그들은 일반적인 기명들에 제의를 통해 성스러운 의미를 부여했고, 그 기명들 안에 성스러운 음료와 다른 제물들을 담았다. 예컨대 야쿠트인들의 경우 신들은 거대한 가죽조끼, 목제 잔, 그리고 다른 우유를 담은 그릇, 그리고 처음 빚은 쿠미스와 버터에 임재한다고 믿었다. 또한, 야쿠트 인은 신들은 높이 쳐든 초론(야쿠트 전통의 굽 달린 잔)에 담겨진 쿠미스를 마신다고 믿는다(르보바, 옥탸브르스카야 외, 1988, p.125). 알타이의 카마족도 특별한 제기는 없다. "제물로 바쳐진 동물의 삶은 고기를 평소에 사용하는 목제 쟁반에 담아서 먹고 목제 잔으로 그 국물을 마신다. 그들을 카믈란 의식 후에는 물러 내려서 일상적인 소비를 한다(포타포프, 1991, p.230)." "고대 이란인들은 신을 봉양할 때 먼저 그 제기들을 깨끗하게 한 후에 성화(聖化)시켰다. 하지만 그들은 이 그릇들이 원래부터 신성한 것이라고 생각하지는 않는다. 의식이 끝나면 모든 사람이 자기 맘대로 이 그릇들을 건드릴 수 있었다(보이스, 1994, p.16)." 이런 예들을 종합해보면 토기와 여러 그릇들은 성스러운 위치에서 음료를 담거나 다른 음식을 담아서 신에게 바칠 때에만 성스러운 의미를 부여받는다.

파지릭 고분에서 발견된 모든 토기들은 일상용인 동시에 제사용이었다. 위에서 살펴본 아크—알라하의 여성 고분에서 발견된 여러 쟁반과 그릇에서는 몇 차례에 걸쳐서 수선한 흔적들이 남아있었다. 이들은 일상생활에서 장기간 사용한 탓에

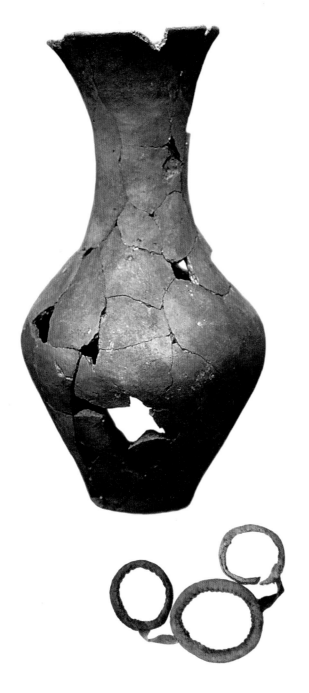

그림 131. 토기와 그 위의 가죽 아플리케, 쿠
투르군타스

그림 132. 토기 밑의 펠트제 원형 받침대, 베
르흐-칼쥔-2유적 1호 고분

심하게 닳아있었으며 칼로 그은 흔적들이 남아있다[125]. 하지만 이것 말고 다른 그릇은 없었으니, 신과 인간은 같은 그릇과 컵을 사용해서 음식을 먹고 마신 셈이었다. 그렇다고 아무 그릇이나 성스러운 음료를 따를 수는 없었을 테니, 다른 그릇과는 구별되는 기형, 문양 또는 재질로 만든 특정한 그릇들을 사용했을 것이다. 이들 그릇은 파지릭 고분에서도 발견된다.

성스러운 음료를 따를 수 있는 그릇들은 전통적인 문화에서는 높은 기호학적 의미를 지닌다. 투르크-몽골 주민들의 주거지에서도 그들은 가장 성스러운 의미가 강한 곳에 놓아둔다. 남부 시베리아 투르크 족들 사이에서 아일라(투르크족의 전통적인 주거지)에는 그릇을 여성들 구역의 상부 측에 둔다(르보바, 옥탸브르스카야, 1988, p.127). 또한, 파지릭 무덤의 경우 모든 음료와 음식이 담긴 그릇들이 놓인 위치는 죽은 자와 말 사이에 해당하는 목곽의 중앙부에서도 특히 해가 뜨는 방향인 동벽 쪽에 집중적으로 놓여있다. 용기들은 유목민의 먹거리에서 가장 중요한 부분을 차지하는 유제품들을 담고 사용하는 데 쓰이기 때문에 유목생활에서 없어서는 안 될 물건이다.

파지릭 고분의 안에 놓인 모든 용기들은 실제로 유제품, 또는 그냥 우유를 담았다는 증거도 제시된 바 있다[126]. 물론, 다른 음료가 들어있지 않았다고 단정할 수만도 없다. 목축민의 사회에서 우유와 유제품들은 문화적으로 특별한 의미가 부여되는 가치가 높은 것이었다. 투르크의 신화 세계에서 우유는 천상의 세계를 가장 잘 반영한다(전게서). 쿠미스는 몽골인들 사이에서 조상신과 하늘에 바치는 가장 이상적인 제의품으로 여겼다(쥬코프스카야, 1989, p.234, 250). 알타이의

---

125) 놀랍게도 고대 사회에서 물건들을 소중하게 대했던 것은 그릇들에도 잘 남아있다. 무덤에서 출토된 토기, 금속제 용기 들을 보면 수차례에 걸쳐서 수선한 흔적들이 남아있다. 물론, 무덤에 부장하는 물건들은 이미 많이 망가지고 쓰기 불편한 것들로 채웠다고 생각할 수도 있다. 예컨대 니세에서 발견된 유명한 파르티아 왕의 각배(리톤)는 심하게 헐어서 일부 요소는 빠져있었고 수선을 한 것이다(마손, 1997, p.961). 이 예는 옛 사람들은 자기들이 쓰던 물건을 고치고 또 고쳐서 완전히 망가지기 전까지 썼으며, 심지어 새 물건을 쓸 수 있는 경우에도 계속 수선해서 썼음을 보여주는 것이다.

126) 이는 루덴코(1953, p.77)가 직접 발굴하면서 관찰한 것이다. 물론, 루덴코는 그 내용물을 단순히 쿠미스라고만 생각했다.

전통신화에는 우유의 호수가 등장하는데 여기에는 하얀 신과 지모신인 우마이가 살면서 새로 태어날 아이의 영혼들을 관리하는 인생의 원천인 동시에 지고하고 순수한 원천이라고 한다(르보바, 옥타브르스카야 외, 1988, p.123, 131).

우유에 성스러운 의미를 부여하는 것은 인도·이란인들의 특징이다. 뜨거운 우유를 담은 솥은 베다의 의식에서 아쉬비나에게 바쳐진다(엘리자렌코바, 1989, p.617). 카오마—의식용 음료—는 신에게 바쳐지는 주요한 공물 중 하나인데, 그 1/3은 우유이다. 아베스타 서사시에서 이 카오마는 '우유로 만든 카오마(хаома)'라고 불린다(아베스타, 1993, p.29, 17절, p.38, 63절, p.62, 15절 등). 암리타는 영생의 음료인데, 이는 인디아의 신과 악마들이 바다를 휘저을 때 만들어진다. 역시 이 또한 우유에 풀과 나무들을 섞은 즙이다. "우유 속에서 물이 나오고 그 다음엔 마시기 좋은 음료가 된다(마하브하라타, 1974, p.289)[127]."

그릇에 담긴 우유는 단지 신에게 바쳐지는 봉헌품이나 죽은 사람의 사회적인 상징을 나타내는 것뿐 아니라 직접적으로 신과 사람을 이어주는 역할을 한다. '매일 매일 살아가는 일상과 의식에서 우유는 매우 중요한 기호적인 의미를 지닌다(르보바, 옥탸브르스카야 외, 1988, p.126).'

쿱신 모양으로 한 쪽에 손잡이를 단 그릇은 야크의 뿔(그릇의 몸통 부분)과 야생 염소인 아르갈리와 테케(그릇의 저부 부분)로 만들었다[128]. 이 유물은 아크—알라하—3유적 1호 고분에서 발견되었는데(그림 133), 이밖에도 왕족급 고분인 파지릭의 2호, 3호, 5호 고분(그중 1점은 에르미타쥐 박물관에서 전시중임)에서도 발견되었다(루덴코, 1953, p.52). 또한, 우코크의 귀족급 고분에서는 1유적-1호 고분의 남성과 여성과 같이 부장되었으며, 일반 무사급 고분으로는 유스티드 13유적의 5호 고분(쿠바레프, 도면 6-5 ; 1991, 도면 61, 5~7)과 베르흐—칼쥔-2유적 1호 고분에서 발견되었다.

---

127) 재미있는 사실은 포타닌의 기록(1881, p.96)에 따르면 "타르바그 토르고우트의 쿠미스는 잡초 수액으로 불린다. 키르기즈인 역시 그것을 잡초의 즙이라고 부른다. 만약 쿠미스를 달라고 할 때 주인은 '풀 즙이 아깝답니다'라고 말하며 거절한다"고 한다.

128) A.P.보로도프스키의 동정에 따름.

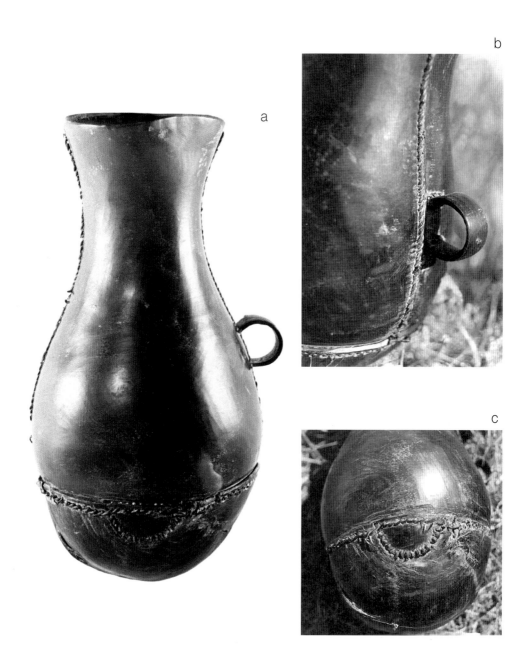

그림 133. 야크와 아르갈리의 뿔로 만든 기명, 아크-알라하-3유적 1호 고분

유스티드 가축인지 야생인지는 알 수 없다. 하지만 이 쿱신의 저부에 사용된 것이 야생 동물인 것으로 미루어 볼 때 이 야크 역시 야생종이었을 것으로 추정할 수 있다. 아마, 이런 야생동물들은 그들만의 성스러운 의미를 지니고 있었을 것이다. 과연 파지릭인들은 야크를 가축처럼 떼로 키우고 있었을까? 아마 파지릭인 중에서 알타이 고원지대에서 목축을 하던 사람들은 지금처럼 야크 떼를 가지고 있었을 것이다. 현재 파지릭과 야크를 연관시킬 수 있는 유일한 증거는 여기서 언급한 각제 쿱신과 제 2호와 5호 파지릭 고분에서 출토된 야크의 검은색 가죽털이다(루덴코, 1953, p.70). 흉노시기에 중부아시아 유목민족들 사이에서 야크와 소는 가장 유행하는 예술의 모티브가 된다. 가축들이 의식에서 차지하는 비중은 일반적으로는 그 동물들이 해당 사회의 삶에서 차지하는 위치와 관련되어 있다. 야생 동물의 뿔로 만든 잔이 무덤 안에서 발견된 것으로 미루어 볼 때 파지릭 사회에서 야생동물이 차지하는 비중은 컸던 것으로 생각된다. 야크 뿔로 만든 그릇은 아마 야크라는 동물 그 자체를 대신하여 봉헌되어진 것으로 생각된다. 또한, 소뿔은 다산과 풍요를 상징하며, 위대한 어머니의 상징이기도 하다. 소뿔은 엘리아데의 견해(1999, p.162)에 따르면 달의 상징으로, 특히 반달을 연상시킨다. 달이 가지는 상징은 다산, 이어지는 창조, 그리고 꺼지지 않는 생명력이다. 리트빈스키(2000, p.363~364) 역시 고대 이란, 중앙아시아에서 성스러운 의미라고 면밀하게 서술했다.

파지릭의 뿔로 만든 그릇을 완벽하게 모방한 미니어처 황금제 잔이 표트르대제 시베리아 컬렉션에도 보인다(루덴코, 1962 b, 도면 31-21, p.23). 아마 이 금잔은 귀걸이나 치레걸이의 일부로 쓰였던 것 같다. 이 그릇 형태를 장신구로 만들었다는 것은 아마도 파지릭의 왕족급 무덤인 파지릭고분에서 발견된 각제 잔에 금박을 입힌 예가 발견된 것과 같은 맥락이라고 생각된다.

파지릭인들은 나무 세공기술 뿐 아니라 토기 및 가죽으로 만든 그릇들을 제작하는 기술도 뛰어났다. 따라서 굳이 실용적인 이유로 뿔잔을 만들 이유는 없었을 것이다. 야생동물의 뿔을 일부러 잘라서 잔을 만들었다는 것은 종교적인 목적으로밖에 이해될 수 없다. 고대 지역 일대에서 널리 유행한 토제나 금속제 리톤형 그릇, 또는 진짜 뿔을 잘라 속을 파내서 만든 스키타이 인들의 리톤(각배)과 같은 뿔을 형상화한 그릇을 생각해보자. 이란문화권에서 리톤은 종교적인 의미를 지닌다(그와 관련해서는 루코닌, 1977, p.36 참조). 그러나 파지릭인의 상황은 조금 달랐다. 그들에게 뿔은 형태로서의 의미를 넘어서 실제로 뿔을 사용하여 그릇을 만들어 성스러운 음료를 마시고 바치는 데 쓴 것이다. 아마 고대 이란의 소의 신에 해당하는 부쉬-우르반과 같은 신을 위하여 이 뿔잔을 사용했을 수도 있다. 이 그릇을 통해 그 짐승의 영혼을 마시고, 그의 풍요를 받고자 했을 것이다(보이스, 1988, p.11). 그렇다면, 이러한 뿔로 만든 잔에 담긴 음료 또한 특수한 용도였을 것이다. 예컨대 고대 스틱스 강에 대한 전설에 따르면, 스틱스 강에는 사람들은 도저히 건널 수 없을 정도로 차가운 강물이 흐르고, 어떤 그릇도 그 안에서 남을 수 없지만, (환상적인 동물인) 스키타이 당나귀의 뿔로 만든 그릇만은 예외라고 한다(필리온 헤라클레이의 이야기, 라트이세프, 1993, p.192에서 재인용). 야생동물의 뿔을 사용하는 것은 전통적인 사회에서 결코 낯선 것은 아니다. 기욤 루브룩은 몽골 여행기에서 '나는 신기한 종류의 동물을 보았다. 그들의 몸통은 양 같고, 뿔도 휘어진 모습이 양과 똑같다. 단지 그들의 크기는 엄청나서 한 손으로 그 두 뿔을 다 들 수 없을 정도이다. 그들은 이 뿔로 큰 잔을 만든다'고 기록했다(플라노 카르피니, 1997. p.97). 마르코 폴로는 몽골 초원의 목자들이 쓰는 뿔로 만든 잔에 대해서 "초원에는 야생 양이 많은데, 그 뿔은 손바닥 크기로 6개 정도이며, 작은 경우는 3~4개 정도의 크기이다. 그 뿔로 목자들은 잔을 만들어 음식을 담아 먹는다(플라노 카르피니, 1997, p.224)." 애서배스커인(알라스카 원주민)은 산양의 뿔로 그릇을 만들기 위해서 먼저 그 뿔을 뜨거운 물에 넣어 부드럽게 한 후에, 그 안쪽을 숟가락으로 파내서 작은 잔을 만든다(제니스케비치, 1987, p.47, 그림 17).

여성의 고분에서는 2점의 토기가 발견되었는데, 크기나 형태로 볼 때 대동소이한 것으로 파지릭문화의 전형적인 것이다. 시신 옆에서 몇 점의 토기가 발견되는 경우

대부분 같은 사람에 의해 같은 형태로 만들어진 것들이다(예컨대, 카탄다고분, 바샤다르 1호 고분이 그 좋은 예가 된다)(루덴코, 1960, 도면 17-3, 4; 도면 15-5, 6 등). 파지릭인들이 손으로 만든 이 토기들은 연적법으로 둥근 고리처럼 테를 쌓아서 기벽을 쌓아 올린 것이다. 그 소성온도는 일정하지 않았으며, 토기 표면은 다시 슬립을 칠해서 토기 표면에 보이는 태토의 거친 부분을 감추었다. 라미나의 토기 제작 분석에 대한 연구 중 토기의 태토와 제작 방법을 비교해 본 결과, 우코크 고원의 토기 제작기법은 데니소바 동굴의 문화층에서 출토된 파지릭문화의 주거지 사용 토기와 같다는 것이 밝혀졌다(라미나, 로토바, 1994, p.154). 당시 무덤의례용과 일상생활용 토기는 같은 방법으로 만들어졌으며, 단지 문양과 기형에서만 차이를 둔 것 같다. 파지릭의 쿱신은 다양한 방법으로 문양을 시문했다. 단사선문, 가죽 아플리케, 돌대문, 그리고 채화(표면에 문양을 칠하는 것) 등이 있다. 때때로 이 모든 문양 기법이 하나의 토기에 모여지기도 했다. 그 예로 아크-알라하-3유적 1호 고분에서 출토된 토기를 들 수 있다(그림 130). 보통 파지릭문화에서는 그 시신의 사회적인 신분과는 관계없이 1점의 토기만을 묻는 것이 일반적인 매장풍습이다(쿠바레프, 1991, p.59). 예외적으로 2점이 부장된 경우도 있으니, 바샤다르 1호 고분(루덴코, 1960, p.29, 도면 2)과 아크-알라하-3유적 1호 고분이 그 경우이다. 이와 같은 매장 풍속은 어디에서 연유된 것일까? 도대체 어떤 근거로 토기의 수가 늘어나는 것일까? 아크-알라하-3유적 1호 고분에서 출토된 2점의 토기에서 여러 유사점도 있지만, 기본적으로 2가지 점에서 차이가 난다. 즉, 한 토기에서는 3열의 돌대문이 돌아가는 반면, 다른 토기는 2열의 돌대문이 돌아간다. 또한, 몸통에는 검은색 물감으로 수직으로 지그재그문양을 시문했다. 아마도 이러한 문양들은 토기 안에 들어있는 다양한 물질들을 구분하기 위한 것일 것이다. 이런 형태의 토기는 파지릭문화 보다 더 넓은 지역에서 사용된다. 즉, 투바의 사글리문화(그라지, 1980, 도면 37; 49-2)와 몽골의 울란곰 고분(노브고로도바, 1989, p.269, 285 외)등 에서도 보인다.

토기 표면에 문양을 그리는 채문기법은 알타이(쿠바레프, 1990, p.31~35)

b

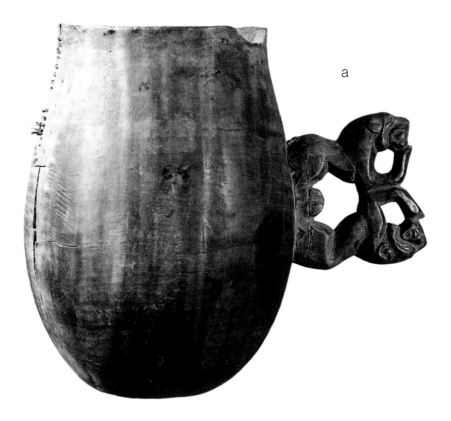

a

그림 134. a-목제 컵, b-스트로우 막대, 아크-알라하-3유적 1호 고분

이외에도 몽골, 투바, 동부 카자흐스탄에서도 보인다. 이러한 전통은 이 지역의 토착문화에서는 찾아볼 수 없는 바, 내 견해로는 이 기법은 신강지역에서 영향을 받은 것 같다. 신강지역에서는 채문토기의 전통이 훨씬 오래전인 청동기시대부터 시작된다(리트빈스키, 1995, p.139). 채문토기는 알타이 지역에서는 기원전 2세기

그림 135. 목제 기명의 실측도. (a, b-울란드릭, 쿠바레프 발굴. c-파지릭 2호 고분. 루덴코 발굴. d, e-신강의 Bostan) Toksan. 출토.

경쯤 사라지는데, 이는 이 지역에서 주민들과 문화가 교체되는 시점과도 관련 되어 있다.

또한, 이 토기들은 지금은 남아있지 않지만, 당시에는 가죽으로 만든 아플리케를 붙여 장식했을 가능성도 높다. 그 예로는 파지릭 2호 고분, 쿠투르군타스고분(도면 131), 아크-알라하-3, 타샨타-2유적 2호 고분 등이 있다(쿠바레프, 1987, 도면 17). 이 아플리케의 주요한 문양으로는 수탉, 그리핀, 표범 등으로 보호하고 지켜주는 동물들이다. 아마 유목생활을 하면서 사용하기에는 불편한 진흙으로 만든 토기를 고분에 묻는 데는 불가피한 이유가 있었을 것이다.

고분 내부에 부장된 토기의 기형과 문양은 고분의 적석부와 봉토 내에서 발견되는 토기들과 심하게 차이가 난다는 점은 일찍이 지적되어 온 바다(루덴코, 1960, p.63~65). 그리고 파지릭문화가 거의 끝나갈 무렵, 그들도 녹로를 사용하는 토기 제작기법을 알게 된 것 같다. 유스티드 고분 근처에서는 흉노토기들을 생산하기 위한 가마터 일괄이 조사된 바가 있다(쿠바레프, 쥬라블로바, 1986, p.101~119). 흉노식 토기편은 파지릭 고분의 봉토분 안에서도 발견된 바 있다(사비노프, 1978, p.54, 그림 3). 심지어 토기 편이 아니라 토기 완형이 통째로 발견된 예도 있다(쿠바레프, 1987, p.48). 여기서 주목할 점은, 아리아인의 베다에 따르면 녹로를 사용해서 토기를 만드는 것은 악마에 속하는 것이기 때문에 토기는 반드시 손으로 만들어야 한다고 기록되었다(엘리자렌코바, 1989, p.449). 아마도 파지릭인들 사이에서는 의식용 또는 장송용으로 토기를 만들고 가죽으로 장식을 만들어 붙이는 풍습이 있었으며, 그 장식은 바로 '저승'으로 보내는 메시지일 수도 있다.

목제 기명에는 두 마리의 표범이 서로 마주보고 있는 모습으로 만든 손잡이가 달려있다(그림 134-a). 이렇게 평범한 그릇에 동물을 새긴 손잡이를 만들어 넣은 것은 파지릭문화에서도 비슷한 예를 찾을 수 없을 정도로 독특한 것이다. 표범이 손잡이 대신에 새겨진 것은 아마도 파지릭 사람들에게 '표범'을 상징하는 그릇이었기 때문일 것이다. 야생동물들은 '저승'의 세계, 신과 조상의 세계에 거주하는 동물이다. 이 문양을 통해서 아마도 파지릭인들은 저 세상과의 소통을 바랬는지도 모른다. 표범의 형태는 사람과 신을 이어주는 전령 역할을 하며 희망하는 사람이 그에 갈 수 있도록 도와준다(자세한 연구는 안토노바, 1986, p.51, 60 참조). 표범이 상징하는 직접적인 의미는 보호, 그리고 보호를 하는 부적의 의미이다(피치캰, 1991, p.90~91).

또한, 이번 발굴을 통해서 파지릭문화에서는 처음으로 토기 안에서 막대 (스트로우)가 발견되었는데, 아마 쿠미스를 젓는 데 쓰는 스트로우일 것이다. 그 길이는 38cm이고 끝은 점점 좁아지게 만들어졌다. 그리고 그릇 안쪽으로 넣은 끝에는 낫 모양으로 생긴 목제 추 같은 것이 달려있다(그림 134-b). 쿠미스를 젓는 스트로우는 낙엽송으로 만들었으며, 낫 모양의 추는 자작나무를 잘라서 만들었다. 이 사실은 당시에 사람들이 각 나무의 용도에 종교적인 의미를 부여하여 서로 다른 수종의 나무를 사용해서 물건을 만들었음을 의미한다. 아마도 쿠미스를 젓는 막대기로 자작나무를 택한 것은 그 나무의 색깔이 새하얀 우유와 같은 백색이기 때문에 종교적인 정화를 의미한다고 생각했기 때문일 것이다. 알타이 인들의 결혼식 기도문 중에는 '하얀색 자작나무여, (둘을) 섞는 막대기가 될지니…'라는 구절이 있다(르보바, 옥탸브르스카야 외, 1988, p.121). 이처럼 서로 섞는 막대(스트로우)는 자작나무, 즉 세계수를 상징한다. 이렇게 단순하지만 세심하게 만들어진 물건은 아주 중요한 종교적인 물건의 역할을 하므로 투르크-몽골계통 주민집단의 전통문화에서 아주 중요한 상징적인 위치를 차지하게 되었다. 인도 신화에 따르면 이 세상은 태초에 바다를 휘젓고 난 결과로 생겨난 것이다. 칭기즈칸의 유라시아 정복 이후에 쿠미스를 섞는 스트로우가 몽골 민족 사이에서도 행운과 부유의 상징이 되었다(자세한 정보는 전게서, p.40~42 l, 120~122 참조).

표범의 손잡이가 달린 컵에서 발견된 이 스트로우(젓는 막대)는 아마도 여성의 손에 쥐어진 '창조의 도구'를 상징하는 것 같다. 이 유물은 아주 실용적인 물건도 아니요, 그렇다고 의식을 위한 물건도 아니다. 이와 관련되어서 재밌는 점은 카자흐인들의 매장풍습에서도 찾아볼 수 있다. 그들은 젓는 막대(스트로우)를 무덤 근처에 놓고, 쿠미스를 만들어 담는 그릇과 막대(스트로우)의 그림을 무덤 위 제단에 그려 넣었다. 이는 바로 풍요를 의미하는 것인 바(코노발로프, 1995, p.14~15), 부활의 바램이다.

목제기명

기다란 손잡이가 달린 양동이형으로 그 끝을 말굽처럼 장식하는 경우도 종종 있다(루덴코, 1953, 도면21; 쿠바레프, 1987, p.49). 아마도 이것 역시 쿠미스를 담는 그릇이었을 것이다. 아마 우유가 가득 들은 양동이는 제례와 신화적인 의미에서 본다면 우주 구조의 중심이 되는 신수(神樹)의 이미지와 일맥상통할 것이다(르보바, 옥탸브르스카야 외, 1988, p.127). 유라시아의 유목민들 사이에서는 우유를 가공하는 그릇을 나무로 만들었다. 즉, 헤로도토스가 '스키타이 인들은 속이 깊은 목제 양동이에 우유를 붓는다'는 구절이 떠오른다(라트이세바, 1992, p.74). 목제 잔에 금박을 입힌 유물은 부유한 스키타이 고분에서 흔히 보인다(예컨대, 만쩨비치, 1966, p.23~29). 밑바닥을 구형으로 만들어 속을 파서 만든 다양한 크기의 목제 그릇은 알타이 유목민족 사이에서 널리 유행했다. 또한, 그 목제 그릇의 수는 보통 한 가족의 수와 부합한다(토샤코바, 1976, p.192). 코즐로프(1947, p.194)는 '티베트 인들은 남의 잔으로 무엇을 마시지 않는다. 왜냐하면 어른이건 아이이건 자신의 컵이 따로 있는데, 절대 그 컵들과 떨어지는 법이 없다'고 했다. 또한, 프르제발스키(1883, p.260)은 '모든 티베트인은 자기 자신만의 컵과 그릇이 있어서 다른 가족들과는 따로 음식을 먹고 마신다. 다른 사람의 그릇으로 음식을 먹고 마시는 것은 모독이며 큰 죄라고 생각한다. 그들은 찻잔도 일종의 장식으로 생각해서 빈 컵을 들고 다니는데, 아주 귀한 나무나 은으로 장식한 경우도 종종 볼 수 있다'고 묘사했다. 호머의 아비이(즉, 스키타이인)은 '칼과 컵'을 제외하곤 모든 것을 지배한다고 했다. 아마 모든 파지릭인 들은 자신만의 목제 잔, 컵, 양동이가 있었으며, 그 사용자와 절대로 떨어지는 일이 없이 죽으면 같이 무덤에 묻혔을 것이다.

파지릭인이 사용한 것과 비슷한 형태의 목제기명은 신강성의 목축민들 사이에서도 발견된다. 수바쉬, 보스텐(博斯騰), 五堡 등과 기타 다른 유적들에서는 양고기를 얹은 목제 쟁반, 끝을 말굽처럼 만든 길게 구부러진 손잡이를 단 양동이, 파지릭에서 출토된 것과 똑같은 기형의 컵 등이 발견되었다(그림 135). 또한 완, 심발형 등 파지릭 고분에서는 발견되지 않은 다른 기형의 목제 기명도 있었다. 다만, 파지릭고분의 경우 수종이 잣나무, 자작나무와 그와 비슷한 나무들인데 반해서 신강성의 목제기명은 플라타너스 나무의 일종인 토그라크로 만들었다. 또한, 신강성에서 출토된 많은 목제기명들은 수선 흔적이 남아있다. 어떤 경우는 목제 쟁반이나 그릇에 구멍을 내서 끈으로 꿰매어 다리와 이은 것도 있다(고고 1994 p.13~15).

이런 형태의 목제 기명은 스키타이시대 투바(그라치, 1980, p.34)와 몽골(노브고로도바, 1989, p.286)에서도 발견되었다.

인도-이란의 의식에서 목제 기명은 특별한 의미를 지녔다. 베다의 아리아인들은 토기, 석제기명, 금속제 기명 등을 만들 수 있었지만, 의식에는 반드시 목제 기명만 사용했다(엘리자렌코바, 1989, p.449). 아마 목제 기명의 사용이 가장 오래된 전통이기 때문에 신성시 된 것 같다. 또한, 터키의 차탈 휘익 유적에서 발견된 무덤에서는 토기를 사용하지 않고 목제기명과 풀을 엮은 바구니만을 사용했다(안토노바, 1986, p.37).

많은 유목민들 사이에서 우유와 우유로 만든 음료는 특수한 용기에 담아야 한다고 믿었다. 왜냐하면 용기를 이루는 재료가 가축들에게 안 좋은 영향을 미칠 수 있다고 믿었기 때문이다. 즉, 아프리카 목축민은 이러한 목적의 용기로는 토기, 목기 또는 표주박 등을 사용하며, 금속제 용기는 쓰지 않는다(프레제르, 1981, p.403). 포타닌(1950, p.128)에 따르면 몽골인들은 소의 젖(즉, 우유)은 나무로 만든 그릇에 담지만, 말과 낙타의 젖은 소의 가죽으로 만든 주머니에 넣는데, 그 주머니는 '치닉'이라고 한다. 부리야트는 우유통으로 강가에서 물을 길거나 하는 등 다른 용도로는 절대 쓰지 않는다. 그것은 곧 불행을 의미하기 때문이다. 우유 통은 자작나무로 만들었고, 말의 갈기로 서로 이었으며, 걸이 통 역시 갈기로 서로 이어 붙였다(잠발로바, 2000, p.160). 19세기말 티베트인의 일상용품에서는 찻잔과 호 이외에 가족의 특별한 사람을 위한 목제 통이 있다. 이 통에는 시큼해진 우유를 넣는다. 또한, 야크의 뿔이나 토기로 만든 쿱신에는 신선한 우유를 넣는다(프르제발스키, 1883, p.254).

파지릭 제 2호 고분에서 발견된 가죽으로 만든 그릇은 또 다른 위치를 차지한다. 이것은 작고 납작한 쌈지주머니로 모피로 덮여 있다(루덴코, 1953, p.93, 도면 45). 한 점은 통나무관 안에서 머리가 놓인 위치 근처에서 발견되었고, 또 다른 한 점은 도굴갱으로 파헤쳐져서 사방의 잡동사니가 쌓여진 곳에서 발견되었다(전게서, p.92). 아마 이 그릇들은 목곽의 가운데에 놓여서 봉헌된 음식들을 담고 있었던 다른 그릇들과는 다른 위치였을 것이다. 이 가죽 주머니는 통나무 안에서 시신 옆에 놓이거나, 말 부장 구역에 위치한 것으로 볼 때 개인용품에 속한 것이었던 것 같다. 루덴코는(전게서, p.93) 이들 물건은 유제품과 같은 액체를 담은 것이 아니라 씨앗이나 잡초의 뿌리 같은 것이 발견되기 때문에 씨앗주머니 같은 것으로 추정했다.

또한, 보로도프스키의 연구(1990, p.122~128)에 따르면 초기 철기시대에 프리오비의 상류지역, 카자흐스탄, 중앙아시아 지역에서 가죽주머니를 모방한 토기들이 드물지만 발견되었다. 이는 아마도 파지릭 무덤에서 발견되는 뿔로 만든 종교적 의미의 그릇을 모방한 것이다. 또한, 어쩌면 지금은 알 수 없는 고대의 가죽주머니 원형을 모방한 것일 것이다. 하지만 후에 가죽으로 만든 일상용기들은 카자흐, 알타이, 키르기즈인 사이에서는 좀 더 단순화되고 길게 만들어져 사용되었다. 예컨대, 이들 주민집단 사이에서 길고 좁은 목이 달린 가죽주머니는 '타조리'라고 불리는데 쿠미스를 담는 용기로 쓰이며, 그 겉에는 가장 화려한 무늬가 시문되었다(토샤코바, 1976, p.184; 안티피나, 1977, p.13). 다른 가죽 용기들은 주로 일상생활의 필요에 따라 만들어지며, 동물의 내장, 가죽 등으로 만들어진다.[129]

이상과 같은 고고학적 발견을 종합해 볼 때 기원전 1천 년대 중반경의 파지릭인들 사이에서는 고고학자료 및 민족학 자료로 알려진 중부아시아 유목민들이 사용할 수 있는 재료로 만든 모든 종류의 용기를 사용했다. 파지릭인들만의 독창적인 유물로는 뿔로 만든 원저의 쿱신을 들 수 있다. 비슷한 형태의 그릇은 고대는 물론 민속학적 자료를 찾아보아도 비슷한 사례가 없다. 아마도 이 쿱신은 파지릭인들 사이에서는 매장의례와 관계된 물건일 것이다. 좀 더 정확히 말하면, 이 쿱신은 매장 풍습과 깊은 관계가 있기 때문에 같이 매장된 것이다. 목곽에서 그릇의 위치, 용도, 봉헌된 물건 등은 각 토기마다 분명한 전통에 따라 정해졌다. 모든 그릇(아마도

---

129) 아마도 목축경제에서 가장 이른 시기부터 사용된 용기가 이런 형태였겠지만, 유기물질인 탓에 지금까지 남아있지 않았을 가능성이 크다. 신강성 자군루크의 무덤에서는 양의 젖통으로 만든 작은 주머니가 어린아이의 무덤에서 발견된 바가 있는데(Mallory, Mair, 2000, p.16, 도판 V), 이는 지금으로부터 2500년 전의 것이다.

토기는 예외일 듯)은 매장용으로 만든 것이 아니라 파지릭인들의 일상생활의 한 부분이었을 것이다.

제 5 장

파지릭의 펠트

당신의 펠트가 마치 조개처럼 하얗기를, 뼈처럼 단단하기를,
그리고 실크처럼 아름답기를!!
- 몽골의 축원문

펠트를 짜서 물건을 만드는 것은 고대 목축민들의 위대한 발명이다. 세모사로
짠 양탄자와는 다르지만 그에 못지않게 오래된 기원을 가지고 있다. 중앙아시아
(특히 남부 투르케스탄)와 북부이란에서는 기원전 2천 년대 중반의 청동기시대
여성의 무덤에서 특수한 형태의 청동 칼이 발견되었는데, 이는 바로 양탄자를 직조
하기 위해 만들어진 특별한 기구이다. 형태로 볼 때도 이들은 현재의 투르크메니스
탄의 양탄자 공인이 쓰는 칼과 비슷하다(흘로핀, 1980, p.32~36; 1983, p.101~102,
도면 23).

유명한 파지릭 5호 고분의 세모사로 짠 양탄자의 기원에 대해서는 다년간의 논
쟁이 있어왔다. 수많은 토론을 거친 지금으로서는 대체로 이 양탄자는 당시 유행하
던 아케메니드 궁정양식이 변방적(다시 말하면 중앙아시아식)인 양식으로 재창조
된 것이며, 서아시아는 물론 초원지역과도 문화적인 관계를 가지고 있는 도시의

그림 136. 말안장의 펠트제 덮개 편, 아크-알라하-3유적 1호 고분

양탄자 직조공들이 유목민족들의 주문을 받아서 만든 것이라고 보는 것이 일반적이다(Hohmer, Thompson, 1991, p.34). 하지만 유목민들이 직접 이 양탄자를 모방해서 만들었다는 가능성도 배제할 수 없다(전게서; 발로노프, 1991, p.115). 이론적으로는 분명히 파지릭인들 사이에 양탄자 직조술이 존재했을 것이다[130]. 단지, 그 사람들은 우리가 생각하는 완전한 유목민들은 아니었을 것이다. 언제라도 이동할 수 있는 조립식 주거지[131]뿐 아니라 여름과 겨울에 초원에서 항구적으로 거주할 수 있는 귀틀집이 있었다. 아마도 전체 주민들 중 일부는 1년 내내 여름집에서 거주했을

---

130) 양탄자의 직조와 문양을 넣는 방법으로 그 양탄자가 만들어진 지역을 바로 알아낼 수는 없다. 양탄자의 털과 염료들을 분석하는 시도를 해보았지만, 원하는 결과는 얻지 못했다. 가장 최근에 파지릭의 양탄자에서 염료들을 채취해서 분석해본 결과, 그 성분이 고대 세계에서 워낙 널리 사용되는 것들이어서 대략적으로라도 어디서 만들어졌는지를 알아내기가 매우 어려웠다(바르코바, 가브릴렌코, 1999, p.6~120이 가장 최근이며, 바로 그 직전에는 Whiting, 1985, p.18~22의 연구가 있다).
131) 즉 유르트를 말함(역자)

텐데, 그 위치는 원시적인 농경, 사냥, 채집 등에 종사하기에 유리한 장소였을 것이다. 이러한 환경이라면 주문에 따라 양탄자를 만드는 장인들도 있을 수 있다. 그러자면 양탄자의 재료는 물론 확실하게 정착하여 작업하는 공간이 필요하다. 흘로핀의 자료에 따르면 양탄자 2×1.5m정도[132]를 짜려면 투르크메니스탄의 여성은 적어도 5~6개월 정도를 작업해야 했다고 한다. 물론, 그들이 이 일만 하는 것은 아니었고, 아울러 직조기술도 필요했다.

알타이지역에 양탄자를 직조할 수 있는 여성들이 유입되었을 가능성을 생각해 볼 수 있다(실제로 중앙아시아의 말을 비롯한 여러 동물이 중앙아시아로부터 이 지역으로 유입되었다). 물론, 아무리 그런 사람들이 왔다고 할지라도 세모사로 짠 양탄자는 그들에게는 여전히 '이국적'이었을 것이며 파지릭문화의 특별한 요소였을 것이다. 처음에 언급했던 문제로 다시 돌아가서 '정착하여 농경에 종사한 사람들의 물건으로 세모사의 양탄자가 있으며, 유목을 하는 목축인들은 펠트를 만들었다(흘로핀, 1980, p.36).' 유목민들 사이에서 양탄자에 대한 열망은 특별한 위신재를 얻고 싶어 하는 욕망과 함께 고대부터 있었을 것이다. 실제로 현대 유목사회의 문화에서도 양탄자는 그러한 위치를 점한다. 양탄자는 목축민들의 일상에 널리 사용되었을 뿐 아니라 살아가는 데 필수품이었으며, 성화되기도 했다.

한편 고대에 펠트를 만드는 전통은 아주 널리 퍼져있어서, 양탄자를 만들 수 없는 지역에까지도 분포해있다(이러한 현상은 얼마 전까지도 존재했다). 양탄자를 직조하는 지역은 유목민의 거주지역과 부합하지는 않는다(전게서, p.34; 흘로핀, 1983, p.99~100).

양탄자가 아니라 흰색 펠트 매트는 술탄을 상징하는 외형적 요소 중 하나이다. 유목민 귀족의 대표는 여러 연회에 참석하는 경우에 양탄자가 아니라 흰색 펠트 매트에만 앉았다(클랴쉬토르느이, 술타노프, 1992, p.353).

이와 같이 양탄자 직조기술은 직조용으로 제작한 특수한 청동 칼이 등장하는

---

132) 실제로 파지릭 5호 고분에서 출토된 양탄자의 크기는 2×1.83m 임.

기원전 2천 년대 중반으로 소급된다. 하지만 흘로핀의 견해에 따르면 이때 청동 칼의 형태는 이미 완성된 것이기 때문에 실제로 이러한 도구가 사용된 시기는 기원전 3천 년대 말엽으로도 소급될 수 있다고 한다. 이제까지 발견된 가장 오래된 펠트제 유물은 파지릭문화의 출토품으로 그 연대는 기원전 4~2세기로 편년된다. 하지만 파지릭 출토 양탄자는 예술적으로 완벽한 형태이며, 제작품질이나 문양의 기법 등의 수준이 아주 다양한 것으로 볼 때, 그 전통은 아주 오래전인 청동기시대로 소급될 수 있을 것이다. 펠트제 매트―역사적 맥락으로 본다면 양탄자와 같은 역할―도 아마도 청동기시대(기원전 3천 년 전 이후)에 유라시아의 유목민족 사이에서 발생한 것으로 생각된다[133].

1990년대에 중부아시아 유목민족들의 무덤을 발굴하여 얻어낸 고고학적 자료에 따르면 펠트 생산이 천의 직조기술을 대체한 것이 아니라, 두 기술은 병존했었다. 이러한 전통은 민족학적 자료로도 증명된다. 이브라기모프(1978, p.79)의 기록에 따르면 사마르칸트주 키실라크 고원지대를 가보니 모든 유르트 앞에는 일렬로 직조기(우르마크)가 놓여있었다고 한다.

확실한 증거로 남아있는 가장 오래된 펠트 조각은 지금부터 4천 년 전 무덤유적인 신강성 로프노르 호수 근처의 차위굴(Qawrighul)유적에서 발견된 것이다[134]. 여기에서는 미라화된 시신에서 의복이 발견되었고, 그중에는 깃털을 꽂은 펠트로 만든 원통형 모자도 있었다(Wang, 1996, p.64; Mallory, Mair, 2000, p.124, 212~213). 펠트제 모자, 타이즈, 인형 등은 동 투르케스탄 지역에서 그 이후에도 만들어졌다(리트빈스키, 루보-레스니첸코, 1995, p.271~279).

---

133) E.Barber(1999, p.25)는 양모펠트를 생산한다는 아이디어는 아마도 양털들을 모아서 뭉치로 만들어 다리 근처에 놓아 따뜻하게 하는 과정에서 생긴 것 같다는 명석한 주장을 했다. 실제로 신강의 미라들의 예에서 보듯이 발밑에는 단단하고 부드러운 직조하지 않은 물건-즉, 펠트)를 깔고 밟으면서 다닌 것 같다고 주장했다.

134) 중국 및 러시아고고학계의 문헌에서 이 유적은 구무고우로도 알려져있다. 이 명칭은 초기 청동기 시대 주민들의 문화로 명명되었는데, 사실은 한대의 왕국인 鄯善국(크로라이나)과 지역적으로 연접한다. 이 왕국은 타클라마칸 사막의 남쪽 끝과 로프노르 호수를 따라 존재했다.

파지릭보다 더 이른 시기의 유물들 중에서 빼놓을 수 없는 펠트제 유물은 아르좐 고분 6호 통나무관 안에서 출토된 것으로(그랴즈노프, 1980, p.21), 츨레노바의 편년에 따르면 기원전 7세기에 해당한다[135]. 파지릭문화 이외에도 카자흐스탄 베스샤트 이레 고분(아키셰프, 쿠샤예프, 1963, p.58)과 투바의 도게에−바아르 고분(추구노프, 1994, p.197)에서도 펠트제 덮개가 발견되었다.

또한, 현재 증거들은 남아있지 않지만 펠트는 중부아시아의 유목민족들 중에서 古몽골어 계통의 주민들이 살던 지역(만주 북부 및 몽골 동북부)과 고 투르크(중부 몽골, 동부 몽골, 바이칼에서 오르도스에 이르는 지역)에서도 사용되었을 가능성도 고려해야 한다. 또 이란의 고원지대에서도 펠트를 만들 수 있었다[136]. 고대 그리스 문헌(크세노폰트 8권, 3장, p.6, 13)에 따르면 펠트로 만든 카스 기마인들의 망토, 메디아인과 페르시아인의 티아라흐 등이 알려져 있다.

흉노는 펠트제 옷을 입었음이 분명하다. 사마천의 사기에는 '선우부터 모든 사람들은 가축의 우유를 마시며 그 가죽으로 옷을 만들어 입고 펠트로 만든 외투를 걸친다'고 기록되어 있다(흉노의 역사자료, 1968, p.34~35). 만약 자신의 옷을 좀 더 비싸고 값진 것으로 바꾸고 싶다는 선우에게 '흉노가 한으로부터 받는 실크와 무명 옷은 거친 잡초를 달리면 곧바로 헤지고 만다. 그들은 펠트로 만든 옷들처럼 질기지도, 좋지도 않다(흉노의 역사자료, 1989, p.26)[137].'는 기록이 있다[138].

---

135) 최근 아르좐 고분의 수륜보정측정연대를 참고하면 7세기보다는 이른 기원전 9세기대로 소급된다고 보는 것이 옳다(역자 주).

136) 펠트의 제조와 기원은 서부, 중부, 북부 유럽 및 소아시아의 고고학적 자료로도 알 수 있다는 점을 E.Barber는 자신이 책 'Prehistoric textiles'의 한 장인 'Felt and felting'에서 상세하게 서술했다(Barber, 1990, p.215~222). 따라서 이 책에서는 이 문제에 대해서 상술하지는 않겠다. 또한, 아직도 그 의의를 잃지 않은 B. Laufer가 1930년에 간행한 'Early History of Felt' 역시 독자들에게 권하고 싶다. 이 책에서는 민족지적 자료 및 문헌자료를 이용하였으며, 그 기본주장은 펠트의 생산은 아시아지역 유목민들의 발명이며, 기원전 3천년 보다는 이르지 않은 시기에 만들어졌다는 것인데, 이는 나의 연구결괴외도 부합힌디.

137) 아마 이 구절에서 언급하는 실크 옷과 가장 가까운 것은 아크-알라하-3유적 1호 고분에서 발견된 감침질과 패치가 되어 있는 실크제 여성용 셔츠인 듯하다.

138) 한나라에서 귀의한 중항열의 상소 내용이다. 흉노가 한나라의 물건을 탐하는 순간 유목사회의 경제가 붕괴될 것을 경계하는 뜻이다(역자 주).

파지릭에서 발견된 아플리케로 장식된 양탄자와 복식들과 유사한 양탄제 제품이 흉노의 최상위계급 고분인 노인-울라(서기 1세기) 고분에서 발견되었다(루덴코, 1962, p.40~44, 56~57). 고투르크 족이 이란어족의 집단과 이웃하여 접경해있었다는 것은 결코 놀랄 일은 아니며, 그들로부터 펠트를 이어붙이는 전통을 전수받을 수 있었을 것이다. 유목사회에서 아플리케장식을 한 펠트는 인도-이란인이 발명한 듯하다.

양탄자는 사치스러운 위신재이며 높은 예술적 경지를 보여준다는 점에서 이전부터 컬렉션의 주요 품목이 되었으며, 연구 주제가 되었는데, 이 문제는 결코 그와 역사적으로 유사한 펠트와는 따로 떼어서 생각할 수 없다. 그들이 고대 목축민들의 인생에서 의미하는 바나 그 예술적인 수준은 결코 간과할 수 없을 것이다.

유목민들에게 펠트가 어떤 의미였는지는 새로운 왕을 왕좌에 앉히는 고대 의식 속에 잘 반영되어 있다. "새로 왕좌에 오르는 칸-술탄은 순수한 그의 혈통의 기원과 부유를 상징하는 하얗고 얇은 펠트 위에 앉는다. 그리고 칸의 가계에서 가장 영향력이 있는 사람이 세 번에 걸쳐서 그 가장자리를 들어올리며 '칸! 칸! 칸!'이라고 선포한다. 칸이 앉은 흰 양탄자가 초원의 풀 위에 거의 닿을락말락하면 그는 다시 무리들을 불러일으켜서 다시 그 양탄자를 들어 올리고 내려놓기를 반복한다. 그 후에 왕자의 역할을 했던 양탄자는 작게 조각을 내고, 참석자들은 그 조각을 자신들의 칸의 즉위식에 참여했었다는 기념으로 가져간다(클라쉬토르느이, 술타노프, 1992, p.207)." 그와 비슷한 의식이 부리야트의 샤먼에게도 존재한다. 부리야트의 샤먼은 그것을 '보 데그데'라고 하는데, '들려올라가는 샤먼'이라는 뜻으로, 샤먼을 펠트 위로 들어 올리는 것이다(포타포프, 1991, p.123~124). 몽골인들은 펠트를 이용해서 자신들의 칸을 피를 흘리지 않고 죽인다. 마르코 폴로는 왕족 나얀의 형벌에 대하여 언급하면서 그를 펠트로 아주 단단하게 말아서 죽게 만들었다고 했다(플라노 카르피니, 1997, p.35).

펠트제 물건들은 유목민의 일상용품중 하나로 쓰이면서 그들에게 편안함을 제공했다. 유목민들은 펠트로 여러 가지 다양한 일상용품들을 만들었다. 예컨대, 집을 이사할 때 쓰는 깔개, 마룻바닥과 벽의 덮개, 매트리스, 베개, 바구니, 가방, 패드, 말안장, 의복으로 넘어가면 모자, 망토, 카프탄, 타이 등이 있다. 민족학적 자료로 볼 때 카자흐의 경우 죽은 사람을 펠트제 양탄자에 감아 무덤으로 옮길 때 중요한 역할을 한다. 또한, 펠트는 샤먼이 의식을 하는 데 중요한 몇 가지 도구를 만드는 데에도 쓰였다.

파지릭고분 출토품으로 볼 때 고대 알타이 유목민들이 사용했던 펠트는 엄청나게 두꺼운 것에서 현대의 제품과 비슷할 정도로 부드러운 것까지 아주 다양하다. 아마 파지릭인들에게 펠트는 무엇이라도 만들 수 있는 그런 플라스틱과 같은 것이었다. 펠트를 기본 심으로 해서 여성의 가발을 만들었으며, 토기에 받치는 고리형 받침대로도 만들었다. 또한, 목곽은 글자 그대로 펠트로 뒤덮었다. 좀 더 문학적으로 표현한다면, 유목민들은 펠트에서 태어나고, 그 따뜻함에 몸을 감싸며 일생을 살고, 죽은 다음에는 그에 감싸여 매장되었다.

파지릭인들은 펠트를 최대한 경제적으로 해서 그냥 버리는 부분이 없었다. 사실상 모든 물건들, 양탄자, 목곽의 벽과 바닥의 깔개, 통나무관이 깔개처럼 큰 것이나 타이즈, 안장깔개, 안장의 치레걸이, 주머니같이 작은 것들은 모두 크고 작은 펠트를 이어붙여 만들었다. 때로는 아주 많은 조각들을 얼기설기 이어 붙인 것도 있다. 펠트로 물건을 만들 때 잘라낸 것들은 모아두었다가 다른 물건을 만들 때 사용했다. 예컨대, 거울집(아크-알라하-3유적 1호 여성 고분출토품)은 같은 고분의 안장덮개 꽃술장식에서 오려낸 것을 사용한 것이다. 그리고 여기에 붙이는 아플리케 장식은 이 고분의 여성이 신었던 타이즈의 장식을 이용한 것이다(그림 140). 펠트를 가공하는 방법은 수 백 년이 지나도 기본적인 특징은 바뀌지 않았다. 그 특징은 모두에게 다 똑같기 때문에(현대에 펠트를 만드는 지역은 중앙아시아 및 중부아시아, 북부 카프카즈, 근동 등이다) 큰 정보를 주지는 못한다. 19세기말 오르도스의 펠트 제작에 대한 포타닌(1950, p.132)의 기록을 보자. '뜨거운 물에 적신 털을 준비된 펠트위에 펼친다. 그리고 이것을 파이프에 둘둘 말아서 굴린 후에 그 위를 노끈으로 묶는다. 그리고는 이 파이프를 공중에 올렸다가 땅으로 던진다. 이를 몇 번 반복한 후에 다시 파이프를 풀어 거기에 묶인 양모를 풀어헤친다. 그리고 이 양모를 다시 뜨거운 물에 세탁하듯이 풀어헤친다.' 아마도 파지릭인들이 펠트를 만드는 방법도 비슷했을 것이다. 이러한 과정에는 특별한 도구가 필요하지 않기 때문에 파지릭인들은 펠트제품 이외에는 다른 흔적을 남기지 않았다.

나는 파지릭인의 생활에서 펠트의 역할을 절대화할 생각은 없다. 단지, 그것은 모피, 가죽, 모직과 같이 널리 이용되었다. 하지만 펠트를 제외한 다른 의복재는 정착문화에서도 유명했던 것들이다(물론, 모피와 가죽들은 목축-유목민들 사회로부터 유입된 것이다). 반면에 펠트는 목축문화의 소산으로 그들이 직접 힘들어서 만든 풍요한 유물이지만, 현재로서는 원래의 모습을 상실한 상태이다[139].

루덴코(1968, p.105~106)에 따르면 다양한 색깔로 아플리케를 이용하여 장식한 펠트제품은 유목민족과 그 주변 주민집단들의 귀금속 가공기술에도 많은 영향을 미쳤다고 한다. 예컨대, 표트르 대제 시베리아 컬렉션이나 아무다리야 매납 유적의 유물, 아프가니스탄의 틸랴-테페에서 발굴된 황금유물들은 상감기법으로 보석들을 마치 기호처럼 박아 넣었는데, 이는 파지릭의 펠트제 유물에서 보이는 특징이다. 마치 펠트의 무늬를 모방하면서 귀금속을 박아 넣은 것 같다. 또한, 파지릭인들이 나무로 만든 다양한 짐승장식이 있다. 이 장식에는 쉼표나 꺾쇠 같은 표시의 장식들이 새겨져서 마치 이 동물장식들이 천연색 펠트에 있는 것과 같이 보인다(이 장의 여러 도면을 참조할 것). 이 장식들은 짐승의 몸에서 근육의 모습을 강조하여 짐승들이 더욱더 생동적으로 보이게 한다.

알타이, 카자흐와 다른 민족들의 민족지적 자료를 보면 펠트를 만드는 기술은

---

139) 현대 알타이와 카자흐 인들의 문화를 연구하는 옥타브르스카야(2000, p.115)에 따르면 펠트는 현재 아주 귀한 물건이 되었기 때문에, 그 대신에 모직이나 벨벳으로 대체하는 경우가 흔하다고 한다. 파지릭 펠트제품들은 현재의 산악 알타이 주민들이 보아도 그 높은 품질에 경탄을 금치 못한다. 왜냐하면 현재 이 지역에서 이런 정도의 수준 높은 펠트는 더이상 생산하지 않기 때문이다.

다른 재질의 물건들에도 유입된다. 예컨대 카자흐족의 목제조각을 한 나무상자는 옥탸브르스카의 분석에 따르면 펠트의 문양을 모방한 것이라고 한다.

파지릭의 펠트는 아플리케 기법으로 여러 문양들을 붙이고, 이어붙이기 기법으로 문양들을 꿰맨 것이다. 현재까지 이러한 기법의 펠트제작은 카자흐, 키르기즈 등과 함께 카프카즈의 여러 민족들(아바르, 체첸, 카라차예프, 인구세티, 발카레츠, 카라노가이츠 등)에 남아있다(스투데네츠카야, 1979, p.112). 파지릭의 아플리케를 이용한 제작기법과 가장 유사한 것으로 카자흐의 스이르마키를 들 수 있다. 스이르마키는 문양끼리 서로 서로 이어지게 했으며 바탕부분은 이중으로 감아서 침엽수처럼 만든 지예크를 장식했다. 지예크(жиек)의 색은 문양이나 바탕의 색과는 다르게 해서 스이르마크의 색이 강렬하게 대비되도록 했는데, 이런 기법은 파지릭문화에서도 보인다(무카노프, 1981, p.149). 파지릭인들이 펠트를 장식할 때 사용했던 기술의 대부분은 현재 민족지적 자료에서도 사용했음을 확인할 수 있다. 즉, 펠트와 가죽으로 만든 아플리케, inlay라고도 하는 모자이크 문양 등이 그 예다. 그리고 아플리케는 그 주변을 다시 꿰매었는데, 그 주위를 따라 양모를 이용하여 꿰맸다. 하지만 문양에 따로 색을 입힌 양모나 문양을 텀블링하는 기법은 상당히 나중에 등장하며, 파지릭인들은 사용하지 않았다(스투데네츠카야, 1979, p.108~109). 아마도 파지릭인들이 좀 더 상세하고 분명하게 드러나는 장식을 선호했기 때문인 것 같다. 이후에 등장하는 문양을 넣는 방법은 그 윤곽을 희미하게 하기 때문에 좀 더 복잡한 구성을 할 수는 없다.

펠트를 장식하는 또 다른 기술로는 퀼트가 있다. 아마도 이것은 고 투르크와 몽골 주민집단의 유산인 듯하다. 퀼트는 파지릭인들 사이에서는 알려져 있지 않지만, 노인-울라 고분의 예로 볼 때 흉노들에게는 잘 알려져 있었던 것 같다(루덴코, 1962, 도면 39~44). 이 기법은 이후 칼므익, 몽골, 부랴트, 투바 인들에게 전해졌다.

한편, 카자흐, 키르기즈, 카라차예프, 발카례츠, 노가이 인들 사이에는 파지릭인들의 아플리케 장식기법으로 펠트를 장식하는 기법을 전수받았다(스투데네츠카야, 1979. p.111). 하지만 현재까지는 노인-울라의 흉노고분과 일부 신강성 지역에서만 기적과 같이 펠트제 유물들이 남아있다. 카자흐스탄 동부와 남부지역, 투바, 몽골, 카프카즈 등 유라시아 초원 일대의 많은 유목민족들이 사용했던 펠트는 흔적도 없이 사라졌다. 현재의 많은 주민들은 고대에 사용하던 많은 장식기법들을 잃어버리고 있다. 실제로 우리가 보고 있는 중에도 사라지기도 한다. 예컨대 19세기 에 투바인들 사이에서는 양탄자와 펠트를 아플리케로 만드는 방법이 남아있었는데, 20세기 초반이 되면서는 양모를 퀼트로 만드는 방법만 남아있게 되었다(바인쉬 테인, 1974, p.135).

현재 고대의 아플리케 장식기법의 핵심은 완전히 사라져버렸다. 아플리케의 핵심 은 펠트의 실용적인 용도 이외에도 사람들에게 신화와 관련된 이미지를 전달하기 위해 만들었다. 아플리케에는 환상적인 동물과 실제동물, 새와 물고기 들이 표현되 어 있다. 기욤 루브룩은 수레에 수많은 양탄자가 '붉은색과 다양한 색으로 그려져 있는 것들'에 놀랐다(사실 펠트의 아플리케는 그렇게 보인다). 그는 '나무, 포도나무, 새, 동물들'이 그려졌다고 기록했다(플라노 카르피니, 1997, p.92). 하지만 키르기즈, 카자흐, 타타르, 우즈베크 인들과 같은 투르크 계통의 민족들 사이에는 이슬람의 영향에 따라 실질적인 문양의 묘사가 사라지고 문양조합의 테마들만 남았다. 펠트의 천연색 아플리케는 지금은 도식화된 뿔, 식물 또는 기하학적 문양으로 변화되어 남 아있다. 물론, 지금의 그 문양들에도 각자의 심오한 뜻과 의미가 있겠지만, 과거의 펠트가 가지고 있었던 그런 깊은 기호의 세계는 더 이상 존재하지 않는다. 파지릭인 들 사이에도 초본류나 동물에 기초한 문양들이 존재했었지만, 이후 투르크나 몽골의 민족들 사이에서는 널리 사용되지 않았다. 파지릭인들이 주로 만든 장식인 도식화된 뿔, 꽃 등의 무늬는 펠트제 양탄자의 테두리를 장식하는 데 주로 쓰였다. 그리고 간혹 펠트는 안장의 덮개로도 쓰였으며, 바닥 전체를 까는 데에도 쓰였다. 물론 현대 산악 알타이 지역의 유목민들에게도 과거 펠트의 문양요소가 일부 남아있긴 하지만, 어디까지 일부분의 요소에 불과하다.

펠트와 관련된 여러 물건을 만드는 일은 여성의 몫이었다. 민족지적 자료로 널리 알려져 있듯이 문양이 시문된 펠트는 자기들이 필요한 만큼만 만들었기 때문에 비교적 그 전통이 오래 지속될 수 있었다(스투데네츠카야, 1979, p.106). 남자들이 다른 지역으로부터 새로운 문화요소를 들여오면 여성들은 그것들을 자신들의 것에 결합시켜서 완성했다(아브라먄, 1991, p.117~118). 우코크 고원에서 발견된 펠트제 유물들은 이전에 발굴되어서 잘 알려진 왕족급 파지릭 고분에서 발견된 것을 거의 복제했다 싶을 정도로 유사한 것이 그것을 증명한다. 바샤다르 2호 고분에서는 늑대와 물고기의 문양이 나왔는데, 이는 안장덮개에 걸리는 치레장식이며, 뿔과 독수리의 머리를 장식한 메달리온도 있다. 파지릭 1호 고분에서 발견된 안장덮개 치레장식에는 사슴을 사냥하는 호랑이와 양의 머리가 장식되었다. 게다가 다양한 펠트제 유물에는 아케메니드 영양의 뿔이 달린 사자모양의 그리핀 장식이 재창조되어서 표현되고 있다. 아마 이 양식은 마음 깊숙이 전해오는 유전의 기억일 것이다. 여성들은 파지릭 사회의 예술적 감각을 형성했다. 양탄자 걸개는 마치 풍경화처럼 주거지 벽과 목곽의 벽을 장식했다. 또한, 펠트로 자신들이 타고 다니는 말을 장식하고, 파지릭인들이 입는 옷을 장식했다. 카자흐인들 사이에서는 펠트가 실제 사용할 수 없을 만큼 헤어져도 세대를 거쳐서 전승된다. 이는 펠트의 실제 값어치와 관계없이 상징적인 의미를 지닌다는 것을 의미한다.

유목민의 문화에서 큰 펠트의 매트(코쉬마)를 만든다는 것은 새로운 탄생을 상징한다. 알타이인들에게 양모를 굴리는 데 쓰이는 낡은 펠트는 '어머니-펠트'라는 뜻인 '에네-키스'라고 부르며, 새로운 양탄자는 '아이-펠트'라는 뜻의 '발라-키스'라고 부른다(르보바, 옥탸브르스카야 외, 1988, p.118). 알타이인들이 믿는 천상에 사는 신들은 자신들의 사는 공간을 자르고 기워서 만든다(전게서; 사갈라예프, 1992, p.40, 43). 이러한 사상의 일부는 샤먼의 문서에도 남아있다(예컨대. 아노힌, 1994, p.74, 82, 100 등에 보인다). 마치 조물주가 세상을 만들고 부족들을 창조하듯이 여성들도 펠트와 천을 자르고 기워 붙여서 일을 한다고 생각한다.

특히나 여성들은 깨끗한 모직에 조심스럽게 바늘로 땀을 뜨는 것에 특별한 의미를 부여했다. 신비스러운 모직에 땀을 따는 바늘에 대한 신화는 부리야트의 신화에 등장하는 할머니 '구르멘'에 남아있다. 그녀는 착한 신으로써 영웅에게 이 바늘을 주면서 칼이나 활로는 이길 수 없는 괴물을 물리칠 수 있게 했다(올라노프, 1975, p.112). 특정 상품이나 종교적 의미를 지닌 물건은 흰색 모직으로 만들었다. 그리고 그들을 직조할 때는 마치 우유를 휘젓는 것을 연상시키는 특수한 막대기로 눌렀을 것이다. 바로 이 행위는 투르크 주민집단들이 우주의 순환원리를 나무로 만든 스트로우(=막대)로 휘저어서 이루어진다고 생각하는 것과 연관되어 있다(사갈라예프, 1992, p.41). 몽골을 비롯한 다른 유목민족들 사이에서 펠트를 짠다는 것은 다산과 풍요와 관련이 있다. 이러한 생각이 강하게 반영된 것은 펠트제 인형이다. 고대 몽골인들은 목축동물을 지키는 정령을 펠트제 인형으로 만들었다. 플라노 카르피니 (1997, p.35)에 따르면 '그들 사이에는 펠트제로 만든 사람 모양의 우상이 있는데, 그를 문의 양 옆에 세워 넣고 그 위에는 가슴처럼 생긴 펠트를 올려놓는다. 그리고 이것이 그들에게 풍부한 우유와 가축들의 다산을 가져다준다고 생각한다… 그리고 그들은 여기서 말한 우상에게 모든 가축이 만든 보통 우유건 굳어버린 우유(문맥상 치즈를 의미— 역자)건 가장 먼저 가져다 바친다!'고 한다.

아마 유목민족들이 만든 펠트제 인형은 이 뿐만은 아니었을 것이다. 파지릭인들의 유물에서도 양탄자로 만든 인형이 발견된 바 있다. 바로 파지릭 5호 고분의 백조모양 펠트제 인형이 좋은 예다(루덴코, 1953, 도면 108). 아마 이런 물건들은 당시에 많았지만, 실제 무덤에 들어가는 경우가 드물었을 것이다.

파지릭인들의 펠트제 유물들은 1990~95년 사이에 우코크 지역의 얼음고분을 발굴하면서 새롭게 발견되었는데, 이전까지는 루덴코와 그랴즈노프가 발굴한 왕족급 고분에서 발견된 펠트제 유물들이 유일한 예였다.

여기서 발굴된 펠트제 유물로는 문양이 없는 검은색 계통의 펠트로 만든 목곽의 바닥깔개, 통나무의 바닥깔개, 베개와 수건 등이다. 복식으로는 타이즈, 투구(모

그림 137. 묘실 저부의 펠트제 깔개, a-무덤 저부의 펠트제 깔개의 수습장면

자), 가발이 있으며, 그밖에 안장의 치레걸이도 화려한 색으로 만든 펠트로 만들었다.

파지릭인의 목곽 안에 부장된 유물들은 그들이 평소에 살면서 쓰던 일상용품들을 주로 묻었으며, 무덤을 위해서 새롭게 만든 것은 아니다. 즉, 파지릭의 무덤 안에서 발견된 유물들은 파지릭인들의 일상적인 주거지 안에서 사용되는 물품들이다. 따라서 아크-알라하-3유적 1호 고분의 목곽 바닥에 깔려있는 2장의 검은색 펠트 매트는 아마도 그들이 실제로 살던 집 벽에 걸었던 캐노피 같은 것으로 생각된다. 깔려있는 펠트 매트 중 한 개의 가장자리에는 펠트제 고리가 달려있는데, 그걸 이용해서 마치 커튼처럼 집의 천정에 걸었을 것이다. 아마도 요즘의 유르트처럼 침대를 가로질러 놓았을 것이다(그림 137). 남부 알타이인들은

그림 137. 묘실 저부의 펠트제 깔개, b-수습 직후 곧현장에서의 진행된 복원작업, 아크-알라하-3유적 1호 고분

부부의 침대를 타인의 눈으로부터 감추기 위하여 가죽으로 만든 커튼을 만들어서 결혼식 때 걸었다. 이 커튼은 가족을 보호하는 역할을 한다. 알타이-키지인들은 평생 자기의 커튼을 바꾸지 않았다. 그 커튼을 빨지도 않았는데, 그러면 집의 복이 나간다고 생각했다. 알타이-키지 사람이나 텔렌키트 인들은 부부 중 한 명이 죽으면 이 커튼을 반으로 잘라서 그 한쪽을 무덤의 깔개 천으로 사용한다(시트니코바, 1986, p.86).

아크-알라하-3유적 1호 고분과 베르흐-칼쥔-2유적 1호와 3호 고분 등 완전히 남아있는 모든 영구동결대의 고분에는 짙은 색의 펠트제 매트가 깔려있었다. 아마 이것은 그 사람들이 살아생전에 침대보로 사용했던 것인 것 같다. 아크-알라하-3유적 1호 고분의 여성 시신 머리맡에는 작은 크기(30×36cm)의 펠트제 베개가 놓여있었다. 이 베개는 잘 부스러지는 짙은 색 펠트로 만들었는데, 포개어 큰 바늘로 모직실로 땀을 딴 것이다. 이 주머니(베개) 안에는 2조각의 펠트조각이 들어있는데, 그중 하나는 얇은 검은색이며 다른 하나는 두꺼운 갈색이다. 이외에도 모피조각, 잡초 조금, 그리고 털실 등이 들어있었다. 전통적인 문화에서 침대와 관련된 물건들은 모두 의미가 깊다. 그래서 알타이 인들에게 가족의 미래의 행운은 침대에 깔린 흰색 펠트제 매트의 품질과 관련되어 있으며, 베개는 가장 귀한 물건을 담아두는 곳이었다(시트니코바, 1986, p.84~86). 파지릭, 바샤다르 2호 고분, 그리고 아크-알라하 고분 등에서는 목곽의 바닥과 벽에 펠트로 만든 양탄자를 덮었다(루덴코, 1953, p.46~48). 서부 몽골인들 사이에는 '땅에게 부탁하기'라는 재미있는 풍습이 있다. 이는 무덤이 들어갈 자리에 흰색 펠트를 깔아서 정결하게 하는 것이다(탄가드, 1992, p.130). 바로 이 펠트를 깔아서 성스러운 지역을 표시해주는 것이다.

파지릭 5호 고분의 여신과 기마인이 새겨진 펠트제 양탄자를 보면, 그 위쪽에는 기다란 검은색 펠트가 기워져있어서 마치 사람 모습에 테두리를 두른 듯하다(루덴코, 1968, 도면 46). 이렇게 검은색 띠를 주변에 두른 예는 베르흐-칼젠-2유적 3호 고분의 남성 미라가 발견된 무덤에서도 발견되었다. 아마 이 검은색 띠는 파지릭 사회에서 그 주인공이 죽을병에 걸렸을 때 미리 만들어 달아 죽은 사람의 사인을 설명해주는 의미인 것 같다. 플라노 카르피니(1997, p.38)에 따르면 몽골인들은 누군가 죽을병에 걸린다면 그의 말뚝에 창을 꽂고 그 주변에 검은색 펠트를 걸어 놓는다고 한다. 비슷한 이야기는 루브룩도 언급했는데, 누군가 심하게 아파서 침대에 누워있다면 그의 집 앞에 깃발을 걸어서 아무도 집에 들어오지 않도록 했다고 한다(플라노 카르피니, 1997, p.101).

아크-알라하-3유적에서는 3점의 안장을 장식했던 안장 덮개가 발견되었는데, 많은 시간이 지난 탓에 그 색깔은 많이 탈색했거나 아예 없어진 것도 있다. 하지만 당시 펠트 덮개를 얼마나 화려한 색으로 치장했는지는 충분히 알 수 있다. 전통적인

그림 138. 펠트제 말안장 덮개, 아크-알라하-3유적 1호 고분

문화와 마찬가지로 고대 문화에서는 펠트로 장식을 할 때는 원색류(즉, 흰색, 검은색, 붉은색, 황색, 청색, 녹색) 등을 사용하여 그 색을 아주 강렬하게 했다.

이 안장 덮개 중에는(그림 136, 138) 날개가 달린 4마리의 환상적인 동물이 새겨 진 것이 있다. 얼핏 보면 뛰어다니는 모습이 강아지 같기도 하지만, 사실은 개가

그림 139. 펠트제 말안장 덮개, 아크-알라하-3유적 1호 고분

아니라 사자모양을 한 그리핀이다. 뿔, 귀, 꼬리가
달려있다. 아마 이 동물들은 날고 있거나 도약을
하는 순간 같다. 이 동물의 몸통은 밝은 녹색이며,
날개, 꼬리와 얼굴은 황색이다. 모든 동물의 윤곽은
얇은 노끈으로 감아서 돌렸다. 또 다른 동물의 몸통
은 황색인데 얼굴 근처는 갈색이다. 눈은 검은 색
양모로 만들었다. 이 아플리케 장식은 아마 지금은
망각되어 버린 어떤 존재를 표현한 것 같다. 이와
비슷한 형태의 동물로는 파지릭 1호 고분의 펠트제
안장 덮개에 묘사된 것이 있다(루덴코, 1953, 도면
110-1). 또 다른 안장 덮개에는 사자와 비슷한 황갈
색의 두 마리 그리핀이 아플리케로 장식되었다(그
림 139). 몸통, 뿔, 그리고 갈기는 붉은색이며 얼굴

b

그림 139. 펠트제 말안장 덮개, 아크-알라하-3
유적 1호 고분

그림 140. 펠트제 거울집, 말안장 덮개에 새겨진 장식(그림 139 a.를 기워서 만듦, 아크-알라하-3유적 1호 고분

그림 141. 펠트제 말안장 덮개의 실측도, 아크-알라하-3유적 1호 고분

은 흰색이다. 또한, 귀와 꼬리털은 황색으로 만들었다. 날개의 깃털은 붉은색과 황색을 번갈아 넣었다. 모든 몸통의 색은 황색 실로 만들었지만, 일부는 갈색도 있다. 얼굴과 얼굴의 세부표현(눈, 코, 턱 등)은 붉은색 털로 구분을 했다. 엉덩이 부분에는 "·"와 같은 무늬가 들어갔다. 유스티드 그리핀은 파지릭 1호 고분의 말 머리 장식과 거의 흡사한 형태인데, 직접 보고 카피한 정도는 아니고 이미지만을 본딴 것 같다(루덴코, 1950, 도면 13, p.77, 도면 23). 이들 두 동물은 영양의 뿔처럼 굽은 뿔, 삼각형의 술이 달린 듯한 꼬리, 그리고 엉덩이 부분의 "·"형의 기호, 그리고 엇갈리는 무늬로 만든 날개로 이루어졌다. 결과적으로 파지릭의 사자형 그리핀은 자신들만의 독창적인 양식으로 창조된 것이다. 또한, 안장 덮개의 가장자리를 마치 부채가 펼쳐지듯 마무리했다는 점도 흥미롭다. 안장 덮개의 양쪽 가장자리는 각각 4개의 삼각형 부채 장식을 달았다. 한쪽은 유려하게 이어지지만, 다른 쪽은 단이 지게 마무리했다(그림 139-a). 또한, 파지릭 5호 고분에서 세모사 양탄자에 무늬가 새겨진 기마무사가 앉는 안장덮개, 말의 등 위에 얹는 양탄자로 만든 안장 덮개(saddlecloth), 그리고 펠트로 만든 안장 덮개 등이 발견되었다(루덴코, 1968, p.60, 도면 50; p.43, 도면 31; p.46, 도면 34; 1953, 도면 101). 이와 비슷한 유물들은 이란문화권에서도 찾아볼 수 있다. 쿨-오바 고분의 뼈로 만든 말 그림에는 안장

그림 142. 말안장의 펠트제 덮개, a-펠트제 덮개편, b-그 위의 표현물에 대한 실측도, 아크-알라하-5유적 1호 고분

덮개가 묘사되어 있다(루덴코, 1960, p.224, 도면 121). 폼페이의 목수 집에서 발견된 모자이크화 '알렉산드리아 대왕과 다리우스의 이삭 전투'장면에도 말 위의 안장 덮개가 묘사되어 있다(그 시기는 기원전 2세기말~1세기초)(세계사, 1956, p.216). 기원전 5세기 에레부니에서 발견된 은제 리톤에도 안장 덮개가 표현되어 있다(루코닌, 1977, p.76). 안장 덮개 가장자리에 톱니 같은 부채문양을 다는 것은 이란문화권의 특징이다.

또 다른 안장 덮개에는 호랑이가 사슴을 사냥하는 장면이 묘사된 2점의 아플리케가 있다(그림 142). 그 색깔은 거의 남아있지 않지만, 역동적인 장면은 잘 묘사되어 있다. 둘 중 한 점에서는 사슴의 테두리를 따라 노란 색 끈을 돌렸으며, 호랑이는 붉은색 끈을 돌렸다. 또 다른 한 점에서는 반대의 색으로 끈을 묶었다. 사슴과 호랑이 모두 몸을 비틀고 있듯이 표현되었다. 눈매는 따로 기워서 붙였다. 이와 비슷한 장면은 파지릭 제 1호 고분에서도 발견된 바 있다(루덴코, 1950, 도면 36). 파지릭 출토품은 모두 가죽을 잘라서 붙인 것으로, 호랑이는 황색으로 했고, 세부 표현은 갈색을 택했다(루덴코 1953, p.274). 아크-알라하의 펠트에 새겨진 호랑이 몸통에는 황색 끈으로 그 주변을 돌린 흔적이 있는데, 이로 인해 마치 줄로 테두리를 두른 것 같다. 아마도 펠트에 사람이나 동물들을 표현하기 위해서는 가죽으로 그 테두리를 먼저 만든 것 같다. 이는 유스티드 카라차예프의 장인들이 만드는 방법이기도 하다(스투데네츠카야, 1979, p.109). 또 최근까지도 카자흐의 알타이인들이 펠트제 양탄자를 만들 때 쓰는 방법이기도 하다(옥탸브르스카야, 체레미신, 2000, p.109).

5유적-1호 여성 고분에서 발견된 안장 덮개는 매우 독창적인 형태이다. 황색의 펠트(현재는 갈색으로 변색되었음)로서(그림 142), 그 가장자리는 3가지 색의 끈으로 땋은 장식을 했다. 펠트 본체에는 가장자리를 따라 가는 2점의 펠트를 기웠고, 똑같은 형태로 얇은 펠트 천을 오려 만든 쌍을 이루는 2마리의 환상적인 육식동물을 붙였다. 이 동물은 몸통을 굽혔으며, 그 머리와 앞부분은 붉은색 펠트로, 뒷부

그림 143. 양의 머리-안장 덮개의 치레거리, 아크-알라하-5유적 1호 고분

분은 황색 펠트로 만들어 붙였다. 두 번째 동물은 정반대로 앞부분을 황색, 뒷부분을 붉은색으로 만들었다. 이 환상적인 동물의 뿔은 안쪽으로 휘어지면서 얼굴의 맞은편에 위치시켰다. 귀는 날카롭게 1개가 표현되었고, 목덜미 쪽은 곱슬머리로 장식되었고 작지만 날카로운 날개가 달려있다. 그 얼굴은 짖는 듯한 표정이며 눈은 마름모꼴로 표현되었다. 발바닥은 부드러운 베개위에 날카로운 발톱을 올려놓고,

그림 144. 펠트제 메달리온 4개중 하나, 안교의 장식, 아크-알라하-1유적 1호 고분

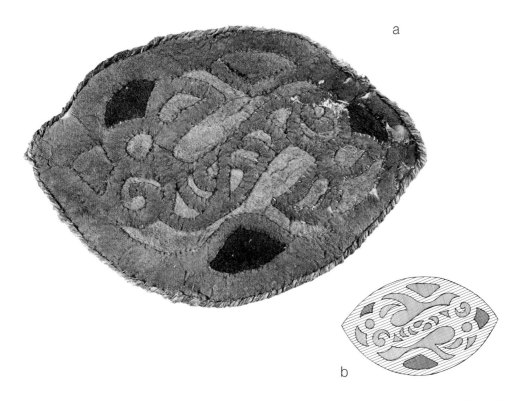

a

b

그림 145. 펠트제 메달리온-두 번째 말의 안교장식, a-펠트제 메달리온, b-메달리온의 실측도, 아크-알라하-1유적 1호 고분

꼬리 쪽 위에는 도식적으로 표현된 그리핀을 그렸다. 엉덩이는 흔히 보이는 " · " 무늬를 넣었다. 아마 이렇게 파지릭문화에서 보이는 독창적인 형태들은 원래는 파지릭인들의 이야기에 등장하는 것을 표현한 것 같다. 그러한 색채는 특히나 얼굴과 마주보듯이 뒷편에 영양의 뿔을 묘사한 동물 모습에서 찾아볼 수 있다. 또 뿔을 서로 마주보게 그려 넣은 동물을 단면으로 표현하는 방법은 주로 이집트 예술에서 많이 보인다. 산악 알타이의 청동기시대 암각화와 오제르노예 마을에서 조사된 석판(석관묘의 일부)(몰로딘, 포고제바, 1990, p.167~177)에서도 보인다. 한편 미데아의 테페-시알카에서 출토된 기원전 1천 년대 초기의 채색토기(세계사, 1956,

a

b

그림 146. 세 번째 말의 안장덮개에 달린 펠트제 치레거리, 아크-알라하-1유적 1호 고분

p.592)와 수자에서 출토된 타일(기원전 6세기)에서도 영양의 뿔을 얼굴에 맞대게
표현한 사자모양의 그리핀이 보인다(루덴코, 1960, p.80, 도면 169). 이렇게 뿔을
얼굴에 맞대게 표현하는 기법은 소아시아에서 사자모양의 그리핀 형태가 전래되는
과정에서 함께 유입된 것이다. 위에서 살펴본 파지릭 문화의 안장에 묘사된 짐승은

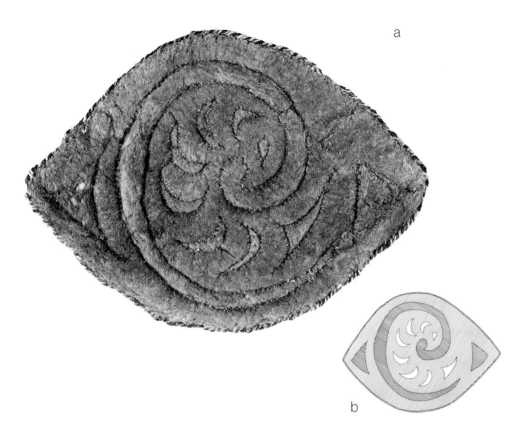

그림 147. 펠트제 메달리온–안교장식. 아마 4번째 말의 것으로 추정. a-펠트제 메달리온, b-실측도. 아크-알라하-1유적 1호 고분

파지릭의 예술품 중 늑대로 표현된 것과 부합한다. 위로 향한 코, 짖는 듯이 벌린 턱, 날카로운 귀, 갈기로 장식된 목덜미, 그리고 짧은 꼬리 등이 그 특징이다. 이 안장 덮개의 양쪽 가장 자리는 각각 3개씩, 모두 6개의 양머리 형태 아플리케가 장식되었다. 이 양머리는 붉은색의 얇은 펠트를 오려 여러 조각을 기워서 만든 황색의 펠트바탕천에 기운 것이다(그림 143). 이와 비슷한 양머리는 파지릭 1호 고분에서도 나왔다(루덴코, 1953, 도면 107, 3; 도면 112).

　1유적–1호 고분에서는 치레걸이가 달린 안장 덮개 4점이 출토되었다. 이 고분에서 발견된 안장의 편들은 파지릭 고분에서 발견된 보존상태가 좋은 안장들과 비교했을 때 큰 차이는 없다. 이 안장은 양쪽에서 기운 것으로, 그 사이에는 잡초와 가죽쿠션에 붙어있는 털들로 채워졌다(그랴즈노프, 1950, p.55~57, 도면 22; 루덴코 1953, p.161~165). (아크-알라하)의 안장에는 가죽 쿠션은 남아있지 않았지만, 그 안에 눌려 뭉쳐있는 내용물로 전체 형태를 짐작할 수 있고, 그것을 파지릭 고분 출토품과 비교할 수 있다. 두 유적에서 출토된 안장들 사이에서 차이는 찾아볼 수 없었다. 단지, 아크-알라하 출토 안장은 전안교와 후안교 부분에 두꺼운 펠트로 안장을 덮었다. 그리고 그 위에 펠트 덮개를 얹고 마름모꼴 장식을 덧붙였다. 그리고 나서 목제안교를 그 위에 얹었다. 안장의 밑에는 펠트제 수건을 넣었다. 마름모꼴 장식의 크기(20.5×15.5; 23.5×15.5; 21.5×14.5; 20×1; 19.5×12.5cm)로 볼 때 안교는 상당히 높고 컸던 것 같다.

안장 덮개 중에서 가장 잘 남아있는 것을 살펴보면, 그 크기는 62×56.5cm로 얇은 황색계통 펠트로 만들었다[140]. 그 위에는 다양한 색으로 4장의 꽃잎무늬를 만들어 넣었다. 안교는 타원형 펠트로 장식을 했다. 이 타원형 장식판은 전안교와 후안교에 각각 2개씩 무늬가 있는 바로 그 위에 덧붙였다. 이 원형 장식판은 흰색 펠트로 만들었다. 이 메달리온 위에는 붉은색 펠트로 오려서 만든 날개를 펼친 두 마리 그리핀 머리가 장식되었다(그림 144). 안장 덮개의 가장자리 양쪽에는 물고기 펠트장식이 각각 양쪽에 2마리씩 걸렸다. 완전히 남아있는 물고기장식은 1개이고, 나머지는 잔편만이 남아있다. 물고기의 길이는 78cm이고, 최대 폭은 20cm이다. 물고기 모양의 펠트는 여러 색의 펠트를 오려서 만든 것으로 그 눈은 둥글며, 눈동자는 따로 만들어 붙였다. 콧등은 점을 찍은 듯 표현했고 머리 바로 밑 부분에는 마치 초승달 모양의 아가미 날개가 양쪽으로 3줄씩 달려있다. 이와 똑같은 형태의 물고기는 바샤다르 2호 고분에서 파편으로 발견된 적이 있다(루덴코, 1960, 도면 116). 물고기

---

140) 아크-알라하-1유적-1호 고분의 모든 안장덮개와 치레걸이의 도면은 1994년에 출판한 책에 수록되었다(폴로스막, 1994 [황금을 지키는 그리핀], p.45~49).

그림 148. 펠트제 물고기 장식-안장의 치레장식,
아크-알라하-1유적 1호 고분

의 등을 따라서는 여러 색깔의 아플리케가 붙어있는데, 그중에는 도식화된 그리핀의 머리도 찾아볼 수 있다(그림 148-a). 양쪽으로 벌어진 꼬리에는 "·" 형태의 무늬가 들어갔다. 물고기의 몸통에는 3쌍의 지느러미가 붙여졌는데, 각각에는 상투머리를 한 듯한 머리에 꺽쇠 모양의 장식을 한 도식화된 그리핀의 머리가 새겨져있다.

두 번째로 설명한 안장 덮개는 커다란 조각으로 남아있는 것이다. 전체적으로 펠트 위에 꽃잎 모양을 한 아플리케를 만들어 덮은 것으로, 그 가운데에 점이 찍혀있듯이 만들어졌다. 안교를 장식하는 메달리온은 S자 모양으로 두 마리의 그리핀 머리가 서로 비틀고 있는 모습의 아플리케를 만들어 붙였다(그림 145). 여기에도 위에서 언급한 형태와 비슷한 물고기 장식을 매달았는데, 그 길이는 80.5cm, 머리 쪽 넓이는 17cm, 꼬리 쪽은 21cm이다. 이 펠트의 표면은 또 다른 펠트를 오려붙여 덮어서 장식했는데, 그 덧붙인 장식(아플리케)은 귀가 달린 독수리 머리 둘이 달린 모양으로, 파지릭문화 예술의 전형적인 양식이다. 3쌍의 지느러미에는 다시 그 위에 꺽쇠와 점이 찍힌 "·"의 형태로 펠트를 덧대 장식했다.

세 번째로 설명할 안장 덮개는 자잘한 편으로 남아있는 것으로, 그 덮개에 얼기설기 엮은 수많은 마름모꼴 펠트제 편으로 남아있다. 그 위에는 4판의 나무 장식판을 기웠는데, 그는 바샤다르 2호 고분과 같은 형태이다(전게서, 도면 22). 안장의 양쪽으로는 각 면에 2점씩 머리를 밑으로 향하는 늑대를 표현한 치레걸이를 드리웠다. 각 늑대장식은 길이가 85cm, 넓이가 25cm이다(그림 146). 늑대를 만든 기법은 물고기를 만든 것과 같아서, 먼저 짐승의 테두리에 해당하는 부분들을 오려내고 그 위에는 파지릭에서 흔히 보이는 장식기법인 꺽쇠와 점모양의 장식을 다시 붙였다. 눈, 코, 그리고 이빨을 드러낸 입과 함께 발톱을 드리우고 꼬리를 내린 채 앉아있는 짐승이 표현되었다. 또한, 갈기 부분과 몸통의 근육들도 표현되었다. 이 늑대모양 장식은 바샤다르 2호 고분의 펠트제 치레걸이에 묘사된 것과 거의 동일하다(루덴코, 1960, 도면 122, 단, 루덴코는 여기에 표현된 동물을 사자라고 보았다).

네 번째 설명할 안장 장식은 2개의 큰 조각으로 남은 상태이다. 이 안장 덮개가 다른 출토품과 다른 점은 그 가장자리에 메달리온과 같은 별다른 치레걸이를 달지 않았다는 점이다. 이 위에는 거대한 뿔, 꼬리, 그리고 날개가 달린 턱수염이 있는 산악 염소(타우-테케)를 사실적으로 묘사한 아플리케 장식이 있다. 염소의 등에 날개가 달린 것은 파지릭 제 2호 고분에서 발견된 남성미라의 오른손에 새겨진 날개달린 동물의 문신(루덴코, 1953, p.179), 세미레치예와 알마티에서 출토된 받침대 유물, 그리고 세미레치예에서 발견된 청동상(아르타모노프, 1973, 도면 44, 45, 49)에서도 보인다.

또한, 이 외에도 3점의 아플리케 장식인 '메달리온'이 발견되었는데, 여기에는 둥글게 말린 양의 뿔이 묘사되어 있다(그림 147). 또한, 지금은 남아있지 않은 다른 안장 덮개에 장식된 붉은색으로 아플리케를 한 물고기 장식이 있는데(그림 148-b), 그 위에는 4마리의 그리핀이 붙어있다. 이 4마리의 그리핀 장식은 파지릭 1호 고분의 안장 덮개에 장식된 그리핀 아플리케를 연상시킨다(루덴코, 1953, 도면 161). 이 그리핀은 머리를 뒤쪽으로 향하고 날개를 밑으로 처지게 했으며 꼬리가 달려있고 발톱을 세웠다. 가슴부분의 깃털은 파지릭에서 전통적으로 선호하는 문양기법인 말각 삼각형을 표현해서 넣었다. 그런데 물고기 장식에 그려진 그리핀에는 갈기가 없다. 이 펠트제 물고기 장식과 함께 1유적-1호 고분에서는 치레걸이와 함께 안교를 장식하는 메달리온이 발견되었다. 이 메달리온의 가운데에는 물고기 장식의 몸통에 장식된 그리핀과 똑같은 형태의 그리핀이 묘사되어 있다(그림 149).

모든 치레걸이, 메달리온의 아플리케는 그 가장자리를 얇은 두 가지 색 끈으로 꿰매어 붙였다. 위에서 말한 것처럼 이 메달리온은 장식의 아플리케이기 때문에 바탕이 되는 펠트에 작은 바늘로 한 땀 한 땀 붙여 기워진 것이다.

베르흐-칼쥔-2유적의 1호 고분에서도 펠트제 안장 덮개가 발견되었다(1994년 몰로딘 발굴). 이 무덤에는 일반무사가 매장되었고, 1마리의 말도 배장되었다. 이 안장 덮개는 이제까지 발견된 다른 안장 덮개와 비교했을 때 매우 단순하다. 바탕이 되는 검은색 펠트 위에 2개의 황색 조각을 기워서, 가운데 부분은 밑바탕 펠트가

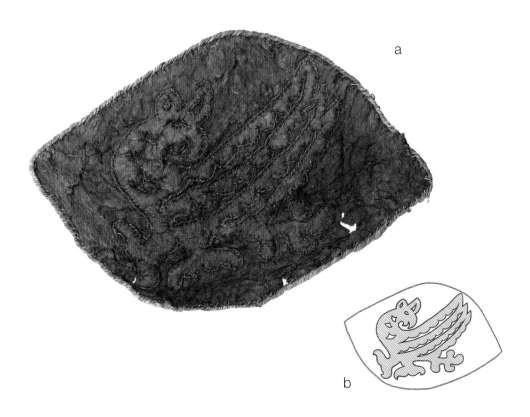

그림 149. 그리핀이 장식된 메달리온-안장의 안교장식, a-메달리온, b-메달리온 실측도, 아크-알라하-1유적 1호 고분

드러나게 했다(그림 150). 황색 펠트 조각 위에는 갈색의 실로 기운 아플리케로 장식
했는데, 물음표모양, 삼각형, 반달모양 등이 있다. 가운데의 검은색 부분에도 물음표
모양으로 황색 펠트를 오려서 붙였다. 이 베르흐-칼줸-2유적 1호 고분 출토 안장
덮개 장식은 5호 파지릭 고분의 말 등에서 발견된 세모사 양탄자에 묘사된 말의 등
에도 있는 문양과 유사한데, 이는 이 그림이 바로 안장 덮개를 모사한 것이라는 점을
의미한다(그림 150-b).

펠트제 유물로는 마구습속 이외에도 복식이 있는데, 주로 타이즈와 모자들이다
(제 3장의 파지릭 복식장 참조).

그림 149. 그리핀이 장식된 메달리온−안장의 안교장식, a-메달리온, b-메달리온 실측도, c-아플리케의 잔편, 아크-알라하-1유적 1호 고분

이번에 발견된 우코크 고분 펠트제 유물이 이전에 발견된 파지릭, 바샤다르 2호, 투엑타 고분들에서 출토된 펠트제 유물과 가장 다른 점은 제작과정에서 그 이전에 발견된 고분의 출토품들은 양모만을 사용했지만, 우코크 출토품은 양모뿐 아니라 낙타털도 사용했다는 점이다[141]. 아마도 낙타는 남부 파지릭인들의 목축동물 중

---

141) 파지릭의 펠트제 유물에 비록 많지는 않지만 거친 낙타의 털이 포함되어 있다는 점은 전통적인 문화에서 낙타가 가지는 의미와 연관되어 그 의의가 크다. 예컨대, 호레즘의 우즈베크 인들은 낙타의 털이 악령인 아지나를 몰아낸다고 믿는 예(소콜로바, 1972, p.180)처럼 방호의 의미를 지닌다.

그림 150. 펠트제 말안장 덮개, a-베르흐-칼쥔-유적 1호 고분의 남성 고분출 , b-그 일부의 실측-말의 허리에 걸친
양탄자에 새겨진 것으로 파지릭 5호 고분 출토

하나였을 것이다. 이는 우코크 지역에서 발견된 스키타이시대 암각화를 통해서도 알 수 있는데, 사람이 탄 낙타도 있고 그냥 낙타만 표현된 경우도 있었다(체레미신, 슬류샤렌코, 194, p.57, 도면 42~44; p.61, 도면 52). 또한, 울란드릭-1유적 1호 고분에서 출토된 목제 경식의 끝에는 끈에 묶인 채 앉아있는 낙타가 묘사되어 있고(쿠바레프, 1987, p.115, 도면 45-4), 알타이 동남부의 말타우-4유적의 16호 고분에서 출토된 청동거울에도 낙타가 묘사되어 있다(쿠바레프, 1992, p.89. 도면 27-1).

고대 남부 파지릭인들 사이에 낙타가 있었음은 매우 중요한 사실이다. 왜냐하면 박트리아산 쌍봉낙타가 있어야만 중부아시아의 물이 없는 사막(실크로드 역시 이 길을 통과함)을 횡단할 수 있었고, 남부 시베리아와 준가르 평원으로 나갈 수 있었다(루보-레스니첸고, 1994, p.246). 파지릭인들은 낙타를 다루게 되면서 신강으로, 또한 카자흐스탄을 거쳐 중앙아시아로 이르는 캐러밴루트에 참여할 수 있게 되었다.

이상과 같이 파지릭인의 펠트제 유물의 역사적 의의는 이미 사라져버린 고대 유라시아의 문화를 연구하는 근거가 된다. 기적적으로 보존된 파지릭의 펠트제 유물을 통하여 전성기 유목민족의 세계가 어떠했는지를 이해할 수 있다.

제 6 장

문신

몸은 자신이라는 존재인 동시에 다른 사람에 대한 표시도 된다.
마치 마법의 지리를 그려 넣은 지도처럼,
마치 공동체의 일원들이 자신들의 법칙을 써놓은 것처럼…
– 발레리 포도로가

처음으로 문신을 한 미라가 발견된 때는 1948년으로, 당시 세르게이 루덴코는 파지릭 제 2호 고분을 발굴하는 과정이었다. 그 미라는 약 60세가 된 몽골로이드 계통의 남성이었으며, 그의 손, 등허리의 상부, 정강이 등에 물고기를 포함하여 환상적이며 사실적인 동물들을 그려 넣은 문신이 남아있었다(루덴코, 1953, p.136~141)(그림 151-a).

두 번째 문신이 남아있는 미라는 1993년 여름에 발견되었다. 바로 우코크 고원의 아크-알라하-3유적 1호 고분이다(폴로스막, 2000, p.95~102). 여기에서는 젊은 여성의 손에서 어깨에 이르는 팔 전체가 문신으로 덮여 있었다(그림 151-b). 문신 그림은 푸른색으로 하얀 살갗 위로 잘 드러나 보였다. 왼손의 문신은 거의 전체가 잘 남아있었지만, 오른손은 대부분 손상된 상태였다. 또한, 양손의 손가락에도 일부 문신들이 시문되었다.

세 번째의 문신이 남아있는 미라는 베르흐-칼쥔-2유적 3호 고분의 젊은 남성으로 1995년 몰로딘에 의해 발굴되었다(그림 151-c). 이 남성의 왼쪽 어깨에는 굽이 달린 환상적인 동물이 표현되어 마치 어깨 쪽으로 박차고 나가는 느낌이다. 유감스럽게도 루덴코의 발견과 마찬가지로 우리가 조사할 당시 여성의 손가락이나 남성의 어깨에 있는 모든 동물 문신들을 완벽하게 떠서 보존할 수 없었다. 왜냐하면 이미 피부조직은 많이 손상되었고, 일부는 살갗으로 접혀있었기 때문이다.

 아크-알라하에 묻힌 여성의 왼쪽 어깨에는 다리엔 굽이 달리고 입에는 부리가 달린 그리핀의 모습이 시문되었는데, 뿔은 도식화되어서 영양과 사슴의 뿔 모습이며, 얼굴은 좀 과장된 그리핀의 형태다(그림 151, 151-b). 이 얼굴과 비슷한 또 다른 얼굴이 그리핀 등허리 부분에도 보인다. 몸통을 비틀고 있는 모습이다. 또한, 이 그리핀의 밑에는 뒤를 바라보는 양의 모습이 표현되어 있다. 이 양의 다리 쪽에는 기다란 꼬리를 늘어뜨린 점박이 표범이 표현되었다. 그 밑으로는 머리 부분은 남아있지 않는 육식동물의 몸통이 남아있다. 이 동물은 발톱을 드러낸 발과 얼룩무늬 호랑이 꼬리, 사슴몸통으로 이루어졌고, 등허리에는 도식화된 그리핀의 머리가 달려있다. 또한, 사슴의 뿔처럼 생긴 것의 끝머리는 그리핀의 머리로 장식이 되었다. 여성 미라의 왼쪽 손목에는 자잘하게 뿔이 늘어진 사슴의 머리가 보인다. 오른손 엄지손가락의 두 번째 마디에는 우제류 동물의 비틀어진 몸통이 새겨졌다(그림 153, 151-b). 이 모양은 비교적 단순하게 그려졌는데, 양처럼 보이긴 하지만 무슨 동물인지 정확하게 알기는 어렵다. 그리고 왼손에는 무명지와 중지에 잘 알아볼 수는 없는 작은 기호를 새겼다.

 이 아크-알라하 여성 미라에 새겨진 문신은 그 스타일이나 시문방법을 볼 때 파지릭 제2호 고분의 문신과 완전히 일치한다. 게다가 그 안의 양, 뿔이 달리고 그리핀의 부리를 한 우제류 동물, 고양이과의 육식동물 등 동물의 모티브마저 일치한다. 또한, 팔에 새겨진 그림의 모티브 역시 비슷한 편이다. 파지릭 고분의 남성과 아크-알라하 고분의 여성 어깨 상부에는 모두 환상적인 우제류 동물의

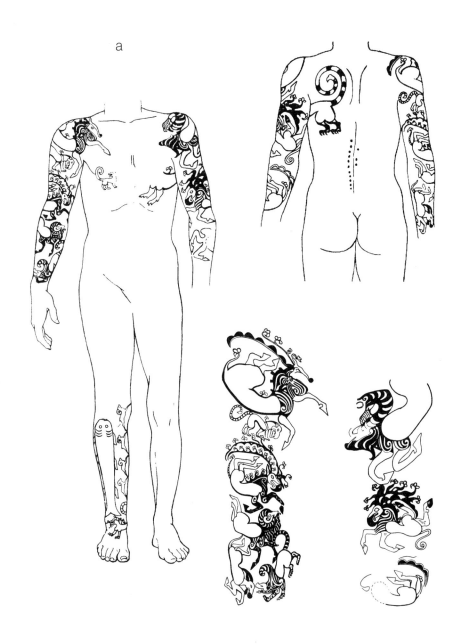

a

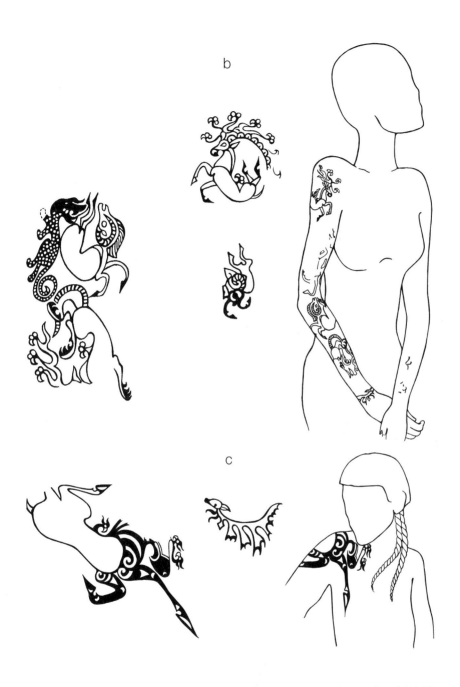

그림 151. 파지릭 미라의 어깨에 새겨진 타투, a-제 2호 파지릭고분(루덴코 발굴), b-아크-알라하-3유
적 1호 고분(폴로스막 발굴), c-베르흐-칼쥔-2유적 3호 고분(몰로딘 발굴), 각 타투의 복제 및 그래픽
은 슈마코바에 의함.

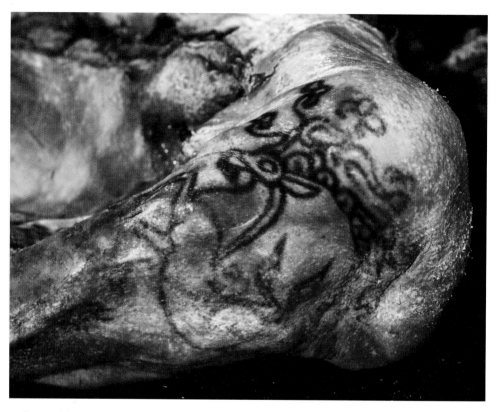

그림 152. 여성 어깨에 새겨진 타투, 아크-알라하-3유적 1호 고분

모습이 새겨졌다. 이는 양과 고양이과의 육식동물이 번갈아가면서 표현된 것으로, 이는 파지릭의 문신에서 기본적으로 보이는 모티브가 된다.

위에서 말한 두 미라에 새겨진 문신 스타일과 동일한 방법으로 베르흐-칼쥔-2유적 3호 고분의 남성 미라에도 문신이 새겨졌다. 즉, 베르흐-칼쥔-2 유적 출토 남성 미라의 어깨에는 우제류 동물과 비슷한 환상적인 동물이 새겨졌는데, 그 몸통은 사슴이며 부리는 그리핀, 그리고 뿔과 등허리에는 뿔이 달린 그리핀들이 새겨진 모습이다(그림 151-c).

파지릭인들은 바늘을 찌르는 방법으로 문신을 새겼다. 바늘을 찔러서 피부

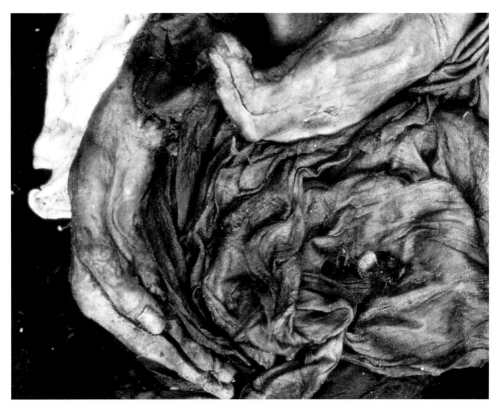

그림 153. 여성 오른손 엄지에 새겨진 타투, 아크-알라하-3유적 1호 고분

깊숙이 색소 성분을 침투시켰는데, 그 성분은 루덴코(1953, p.140)에 따르면 그을음으로 추정된다. 문신을 넣기 전에 밑그림을 그렸는지, 아니면 스탬프 같은 것으로 밑그림을 찍어놓고 문신을 했는지는 분명하지 않지만, 밑그림은 그리지 않고 직접 그린 것 같다.

이들이 문신을 할 때 어떠한 색소를 넣었는지는 기록에 남아있지 않다. 하지만 세계의 여러 주민집단들이 어떤 색소를 써서 문신을 했는지는 자료들이 많이 있다. 시베리아와 극동지역의 비교적 최근의 민족지적 자료를 보면, 문신에 넣는 색소는 그을음, 검댕 등을 기름, 오줌, 식물의 수액 등에 섞어서 만든 것을 주로 사용했다.

때로는 이 그을음이 구체적으로 솥에서 떼어낸 것이라는 증거도 있다(칸니스토, 1999, p.31). 루덴코(1929, p.17)는 오비지역 우고르인들은 문신을 하기 위해서 먼저 문양에 따라서 바늘로 구멍을 낸 후 솥에서 떼어낸 그을음을 가져다가 구멍을 낸 살갗들 사이에 비벼 넣는다고 한다. 재미있는 점은 투바인들의 전통적인 문화에서도 솥에서 떼어낸 그을음은 악령들로부터 사람이 안 보이게 해서, 사람들을 악령들로부터 보호하는 힘이 있는 신비한 물질로 생각한다. 그래서 만약에 아이를 안고 유르트 사이를 이동할 일이 있으면, 그 아이 얼굴에 솥에서 떼어낸 그을음을 바른다고 한다(포타포프, 1969, p.276). 알타이인들은 처음으로 방문하는 손님의 코끝에 그을음을 바르는 의식을 통해서 아일라의 불에 새로운 사람이 왔음을 알린다(샤티노바, 1981, p.119). 아마도 사람의 문신에 숯 검댕을 바르는 행위는 불−화덕−집−씨족으로 이어지는 익숙한 하나의 행위였을 것이다.

3유적−1호 고분에서 발견된 유일무이한 여성 문신에 대한 분석을 위하여 시베리아과학원 무기화학연구소와 촉매화학연구소의 도움으로 물리−화학적인 분석을 했다. 분석에는 엑스레이기법과 미세분석(microprobe)방법이 사용되었다. 살갗을 스캐닝하자 약 20마이크론 정도의 범위로 가로질러서 칼륨이 집중적으로 모여 있는 점들이 나타났다. 아마 여기에 드러난 점들은 피부에 문신을 한 흔적일 것이다. 칼륨 함유가 많다는 것은 아마도 이 문신에 쓴 색소가 식물계통임을 의미하는 것 같다. 즉, 식물성분을 오래 태워서 얻은 재나 숯에서 얻어낸 경우로 칼륨의 성분일 가능성이 높다. 쉽게 말하면, 그을음을 썼다는 뜻이다.

이번에 우코크 고원에서 발견된 여성과 젊은 남성의 몸에 새겨진 문신을 통해서 알 수 있는 것은 이전에 알려진 파지릭 2호 고분과 아크알라하의 여성과 남성에 새겨진 문신들은 모두 거의 동일하다는 점이다. 이렇게 그림 스타일과 모티브가 완벽하게 반복되고 있다는 점은 이들의 문신이 단순히 자기들의 몸에 그려 넣은 문양이나 그림이 아니라 당시의 사회체제에 따른 일종의 '텍스트'였을 가능성을 제시한다. 무문자사회에서는 기록을 남기는 대신 계속 반복해서 재창조한다. 즉,

문자대신에 상징을 계속 기억시키는 것이다(로그만, 1996, p.347). 파지릭의 문신도 이러한 범주에 속하는 것이다. 즉, 파지릭인의 몸통에 남은 환상적인 동물의 형상은 그림으로 남긴 파지릭인의 언어이며, 그들의 선조들로부터 전해진 언어이다. 파지릭인의 몸에는 성스러운 편지가 새겨진 것이며, 그러한 중요한 정보 전달을 신화적인 형태로 이룬 것이다. 이런 방법으로 자연적으로 만들어진 인간의 몸은 그 부족의 지혜를 전달하는 상징으로 변하게 된다.

파지릭인의 주변에는 역시 문신을 하는 풍습을 가진 주민들이 살고 있었다. 하지만 그들과 파지릭의 문신 사이에 공통점은 많지 않다. 신강성에서 발견된 유로포이드 미라에서는 팔의 상반부, 손, 손가락, 그리고 등허리에 식물 또는 기하학적 문양을 새긴 것이 남아있다(Debaine-Francfort, 1988, p.5~29, Mallory, Mair, 2000, pl.7~8). 유감스럽게도 이 신강성 문신에 대한 상세한 정보는 알 수 없다[142].

수바쉬-3유적의 2호 고분에서는 미라화된 남성의 머리가 발견되었고, 여기에도 무늬를 넣은 흔적이 발견되었다. 이마 가운데에는 2줄의 선이 수직으로 나있으며, 뺨에는 2줄이 수평으로 나있었다. 아마 사자의 얼굴에 줄을 그은 것은 매장과 관련된 습속의 하나라고 생각된다(郭建國 1994, p.20). 또한, 이러한 예는 이것이 유일한 것이 아니다. 신강성 체르첸의 자군루크무덤에서도 발견되었다(Barber, 1999, p.47; Mallory, Mair, 2000, pl.1). 한편 얼굴을 물감으로 칠하는 풍습은 미누신스크의 타가르인들 사이에서도 있었던 것 같다. 타가르인의 무덤에서 발견된 데드마스크가 물감으로 칠해진 것이라는 점이 그 간접적인 증거가 된다. 아직 파지릭에서 얼굴에 그림을 새긴 증거는 발견되지 않았다. 우코크 고원의 경우 얼굴 자체가 남아있지 않았다. 언젠가는 밝혀질 것으로 기대한다.

많은 고대 사회에서 문신은 큰 의미를 지니는데, 주로 이는 소년과 소녀의 성인식과 관계가 있다. 사모사의 주민들의 경우 아직 문신이 없는 청소년들은 결혼도 할

---

142) 현재까지 내가 알고 있는 신강성의 미라에 새겨진 문신에 대한 연구논문은 우지용이 1995년에 발표한 '신강성 고고유물 속에서 발현된 색소와 문신'이라는 논문이다(于志勇, 1995, p.98~104).

수 없다. 또한, 문신을 할 수 없는 가난한 사람이나 천한 신분의 사람은 놀림의 대상이며, 남자들의 모임에서 발언권도 없어서 사실상 존재감 자체가 없다(레비−브륄, 1994, p.276). 문신과 방혈은 죽음과 부활의 상징이며, 이 과정을 통하여 원시사회에서 각 개인들은 영혼의 세계로 다가설 수 있게 된다(엘리아드, 1994, p.178). 흉터, 문신, 절단 등의 흔적은 사회적으로 강제적인 힘을 가하여 만드는 표시를 말한다. 바로 이러한 표시는 각 사회의 공동체들에게 필수적인 기억의 의미를 잊지 않게 해주며, 개개인들에게는 허락된 것과 금지된 것들에 대한 기억을 계속 하게 한다(포도로가, 1994, p.90). 성인식 이후에 몸은 새로운 사회적인 코드를 기록할 수 있는 새로운 상태가 된다. 즉, 공동체를 위한 자신들의 법칙을 적을 수 있는 장소가 된다(전게서). 파지릭 문신에 새겨진 모습들은 파지릭인들의 복식, 모자, 일상용품, 그리고 무기에 새겨진 여러 모습들과 부합한다. 아마 모두 같은 언어였을 것이다. 다른 모든 불평등사회와 마찬가지로 파지릭 사회에서도 어떤 사람은 문신을 많이 하고, 어떤 사람은 적게 했을 것이다. 고대 일본인 사회에서도 상층계급과 하층계급 사람들은 서로 다른 그림을 몸에 그렸다(큐네르, 1961, p.243~245)[143]. 또한, 문신을 신체 어느 부위에 하는 가도 중요하며 의미 있는 문제였다. 예컨대 아크−알라하 출토 여성 미라의 손가락에 새겨진 문신들은 서로 차이를 알아보기 힘들 정도이다. 비교적 알아보기 쉬우며 큰 문신은 오른손 엄지에 새겨진 환상적인 동물이다. 이런 현상은 알타이 전설을 통해서도 이해할 수 있다. 그들의 전통에 따르면 엄지에는 사람의 영혼이 깃들 수 있으며, 엄지손가락은 바로 삶의 가장 순수한 본질을 대표한다고 한다(르보바, 옥탸브르스카야 외, 1989, p.61~62). 우랄−알타이 세계에서 오른손 엄지는 사람의 존재를 상징하며, 그 씨족집단(род)을 대표한다고 한다(사갈라예프,

---

143) 또 다른 증거로는 마르코 폴로가 기록한 칸기구(아마 라오스 북부) 주민에 대한 기록을 들 수 있다. '여기 사람들은 남자이건 여자이건 몸에 그림을 그리는데, 그 모습을 얘기해보겠다. 바늘로 몸 위에 사자, 용, 새 등 각종 모양을 그리는데, 이 그림들은 지워지지 않는다. 얼굴, 목, 배, 손, 다리 등 모든 몸에 그린다. 문신이 많을수록 그들은 더욱더 고귀한 신분이라고 생각한다(플라노 카르피니, 1997, p.290).'

1991, p.116). 그리고 아마 다른 여러 전통적인 문화와 마찬가지로 파지릭인에게도 남자와 여자는 서로 문신이 달랐을 것이다. 현재까지 알려져 있는 자료로 볼 때 여성의 문신은 좀 더 작으며 화려한 그림으로 만들어졌다. 여성의 몸에는 남성에 비해서 그림을 그릴 수 있는 면적이 작기 때문이다. 어떤 그림들에서는 좀 더 그림이 뚜렷하고 도드라지게 보일 수 있도록 하기 위하여 한 묶음의 바늘로 문신을 새겼을 것이다. 그러한 방식으로 문신을 좀 더 쉽고 빠르게 할 수 있다.

파지릭의 문신 시문은 현대적인 시각으로 보아도 높은 수준이다. 가장 간단한 도구로(아마 바늘 1개) 그들은 아주 높은 예술적 수준에 도달했다. 아마 이런 수준의 문신을 할 수 있는 장인은 많지 않았을 것이며, 한번 시문한 것은 다시 고칠 수도 없고, 이미지가 불명확해도 안 되기 때문이다. 몸에 지워지지 않는 그림을 그린다는 것은 의식으로도 승화된 종교적인 의미를 말한다. 왜냐하면 그림이 그려지고 나면 사람의 존재자체가 완전히 바뀌기 때문이다. 아마도 문신 기술자는 파지릭 사회에서는 특별한 재능을 부여받은 것으로 인정받고 높은 위치를 점하여, 의식을 주재하는 사제와 같이 대했을 것이다.

파지릭 제 2호 고분의 남성미라와 아크-알라하-3유적 1호 고분의 여성미라에 새겨진 문신들은 너무나 스타일이 흡사해서 마치 한 사람이 그린 것 같다는 느낌이 들 정도다. 베르흐-칼쥔-2유적의 남성 미라에 가서야 색다른 문신 스타일이 등장한다. 즉, 짐승의 뿔과 허리춤에 그리핀 머리를 붙인다(그림 151-c). 우리에게 알려진 이 3구의 미라에 새겨진 문신은 모두 한 사람의 기술자가 새겼을 가능성도 배제할 수 없다. 실제로 최근 분석된 수륜연대측정법의 결과, 이 세 유적을 매장한 시기는 서로 매우 가깝다. 다시 말하면, 이 세 고분의 매장은 아주 짧은 시기에 이루어졌을 가능성이 있다. 특히 2고분(베르흐-칼쥔-2유적 3호 고분과 아크-알라하-3유적 1호 고분)은 그냥 동시기에 축조되었다고 보아도 될 정도다.

살갗의 의미는 때때로 혈연관계를 상징하기도 한다. 예컨대 아브하지어로 '너의 가죽(살갗)이 나의 살갗이 되기를' 이라는 표현은 사실 '나도 너와 같은 사람이 되길 바라며…'라는 의미이다(체스노프, 1991 b, 142). 따라서 인공적으로 살갗에 무엇인가를 새긴 것은 그 사람과는 떼려야 뗄 수 없는 것을 의미한다. 아마 같은 스타일의 문신을 했다는 것은 같은 친족집단임을 증명하는 것일 수도 있다.

어깨 부위는 가장 눈에 잘 뜨이며, 또 문신을 하기 좋은 곳이다. 아마 여기에 가장 중요한 상징이 들어갔을 것이다. 3구의 미라의 어깨부위에는 모두 환상적인 동물들이 시문되었다. 문신은 산 사람 뿐 아니라 죽은 사람에게도 많은 의미를 지니고 있다. 카짐의 한티 족은 어깨에 날아오르는 새의 모습을 문신하는데, 이 새는 사람이 죽은 후에 바다를 건너 죽음의 나라로 가는 데 도와주는 역할을 한다고 한다(쿨렘진, 루키나, 1992, p.85). 3구의 미라 어깨에 새겨진 환상적인 동물은 바로 그리핀의 부리가 달린 사슴이다. 이 동물은 몸통은 비틀어있고 뿔은 화려하게 늘어졌는데, 그 위에는 또 다른 그리핀 머리들이 장식된 것이다. 아마 이 그리핀들은 사람이 저승으로 가는 데 도와주는 조력자였을 것이다. 상징물이 생각을 표현하는 주요한 요소가 되었던 시기였기 때문에 이렇게 여러 이미지가 혼합된 것은 파지릭인들에게 저승을 의미하는 것일 수 있다.

파지릭 2호 고분의 남성은 온 몸을 덮을 정도로 문신을 한 바, 이에 대하여 그랴즈노프는 파지릭 사람들이 문신을 서로 싸움을 할 때 드러내는 부분들에 대한 것이라고 주장을 했다. 물론 이 전쟁은 전사들 사이의 싸움뿐 아니라 괴물들과의 싸움, 즉 샤먼들의 전쟁을 위해서라고 했다(그랴즈노프, 1961, p.12). 물론, 몸 위의 문신은 옷 속에 감추기 위하여 한 것은 아니었을 것이다. 어떠한 급박한 상황이 되면 전사들은 가슴을 풀어헤치고 여성들은 문신이 된 팔을 펼쳤을 것이다. 그리고 평소 생활에서도 문신은 보였을 것이다. 아마 이런 것들을 감안하고 문신을 했을 것이다. 호르트족(티베트 북부의 고원지대에 사는 유목—목축민)의 복식을 언급하면서 레리흐는 안에 셔츠를 입는 경우는 별로 없으며 대부분의 사람들은 맨 몸에 양털코트를 걸치는데, 작업을 할 때는 그 양털 코트를 벗어서 오른쪽 어깨에 걸쳐놓는다고 했다(레리흐 1982, p.213). 파지릭 사회에서도 남자는 셔츠를 입지 않았으며, 여성들만 입었다.

아마 파지릭 사회에서 최상위계급 남자들만 셔츠를 입을 수 있는 사치를 누렸을 것이다. 아마 파지릭인들은 몸통에는 외투만을 걸쳤고 자주 자기의 외투를 어깨에서 벗어서 가슴을 드러냈을 것이다(이 경우에 외투는 허리띠에 계속 걸치고 있기 때문에 몸에 붙어있다). 아울러 의복 착용과 문신은 전통문화에서는 서로 배타적으로 존재하는 것은 아니다. 예컨대 19세기 초에 카프카즈를 여행했던 I.쇼펜은 아제르바이잔 여성 복식(앞으로 넓게 열리는 셔츠)의 기본적인 특징은 춤을 출 때 춤사위에 따라서 다양한 문신을 시문한 구리 빛 몸을 드러내기 위해서라고 했다(볼코바, 1981, p.114).

복식은 민족들을 구분하며 사회에서의 위치를 나타낸다는 매우 중요한 역할을 한다는 것은 부정하기 어렵다. 다른 많은 고대와 중세시대의 민족집단들과 마찬가지로 파지릭인들에게 신체 자체 역시 이러한 역할을 했다. 즉, 성인식 때 육체적인 신체는 사회적인 신체와 개별적 위치를 부여받는다(포도로가, 1994, p.90). 이 새로운 신체는 지워지지 않는 기호로 덮여지며 다른 짐승, 신, 귀신, 선조, 사물 등의 몸과 서로 떨어지지 않게 된다…. 개개인의 신체는 여러 가지 다른, 살았건 죽었건 그의 존재를 둘러싼 다른 여러 객체들과 좀 더 복잡한 관계를 맺게 된다(전게서).

현재까지 발견된 문신이 새겨져있는 파지릭인 미라 3인은 살아생전 서로 본적이 없었을지도 모른다. 하지만 그들 몸에 새겨진 문신을 통해서 그들은 살아서도, 그리고 죽어서 저승에서도 서로 일정한 관계를 맺고 있음을 알 수 있다. 문신은 파지릭인들에게 결코 낯선 것이 아니었다. 다만 성별, 사회적 위치, 사회에서의 기능 등 다양한 요인에 따라 문신의 숫자, 시문되는 위치, 조합, 표현된 형태 등이 결정되었다. 모두 8구의 미라가 발견되었는데, 그중 3구에만 문신이 시문되었다는 점도 간과할 수 없다. 다시 말하면 파지릭사회에서 상위계급이라고 무조건 문신을 한 것은 아니라는 뜻이다. 아마도 지워지지 않는 그림들을 모든 계급의 파지릭인들이 그렸다고 보기는 어려울 것이다. 어쨌든 파지릭 사회의 일반적인 무사들도 문신을 했다는 점은 분명하다. 이로코이의 전사들은 자신의 몸에 선조의 형상을 문신했다(아베르키예바, 1974, p.13). 아마도 우리에게 알려진 이 파지릭 문신은 특정한 씨족 또는 부족의 기호일 가능성도 있다.

　한티, 만시, 셀쿠프, 에벤키, 야쿠트와 기타 시베리아의 여러 민족들 사이에서는 간단한 기법의 문신기술이 널리 퍼져있다. 그들은 보통 문신을 치료기술의 일부로 사용한다(카니스토, 1999, p.43). 예컨대 한티 인들이 문신을 하는 이유는 내장에 깃든 병이 문신에 새겨진 동물이나 새 등으로 옮겨가게 하기 위해서이다(쿨렘진, 1984, p.119~12)[144]. 이렇게 몸에 신비한 힘을 지닌 기호를 새겨 넣어 병을 고친다는 문신의 의미는 파지릭인들 사이에도 있었을 것이다. 실제로 파지릭 2호 고분에서 출토된 미라의 허리부분에는 척추뼈를 따라 양쪽으로 1열씩 동그라미 모양으로 문신을 한 흔적이 있다. 아마도 이는 이런 저런 이유로 아픈 허리부위에 치료 목적으로 문신을 한 것 같다(루덴코, 1953, p.138). 이렇게 이 남성의 허리나 발목에 점을 찍은 문신을 한 것은 일종의 반사요법을 쓴 것으로 추정된다(발로노프, 1987, p.93).

　에스키모 인들의 문신에서 인형(사람모양)은 그 사람의 보호자 역을 했으며, 심지어 그 인형에 음식과 담배를 가져주기도 했다. 또한, 작게 문신한 기호는 사냥꾼들을 바다와 툰드라에서 각종 어려움으로부터 지켜주는 역할을 했다(코체쉬코프, 1989, p.34). 파지릭의 문신 역시 보호하는 의미가 있다고 한다(루덴코, 1953, p.141).

　문신을 하는 이유를 단순히 한가지로 지정할 수는 없다. 그들의 의미는 다양하기 때문이다. 사회적으로 높은 신분을 강조하거나 그들의 훌륭한 출신배경, 용맹, 개인적인 자유 등을 의미할 수 있다. 또한, 치료 목적이나 보호를 하려는 의미로 시문하기도 한다. 장식적인 의미와 아울러 종교적인 의미, 종족(또는 씨족)의 상징, 가문의 문장 등을 의미한다. 물론, 이와 동시에 문신은 앞에서 말한 것과는 정반대로 치욕, 구속, 복종, 신분의 강등 등을 의미할 수도 있다. 솔리의 클레아르흐(Clearchus

---

144) 린데 박사의 기록(1739)에 따르면 카자흐 초원에서는 피부탄저병을 암모니아 소금을 붓고 그 위에 담뱃잎을 덮은 바늘로 치료한다고 한다(팔킨, 1967, p.325).

of Soli)는 스키타이 여인들이 프라키야 여인들의 몸에 문신을 한다고 기록했는데, 몇 년이 흐른 후에 이와 같은 치욕을 겪은 프라키야의 여인들은 그 불행의 흔적을 지우고 몸의 다른 부분과 같이 칠해서 다양한 그림과 기호 안에 들어있는 과거의 폭행과 치욕의 상징을 지우려고 했다고 한다(라트이셰프, 1993, p.168).

이를 감안할 때 고대의 문신들은 경우에 따라 각자가 속한 문화의 맥락에 맞게 다양하게 해석되어야 한다.

아마도 파지릭인들의 문신을 통해서 파지릭인들은 우리가 현재 부르는 '파지릭문화'라는 공동체에 속하게 되었을 것이다. 지워지지 않는 동물의 상징은 그들에게 그만큼 소중한 의미였기 때문에 힘든 과정을 거쳐서라도 몸에 문신을 남기고자 했고, 각 개인을 그 사회의 놀랍고 신비스러운 비밀에 동참할 수 있게 하고, 그 일원이 될 수 있게 한 것이다.

제 7 장

발삼처리
엠버밍

누가 묻기를
죽은 자들이 어떻게 다시 살아나며
어떠한 몸으로 오느냐 하리니
–고린도전서 15장 35절

    그리스어 balsamon에서 유래한 발삼은 아열대와 열대지역의 식물에서 추출한 향, 송진 등을 기름에 녹인 천연제품을 말한다(고대 사전, 1989, p.70). 발삼처리 (엠버밍)[145]란 시신의 조직에 그 시신의 부패를 방지하는 물질을 침투시키는 것을 말한다(소련백과사전, 1984, p.106). 내가 여기에서 파지릭의 미라에 대해서 쓰는 발삼처리라는 뜻도 여기서 유래한 것이다. 고대 이집트와 근동의 여러 나라에서는 발삼처리를 위하여 발삼을 사용했으며, 우코크의 파지릭인들은 같은 목적으로 다른 물질들을 사용했다. 그 자세한 성분은 밑에서 설명하겠지만 기본적인 용법은 변하지 않았다[146].

    헤로도토스의 책 [역사]에는 스키타이인이 자기들의 왕을 발삼처리하는 과정이

---

145) 발삼처리(엠버밍)는 한국어의 '염습'이라는 의미가 가장 가깝다. 하지만 본고에서 설명하는 발삼처리는 단기간에 매장을 위한 시신 수습을 의미하는 '염습'과는 달리 시신의 정화 및 장기간 보존을 내포한다는 차이가 있다(역자 주).

146) 파지릭미라의 연구경험을 통해서 볼 때 알타이인들의 발삼처리 기술은 아주 다양해서 그들의 사회적인 신분뿐 아니라 속해있는 씨족 및 다른 이유와 상황에 따라 변했다. 따라서 여기서 살펴볼 우코크의 발삼처리에 대한 연구를 스키타이시대 전 알타이지역으로 확대 해석해서는 안 된다.

설명되어 있다. "왕이 죽으면 그곳 땅에 큰 사각형 구덩이를 판다. 구덩이가 완성되면 전신에 밀랍을 바른 시신을 수레에 싣는다. 그 전에 시신의 배를 절개하고 깨끗이 청소한 다음 으깬 생강, 향료, 파슬리 씨, 아니스를 넣고 다시 봉합한다. 그 후 시신을 수레에 싣고 다른 부족들에게 간다."[147]

최근에 I.S.카메네츠키는 헤로도토스가 언급한 스키타이 왕의 발삼처리 기법에 쓰인 약초들은 현대의 학명으로 바꾸는 세심한 작업을 진행했다. 카메네츠키의 연구에 따르면 헤로도토스의 텍스트를 현대어로 세심하게 번역하면 다음과 같이 된다고 한다. "배를 가르고 그 안을 깨끗이 한다. 그 후에 莎草(nutsedge, Cuperus longus L, 또는 Cuperus rotundus L.), 향초, 셀러리의 씨앗(Apin graveolens L.), 아니스(Pimpinella anisum L.) 등을 채워 넣고 다시 꿰맨다···(카메네츠키, 1995, p.73)." 현재로서는 만약에 헤로도토스가 기록한 대로 스키타이인들이 자신들의 왕을 발삼 처리했다면, 그들은 이러한 약초들을 얻기 위해서 전쟁을 해서라도 소아시아, 이란, 쿠르디스탄 등 이 풀들이 자라는 곳으로 가야만 한다(전게서, p.74). 헤로도토스가 기록한 것들을 가장 정확하게 이상적으로 밝혀낼 수 있는 방법은 스키타이의 유물을 조사해서 당시 발삼처리를 할 때 썼던 물질들을 찾아내는 것이다. 그런 조사를 할 수 있는 곳은 알타이지역이 유일하다. 하지만 실제 여성(미라)의 뱃속은 공동인 상태여서 분석할 수 없었다(전게서, p.73). 세르게이 루덴코는 자신의 저서에서 파지릭의 발삼처리 기술에 대하여 육안으로 관찰한 바를 기록했는데, 물론 이는 완벽하지 않고 부정확한 것이다. 게다가 파지릭 발삼처리는 스키타이 것과 다를 가능성도 크다. 우코크 고원에서 출토된 파지릭 미라는 파지릭인들이 시신에 발삼처리한 방법과 비결을 연구할 수 있는 새로운 차원의 자료를 제공한다.

1993년에 아크-알라하에서 발삼 처리한 여성의 미라가 발견되고(폴로스막, 1996 p.142~168), 1995년에는 다시 남성의 미라가 발견되자(몰로딘, 1995, p.87~89),

---

147) 필자가 인용한 헤로도토스의 인용문에 대한 번역은 다음 번역서의 내용을 따랐다(역자 주)(헤로도토스 지음, 천병희 옮김, 2009, [역사], 도서출판 숲).

그림 154. 통나무관속의 여성 미라, 아크-알라하-3유적 1호 고분

비로소 발삼처리 기술은 파지릭 상부계급의 사람들(루덴코, 1953)만 행한 것이 아니라 일반무사급이나 중간계급의 기마전사들도 행했음이 알려졌다. 발삼처리를 위해 쓰인 재료들을 밝히기 위해서는 아크-알라하-3유적 여성 미라의 빈 배에 채워진 물질만을 분석했다. 베르흐-칼쥔-2유적의 남성 미라는 뱃속의 내장들은 제거되고, 그 빈 속을 따로 채우지는 않았기 때문이다. 파지릭인들은 최소한의 처리로 발삼처리를 하는 것이 널리 유행했다.

성분의 분석에는 모스크바에 소재한 러시아 연구소연합 생물학 분과의 약초 및 향초연구소 V.I.코젤체프, 스위스의 해부병리학자인 R.하우리-비온드와 그의 조교인 U.블레터, 시베리아과학원 촉매화학연구소의 V.V.말라호프, 시베리아과학원 유기생물화학연구소의 V.G.스테파노프, 스위스 비스멘도르프소재 연방삼림적설 및 경관연구소의 나무 해부의 전문가인 V.쇼흐 씨 등의 도움을 받았다.

주지하다시피, 모든 파지릭 미라는 영구동결대 속의 얼음에서 발견되었다. 바로 이러한 정황이 그들의 보존에 결정적인 영향을 미쳤다. 하지만 파지릭 발삼처리 기술 역시 높은 경지에 이르렀다[148]. 만약 얼음 고분 속의 시신에 발삼처리를 하지 않고, 그냥 시신을 묻은 경우에도 아주 운이 좋은 상황이라면 마찬가지로 잘 보존되었을 것이다. 얼음과 추위는 훌륭한 방부제가 된다는 점은 맘모스의 사체나 5천 년 전 알프스에서 죽은 Ice Man의 예(Der mann im Eis, 1992), 500년 전 안데스 산맥의 잉카문화에서 살았던 페루의 소녀 'Ice Maiden'(Reinhard, 1997, p.4), 베레조보에 묻힌 지 100년 후에 다시 발굴된 멘쉬코프 公의 무덤(랴잔체프, 1994, p.164) 등이 그 좋은 예가 된다.

또한, 발견 당시에 2500년이라는 세월이 무색할 정도로 잘 보존되어 있던 미라는 알타이 주민들이 무덤에 묻히기 전까지 시신을 장기간 양호한 상태로 보존시키는 방법을 이미 알고 있었음을 증명한다. 우코크의 발굴로 파지릭의 주민들 대부분은

---

148) 때때로 위생환경이 좋지 않을 때 시신을 염습하는 과정에서 미라화가 진행되기도 한다. 이집트에서는 사막과의 경계에서 아주 잘 남아있는 미라들을 발견할 수 있는데, 미라가 발명된 왕조시대 이전부터 만들어진 것이다(쎄람, 1986, p.111; 코트렐, 1982, p.31). 이 미라들은 나일강의 기후환경, 청결한 공기와 모래 덕분에 이렇게 보존될 수 있었다. 바로 이러한 요소들 덕분에 파라오의 미라가 잘 보존될 수 있었지, 순수하게 이집트인의 미라기술 때문만은 아니다(쎄람, 1986, p.111; 자마로프스키, 1981, p.193). 이집트 다음으로 많은 수의 미라가 발견된 곳은 중국의 신강성이다. 최근까지 알려진 미라들의 목록과 기술이 발표되었다(Wang, 1996, p.53~69). 그들의 보존에는 고비사막 근처에 있는 이 지역의 건조한 기후환경이 큰 역할을 했다. 신강성에서 가장 오래된 누란의 미라가 보존될 수 있었던 데는 자연적인 미라화가 큰 역할을 했다고 보는 것이 널리 인정된다. 즉, 시신은 사막의 태양에 바싹 건조되고, 겨울에는 얼어붙어 버리거나, 모래땅에 묻혀버린다. 이 모래땅에는 소금의 성분이 많기 때문에 박테리아의 증식을 막아준다(Mair, 1995, p.28). 또한, 겨울에 매장된 경우만 시신들이 미라화 된다고 하는 연구도 있다(Mallory, Mair, 1999, p.178~179). 훨씬 후대의 미라 중에서 상태가 좋은 체르첸 자군루크 출토의 남성, 여성, 어린 아이의 미라는 표면에 동물성 단백질로 덮여있었다. 우루우치 박물관의 보존처리 전문가 Ting Ling에 따르면 이 성분이 항균제 역할을 해서 미라화를 촉진했다고 한다(Barber, 2000, p.31~32).

고인이 된 사람을 인공적으로 미라화 시키는 기술을 널리 사용했음이 밝혀졌다. 하지만 현재까지 남아있는 미라는 냉동되었기 때문에 보존된 것으로, 발삼처리의 정교함은 보존에 큰 문제가 되지는 않았다. 일반무사의 고분에서는 미라를 만들기 위해 단순히 배와 가슴을 갈라서 내장을 꺼내는 정도의 단순한 방법을 사용했다. 하지만 훨씬 고도의 기술을 사용해서 미라로 만든 귀족계급의 고분이라고 해도 고분이 얼음 속에 위치하지 않았다면 남아있지 않았기 때문이다. 이런 정황은 최근에 카자흐스탄과 프랑스 발굴팀이 공동으로 조사한 베렐의 귀족고분에서도 밝혀졌다. 베렐 고분의 시신은 뼈만 남은 상태였다(Francfort, 1995, p.44, 57).

또한, 시신을 매장하는 계절도 미라의 보존에는 큰 영향을 미치지 않았다. 쇼흐는 아크-알라하-3유적 1호 여성고분의 매장 시기를 배장한 말에게 먹인 마지막 사료의 건초를 분석하여 알아냈다. 그 결과 새 나이테 고리가 형성되기 시작하는 것으로 그 시기가 6월 중순임이 밝혀졌다. 또한, 화분분석 결과로도 매장이 이루어진 시기는 알타이 고원지역의 봄이었음이 밝혀졌다.

우리가 발굴하는 순간까지 이 여성 미라가 냉동상태로 보존되려면 매장을 한 이후 첫 번째 겨울에 온 몸이 완전히 냉동되어야 한다[149]. 고병리학자들의 연구에 따르면 이 고분에서 얼음들은 항구적으로 존속해 있었으며, 중간에 녹았다가 다시 얼었을 가능성은 없다고 한다. 우코크 고분에서는 최초로 목곽 전체가 완벽히 얼음

---

149) 미라가 발견된 무덤에 배장된 말의 보존 상태는 극히 불량했는데, 그것은 다음과 같은 이유로 설명된다. 첫 번째로 그 말의 시신은 사람의 시신과는 달리 별다른 방부제 처리 없이 모든 장기가 들어 있는 몸통을 그대로 지체하지 않고 넣었기 때문이다. 두 번째로 말은 원칙적으로(베르흐-칼쥔-2유적 3호분을 비롯하여 다른 일반 무사급 고분 포함) 사람의 매장보다 더 위쪽에 위치한다. 즉, 얼어 붙은 토양이 다다를 수 없는 위치이다. 세 번째로는 만약 말이 사람과 같은 깊이에 위치했을 경우(아크-알라하-3유적 1호 고분) 별다른 목곽을 설치하지 않은 채 그냥 땅을 판 구덩이에 그대로 넣었다. 네 번째로 아주 좋은 구덩이 안에 밀어 넣어서 부장했기 때문에 보존상태가 좋을 수가 없었다. 이와 같은 모든 악조건에도 불구하고 얼음고분에서는 갈기, 땋은 꼬리장식, 위장 등 대부분의 경우 흔적도 없이 사라져 버리는 것들이 남아 있었다.

150) 파지릭고분의 경우를 보면 파지릭 2호 고분의 얼음층은 도굴된 부분 직전까지 형성되어 있어서 모두 두께는 중앙부의 경우 40cm 정도이다. 또한, 파지릭 1호 고분의 경우 5cm에 불과하며 3, 4, 5호 고분의 경우 얼음은 적석과 통나무 목곽 천정부까지만 형성되어 있었다(루덴코, 1953, p.21~22).

에 차있는 상태였기 때문에 도굴되지 않을 수 있었다[150]. 다시 말하면 모든 목곽의 내부가 얼음으로 차는 것은 아니다. 파지릭 고분의 내부에 얼음이 생기는 이유에 대해서는 다음을 참조하기 바란다(루덴코, 1953, p.18~21). 우코크에서는 목곽이 설치된 이후 비교적 빠른 시기에 물이 차올랐는데, 아마도 이것은 아크-알라하 강 계곡의 지하수가 올라온 결과인 듯하다. 귀족급 고분의 묘광깊이(약 3m)는 이 지역에서 평균적으로 영구 동결대가 형성되는 깊이와 일치한다. 물론, 지질학자들은 현재 영구동결대는 고정적인 것이 아니라 간헐적으로 이동한다고 한다(차이코, 1994, p.10). 실제 발굴시에도 아무리 더운 여름 날씨라도 이 정도 깊이를 파면 땅은 마치 돌처럼 단단하게 얼어있었다(아크-알라하 지역의 고분들은 충적지층을 판 것이다). 묘광으로 차오른 물은 이 천연의 '냉장고'와 같은 목곽 속으로 들어찼을 것이다[151].

아마 우코크에 살고 있는 파지릭인들은 영구동결대의 효과에 대해서 잘 알고 있었을 것이다. 즉, 그들은 추위와 얼음이 시신의 손상과 부패를 막아준다는 것을 알았을 것이다. 고원지대에서 그러한 지식은 일상적인 생활에서 경험적으로 얻을 수 있다[152].

조로아스터교에서 얼음, 추위는 죽음을 상징하였다. 아후라-마즈다는 이무에게 '이 악한 세계에 겨울이 오면 강한 죽음의 추위가 밀려오고, 그로부터 거의 모든 생물은 죽는다(아베스타, 비데브다트, 프라가르드, 2, 22)'고 했다. 얼음은 현대의 아브하즈어에서도 죽음을 의미한다. 아브하즈인은 사람이 죽으면 '우리 사이에는 얼음이 놓였다'라고 말한다(체스노프, 1991 a, p.252).

---

151) 베르흐-칼쥔-2유적에서 상황은 다소 달랐다. 이 지역에서는 물이 쉽게 차들어 갈 수 없는 진흙을 파고 무덤을 만들었다. 이 지역은 비교적 빠르게 빗물이 차오른다. 적석과 돌로 채운 묘광수혈을 지나서 목곽을 통과한 물은 그 밑의 층에서 물이 잘 침투하지 않는 진흙층을 만나게 되어서 물이 지속적으로 고이게 된 것이다. 우코크 고원에서는 전체 강우량의 80~85%가 여름과 가을에 집중된다. 아마 이때 집중되는 강우량은 봄~초여름에 만든 일반무사급 고분의 목곽을 물로 채우는 데 충분했을 것이다. 겨울이 되면 이 물들은 이미 단단한 얼음덩어리가 되어버린다.

152) 아마 우코크지역에서 추위와 얼음은 매장을 하기 전까지 시신을 잘 보존할 수 있었던 가장 중요한 요소였을 것이다. 잉카를 보고한 가르실라사 데 라 베가는 잉카의 왕을 발삼 처리하는 데 가장 중요하며 또 좋은 방법은 그 시신을 눈 근처로 옮기는 것이라고 했다(가르실라, 1974, p.337).

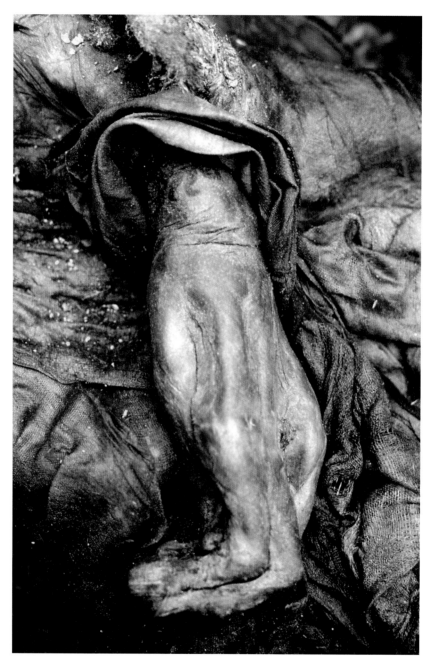

그림 155. 여성 미라의 손가락, 아크-알라하-3유적 1호 고분

우리가 발굴 중에 여성의 미라가 얼음에서 드러나자, 옷소매에서 드러난 그녀의 손목의 양호한 보존 상태와 드러난 왼쪽 어깨의 푸른 문신이 하얀 피부에 선명하게 드러나는 것을 보고 놀라지 않을 수 없었다(그림 152, 155). 고병리학자의 견해에 따르면 미라가 이런 정도로 보존상태가 좋은 이유는 시신을 매장하기 전에 미리 건조시켰기 때문이라고 한다. 하지만 주지하다시피, 피부를 장기간 외부 공기에 건조시키면 그 피부는 수축되어서 주름이 생기게 된다. 또한, 빛깔은 어두운 갈색계통이 된다. 아마도 파지릭인들은 마치 현재의 알레우트인들이 미라를 만드는 것처럼 이 시신을 건조시키면서 종종 조심스럽게 그 표면을 닦고 건조한 상태로 보존했을 것이다(라플린, 1981, p.35). 하지만 이 시신을 완전히 다 건조시키지는 않고, 매장 전까지 건조하며 서늘한 곳에 보존하였을 것이다. 어쩌면 이러한 과정을 거치는데 적당한 빈소를 마련했을 수도 있다.

미라를 좀 더 상세하게 보자, 시신의 각 부위의 보존 상태는 서로 다르다는 것이 드러났다. 얼굴, 가슴, 복벽 부분은 보존 상태가 아주 좋지 않았다. 얼굴 살갗은 거의 남아있지 않았으며, 단지 얼굴이 굽혀진 쪽인 오른쪽 턱 부분에만 일부 남아있었다. 또한, 상악골 근처에도 일부 남아있었다. 뒷머리에는 4~5cm 정도의 직경으로 불규칙한 구멍이 나있는데, 아마 뇌수를 빼기 위함인 것 같다. 고병리학자가 두개골의 안 쪽을 검사한 결과 뇌수를 빼내기 위하여 금속제 도구(예컨대 칼)를 써서 긁었을 때 나타나는 긁힘 흔적은 없었다. 따라서 뇌수는 목제 숟가락과 같은 도구를 써서 꺼냈을 것이다. 뇌수를 빼내 공동이 된 머리 안에는 말총, 얇은 양모, 그리고 길이 1~2cm 정도의 식물섬유질, 부본(counterfoil, 구근류) 등을 넣었다. 입 근처와 구강, 그리고 코와 귀로 이어지는 비강과 이강에는 흙에 자잘한 모래와 식물섬유질, 잡초 등을 섞은 것으로 채워 넣었다. 아마 두개골에 구멍을 뚫고 뇌수를 청소했음에도 불구하고 얼굴의 살갗들이 사라지게 된 데는 아마도 매장하기 전까지 상당히 오랜 기간이 흘러서 얼굴의 부드러운 조직들이 녹아내린 것 같다. 이는 발삼처리 기술의 미숙과 함께 매장까지 오랜 시간이 걸렸다는 점을 의미하는 듯하다.

또한, 죽은 사람의 얼굴은 계속 분장을 했을 가능성도 있다. 즉, 사망 후에 얼굴이 변하지 않도록 특별한 물질을 발라서, 매장까지 사람의 얼굴이 죽을 당시의 모습과 비슷하게 유지하려고 했을 것이다. 그 증거로 양쪽 눈 근처에서 발견된 벽돌 같은 반토(alumina) 덩어리를 들 수 있다. 이 반토는 외견상 마치 밀랍처럼 보이는데[153], 아마도 이미 녹아버린 여성의 얼굴 위에 밀랍이 섞인 진흙을 발랐고, 그것이 지금은 눈가 근처에서만 일부 남게 된 것으로 보인다. 왜냐하면 나머지 얼굴에 발랐던 부분은 목곽 안에 물이 차면서 씻겨나갔을 것이기 때문이다[154].

이런 생각은 지금도 일시적인 발삼처리를 하는 V.P.코젤체바씨의 증언과도 부합한다. 얼굴에 파라핀을 주성분으로 하는 것으로 칠하면 얼굴은 마치 초상화와 같은 모습으로 몇 주간 지속된다고 한다. 목 부분의 살갗과 내장기관은 완전히 없어졌고, 단지 마른 잡초로 채운 것만 남아있다(그림 156). 따라서 과연 피부에 먼저 파라핀 성분을 칠했는지는 쉽게 판단할 수는 없다. 다만 고병리학자의 견해를 참조하면 목 부분의 기관과 구강내의 부드러운 조직들은 목 부분을 수평으로 절개해서 완전히 제거되었고, 그 자른 부분을 통해서 목과 비강부분에 충전물을 채워 넣은 것 같다. 이 미라의 X-ray를 조심스럽게 검토한 결과 고병리학자들은 두개골과 경골 일부는 척추에서 분리가 되어서 따로 방부처리가 되었고, 매장 전까지 분리되었을 수도 있다는 견해를 제시했다.

파지릭의 왕족급 고분에서 출토된 미라와 달리 아크-알라하-3유적 1호 고분의 미라 허리부분에서는 어떠한 절단흔이나 꿰맨 흔적을 찾을 수 없었다. 고병리학자들은 이 여성미라는 복부절개술을 통해서 내장과 함께 가슴과 연골부분의 갈비뼈도 같이 제거된 것 같다고 보았다. 실제로 가슴, 배, 골반부분은 외견상 토탄(turf)처럼 보이는 물질들로 채워졌는데, 이 물질 안에는 자잘한 식물 섬유가 포함되어 있다.

---

153) 이와 관련해서 신강성에서 출토된 어린아이 미라(소위 baby blue)의 눈은 작은 푸른색 돌을 얹었다. Barber(2000, p.65)는 이 색이 실제 매장된 아이의 눈 색깔과 부합했을 것으로 생각한다.

154) 체르첸의 자군루크유적의 남성과 여성 미라의 얼굴에는 입안, 눈가, 뺨 근처에 진흙을 바르고 그 위에 물감을 칠한 흔적이 있다(于志勇, 1995, p.100~101).

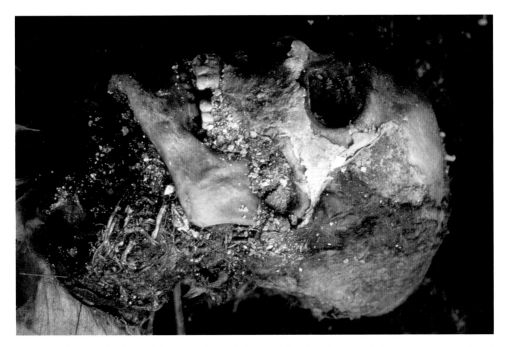

그림 156. 미라의 머리, 사진 속에서 목 부분에 잡초뭉치가 잘 보이며, 두개골의 뒷부분에는 가발의 펠트제 장식이 보임, 아크-알라하-3유적 1호 고분

미라의 왼손은 비교적 잘 남아있었다. 손가락 부분에 일부 인공적으로 손상을 입어서 다른 물질을 채워 넣은 흔적(자잘한 식물섬유)을 제외하면 꿰맨 흔적은 발견되지 않았다. 오른팔에서 미라화되어 남아있는 부분은 팔뚝과 손바닥뿐이다. 상완, 요골(radius), 척골 등은 몸통 근처에 놓여있었다. 상완골 밑에는 얇은 양모로 만든 섬유질이 발견되었다. 또한, 오른쪽 전완골 밑에는 흙으로 보이는 물질과 잡초가 섞여있는 것이 놓여있었는데, 아마 충전물의 일부인 듯하다. 여성 시신의 왼쪽에는 가슴 부분이 남아있었는데, 이들 충전물의 도움으로 원형으로 복원해놓은 것이다.

양쪽 발은 모두 손상되지 않은 상태로 보였다. 이들은 등허리와 마찬가지로 방부처리(파라핀처리)가 되지 않았지만 잘 보존되어 있었다. 미라를 실험실에서 분석한 코젤체프의 연구에 따르면 미라의 다리에는 역청(또는 송진)과 같은 것을 발라서 덮은 흔적이 있다고 한다. 아마도 가죽의 일부분은 인공적으로 부패를 방지했던 것 같다. 여기서 현대의 발삼처리 기법을 비교해볼 수 있는데, 우리나라(러시아)건 외국이건 시신의 피부에 바세린, 기름, 특별한 연고를 발라서 건조를 방지한다. 바르코바에 따르면 시신의 피부(전체이건 부분이건)에 기름과 송진을 바른 예는 파지릭 제 2호 고분에서 출토된 미라에서 보인다고 한다. 또한, 시신을 보존하기 위해서 방향제(강한 마력을 지닌)를 사용했을 것이라고 한다. 특정 종류의 기름이 여러 민족들(예컨대 이집트)에서는 다양한 의식에서 사용되었음은 잘 알려져 있다(바지, 1996, p.322~323).

여성미라에 대한 엑스레이 분석결과 우코크 파지릭인들에게서 흔히 보이는 관절의 변형과 같은 퇴화 증거는 나타나지 않았다. 우코크인들 대부분은 국지적인 기후, 사회-생활적 측면, 특수한 삶의 방식 등 때문에 대부분은 전반적으로 뼈의 퇴화가 보인다(몰로딘, 로마센코 외, 1988, p.312). 이 젊은 여인의 미라에서는 어떠한 질병의 징후도 발견되지 않았다. 관절, 척추 등은 어떠한 병리학적 소견이 없으며, 이빨도 건강한 편이다. 또한, 내장기관의 경우 이미 염습처리 과정에서 다 들어낸 상태이기 때문에 현재로서는 무엇이라 말할 수 없다. 유일하게 발견되는 이 여인의 병리학적 흔적은 살아생전에 빠져버린 위 어금니 정도이다(그림 156). 젊은 여인의 건강한 이빨이 빠져있다는 것은 아마도 그녀의 문신에서 보이는 것처럼 그녀의 사회적 신분과 관련된 발치 풍습과 연관된 것일 수 있다. 운남성 동북부 끝자락에 살고 있는 타이족 계통의 투라오만족은 결혼적령기가 되면 비슷한 의식을 치른다. 14세기의 작가는 그들의 문화에 대해서 '14~15세가 되는 소년소녀는 오른쪽과 왼쪽의 이빨을 빼는데, 그러고 나서야 결혼식을 치를 수 있다…(크류코프, 말랴빈 외, 1987, p.80).' 오스트레일리아 원주민들 사이에도 비슷한 풍습이 있는데, 성인식을 치르는 소년의 위쪽 이를 흔든 후에 빼버린다(체스노프, 1991 b, p.142). 신비스러운 힘을 위한 발치 풍습은 물론, 죽은 사람의 이를 뽑아서 의식에 사용하는 것은 고대나 중세의 전통적인 문화에서 그리 낯선 일이 아니다(예르마코바, 1995, p.21).

여성 미라를 분석한 고병리학자들에 따르면 시신에 대한 방부처리와 복원은 보이는 부분(즉, 옷으로 가려지지 않는 머리, 목, 그리고 문신이 된 손 등)에 집중되었으며, 가슴도 복원된 것 같다고 한다. 배 부분에 대해서는 별로 신경 쓰지 않았다. 이러한 주장은 베르흐-칼쥔-2유적 3호 고분의 미라(그림 157)를 발견함으로써 증명되었다. 이 남성 미라의 배는 갈라서 속의 내장을 모두 꺼냈지만, 그 빈 속을 별다른 충전물로 채워 넣지는 않았다. 아마도 이 남성은 넉넉한 모피코트를 입고 있어서 몸의 형체가 잘 드러날 일이 없기 때문에 그렇게 자세하게 챙길 필요는 없었던 것 같다.

아마 파지릭의 미라는 땅에 묻히기 전까지는 자신의 친척가족들과 함께 같이 '살고' 있었을 것이다. 그와 같은 믿음은 죽은 자와 살아있는 자의 사이에 대한 고대부터 현재까지 이어져오는 공통적인 믿음이기도 한다. 미라화 된 시신이 의식에 참여하는 예는 많은 문화에서 볼 수 있다. 예컨대 잉카는 지도자의 미라를 사원의 벽에 놓고 경배했다고 한다. 그들은 무덤에 잠들어 있는 시신들을 모셔서 전체가 이야기하는데 참석시키는 축제가 있었다. 불교에서도 공력이 높은 라마의 몸을 미라화시켜서 사원에 안치한다.

고고학적 문화로 볼 때 파지릭문화에서 시신은 글자그대로 무덤에 묻히기 전까지 살아있는 사회의 일원으로 포함되어 있고[155], 심지어는 그들의 중앙에 서있기도 했다. 즉, 일반 무사의 경우는 가족의 중심에, 족장은 부족의 중심에 있었다. 파지릭의 미라는 앉아있는 포즈(신전장 또는 오른쪽으로 굴신장)로 보존되고 또 공개되었다(이는 잠자고 있는 폼이기도 한데, 신화에서 죽음은 마치 깊은 잠으로 표현된다). 이 점은 무덤의 통나무 속에 안치된 시신 형태로 알 수 있다. 다른 모든 사냥꾼이나 목축민들과 마찬가지로 파지릭인들은 기본적으로 해부 원리를 알고 있었고, 그 지식을 죽은 사람을 염하는 과정에서 이용했을 것이다. 하지만 그러한 작업들은 발삼처리 비법을 잘 알고 있는 특수한 전문가들의 일이었을 것이다.

전통적인 문화에서 시신의 염습이 반드시 행해진 경우가 많은데, 그렇다고 모두

---

155) 이 부분은 미라를 땅 속에 묻기 전까지 장기간 동안 보존시켰다는 점을 말한다.

그림 157. 남성 미라,
베르흐-칼쥔-2유적 3호 고분

미라화 작업과 관계된 것은 아니다. 예컨대 축치인들은 병으로 죽은 사람이 있으면 그 배를 가르고 그 내부를 보는데, 어떤 기관을 나쁜 악령(켐)이 먹었는지 보기 위해서다(브도빈, 1976, p.247). 가봉의 투젬인 역시 해부하는 의식을 거치는데, 누가 죽은 사람의 영혼을 먹었는지, 아니면 어떤 악령이 이 사람을 먹었는지를 알아내기 위해서다(레비-브륄, 1994, p.498). 아마도 파지릭인의 염습처리 역시 이와 비슷한 목적으로 행해졌을 것이다.

파지릭 여성 미라의 처리방법은 여러 면에서 현재 짐승들이나 새를 박제하는 방법과 비슷하다. 실제로 박제사들도 건초나 털 등을 그 안의 충전물로 사용한다. 미라를 처음 관찰했을 때부터 다양한 유기물질로 만든 충전물을 채워 넣었는데, 원래 형태를 복원하기 위한 목적이었던 것 같다. 물론, 사후에 곧바로 내장들을 적출하는 것만으로도 시신의 부패를 막을 수 있었다. 하지만 그 충전물에 충분한 수준의 항균이나 보존하는 물질이 없다면 시신을 제대로 보존할 수 없었을 것이다. 모든 충전물은 유기물질로 철, 갈기, 잡초, 식물섬유 등으로 마치 니탄 덩어리같이 검은색을 띠는데, 아마 건조된 상태라면 검은 흙처럼 보였을 것이다.

이 시신의 몸을 충전한 물질들에 대해서 살펴보자. 이들 물질은 쉽게 그 성분을 알 수 있는 것으로 자잘한 양털, 말갈기, 잡초, 그리고 식물 섬유(사초, 이삭, 뿌리 등이 있는데 이들 모두 우코크 지역에서 자라는 것으로 파지릭 고분 주위에서 자라는 것들이다) 등이 있다. 자잘한 뿌리들은 끊어지지 않은 인생을 상징하는 것 같다. 보편적으로 여러 문화에서 뿌리는 식물의 죽지 않는 생명력을 상징하기 때문이다. '뿌리가 땅 속에 있는 한, 식물은 영원히 자신의 존재를 지탱할 수 있다(텔레우트 인들의 생각)(푼크, 1997, p.204).' 또한, 땅 속에 박혀있는 뿌리를 땅속의 저승과도 연결시키기도 한다. 실제로 고대 일본의 문화에서 저승세계인 네노쿠니[156]는 '뿌리의 나라'라는 뜻이다(예르마코바, 1995, p.216).

또한, 같이 발견된 말총들은 아마도 염습하는 과정에서 절단한 면들을 꿰맬 때 쓰

---

156) 根の國, 즉 뿌리의 나라라는 뜻(역자).

던 끈의 일부일 수 있다. 파지릭의 왕족고분에서는 미라의 절단 자국에 말총을 썼다 (루덴코, 1953, p.328). 수바쉬 고분출토 남성 미라의 가슴에 난 상처를 꿰매는 데에 도 말총이 쓰였다(郭建國 1994, p.9). 티베트의 전통의학에서 기다란 말총은 상처를 꿰맬 때 쓰인다(로브산 람파, 1994, p.27). 양털에 대해서 살펴보면, 전통적인 목축문 화에서 양털은 주로 풍요와 다산을 상징했다. 따라서 미라의 충전에 들어가는 여러 가지 털들은 사실 산악 알타이 주민들의 생활방식에서 아주 중요한 부분을 차지하는 것들로 만들어진 것이라는 점은 아주 합리적으로 보인다. 신강성에서 출토된 상태가 좋은 몇 몇 미라의 코끝에는 양모털이 끼워있기도 한다(Mallory, Mair, 1999, pl. VII).

미라의 내부에 충전물을 채워 넣는다는 것은 또 다른 상징적인 의미가 있다. 파지릭 2호의 여성 미라 뱃속에는 큼지막하게 자른 싹들과 뿌리들로 채워졌다. 미누신스크 지역 타가르문화의 다인묘에서도 잡초들을 가슴부위와 배 주변에 채운 예가 베레쉬 고분에서 확인되었다(바데츠카야, 1986, p.85~86). 알레우트의 미라들도 배를 비우고 안에 건초들을 채워 넣는다(Zimmerman, 1996, p.87). 페루 미라의 천공이 된 두개골 안에는 잡초와 재들을 채워 넣었다(Arriaza, 1996, p.132). 의식 중에 희생되는 동물의 발 앞에는 잡초들을 던져놓는다. 보이스는 이러한 의식을 산스크리트어 텍스트를 들어서 설명했다 '희생물의 신체는 잡초이다. 제관은 희생물에게 그의 온 몸을 내놓는 것이다(보이스, 1988, p.11). 시신의 몸속에 건초를 넣는 것은 그의 몸에서 불결한 것을 씻어내고 정결화 하는 것을 의미한다.' 죽은 지푸라기는 그 안에 숨어있는 인생의 씨앗을 의미하며 무덤과 부활, 죽음을 넘어 인생으로의 귀환, 이승과 저승의 관계를 연상시킨다(리세비치, 1994, p.85).

니탄이나 흙과 비슷한 물질들은 미라의 가슴 부분에 남아있었다. 이를 분석한 스테파노프에 따르면 그 안에는 말총, 식물잔편, 모래(10% 미만) 등이 있다고 한다. 주요한 성분으로는 그 내부에 특별한 구조가 보이지 않는 명갈색의 자잘한 고형물질 이다. 이 물질들의 일부는 이미 탄화되어 거의 검은색에 가깝게 보인다. 탄화되지 않 은 물질들은 현미경으로 찾아서 일일이 골라냈다. 이들을 모아서 다시 산 가수분해를 했다. 이런 분석의 결과 이 물질들은 내장들의 일부일 가능성이 제시되었다. 이로써 몸에서 적출한 장기들을 어떻게 처리했을까라는 우리의 의문에 답이 제시되었다. 이집트는 미라를 만들 때 적출한 내장을 특별한 용기(카노피)에 넣어서 같이 묻었다. 위대한 티베트의 라마승들은 미라를 만들 때 적출한 내장을 밀봉한 단지에 넣는다. 파지릭인들은 적출한 내장들을 그 충전물들과 한 덩어리로 섞어서 다시 미라의 내장에 넣어 돌려주었던 것이다[157]. 이런 분석 결과 우코크 미라에 넣었던 충전물들은 결코 우연하게 선택된 것이 아님이 밝혀졌다. 아마도 그들은 항균제나 방부제에 대해 완벽하지는 않아도 이해를 하고 있었고, 그러한 효과를 염두에 둔 것이다.

다음으로는 이렇게 오랜 기간 동안 보존될 수 있는 방부제의 역할은 어떤 것이 있는지 알아보자. 고병리학자들의 추산대로라면 그들은 적어도 3개월 이상이 지난 후 땅에 묻었다. 미라에 엑스레이 검사와 현미경조사를 하자 재미있는 사실이 밝혀졌다. 무기물질 중에 수은이 포함되어 있었다는 점이다. 이는 곧 수은화합물을 치료 또는 발삼처리의 용도로 사용했음을 의미한다. 무덤이 물에 잠기면서 수은 성분이 흡착되었을 가능성도 생각해볼 수 있다. 하지만 모자-가발을 비롯하여 무덤 안의 다른 물질에서는 수은이 검출되지 않았기 때문에 흡착 가능성은 적어 보인다. 아마 미라의 피부에서 검출된 수은은 그 시신을 보존처리하는 과정에서 쓰인 것 같다. 수은과 수은화합물의 방부제 기능은 오래 전부터 알려져 왔고 사용되었다. 헤로도토스가 기록한 스키타이왕의 발삼처리 기법에는 수은이 기록되어 있지 않으며, 이집트의 미라 처리사들도 수은을 사용하지는 않았다. 하지만 알타이와 가까운 이웃인 고대 중국에서는 수은 또는 수은이 주성분이 되는 주사(朱砂)가 불로장생의 영약을 만드는데 사용되었다. 중국에서 영혼의 영생불사 사상은 기원전 1천 년대 중반부터 다양

---

157) 전통적인 사상에서는 사람의 생리를 이해할 때 기본적으로 특정한 기관들을 절대화 시켜서 그에 가장 중요한 기능과 능력을 부여한다. 예컨대 투르크의 전통에서는 가장 중요한 기관을 신장이라고 보았으며, 투바의 샤먼들은 생명의 덩어리는 호흡과 신장을 관장하는 기관들이 묶인 것이라고 생각했다(르보바, 옥타브르스카야 외, 1989, p.69~71). 이와 같은 내장기관에 대한 인식은 파지릭인들이 발삼처리를 하는 동안에 흔치 않은 처리를 하는 것을 설명해준다.

한 물약(주로 수은과 주사 성분)을 먹음으로써 인생을 무한정 늘리는 영약을 발명할 수 있다는 생각으로 바뀌었다(토르치노프, 1993, p.79). 중국의 연금술사 포박자(抱朴子)는 '3근의 주사, 1근의 동을 섞어서 태양에 말린 후 대마씨앗 정도의 크기로 작게 환을 만들어 1년에 10개를 먹으면 흰머리가 검게 변하며 빠진 이빨이 다시 나고, 계속 복용을 하면 영생을 얻게 된다'고 했다(엘리아데, 1999, p.51~52).

고대 중국에서 죽은 사람의 신체에 대한 의식은 널리 퍼져있었다. 마왕퇴 1호분의 여성과 봉황산(鳳凰山) 168호(기원전 2세기 초엽)의 미라화된 시신들은 그 좋은 예가 된다(크류코프, 페렐로모프 외, 1983, p.260; Brothwell, 1991, p.110~111). 신체를 보존하는 데 수은을 사용한 경우는 수은화화합물을 섞은 용액을 일부 여성의 신체에 바른 경우로 확인된다(장사 마왕퇴, 1980, p.215~225).

고대 중국인은 주사로부터 수은을 얻는 법을 알고 있었다. 그리고 파지릭들에게 이것이 비밀이었을 리도 없다. 파지릭인들은 주사를 광물제 염료로 써서 목제와 가죽제 물건을 채색하는 데 썼다(루덴코, 1953, p.248~249). 대형 주사 광산이 우코크 고원에서 그리 멀지 않은 악타쉬 지역에 있다. 현재까지의 증거로 볼 때 파지릭인들은 금광에서 금을 캐고 금박장식을 만들기 위해 수은을 사용했을 가능성이 유력하다. 따라서 우코크의 파지릭인들은 이제까지 우리가 기록이나 고고자료로 알고 있는 다른 지역의 미라 처리기술과는 다르게 자신들만의 독특한 방법으로 수은을 쓰는 발삼처리 기법을 사용했을 가능성이 높다. 아마 이러한 발삼처리기술은 고대 중국과 관련되어 있을 것이다.

최근 파지릭 2호와 5호 고분 출토의 미라를 분석한 바르코바의 연구에 따르면 파지릭의 미라 피부와 머리에 송진과 밀랍을 사용했는데, 이 송진은 특히 열대지역에서 자라는 다마르(dammar)와 셸라크(shellac, 열대지역에 자라는 나무에서 자라는 벚나무깍지벌레의 분비물에서 얻어낸 송진)라는 것이 밝혀졌다. 이 사실은 파지릭 사회의 왕족급 고분에 쓰인 발삼은 실제로 먼 곳에서 수송되어온 진짜 발삼이며, 그 기원은 스키타이와 마찬가지로 소아시아 쪽에서 찾을 수 있다(카메네츠키, 1995,

p.68~76). 한편, 그보다는 더 낮은 계급이며 중국문명과 접경하면서 살았던 사람들은 발삼을 대신할 수 있는 다른 물질을 이용했다.

파지릭의 왕족급 고분에서 발굴된 미라의 발삼처리기술을 밝히는 것은 우코크고원의 미라보다도 더 복잡하다. 루덴코(1953, p.327~330)에 따르면 파지릭 고분의 남성과 여성미라는 여러 군데에 절개한 흔적이 남아있다고 한다. 루덴코는 이와 같은 절개흔을 시신에 무언가 방부제를 바르기 위한 것이라고 했다. 또한, 파지릭 5호 고분에서 출토된 남성의 경우 피부를 절개하고 근육들을 빼내서 사실상 가죽과 뼈만 남았다고 했다(전게서, p.331). 하지만 모든 미라화된 시신들에서 근육은 자연스럽게 사라지고 뼈와 가죽만 남게 되기 때문에 굳이 근육을 따로 제거할 필요는 없다. 우코크 고원의 미라와 신강의 자연적인 미라들 모두 파지릭 5호 고분처럼 마치 근육을 다 제거한 듯이 보인다.

다른 견해로는 파지릭 고분에서 출토된 시신은 샤먼으로 생각되며, 그의 몸통에 이리저리 절개한 흔적은 의식의 일종이라는 것이다. 즉, 이 견해는 시베리아 샤먼들의 의식에서 새로이 샤먼이 되는 후보자의 몸을 이리저리 흠집을 내는 것을 미라의 몸에 나타난 절개흔과 동일시하여 샤먼이 되는 의식의 한 과정에 남겨진 것(쿠로치키, 1994, p.65~66)으로 본다. 이러한 풍습은 민족지적 자료에 잘 보고되어 있다[158].

그렇다면 왕족급 시신의 몸에 난 수많은 절단흔은 무엇과 연관된 것일까? 물론, 가장 먼저 생각할 수 있는 이유는 이 시신이 매장되기 전까지 오랜 기간 보존해야 하기 때문일 것이다. 따라서 가장 먼저 배를 가르고 재빠르게 내부 장기들을 꺼내는 것이 선행되어야 할 것이다. 두 번째 단계로는 만약 사자의 몸에 지방질이 많다면 피하조직에 있는 지방들을 제거해야 한다. 왜냐하면 가장 먼저 부패가 진행되는 곳이 그 부분이기 때문이다(법의학, 1998, p.80). 아마도 파지릭 2호와 5호 고분의 차르(왕족급 고분의 별칭)와 그의 부인의 몸에 난 많은 절개흔은 이렇게 특히 지방이 많은 부분의 섬유조직을 제거한 흔적으로 보는 게 합당해 보인다. 절개된 흔적과 그

---

158) 이에 대해서는 엘리아데(2000, p.47~77)에서 자세히 살펴볼 수 있다.

위치를 본 고병리학자들도 이러한 주장이 합당하다고 인정한다[159].

다른 미라를 만드는 예로 알레우트인들은 별다른 방부제를 쓰지 않고 몸의 지방 조직을 제거한 후 배를 갈라서 비운 후에 건초를 채우고 다음으로 시신을 흐르는 물에 씻는다. 지방을 제거하고 나면 가죽과 근육만 남는 셈이다(Zimmerman, 1996, p.87).

파지릭인들이 시신을 처리할 때 지방을 제거하고 내장들을 제거하는 과정 자체는 매우 전문적인 것이다. 수많은 몸의 자흔이 있지만, 그 어느 것도 운동기관을 방해하지 않았다(팔꿈치나 무릎의 관절부분은 절단하지 않았다)(루덴코, 1953, p.330). 병리학자들의 견해에 따르면 반대로 만약에 관절들을 끊었다면 시신의 변형과 훼손이 빠르게 진행되었을 것이라고 한다.

히포크라테스의 '공기, 물, 땅에 대하여'에서는 지방질을 스키타이인의 기본적인 체질적 특성이라고 말했다. 한참 뒤에 기욤 루브룩의 기록 '동방 나라들로의 기행'에서는 몽골 여인들은 엄청나게 비만이라고 되어있다(플라노 카르피니, 1997, p.99). 현대의 연구결과에 따르면 고대와 중세시대 지금의 남부 시베리아와 같은 전형적인 대륙성 기후에서 사는 사람들의 생물학적 특성으로 추운 기후에 적응되는 특성들이 나타난다고 한다. 이를 다시 말하면 몸이 비교적 비대해지고 피하조직에 지방의 비율이 증가하는 것을 말한다(메드니코바, 1995, p.120).

파지릭에는 키가 큰 남성과 여성이 많다. 일찍이 루덴코 역시 이 점에 주목하였다. 아마도 당시 씨족이나 부족의 우두머리들은 예외적으로 키가 컸을 가능성이 있다고 한다(루덴코, 1953, p.67). 190cm에 이르는 아주 큰 키로써, 파지릭인들과 문화 및 형질적으로 많은 공통점이 있었던 신강성 오아시스에서 살던 후기 청동기~초기 철기시대의 많은 유럽인종과 다른 점이다(Mallory, Mair, 1999, p.190~193; Barber, 2000, p.47).

---

159) 루덴코(1953, p.140)는 파지릭 2호 고분의 족장 몸이 지방질이 많은 뚱뚱한 사람이었다고 했다. 또한, 같은 고분에 매장된 여성의 가슴부분 조직과 넓은 어깨에도 주의가 간다(고흐만, 바르코바, 인쇄중).

파지릭 족장 및 그의 배우자의 시신을 발삼 처리하는 것은 그 시신을 사망 후 매장 때까지 보존시키기 위함이며, 그 사이의 기간은 아주 길었을 것이라고 한다(루덴코, 1953, p.326). 이 점은 최근의 연구에서도 뒷받침된다. 파지릭인들은 소위 환절기, 즉 봄과 가을의 시간에 묻었는데, 이는 기후와 연관되어 있다. 겨울에 죽은 사람은 봄에 묻었으며, 여름에 죽은 사람은 가을에 묻어야 했다[160].

성경에는 이집트에서 가나안까지 장기간 옮겨야 했기 때문에 시신에 발삼처리를 한 예가 보인다. 즉, 이삭이 죽자 '요셉이 그의 아버지 얼굴에 구부려 울며 입 맞추고 그 수종드는 의원에게 명하여 아버지의 몸을 향으로 처리하게 하매 의원이 이스라엘에게 그대로 하되 사십 일이 걸렸으니 향으로 처리하는 데는 이 날수가 걸림이며…'[161]라고 되어 있다. 또한, 요셉의 몸 사망 후 발삼처리가 되었던 바, 모세가 그를 약속의 땅에 모시기 전까지 보존되어 있었다.

발삼처리를 하는 이유가 죽은 자에게 조문하는 시간을 오래 유지하기 위한 것만은 아니었을 것이다. 그것은 상식적인 차원에서 설명한 것뿐이다. 아마도 파지릭인들에게 발삼처리를 하는 또 다른 원인들도 존재했을 것이다. 발삼처리를 하는 의식은 신화에 표현되어 있는 이데올로기적인 측면도 존재했을 것이다. 고대 이집트에서는 오시리스에 대한 신화가 있으니, 신을 조각내야지만 그가 부활할 수 있다고 믿으며, 사람을 신과 동화시키는 것은 바로 부활을 위한 담보가 된다(예컨대, 페레펠킨, 1988, p.381~382)[162]. 왕조 이전 단계의 사람들은 사람이 죽으면 죽을

---

160) 이러한 풍습이 생겨난 이유에 대해서는 많은 연구가 충분히 제시되어 있기 때문에 여기서 또다시 반복하지는 않겠다. 루덴코, 골로브뇨브, 르보바, 옥탸브르스카야, 우스마노바, 사갈라예프 등의 연구를 참고할 수 있다.

161) 창세기 50장 1~3절이다(역자 주).

162) 아마도 왕족급 파지릭고분의 미라에 남겨진 여러 자상들은 그와 동시기 사람들에 의해 행해진 것으로 모욕적인 행위였을 뿐 아니라 미라를 훼손함으로써 그 안에 힘이 남아있고 살아있는 것을 끊어버리기 위해서였을 것이다. 아마도 파지릭 2호분의 문신이 된 몸에 칼로 깊게 찔린 자상이 많이 보이는 것(루덴코, 1953, p.328)은 그러한 이유로 도굴꾼들에 의해 자행되었을 뿐, 방부제를 넣는 것과는 관계가 없는 것일 수도 있다. 이와 관련해서 재미있는 점은 헤로도토스가 기록한 캄비세스에 자신을 적대시한 이집트 사제에 대한 범죄와도 관련되어 있을 것이다. 물론, 그럼에도 불구하고 힘센 적의 신체에 대한 페르시아인들의 태도에도 잘 나타나있다. 캄비세스는 아마시스의 궁궐

당시의 그 모습 그대로 다시 부활한다고 믿었다. 즉, 실제 물질적인 부활을 믿었다 (바지, 1995, p.40). 하지만 왕조시대가 되면서 이 믿음은 육신이 그대로 보존되어야 영혼도 깃든다는 믿음으로 바뀌었다(전게서, p.41). 이집트인들은 그들의 영혼이 육신과 비슷한 형태의 모습을 가질 것이라고 희망했다(적어도 그렇게 믿었을 것이다)(바지, 1996, p.143). 보이스(1988, p.23)의 견해에 따르면 고대 이란인들은 천당에 가려는 믿음뿐 아니라 자신의 육체를 부활하려는 희망도 있었다고 한다. 아마도 영혼만 천당에서 기쁘게 산다는 것은 믿기 어려웠기 때문일 것이다. 파지릭인들 역시 자기들이 가지고 있는 육체적인 형태를 갖추고 있을 때만 사후의 존재가 이어 진다고 보았던 것 같다[163].

전통적인 문화에서 사람의 신체는 초자연적인 속성을 띤다. '동물이나 무생물들과 달리 원시사회 사람들은 사람의 신체에 특별히 중요한 의미를 부여했다(쿨렘진, 1984, p.71).' 그러한 예 중 하나가 바로 알레우트섬의 문화에서 미라가 차지하는 비중이다. 그를 연구한 라플린에 따르면 '시신이 손상되지 않은 상태인 한 그 시신은 씨족들의 한 구성원으로 계속 간주되며, 그를 죽인 모든 사람들은 잠재적으로 위험하다. 알레우트 주민들의 생각에 따르면 손상되지 않은 미라 또는 그의 몸에서 나온 지방은 힘을 지니고 있다. 반대로 부패되어 상해버린 시신은 힘을 잃어 따로 벌을 주지는 않고 화만 낼 뿐이다…. 시신을 토막토막내서 그 안의 힘을 흩뜨려 놓는 것은

에 들어가서 왕의 시신을 관에 던져버렸다. 그 후에 그 몸에 채찍질을 가하고 머리를 뽑아 찔렀고, 온갖 모욕을 가했다. 하지만 이러한 행위에도 불구하고 방삼처리를 한 시신은 전혀 손상되지 않았고, 결국 캄비세스는 미라를 불에 태우라는 명령을 내린다(헤로도토스의 역사, 3장 16절). (참고로 저자가 말하는 구절의 원문은 다음과 같다. 캄비세스는 아마시스의 궁전에 도착하자마자 아마시스의 시신을 관에서 꺼내 오도록 명령했다. 그리고 시신을 꺼내 오자 부하들에게 채찍질하고, 모발을 잡아 뽑고, 몸이 막대기로 찌르는 등 온갖 모욕을 가하라고 명령했다. 그의 부하들이 지치도록 쳐도 미라가 된 시신이 조금도 훼손되지 않자 캄비세스는 불태우라고 명령했는데, 그것은 불경한 명령이었다. 페르시아인들은 불을 신으로 여기기 때문이다…. 그래서 그들은 시신을 미라로 만드는 것이다…) (역자 주).

163) 부활이라는 말의 뜻은 사람이 사후에 다시 삶을 얻는 것을 말한다. 신체적인 몸도 부활할 수 있다. 좀 더 상위 수준에서 본다면 이 과정은 단순히 물질적인 부활만을 의미하는 것은 아니다. 즉, 죽음에서 부활한다는 것은 불멸의 영광스러운 몸(corpus glorification)의 등장과 관계있다(융, 1996, p.252).

미라를 만드는 것과 반대의 의식이다(라플린, 1981, p.38).' 이 정보들은 라플린이 직접 알레우트로부터 얻어낸 그들의 신화, 이야기, 전설에서 나온 것이다. 미라 자체를 만드는 풍습은 알레우트에서는 비교적 늦은 18세기가 되어서야 등장한다. 원주민들에게는 미라를 만들기 전에 자연적으로 만들어지는 미라화와 그에 따른 이해가 전반적으로 남아있었다(전게서, p.33~44). 남아메리카의 인공적인 미라풍습(현대의 페루와 기원전 6~2천 년 전 칠레에 있었던 친코포문화) 연구자들에 따르면 인공적인 미라의 제작은 죽음을 부정하려는 의도로 해석할 수 있다고 한다. "주민집단은 영생을 상징하는 형태를 찾기 시작했고, 신체가 잘 보존될 경우 죽음과 시신의 부패는 극복할 수 있다는 실질적인 증거로 간주되었다(Arriaza, 1996, p.135). 안데스 주민들에게 미라는 영혼의 삶이 지속되는 것을 상징하며, 샤먼은 미라의 영혼을 불러내고, 그를 부활시키며 온기를 불어넣어 감정을 느끼게 할 수 있다고 생각했다(전게서, p.136)."

산악 알타이지역 스키타이 시기의 파지릭인들 사이에서 발견된 물질문화와 역사적 평행관계들을 종합해 볼 때 파지릭인들은 죽은 뒤의 삶은 남아있는 육신과 여전히 관계가 끊이지 않을 것이라고 생각했고, 그러한 이유에서 파지릭문화 존속기간 내내 발삼처리를 하는 전통이 남아있었을 것이다[164]. 이 죽음의 의식에 대한 그들의 태도는 당시 사회에서 죽음에 대한 의식이 상당한 위치를 차지하고 있었음과 관련되어 있다. 엘리아데의 표현에 따르면 '죽음은 소멸되는 것이 아니라 잠시 존재의 수준이 변화하는 것이다. 죽음은 삶의 또 다른 모습이다(엘리아데, 1999, p.168).'

---

164) 사람들이 부활을 이야기하거나, 그와 같은 관념이 존재한다는 것은 그들에게 일련의 심리적인 경험이 존재했다는 것을 의미한다. 부활에 대한 확신은 인성(사람)이 출현하면서부터 시작된 것이다. 이것은 아카타입(고형)이라고 부르는 의식이다. 최근 자료들을 보면 초현실적인 세계와 관련된 의식은 변함없이 아카타입에 의해 결정된다. 그래서 현대 여러 민족들의 부활에 대한 의식이 고대의 사상과 놀라울 정도로 부합하는 것이다(칼 융, 1996, p.254).

제 8 장

일상생활과 의례 속의 식물

풀이 타는 향기는
칙칙한 어둠이 있는 곳에 탁 트이는 공간을 열어준다.
마치 물고기처럼, 마치 새처럼
– 구밀료프, 기도문

현재 산악 알타이 지역의 삼림은 전체 면적의 1/4을 차지하는데, 얼마 전까지 그 면적은 훨씬 더 넓었다고 한다(카멜린, 1998, p.44). 인간의 작용으로 인해 자연의 변화보다 훨씬 더 빠르게 삼림의 면적이 줄어들고 있다는 것은 결코 간과할 수 없다. 산악 알타이 지역에서 인간은 지난 수천 년간 목축을 하면서 자연환경을 크게 변화 시켰다. '여기에서 기본적으로 문제되는 것은 방목, 또는 지나친 방목이 아니다. 가 장 큰 중요한 문제는 삼림자원을 연료로 사용하고, 건축재로 사용하고 방목지를 넓히는 것이다. 이 진행과정이 목축을 하는 초원을 둘러싼 지역 환경을 크게 변화 시키는 요인이 된다(여름이나 겨울 야영지에서 주변의 이용 가능한 삼림을 모두 써버리고 난 후에는 동물의 대변은 물론 자신들의 대변까지도 연료로 사용하게 된다). 초원의 많은 민족들이 그렇듯 가축들을 이끌고 이리저리 알타이를 다니다보 면 낮은 산자락이건 고원이건 또는 가축들이 가는 길(일정 부분 항구적으로 다니는 길)에 있는 자원을 최대한 이용한다. 이런 경우에 삼림지역(타이가)의 생태체계에 끼치는 피해가 최소화된다. 한편으로는 모든 계곡에는 다양한 시기에 비자연적인 천재지변이 일어날 수도 있다(이를테면 높은 산의 목초지에서 밀려오는 산사태로 삼림의 상당수가 쓸려나갈 수도 있는데, 고원지대의 풀은 초원의 풀이나 莎草[165]가 자라는 곳 보다 이런 사태에 약한 편이다). 이런 현상들은 알타이의 쿠라이 스텝, 추이 스텝과 같은 큰 초원지대는 물론, 우코크고원과 그밖에 사마하 초원, 코탄다 초원 등과 같은 작은 초원들에도 충분히 영향을 미쳤다(전게서, 1998, p.45).

산악 알타이에서 전문적인 목축이 행해진지도 5천 년이 넘었다. 파지릭이 살았던 그 지역도 그들이 출현하기 훨씬 이전부터 목축문화를 영위했던 인간들(아파나시에 보문화, 카라콜문화, 초기 스키타이문화 등)의 영향이 오랫동안 알타이의 역사적인 지도에 미치고 있었다. 특히 파지릭문화는 나무로 만든 많은 도구와 주거구조를 사용했기 때문에, 이들도 산악 알타이의 생태환경에 적지 않은 영향을 미쳤다. 무덤 에 사용된 목곽만 보더라도 날마다 장작불에 땔감으로 사용하는 것을 제외하고도 파지릭인들이 사용했던 나무 자원은 엄청난 것이었다.

파지릭문화에서 중요한 위치를 차지한 것은 낙엽송이었다. 낙엽송으로 목곽, 통나무, 수레 등을 만들었다. 심지어 지금은 숲이 아예 없는 우코크 고원같이 높은 고원에 살면서도 목곽을 사용하는 관습은 유지했다. 귀족이건 일반무사건 무덤을 만들기 위해서는 낙엽송림에서 나무들을 베어왔고, 그중에서도 특히 큰 나무를 골라서 통나무관을 만들었다. 파지릭인들은 낙엽송을 무덤에 썼을 뿐 아니라 겨울 거주지를 만드는 데도 썼다(므일니코프, 1995). 1유적-1호 고분에서 쓰인 목곽의 일부는 마치 현대 알타이 주민들의 주거지인 아일라처럼 생긴 다각형 집의 일부 자재로 만든 것도 있다. 아마 겨울에 살았던 지상 주거지를 일부 해체해서 무덤 안에 넣은 것 같다. 파지릭문화에서 사람이 사는 공간은 이승이건 저승이건 모두 나무로

---

165) Cyperaceae, 학명은 코브레시아(Cobresia Wild,, syn,; Cobresi auct,)로 남부 시베리아의 고원 에 분포한다.

만들었다.

　모든 시베리아 원주민들은 낙엽송을 '밝은 나무'로 간주했다. 니브흐족 사이에서는 자신들이 낙엽송에서 기원했다는 전승이 있으며, 셀쿠프 족은 낙엽송을 인생의 나무로 간주했다(프로코피예바, 1976, p.115; 1977, p.74). 낙엽송은 단단하며, 습기가 차지 않는 재질이다. 만시의 신화에는 신성한 대홍수에 대한 이야기가 나온다. 사람들이 홍수로부터 살아남을 수 있었던 것은 7개의 낙엽송 토막을 엮은 뗏목을 타고 수백 년 된 나무에 몸을 묶었기 때문이라고 한다(표도로바, 1996, p.102).

　일종의 사다리 역할을 하는 일정 간격으로 홈을 판 낙엽송 통나무 토막이 파지릭 고분의 4호, 5호 고분에서 발견된 바 있다. 길이가 3.17m인 통나무에는 9개, 그리고 4.13m의 통나무에는 8개의 홈이 파여있었다(루덴코, 1953, p.31). 최근까지 이 홈은 실용적인 기능을 한다고만 생각했다. 첫 번째로 쿠로치킨(1994, p.65)은 사다리는 의례에서 사용된 것으로 하늘로 올라가는 사다리를 상징한다고 보았다. 땅에 박은 기둥에 홈을 파는(즉, 파지릭 고분에서 발견되는 것과 같은 의미) 것은 1920년대에도 여전히 타자(Taza)의 상류 지역에서 찾아볼 수 있었다. 셀쿠프족은 그것을 '하늘의 신께 가는 사다리'라고 부르거나 '나무에 올라가기 위한 것'이라고 부른다. 그리고 샤먼은 이것을 타고 하늘로 올라간다고 믿는다. 기둥은 샤먼의 명령에 따라 세운다(프로코피예바, 1977, p.67).

　여기에서 엘리아데(1999, p.107~111)의 연구를 빼놓을 수 없는데, 그는 1949년에 이미 '끈, 나무, 또는 사다리를 타고 하늘로 올라간다는 생각은 세계 5대륙에 모두 널리 퍼져있다'고 주장하고 수많은 예를 든 바 있다. 우리는 그러한 생각이 산악 알타이에서도 존재했음을 확실한 자료로 증명하게 되었다.

　고분에서 낙엽송으로 만든 사다리(정확히 말하면 8~9개의 홈이 파인 통나무 또는 투엑타 1호 고분에서 발견된 것과 같은 실제 사다리를 모두 포함함)가 나왔다고 해서 그들이 모두 샤먼에 속한다는 뜻은 아니다. 이 사다리가 부족장의 무덤에 들어간 것은 그 부족장이 '천상'의 초원으로 올라가는 것을 도와주기 위해 놓은 것일 수 있다. 이 사다리로 깊은 무덤으로 들어가고, 또다시 하늘로 올라가는 것이다.

또한, 파지릭 고분에서 주목을 끄는 것은 낙엽송제 통나무관이다. 이 통나무관은 모든 파지릭, 바샤다르, 투엑타 고분 등 모든 파지릭의 왕족급 고분에서 출토되었다. 또한, 쿠투르군타스, 1유적-1호 고분, 아크-알라하-3유적 1호 고분의 여성 등과 같은 귀족급 전사들도 통나무에 안치되었다. 또한, 남부 알타이 지역의 일반무사급 고분의 몇 몇 아이 무덤(모두 7건)에서도 통나무 관이 쓰였다. 그 유적은 구체적으로 타샨타-1유적 2호 고분, 울란드릭-1유적 4호와 6호 고분, 바르부르가즈-1유적의 1호 고분, 말갈루-4유적 4호 고분, 유스티드-12유적 6호 고분과 유스티드-1유적 7호 고분 등이다. 통나무를 이 문화의 모든 구성원이 아니라 일부 지도자급에게만 쓰는 이유는 무엇일까? 파지릭 사람들 사이에서 통나무를 관으로 쓰는 풍습은 어떻게 생겨난 것일까?

아마 통나무관을 쓰는 것은 어린이건 어른이건 모두 일정 정도 사회에서 일정한 지위를 가졌음을 의미함이 분명하다. 그리고 그들의 무덤은 그러한 사회적 신분을 나타냈을 것이다. 시베리아 원주민의 전통문화에서(에벤키, 야쿠트, 오로치 등) 샤먼들과 어린아이들에게 통나무관을 쓰는 것은 오랜 전통으로 남아있다. 현재까지 알려져 있는 통나무관 중 2개에는 머리가 놓인 부분의 측면에 구멍이 뚫려있다. 구체적으로 유스티드-12유적 6호 고분의 청소년무덤(쿠바레프, 1991, p.31, 도면 23)과 아크-알라하-3유적 1호 여성고분이다[166].

통나무로 관을 쓰는 의미는 나무줄기나 나무에 묻는 것을 연상시킨다. 시베리아

---

166) 이런 형식의 예가 2개 보인다는 것은 우연이 아니다. 이 현상은 영혼이 모여 있다고 생각하는 머리 부분에 대한 그들의 생각이 반영된 것이다. 통나무관의 머리 부분 옆쪽을 뚫은 것은 영혼이 빠져 나가게 하기 위하여 두개골에 구멍을 뚫는 것과 유사한 것이다. 그런 생각은 고대와 중세의 전통적 인 문화들에 잘 남아있다. 예컨대 요기들은 고인의 두개골에 구멍을 뚫어서 영혼이 빠져나가는 길 을 만든다. 심지어는 죽어가는 사람의 통증이 오랫동안 지속되면 집의 천정을 열거나 부수기까지 한다. 엘리아데의 견해(1994, p.109)에 따르면 이러한 풍습은 육체-우주-집이라는 3위 일체의 요 소가 집을 부숨으로써 쉽게 분리될 수 있다고 생각하기 때문이라고 한다. 특정한 경우에 통나무는 집을 상징하게 된다. 그와 비교할 수 있는 예로 고대 중국의 옹관묘가 있다. 옹관묘의 상부는 구멍 을 뚫어서 죽은 사람의 영혼이 쉽게 드나들 수 있도록 했다(전게서, p.112).

주민들 사이에 아이나 샤먼과 같은 특정한 사람들을 나무로 상징하는 의식이 널리 퍼져있다. 시베리아 남부의 투르크인들은 어린아이들을 나무의 구멍 속에 매장했으며(르보바, 옥탸브르스카야 외, 1988, p.32), 나나이인들도 같은 풍습이 있다(스몰랴크, 1976, p.139). 케트인들은 젖먹이들이 죽으면 잣나무를 베고 남은 그루터기에 아이를 묻었다. 그야말로 어린아이가 다시 태어나도록 어미의 품속에 넣는 것이다. 골로브뇨바의 연구(1995 b, p.248)에 따르면 어린아이(또는 아직 태어나지도 못한 아이)를 나무 구멍이나 그루터기에 묻는 것은 야생을 다시 야생으로 돌려보낸다는 생각을 내포한다고 한다. 시베리아의 모든 투르크어족의 설화에서는 나무는 아이들을 낳으며, 인생을 상징하고 가족 개개인의 행복을 담보한다(르보바, 옥탸브르스카야 외, 1988, p.32). 나무 그루터기나 몸통 안에 죽은 사람을 매장하는 것, 나아가 통나무 안에 매장하는 것은 죽은 사람을 생명의 원천으로 다시 돌려보낸다는 생각이 반영된 것이다. 셀쿠프 인들 사이에서는 통나무관을 쓰는데, 그 안을 마치 배처럼 파서 만든다. 그리고 실제 샤먼의 보트인 '로트익'은 바로 똑같은 형태를 잣나무 통나무로 만든 것이다(프로코피예바, 1976, p.115). 고대 셀쿠프인들의 믿음에 따르면 죽은 사람은 속을 파낸 잣나무 통나무를 타고 강을 따라 죽은 자들이 살고 있는 도시로 들어간다고 한다. "저승세계에 대한 인식의 형성과 함께 통나무에 매장하기 시작했고, 그 후에는 나무의 일부분으로 만든 셔틀(즉, 관을 의미, 역자)을 만들어서 죽은 사람을 땅에 묻기 시작했다(전게서, p.113). 마치 죽은 사람의 보트가 죽은 사람들을 저승으로 인도하는 것처럼 파지릭인들도 낙엽송 통나무관이 죽은 사람들을 강을 따라 헤엄쳐 조상들이 사는 곳으로 인도한다고 생각했을 것이다. 이러한 과정을 통해서 인도이란어계통의 유목민족들이 천국으로 생각하는 우유 호수가 있는 천상의 초원으로 무사히 갈 수 있다고 생각했을 것이다.

또한, 간과할 수 없는 점은 통나무(통나무뿐 아니라 목관)는 기본적으로 완전히 닫혀있다면 부패를 늦추고 그 안에 있는 시신을 오랫동안 보존할 수 있다. 여러 가지 조건들이 일정하다면, 통나무 안에 안치된 시신은 영원히 남아있을 가능성이 더 높았고, 이는 발삼처리 기술을 알고 있었던 파지릭인들의 정신세계와도 잘 부합된다.

시베리아 주민들에게 낙엽송은 잣나무와는 반대되는 '밝은 나무'로 인식되었다. 셀쿠프는 낙엽송은 인생의 나무로 그 안에서 부활할 수 있다고 생각하며 매장을 한 반면에, 잣나무는 '죽음의 나무'로 인식했다(프로코피예바, 1977, p.74). 파지릭 문화에서 잣나무 관은 바샤다르 제 2호 고분의 단 1예만 알려져 있다. 이 관은 그 몸통에 새김장식으로 동물을 새겼다는 점에서 다른 관들과는 차별된다(루덴코, 1960, p.46, 도면 21). 엄밀히 말한다면 시베리아 소나무(Pinus sibirica)는 시베리아 잣나무로 부른다. 하지만 이는 실제 잣과 직접적인 관계는 없다. 다만 그 생김새가 유럽의 소나무와 비슷할 뿐이다. 그 분포지역은 매우 넓어서 동북쪽으로는 유럽 쪽 러시아의 브이체그다강 상류에서 시작해서 동시베리아의 알단강 상류까지 이어진다. 예니세이강변을 따라 북위 68도선까지 분포하며, 남쪽으로는 북부 몽골지역에까지 이른다(식물의 세계, 1978, p.371).

파지릭문화에서 잣나무의 가장 중요한 장점은 이 나무로 거의 모든 장식들(사람 뿐 아니라 마구장식도 포함)을 만들 수 있다는 점이다. 파지릭인들에게 잣나무는 행운을 상징하는 부적이며 쉽게 가공할 수 있다는 점에서 매력적이었다. 이 나무는 부드럽고 가벼우며 잘 수축되지 않는다(전게서). 이렇게 넓은 지역에 잣나무가 분포하지만 그 분포범위 안에서 파지릭문화 만큼 중요한 역할을 하는 지역은 없다. 예컨대 야쿠트 인들이 주로 사용하는 나무는 낙엽송과 자작나무로, 잣나무는 그것들이 없을 때 대신 할 경우에만 임시로 사용된다(세로세프스키, 1993, p.351~352).

인생의 나무와 연관되는 파지릭인의 매장풍습은 또 하나가 있다. 다른 시베리아 여러 원주민과 마찬가지로 파지릭인들은 봄과 가을에만 매장을 했다. 그 이유야 여러 가지가 있겠지만, 특히 다음과 같은 설명이 가능하다. "나무는 자기 스스로 살아나고 또 죽어가는(즉, 잎사귀가 나고 다시 낙엽이 지는, 역자 주) 봄과 가을에만 죽은 사람을 받을 수 있다"는 것이다(골로브뇨프, 1995 a, p.31). 파지릭인들을 둘러싼 모든 자연처럼 나무 역시 살아있는 것이다.

　나무를 인생 자체를 가장 잘 대표하는 요소로 생각하는 문화들은 그 주변이 숲에 둘러싸여 있는 지역 주민들에게서 주로 형성될 수 있다. 이런 경우 죽은 사람 주변에 있는 숲에는 소나무, 전나무, 잣나무, 낙엽송 등이 있었고, 이 나무들의 땔감, 껍데기, 솔방울 등은 일상생활과 의례에서 다양하게 사용되었다[167].

　연기를 들이마시는 의식(훈증)은 악령으로부터 보호하고 주변을 정화시키는 방법으로 세계 여러 민족들이 사용하는 방법이다. 그래서 여러 지역의 사람들은 자신들이 알고 있는 식물들을 사용하여 훈증한다[168].

　또한, 훈증은 알타이의 샤먼들이 몸을 정화하는 방법으로 사용한다. 훈증을 통해서 병든 사람을 고치며, 집에서 악령들을 몰아낸다. 이런 풍습은 고 투르크시대부터 전래된 것으로, 향나무(아르친, 아르티쉬라고도 불리움), 백리향(Thymus serpyllum)과 해리향을 피운다고 한다(포타포프, 1991, p.229). 또한, 몽골인들도 신에게 바쳐질 동물을 향나무와 백리향으로 훈증했다고 한다(쥬코프스카야, 1977, p.120). 힌두쿠시의 향나무는 마을 전체를 정화한다(Jettmar, 1986, p.392 ; 기타 등등)[169]. 얼핏 생각하기에 파지릭인들은 알타이에서 자라는 식물들만을 훈증에 이용했을 것 같지만, 실제 유물은 다른 상황을 이야기한다. 아크-알라하-3유적 1호 고분의 통나무 안 시신의 머리 근처에는 돌로 만든 쟁반에 일부 탄화가 된 고수풀 씨앗[170]이 있다. 파지릭문화에서 고수가 발견된 것은 이번이 처음이 아니어서, 파지릭의 2호, 5호

---

167) 예컨대 민족지자료를 보면 전통적인 셀쿠프 문화에서 가장 대표되는 나무 3종 세트는 잣나무, 자작나무, 낙엽송 등이라고 한다(골로브뇨프, 1995, p.242).

168) 비데브다투에 따르면 조로아스터교인들은 시신이 누워있는 공간을 정화시키기 위해서 4종류의 향나무를 훈증한다고 하는데, 그 나무들은 백단, 릴리(은방울꽃), 알로에, 그리고 석류나무라고 한다(르트벨라제, 1989, p.229). 한티족은 병을 불러오는 악령으로부터 보호하기 위해서 집에 훈증을 하는데, 그 재료로는 海狸香(castoreum), 전나무의 목피, 히스(heather), 나무 위에 자라는 버섯 등이다(쿨렘진, 1984, p.120). 셀쿠프족은 마가목(rowan tree)을 악령들이 무서워하며 싫어한다고 한다. 그래서 그것을 춤(시베리아 원주민의 임시주거지) 안의 화덕 근처에 넣어서 악령들을 멀리 한다고 한다(프로코피예파, 1976, p.115).

169) 고대 향나무의 신화, 의례적인 측면에서의 사용에 대해서는 발로노프(1996, p.43~45)의 연구가 있다.

고분에서도 가죽부대와 주머니에서 다량이 발견된 바 있다.

고수풀(Corandrum sativum L,)의 원산지는 지중해지역이다. 이것이 재배되는 지역은 인도, 팔레스타인, 이집트 등이며, 야생산은 중앙아시아에서는 카프카즈가 있고, 유럽 쪽 러시아지역[171]에서는 흑해일대에 분포한다(아세예바, 나이다코바, 1991, p.93). 고대에 고수풀은 주로 약용이나 매운 양념으로 쓰였다[172]. 이집트에서 고수풀의 씨앗은 제 12왕조부터 시작하여 다양한 시기에 무덤에 부장되었다. 약초로서 고수풀의 효능은 호머, 히포크라테스, 헤로도토스 등 다양한 고대희랍의 작가들이 기록했다(루덴코, 1953, p.96). 크레테의 경우 후기 미노아문명 시기에는 훈증을 위해서 피운 숯에 다른 여러 성분과 함께 고수풀도 넣었다(Sammet, 1990, p.15).

파지릭인이 쓴 고수풀은 야생종으로 중앙아시아에서 온 것으로, 아마 우연히 일회성으로 들어왔을 수도 있다. 이 고수풀은 진귀한 향료로 한정된 사람들만 이용했을 것이다(이 부분에 대해서는 아크-알라하-3유적 1호 고분의 여성시신에서 발견된 것으로 알 수 있다).

오래전 옛날부터 향기 나는 물질들은 매장의례에 사용되었다. 아마도 파지릭인의 고분에서 고수풀을 훈증한다는 것은 저승에서의 부활과 관계있을지 모른다. 고대 희랍세계(classic world)에서 성경의 역사에 이르기까지 향기가 널리 퍼질수록 인생은 좀 더 신에게 가까이 간다고 믿어왔다(전게서, p.28). 또한, 고수풀의 향이 시체가 부패하면서 나는 냄새를 없애주는 역할을 했을 것이라고 본 루덴코(1953, p.233)의 견해도 합당하다.

파지릭인들은 고수풀을 사용하면서 조상의 땅, 그들이 처음 살던 곳(즉, 원래 고수풀이 자라는 곳) 등에 대한 기억을 떠올렸을지 모른다. 그러면서 신 또한 그

---

170) 식물학 박사 M.I.로모노소바의 동정

171) 러시아 안에서도 우랄 산맥 기준 서쪽을 지칭한다(역자 주).

172) 민간요법에서는 고수풀을 감기나 소화기관에 병이 있을 때 입맛을 돋우기 위해서 먹는다. 또한, 고수는 담즙분비, 방부제, 안정제, 거담재 등으로 쓰인다. 또한, 고수에서 뽑아낸 기름은 담즙분비, 진통제, 방부제, 상처치료제의 효과가 있다(아세예바, 나이다코바, 1991, p.93~94).

향기를 기꺼이 흠향한다고 믿었을 것이다. 엘리아데는 '풀이 가지는 신비성과 약효는 그 풀들이 하늘에서 내려왔다던가, 아니면 맨 처음 신들이 약초를 땄다는 식으로 나온다. 효능이 없는 풀은 없다. 그 효능은 세상이나 혹은 성스러운 땅에서 그것과 닮은 형태를 하거나, 그것이 분포하는 세상의 땅이나 성스러운 땅에서 뽑아낼 때 어떤 용어나 동작을 취하느냐에 따라 결정된다(엘리아데, 1998 a, p.51). 파지릭의 고분에서 잡초와 씨앗들이 나온다는 것이 결코 우연이 아님은 분명하다. 파지릭인들이 특별히 정리하고 딴 풀들은 그들만의 필수불가결한 이유가 있었겠지만, 모두 알아낼 수는 없다.

파지릭인들이 코노플리(대마)를 정화 의식에 사용했다는 것은 헤로도토스가 기록한 스키타이인에 대한 기록에서 알 수 있다[173](루덴코, 1953, p.333~334). 파지릭 유적에서도 대마초를 피우기 위한 도구일괄이 발견되었다. 즉, 6개의 나무막대로 이루어진 뼈대, 가죽이나 펠트로 만든 덮개, 불 속에서 꺼낸 돌과 대마씨앗이 담겨있는 용기 등이다. 이를 통해 루덴코는 파지릭인들이 의례 때만 대마를 피운 것이 아니라 일상생활에서도 남자건 여자건 할 것 없이 모두 피웠다고 보았다(전게서). 그가 말하는 피운다는 의미는 펠트나 가죽으로 만든 텐트 안에서 연기 나는 대마를 들이마신다는 뜻이다. 다른 파지릭문화 고분에서는 대마 씨앗이 발견되지 않았다.

현대의 초본학에서는 대마를 몇 개의 종과 아종으로 구분한다. E.스몰과 A.크론키스트(1975)의 견해에 따르면 유라시아와 북부 아메리카에는 Canabis sative L.(그림 158)이라고 하는 대마 한 종류만 자란다고 한다. 이는 다시 두 개의 아종과 종하분류

---

173) '장례를 마친 뒤 친척들은 다음과 같은 방법으로 몸을 정화한다. 먼저 머리에 기름을 바르고 나서 도로 씻어낸 다음 증기욕으로 몸을 깨끗이 한다. 증기욕을 하기 위해 그들은 다음과 같은 준비를 한다. 세 개의 막대기를 서로 기대 세우고 그 위에 모전 담요를 씌운다. 그곳은 되도록 밀폐되게 한다. 그리고 모전 담요로 밀폐된 공간에 대야를 넣어두고, 그 대야에 발갛게 달군 돌멩이들을 던져 넣는다. 스키타이의 나라에는 코노플리(대마, 칸나비스)라는 식물이 자라는데… 스키타이족은 이 칸나비스의 씨들을 갖고 모전 담요 밑으로 기어들어가 발갛게 단 돌멩이들 위에 올려놓는다. 그러면 돌멩이에 얹은 씨에서 연기와 증기가 나기 시작하는데, 헬라스의 어떤 증기탕도 비교가 안 될 정도도. 그러면 스키타이 족들은 그 증기가 좋아서 비명을 지른다. 그들은 그것으로 목욕을 대신하며 물로 몸을 씻는 일은 없다(헤로도토스 4장 73~75절).

군이 있다. 대마가 분포하는 주요 지역은 북부 유라시아를 거의 포괄하는데, 카프카즈에서 몽골까지, 그리고 서부 시베리아에서 힌두쿠시와 히말라야까지 이어진다(식물의 생태, 1980, p.280). 북위 45도 이하의 지역에서는 아종인 sativa sursp. sativa Cronq 등 2종이 존재한다. 그중 하나는 의복과 기름을 짜기 위한 재배종이며, 다른 하나는 성공적으로 토착화 된 종이다. 이 아종의 독성은 보통 대마(C.sativa subsp. indica Cronq)보다는 좀 덜한 편으로 추운 지역에서 자라는 대마는 사실상 마약성분을 거의 잃는다. 일정 정도 마약 성분이 남아있겠지만, 대신에 독성이 강하다. 둘 중 두 번째 아종은 그 안에 다시 2종의 아종 분류군이 존재한다. 그중 하나는 재배종이고, 또 다른 하나는 야생종이다.

대마의 아종(subsp. indica)은 주로 아시아(중국, 북부 인디아, 파키스탄, 아프가니스탄, 터키) 등에 존재하며, 마약의 재료로 사용된다(전게서). 알타이지역 대마의 경우 마약 성분은 별로 없다. 게다가 그것을 소비하는 방법이라는 것이 단순히 그 연기를 들이마시는 것뿐이다. 이는 말린 화서(花序)가 농축된 성분을 흡연하거나(아나쉬) 신선한 식물의 즙을 역청같이 농축시켜서 식히는 해시시 같이 마약 성분을 극도로 높이는 것과는 다르다. 엘리아데는 헤로도토스와 메일리(1935)가 기록한 이런 풍습이 샤먼의 의식과 관계있다고 보고 '코노플리의 연기를 이용해서 샤먼이 엑스타시에 이르는 풍습은 스키타이에 존재했다'고 결론지었다(자세한 것은 엘리아데, 2000, p.364~368 참조). 파지릭의 왕족급 사람들이 어떤 종류의 대마 연기를 마셨는지는 알 수 없다. 하지만 나는 그들이 알타이 지역의 대마가 아니라 마약성분이 강한 남아시아 지역에서 자라는 대마 씨앗을 알고 사용했을 가능성도 있다고 생각한다[174]. 파지릭의 무덤 자료를 볼 때 이렇게 대마의 연기를 들이마시는 것은 이란계통 문화의 유산이며 당시에 이 의식은 특권의 상징이었을 것이다.

파지릭 무덤에서는 물싸리 줄기가 심심찮게 발견된다. 이것은 시신이나 말을

---

174) 19세기초엽 약사로 세미팔라틴스크 구에서 근무한 인 S.A.야로츠키의 기록에 따르면 중앙아시아 주민들은 인도의 대마에서 추출한 즙(즉, 해시시)의 독성을 알고 있었고 마약처럼 사용했다고 한다(팔킨, 1967, p.14). 하지만 그러한 목적을 위해서는 그 지역에서 나는 토착의 대마를 사용하지는 않았다.

그림 158. 대마

(이하 초본류의 사진은 시베리아과학원 식물에 소장된 현대 초본류의 표본임)

그림 159. 물싸리

눕힐 때 쓰던 깔개나 머리를 받치는 베갯속으로 사용되었다(쿠바레프, 1987, p.21; 1992, p.16; 루덴코, 1952, p.226). 또한, 파지릭고분의 목곽 상부를 덮는데도 사용된 예가 파지릭고분(단, 5호 고분 제외)과 바샤다르 고분에서 확인되었다. 파지릭 고분에서는 이 물싸리를 뭉쳐서 덮은 층이 10~12cm정도이며 바샤다르 고분에서는 1m에 이른다. 무덤 습속에서 우연히 있는 일은 없기 때문에, 왜 당시 파지리인들은 산악 알타이의 수많은 꽃과 관목류에서 유독 쿠릴차를 선택해서 무덤에 깔았는지 의문이 제기된다.

러시아어로 쿠릴차라고 불리는 물싸리는 서부 시베리아 산악지역의 바위절벽, 또는 산악 계곡에서 주로 자란다[175]. 산악지역의 영구동결대는 이렇게 낮게 자라는 관목이 자라기 좋은 환경이 된다. 이 풀의 줄기부분은 약으로 쓰는데, 장 안에 박테리아가 번식하는 것을 막아주며 신진대사를 정상화시키는 작용을 한다. 파지릭 인들에게 이 식물은 살아가는 데 중요한 의미를 지녔을 것이다.

고대 무덤에서 약초는 식용작물들과 함께 묻혔다. 심지어 네안데르탈인의 무덤인 샤니다르-4에서는(약 6만 년 전) 죽은 사람 옆에 약초로 만든 꽃다발을 놓았다. 이 꽃들의 약효는 지금까지도 민간요법에서 쓰이는 것이다(Soleski, 1971, p.208~209, 212). 이집트 신왕국(기원전 1552~1070년)에는 미라의 가슴에 놓인 푸른 연꽃과 인도연꽃, 붉은색 야생 양귀비, 중앙아시아산 수레국화, 헤너, 재배종 마요라나, 그리고 석류꽃 등으로 장식한 화환이 알려져 있다. 이 전통은 로마 시대까지 쭉 이어 졌으며(Lack, 1993, p.150~151), 우코크의 얼음 고분에서 발견된 물싸리도 그 전통의 특수한 예라고 할 수 있다.

식물의 꽃, 잡초, 이파리, 줄기, 뿌리, 구근류 등의 약효는 아마 과거의 사람들이 지금보다 훨씬 더 잘 알았을 것이다. 스트라본의 기록에 따르면 페르시아의 청소년 들이 교육받을 때 식물을 이용하는 방법은 필수적인 과목에 포함되었다. 페르시아에

---

175) 물싸리의 학명은 Pentaphylloides 또는 Dasiphora이며, 시베리아에서는 P.fruticosa(L.), O.Schwarz 또는 P.parvifolia(Fisher ex Lext) Sojak(그림 159) 등 두 종류가 자란다.

서는 복속한 지역에서 걷는 세금에 약초류가 포함되어 있다(스트라본, 15권 3장, 18, 21). 특정한 초본류의 특별한 효능들은 고대인들이 생각하는 그 외형에서 연상되는 모습과 관련된 경우가 흔하다. "소리, 냄새, 감촉, 맛 등은 고대 신화세계에서는 그 흔적을 거의 남길 수 없다. 형태는 바라보는 것만으로도 느낌을 가질 수 있기 때문에, 형태로서 인식된다"(프레이덴베르그, 1998, p.33).

울란드릭-1유적 고분에서 출토된 물싸리 줄기를 분석한 결과, 고분을 축조한 시기는 봄으로 밝혀졌다(쿠바레프, 1986, p.128). 파지릭 고분의 무덤에는 한 다발의 노란 꽃이 피어있는 물싸리(중국어로 金露梅)를 같이 넣었다. 꽃은 공통적으로 부활을 의미하는 상징이다. 또한, 매장이 되는 시간적인 위치도 그 조건 중 하나였다. 비추린(1950, p.230)은 투르크의 전통풍습을 회고하며 "절벽에 노란 꽃이 피어있을 때에, 즉 꽃이 피어나려는 시점이 되어야 가을과 겨울에 죽은 사람들을 매장한다"고 했다. 재미있는 사실은 남부 알타이에서 조사된 여러 고분들(1유적-1호 고분, 아크-알라하-3유적 1호 고분, 울란드릭 1유적 2호 고분 등)은 고분 축조시기는 다양한 방법으로 추정되었지만, 공통적으로 봄에서 초여름에 만들어졌다는 점이다. 아마도 파지릭인들은 죽은 사람을 주로 물싸리가 꽃을 피우는 시기에 집중적으로 매장했던 듯하다. 활짝 피어나는 꽃은 마치 햇빛이 비추는 것을 연상해서 자연과 사람의 인생이 깨어나는 것으로 보았을 수 있다(플로렌스키, 1988, p.153). 꽃이 활짝 핀 물싸리 줄기는 약초로서의 기능도 있으며, 황금색 꽃이 피어있다. 따라서 이는 파지릭인들의 신화-의식 세계에서 부활을 의미한다. 또한, 봄~여름이라는 계절도 같은 뜻을 의미할 수 있다. 고대와 전통적인 문화에서 각 계절을 분류할 때는 그때 많아지는 식물이나 짐승으로 상징하는 것은 잘 알려진 바다(예컨대, 카코브킨, 1996, p.43; 쿱쉬노바, 1996, p.45~46 외). 이와 같이 알타이 유목민들에게 물싸리는 고전세계에서의 겨우살이와 같은 상징이었을 것이다. 실제로 파지릭의 거의 모든 무덤에서는 금엽장식이나 꽃과 비슷한 금박장식들이 공통적으로 발견된다.

투엑타 1호 고분에서는 나무로 만든 막대기 모양(루덴코, 1960, p.246)의 안장 치레걸이가 발견되었는데(루덴코, 1960, 도면 LXXVI), 이는 남부 이탈리아, 서아시아, 북부 흑해연안 등 고대의 다양한 지역에서 발견되는 귀걸이나 목걸이에 달린 금제 막대기를 크게 해놓은 것 같이 생겼다(그림 160). 이 특이한 형태는 너도밤나무의 밤과 상당히 흡사한 형태이다. 그리스의 장신구 예술에서는 씨앗, 밤송이, 나뭇잎, 귀 모양 등으로 장식을 만드는 것이 특징이었기 때문에 도토리, 머틀나무의 씨앗, 올리브 등과 함께 너도밤나무의 밤의 형태로 장신구를 만드는 것은 극히 자연스러운 것이다. 게다가 너도밤나무는 그리스 북부에서 흔히 볼 수 있는 나무로, 이러한 장식은 기원전 4세기 후반 대부터 등장한다(윌리엄스, 오그덴, 1995, p.42, 168). 이 유물 이외에도 귀걸이에 걸리는 황금 장식들이 간간이 보이지만, 그들은 형태도 크고 세공기술도 그리 세련되지 않았다. 그들은 평지 알타이, 투바의 기원전 6~5세기로 편년되는 무덤들에서 발견된다(키류신, 프롤로프, 1998, p.124, 도면 11-4). 아마도 투엑타 1호 고분의 마구 장식에 걸린 목제 걸이는 이러한 장신구에서 기원했을 것으로 보는 것이 타당하다. 그렇다면 알타이에서 발견된 너도밤나무를 닮은 장신구와의 관계는 문제가 된다.

생물학 박사인 E.A.코롤류크와 I.A.아르쪼모프(러시아과학원 시베리아분소 식물원 약초실험실 소속)의 초보적 분석에 따르면 베르흐-칼쥔 2유적 1호 고분의 시신 머리 밑에 놓인 양탄자로 만든 베개 속에는 타임(Thymus L., Th.marchellianus)을 채웠다. 이 풀은 알타이 고원지대를 포함해서 넓은 지역에서 분포한다. 향기로운 허브로 베갯속을 채우는 것은 지금까지도 전통적인 문화와 현대 문화에서 모두 보인다(소비에트의 식물자원, 1984, p.104~107). 심하게 변형된 잡초들을 분석한 결과 베갯잇 안에 넣은 씨앗은 현대 식물 중에 지지포르(Ziziphora L.)속의 L.clinopodioides Lam 종과 유사하다(그림 161). 흥미롭게도 베갯잇에는 오로지 지지포르만 들어있었다. 남아있는 성분에는 목제 성분의 뿌리, 줄기, 넓은 유엽형의 잎사귀, 꽃봉오리, 꽃받침, 그리고 좀 길쭉한 계란형 열매 등의 흔적이 발견되었다. 이 속의 초본류는 지중해, 서아시아, 중앙아시아, 소아시아, 그리고 카프카즈 등에서 30여종 이상이 분포한다(유제프추크, 1954, p.389~411). 반면에 서 시베리아의 남부와 알타이 지역에서는 지지포르 속에 속하는 단 한 종의 초본류만 존재한다(도론킨, 1997, p.202). 큰 이파리는 이미 떨어지고 줄기 끝에는 자잘한 잎들만 달려있는 씨앗의 상태로 볼 때 이 풀은 8월 말~9월 초에 베어낸 것이다. 이러한 풀들은 주로 강가의 절벽이나 암반으로 이루어진 언덕이나 산벼랑에서 자란다. 이 풀의 가장 큰 특징은 다소 매운 향이 나는 타임보다도 더 강한 멘솔 향을 풍긴다는 점이다. 또한, 지지포르는 박테리아의 번식 및 곰팡이를 방지하는 정유(에센셜 오일)성분이 함유되어 있기 때문에 민간요법에서는 지지포르를 직접 쓰거나 또는 추출액을 만들어 사용한다. 아마 파지릭인들도 강한 향 때문에 이 풀을 사용했을 것이다. 그들은 겨울 목초지로 이동하는 길에 이 풀을 따 모았고, 아마도 장례의식 중에 시취를 없애는 데(제 7장 참조) 쓰기에 적합했을 것이다.

아크-알라하-3유적 1호 고분 여성 미라의 목 주변에서는 건초더미를 뭉친 것이 발견되었다. 그 주성분은 이파리나 줄기의 형태로 볼 때(그림 163) 주로 잔디와 사초이다. 주머니에 담겨진 사초 더미에서 형태가 잘 남아있는 것들은 몇 개의 초본으로 정리되었다[176]. 이 중 마지막 종을 제외하면 현재도 우코크와 자자토르 식물-지리권 안에서 일반적으로 강이나 지류의 가장자리에 분포한다(야첸코, 1995). 사초(莎草)는 가축들의 사료가 될 뿐 아니라 그 줄기나 뿌리 부분은 여러 가지 약효(이뇨제, 발한, 수렴, 구충제, 진통제, 토닉, 경련 방지, 해열 등)가 있다. 특히 사초의 피톤치드는 박테리아의 번식을 방지하는 기능이 있으며, 카프카즈와 중앙아시아에서 자라는 향부자(Cyperus rotundus L.)는 아로마 제품으로 쓰인다(식물자원, 1994, p.104~109). I.S.카메네쯔키의 연구에 따르면 바로 이 종의 사초가 헤로도토스가 언급한 스키타이인들이 발삼을 할 때 썼던 약초라고 한다(역사, 4권 71). 사초와 잔디 외에도 비교적 많은 양의 명아주(白藜, lambsquarters)와 비슷한 씨앗이 발견되었다(그림 162)[177].

---

176) Carex ensifolia Turcz.ex V.Krecz., C.brunnescens (Pers) Poir., 그리고 C.ilijinii V.Krecz. 등이다.

177) 원문에는 Chenopodium prostratum subsp.karoi (J.Murr) Lomonosova으로 기록되었다(역자 주).

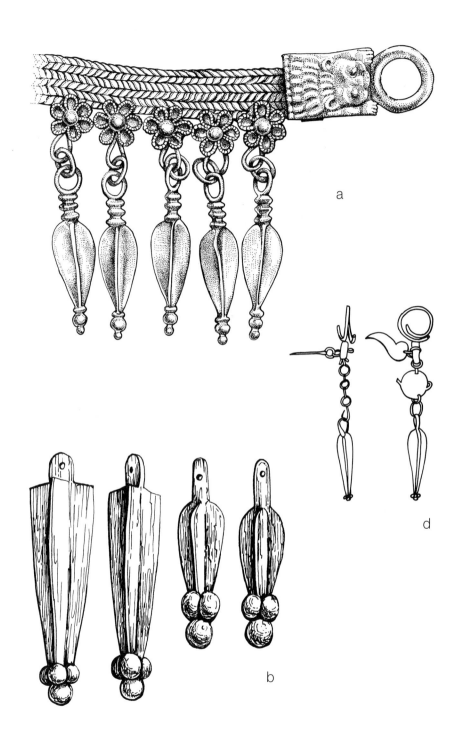

a

b

d

C

그림 160. 초본 형태의 장식
a-너도밤나무의 밤과 같은 형태의 황금 치레걸이(파블로프 고분, 330-300 BCE)
b-굴레장식의 목제 치레걸이(투엑타 1호 고분)
c-너도밤나무의 밤(비치넛)
d-금제 귀걸이(엘루니노 II 무덤유적 1호 고분)

그림 161. 지지포르

그림 162. 명아주

이것은 상처치료 및 염증을 방지하는 약효 때문에 민간에서 쓰인다. 게다가 명아주 씨앗은 밀가루나 시리얼 대용으로 식용할 수 있지만, 장기간 복용 시에는 소화기관 및 신경계에 질병을 일으킬 수 있다(소련의 식물자원, 1984, p.231). 파지릭인들도 이 약초의 약리작용을 알고 매장의 식에 사용한 것 같다.

이 무덤에서 발견된 또 다른 식물자료로는 가래속의 식물(Potamogeton vaginatus Tuicz)로 관의 하부층 얼음 속에서 함께 언 채로 발견되었다(그림 164). 이 가래속 수초의 보존 상태는 놀랄 정도로 완벽한 바, 아마 매장이 이루어질 때 근처 어딘가에서 뽑혀서 우연히 무덤 구덩이에 들어간 것이 틀림없다.

물론, 파지릭인들은 우리가 무덤에서 발견한 것보다 훨씬 다양한 산악 알타이지역의 식물자원을 이용했음이 분명하다. 그들은 호손, 크랜베리, 라즈베리, 산 애쉬(rowan), 빨간색과 검은색의 블랙베리, 인동 덩굴, 조류 체리, 야생 장미, 양파, 고사리 등을 식용으로 사용했을 것이다. 또한, 잣을 땄으며(잣 송이는 무덤에서도 발견된다), 버섯과 기타 자원들도 땄다. 파지릭문화 속의 식물코드에는 이밖에도 대마, 고수, 물싸리, 지지포르, 야생 볼로세네츠, 사초, 잣, 활엽수, 자작나무 등이 포함된다. 물론, 그들은 무덤에서 발견된 이들 식물자원만 이용한 것이 아니겠지만, 대부분 우리가 모르는 것이다. 간접적으로 레비스트로스는 남 캘리포니아 아메리카 원주민들의 전통문화에 대해서 언급하며 다음과 같이 말했다. "(그들은) 주변 환경

그림 163. 사초

에 매우 친숙했으며, 그들을 분류할 수 있고 원산지 등을 정확히 알고 있었다. 당시 백인 이민자들과는 아예 딴판이어서 연구자들마저 매우 놀랄 정도였다(레비스트로스, 1994, p.117)."

잡초, 꽃, 나무 등은 형태에 따라 두 그룹으로 나뉜다. 첫 번째 그룹은 알타이에서 자라는 것들로 활엽수, 자작나무, 물싸리, 잣나무, 야생 볼로세네즈, 대마, 지지포르, 명아주, 사초 등이 해당된다. 두 번째 그룹은 알타이에서 자란 적이 없는 것들로 고수와 대마 중 한 종류가 해당된다. 특히 두 번째 그룹의 초본류는 알타이 파지릭인들의 선조들이 살았던 고향, 즉 소아시아의 이란, 아프가니스탄, 중앙아시아, 서북 인디아 등이 실제 원산지로 이들 지역과의 역사−문화적 관계를 반증한다. 우코크에서 출토된 식물상에 대한 전문가들의 분석을 종합하면, 파지릭인들은 전체 스키타이문화에 널리 알려진 식물학적 지식을 가지고 있었음을 알 수 있다. 아마도 파지릭인들은 알타이에 살면서 여전히 스키타이세계, 조금 더 넓게는 이란문화권에서 '이전부터 알고 있었던' 약초와 씨앗들을 계속 사용하거나, 아니면 이 지역에서 자라는 비슷한 약초들을 사용했을 거라는 생각이 든다. 이와 비교할 만한 자료로는 알타이의 파지릭문화와 많은 교류를 했던 신강성 지역인데, 여기에서 조사된 잘 보존된 무덤에서 발견된 식물상은 파지릭의 것과는 완전히 다르다. 토그락나무(이 지역 토착의 낮은 포플러나무), 버드나무, 위성류(渭城柳), 갈대 등이 주를 이루며, 약초로는 가장 흔한 것이 에페드라

그림 164. 가래속 수초

계열의 마황이다. 물론, 식물상을 결정하는 가장 중요한 요소는 우리가 파지릭을 비롯하여 여러 예에서 봤듯이 그 문화의 주민이 거주하는 지역에서 무엇이 자라는가 이다. 하지만, 그것이 전부는 아니다. 즉, 타미르, 투르판, 하미, 로프노르와 알타이 전역에서는 청동기시대부터 에페드라가 널리 분포했다. 이는 기본적으로 이 지역 주민들의 질병과 관계가 있다. 즉, 그들의 폐 안에는 미립화 또는 규산염화가 된 검은 먼지들이 차있다. 아마도 당시 사람들은 밖에서는 심한 바람이 부는 공기를 들이마시고, 집 내부 화덕에서 나오는 탄화된 연기들을 지속적으로 들이마셨기 때문이다 (Wang, 1996, p.63, 66). 프르제발스키의 기록에 따르면(1948, p.39), 이 지역들은 1년 내내 먼지가 많은 환경이어서 모래폭풍이 불거나, 심지어 비교적 작은 바람이 분 직후에도 모래 먼지가 대기에 가득하고, 천천히 가라앉았다고 한다. 이런 환경에서 살다 보면 계속 잔기침이 나고 다양한 천식 증세가 일어났을 것이다. 아마도 이런 자연환경 때문에 이 지역에서 가장 흔한 치료제로 에페드라가 쓰였을 것이다. 에페드라는 천식증상을 해소시키며 기침과 기관지염에 효과가 있다. 물론, 에페드라는 알타이에서도 자라고 그 약효도 차이가 없지만, 아직까지 파지릭에서 이것을 사용한 예는 없다. 하지만 에페드라는 인도이란문화권에서는 청동기시대에서 현재까지 꾸준히 의식적 음료(하오마)로 이용되었기 때문에, 파지릭인들도 에페드라의 존재를 분명히 알고 있었을 것이다.

파지릭인들의 생계에서 숲은 매우 중요한 역할을 했음에도 불구하고, 파지릭인들의 예술세계에서 식물사용과 관련된 그들만의 독특한 문화요소는 발견할 수 없었다. 파지릭 문화 역시 다양한 스키타이-사카문화에서 널리 사용된 동물장식으로(라예프스키, 1977, 1985; 페레보드치코바, 1994) 그들의 기호[178]를 남겼다. 현재까지 알려진 파지릭 예술에서 발견된 식물은 파지릭 5호 고분의 양탄자에서 발견된 여신의 손에 쥐어진 꽃줄기가 유일하다. 하지만 이 장면은 꽃줄기, 봉오리, 꽃 등으로 이루어져서 특정한 식물이라기보다는 꽃을 피우고 자라는 장면을 상징적으로 표현한 것이다. 엘리아데의 견해를 따르면 여신이 식물의 상징을 쥐는 장면은 마르지 않는 번식의 상징으로 고대 신화와 도상학에서 나무로 표현되는 세계수의 또 다른 표현이다(엘리아데, 1999, p.265)[179].

파지릭무덤의 영구동결층 속에서 발견된 여러 식물들의 동정을 통하여 기원전 4~3세기 산악 알타이 지역의 사람들이 어떠한 식물들을 알았으며, 매장과 실생활에 사용했는지를 밝힐 수 있다. 그들은 현재의 본초학에서 알고 있는 효능들을 식물학이 발달하기 훨씬 이전부터 알고 있었다. 아마 기록 같은 것이 발명되기 전에 자신들의 상처나 병을 고칠 수 없었다면, 인류는 진즉에 멸종했을 것이다. 한편, 식용할 수 있는 식물자원들의 상당수는 후에 쓸모가 없어졌기 때문에 현재는 거의 잊혀졌다. 분명한 점은, 현대과학이 유용한 식물들을 연구하면 자연히 고대인들의 연구를 따라간다는 점이다. 그들도 현대인과 마찬가지로 부작용을 염려했다. 또한, 우리의 영원한 화두인 영생과 건강한 상태의 인생을 어떻게 하면 유지할 수 있을까를 고민했다.

---

178) 원어에는 언어를 뜻하는 язык으로 표현되었는데, 본 고의 맥락에서는 상징화된 의미를 담아내는 기호를 의미한다.

179) 중국의 여신 '서왕모'(글자대로 번역하며 서쪽을 다스리는 왕)는 곤륜산에서 자라는 나무의 열매로 만든 불로장생약을 지키는 사람이다. 漢代에 서왕모는 손에 나무줄기 같은 것을 붙잡은 형태로 묘사되었다. 아마도 불로장생의 나무로 추정된다(원가, 1987, p.156).

제 9 장

파지릭사회에서의 여성

우리가 고대로 더더욱 다가갈수록
우리 존재의 기원에 대한 비밀들을 지닌 무녀의 모습이 자세히 나타난다.
그들의 어두운 자궁 속에서 사람의 탄생과 죽음, 부모, 대모(Godmother), 간호사, 아기, 울보,
애도자, 그리고 염습자(시신에 기름을 바르는 자) 들이 자라난다.
– 뱌체슬라프 이바노프 [별을 따라]

    우리의 주요한 연구주제인 파지릭 고분에서 이제까지 조사된 고분 중 1/3은 여성이 묻혀있다. 이 유물들을 통하여 다소 모순되는 점도 있지만, 당시 사회에서의 여성의 모습을 비교적 완전한 상태로 구성해 볼 수 있다.

    유목문화는 전통적으로 남성들의 세계로 인식된다. 유목사회에서 남자들은 엄청난 양의 가축을 몰아 목초를 먹이는 목자, 전쟁, 적들로부터의 방어, 자기 가족 · 친족 · 주민들의 현명한 통솔 등의 중요한 역할을 담당한다. 그렇다면 여성은 어떤 역할을 담당할까? 스키타이 고분에서 발견된 여성 무덤에서는 요리에 필요한 그릇, 때로는 맷돌, 방추차와 실을 잣는 도구 등이 같이 발견된다(하자노프, 1975, p.84). 하지만 이와 달리 파지릭의 경우 고분에서 출토된 유물만으로는 파지릭의 여성들이 어떤 일에 종사했는지 알아내기가 쉽지 않다. 게다가 파지릭 고분에서 발견된 나무와 다른 유기물로 만든 유물들의 보존 상태가 대부분 완벽하지 않기 때문에 시신과 공반된 유물들의 전체 양과 질을 완벽하게 이해하기 어렵다. 일반적으로 파지릭인들

의 무덤에 묻히는 유물 이외에 여성의 무덤에서만 특별히 발견되는 유물로는 개인적으로 착용했던 장식들(대부분 금박장식을 입힌 목제장식)뿐이다. 즉, 모자 장식, 가발, 경식, 동경 등이며 때때로 유리나 석제 구슬 몇 점 등도 공반된다. 아주 드문 예로는 자안패도 발견된다. 반면에 그들의 평소 생활을 설명할 수 있는 것은 전혀 발견된 바 없다. 아마도 가장 풍부하게 남아있는 것은 모피, 펠트, 직물 등 일반적으로 잘 남아있지 않는 것들이다.

우코크의 얼음 속에 갇혀진 고분에서 발견된 유일무이한 유물들 덕분에 보통 무덤들에서는 흔적도 없이 사라진 많은 것들을 볼 수 있었다. 1990년 1유적-1호 고분에서는 45~50세 가량의 남성과 함께 젊은 여성이 매장되었다. 두 시신은 모두 활엽수로 만든 통나무 관에 안치되었으며, 얼음 덕분에 의복, 장식, 그리고 부장품 들이 일부 보존될 수 있었다. 여성은 외투, 바지, 펠트제 고깔 모자, 철제 단검과 투부, 목제 허리띠, 고리트에 담겨진 화살과 활 등 남성의 의복을 한 채였다.

흥미롭게도, 남성은 병든 상태였다. 그의 모든 뼈는 만성 다발성 관절염을 앓은 흔적이 있어서 다양한 강직성 척추염 또는 '척추의 석화'로 규정 지을 수 있다(치키셰바, 1994, p.167). 이러한 질환 은 연안(부드러운 안장)에 등자가 없는 말을 타고 이리저리 이동을 많이 하면서 엄청난 힘의 근육을

복원도 Ⅷ. 파지릭의 여성,
아크-알라하-3유적 1호 고분

사용한 스키타이 시기의 기마인들 사이에서 발견된다(코즐로프스카야, 1996, p.142). 이 질환으로 남성은 쉽게 움직일 수 없었을 것이고, 그는 다른 사람의 도움이 없이는 말에 타기 어려웠을 것이다. 아마도 이 여자는 이 남자가 이동할 때 동반하며 그의 이동을 도와주었던 조력자였을 가능성이 있다. 더욱이 이 여자는 키도 장신이고, 몸 상태도 좋았다[180].

약간 화제를 돌리면, 이란문화권에서는 장신을 여성 아름다움의 중요한 요소로 꼽았다. 아베스타에서는 여신 아르드비-수루의 능력을 나타내는 별명으로 훤칠한 키와 쭉쭉 뻗음을 꼽았다(1993, p.38 외). 미데아와 페르시아에서는 여러 여성들 사이에서 왕의 여자들은 키로 구분이 되었다(크세노폰트, 책 5장 I, 5절). 2천년이 넘게 지난 후에 그룸-그르쥐마일로의 지적에 따르면(1948, p.221), 투르판의 여인들은 아름다움의 이상향을 이란의 여인들로 상정했다. 그래서 그들과 닮아지기 위해서 갖은 노력을 다했고, 그들과 비슷하게 보이기 위해 높은 힐을 신고 다닌다고 한다.

젊은 여성이 완전히 남성의 복장을 하고 군장을 갖춘 예는 파지릭문화에서도 보인다. 파지릭의 왕족급 고분에서는 여성들은 자신의 성에 맞는 복장을 했으며, 무기가 없이 매장되었다. 또한, 산악 알타이에서 조사된 수많은 일반급 여성고분의 발굴결과 어떠한 무기도 발견된 바가 없다. 물론, 완전한 군장을 갖추고 말과 함께 부장된 여성의 고분은 '아마조네스'와 같은 여전사에 대한 기록이 많이 나오는 이 시기에 결코 놀라운 것은 아닐 것이다. 무기 또는 마구들을 부장한 여성들의 무덤은 사브로마트, 사카, 스키타이 사이에서 다수가 알려져 있다. 아마도 이란어권의 사회에서 여성의 지위는 남성과 같았으며, 동일한 권리를 누린 것 같다[181](코스벤, 1947, p.32).

---

180) 현대 인류학자들이 사용하는 조건표에 따르면 이 1유적-1호 고분에 매장된 여성의 키는 170cm으로 아주 큰 축에 속한다(아주 크다는 범위는 168~186.9cm까지가 해당된다)(치키셰바, 1994 p.172, 도표 7).
역자 후기에서 밝힌 바, 1호 고분의 공반된 사람은 여성이 아니라 남자라는 점이 밝혀졌다. 그렇지만 같은 전사집단에서 동거동락하면서 아버지뻘 되는 전사를 도와주었을 가능성은 충분히 있다(역자 주).

사회적으로, 또 경제적인 이유로 파지릭문화에서는 여성들이 전사의 역할을 수행했었다. 그런데 아크-알라하의 무덤 중에는 다른 파지릭문화의 무덤과 비교했을 때 지위가 높은 엘리트 신분의 무덤은 별로 없다. 민족지적 자료로 보면 군인화된 여성들은 가사노동에 종사하는 여성들 보다 특권적인 지위를 지녔다.

파지릭의 여성 무덤에 대해서는 히포크라테스가 관찰한 바를 통해서 설명할 수 있다. 그는 사브로마트에 대한 기록에서 '여성들은 말을 타고 다니며 활을 쏘고, 창으로 찌르며 전쟁을 한다. 그들은 모두 아직 처녀일 때 전쟁을 하며, 결혼을 하려면 3명의 적을 죽여야 했다(히포크라테스, p.34).' 위에서 인용한 바를 따르면, 젊은 처녀들은 결혼 전까지만 무사로 있기 때문에, 아마조네스로 사는 기간은 전체 인생에서 짧은 기간만이 해당된다. 아마도 이것이 무장을 갖춘 여성은 모두 젊은 나이에 사망했으며 무덤의 수가 적은 이유이기도 하다.

중세시기 몽골에서도 비슷한 상황이 플라노 카르피니에 의해 기록되었다. "아가씨나 여인들은 모두 말을 타며 남자들처럼 능숙하게 질주한다. 또한, 우리는 그들이 전통에 활을 넣어서 가는 것을 보았다. 남자들처럼 여자들도 말을 장기간 안정되게 탄다…. 아가씨나 여인들은 모두 남자들과 똑같이 옷을 입기 때문에 그들을 남성과 구분하는 것은 쉽지 않다(1997, p.43, 34). 이후 수백 년이 지난 뒤의 상황은 코즐로프가 20세기 초반 몽골과 티베트를 연구한 기록들에서 찾을 수 있다. 그는 티베트의 여인들은 티베트인과 마찬가지로 말 떼에서 아무 말이나 골라서 곧장 그 갈기를 잡고 재빠르게 안장도 없이 말에 타고는 원하는 방향으로 달려 나간다고 기록했다. 또한, 젊은 티베트 여인들은 일상적으로 고집 센 야크에 짐을 싣고 내리는 것을 잘한다. 내가 보기에 전쟁이건 약탈이건 티베트 여자들은 남자들만큼이나 역동적이었다(코즐로프, 1947, p.186). 아마 이런 기록은 파지릭 고분에서 무기가

---

181) 메드니코바는 인류학적 자료들을 연구하여서 초기 스키타이의 생활에서 남성과 여성 사이에 육체적인 노동의 강도는 큰 차이가 없다고 결론 내렸다. 이러한 복원은 군사조직화 된 모델과 잘 부합하며, 그 안에서 여성은 비교적 높은 지위를 차지했다(메드니코바, 2000, p.57). 스트라본은 켈트, 스키타이, 트라키아 족들에서 여성들이 용맹스럽다고 기록했다(지리, 제 3장, 4장 17절).

그림 165. 아크-알라하-3유적 1호 고분과 1유적 1호 고분의 여성 복원도(슈마코바 복원)

있는 여성 고분의 출현을 잘 설명할 수 있을 것이다.

또한, 비슷한 고분은 1994년에 발굴된 5유적−4호 고분에서 볼 수 있다. 이
무덤에서 여성은 전사인 남성과 같이 매장되었는데, 양측 모두 철제 체간과 철도가

발견되었다. 유감스럽게도 얼음은 남지 않았기 때문에 그들의 의복이나 머리장식은 알 수가 없다. 아마도 파지릭사회에서 군장을 하고 매장된 여인들은 아마도 전쟁 중에 희생된 상황대로 묻힌 것 같다.

군장을 갖춘 여성 무덤의 독특한 예가 5유적-1호 고분에서 발굴되었다. 여기에서 는 여성 1인이 1명이 들어갈 정도 크기의 목제 시상 위에 안치되었다. 이 여인은 치마와 블라우스를 입었고, 2점의 목제 경식, 동경 등이 발견되었다. 아쉽게도 머리 장식, 모자장식들은 남아있지 않았다. 이 유물 이외에 무덤 안에서는 기마전사들이 쓰는 펠트제 투구를 장식하는 목제 말장식, 목제 칼집 안에 들어있는 철제 단검, 목제 허리띠버클, 그리고 동경이 추가로 1점이 발견되었다. 하나의 무덤 안에서 2종류의 부장품류가 공반된 셈이다. 하나는 여성용(여자의 몸에서 발견됨)이고 다른 종류는 남성용(몸의 등 뒤에서 관의 남벽 사이)이다.

이와 관련하여 몇 가지 견해들을 제기해볼 수 있다. 첫 번째로는 이 여성의 옆에 '상징적으로' 남성이 매장되었을 가능성이다. 즉, 이것을 일종의 케노탑(가묘)로 간주하는 것이다. 남쪽 벽을 따라서는 파지릭문화에서 일반적으로 보이는 남성에 속하는 여러 유물들(의복 및 개인물품) 들이 놓이고, 바로 그 오른쪽에 여성이 묻힌 것이다.

두 번째 견해로는 여기에 묻힌 여성의 유물 뿐 아니라 고인이 된 남편의 물건도 같이 묻은 것으로, 그녀가 남편을 다시 만나서 돌려주기 위한 것이다. 이런 풍습은 민족지 자료에서 드물지 않게 볼 수 있다. 예컨대, 마이나가세바의 기록에 따르면 사가예츠인의 어떤 무덤에는 시신에 속하는 유물과 함께 어린이용의 허리띠도 부장 했는데, 이는 어릴 때 죽은 그의 아들을 위한 것이다(디야코노바, 1975, p.23). 투바의 경우 홀아비가 죽으면 그의 전통(화살통)또는 사냥용 쌈지주머니에 칼집, 송곳, 바늘 등을 넣었는데, 이는 그의 부인을 위한 것이다. 또한, 과부의 무덤에는 반드시 남편의 담배파이프와 돈지갑을 함께 넣었다(전게서, p.23).

세 번째 견해로는 남성용 물건들도 이 여인의 것으로 보아서, 이 여인은 때때로 전사의 역할을 했다고 본다. 실제로 이 무덤에는 말이 6마리나 배장되어서 아크-알라하-5고분군에서는 가장 많은 편이다.

5유적-1호 고분은 5개의 고분으로 이루어진 고분 열의 가운데에 위치한다. 이 무덤은 유일하게 고분의 일부가 얼음에 갇힌 상태였다. 그 덕택에 마구의 장식, 펠트제 안장, 개인 장식, 그리고 목제 기명 들이 남아있었다. 고분의 크기는 직경 12m이고, 무덤구덩이는 2.5×2.6×2.5m이며, 3개의 나무로 만들어진 목관의 크기는 1.2×8.5×0.64m이다. 배장된 말의 수나 섬세하게 가공된 여성의 시신을 얹은 시상 등은 바로 이 무덤을 같은 고분군의 다른 것들과 차별화시킨다. 아마도 이 무덤은 전체 무덤의 중심이며, 여기에 묻힌 여성은 아마도 주변에 묻힌 여러 가족들의 어머니 또는 대모였을 것이다.

1993년에 3유적-1호 고분에서 유일무이하게 얼음에 갇힌 통나무관에 매장된 여성 귀족의 미라가 조사되었다. 이런 식의 1명이 묻힌 무덤은 다른 왕족급 고분군인 파지릭, 베렐, 바샤다르 고분 등에서는 찾아볼 수 없었다. 이들 고분은 대부분 남성과 배장된다. 8마리의 말이 배장된 여성 단독의 무덤은 투엑타 2호 고분에서 발견된 바 있는데, 완전히 도굴된 상태였다(루덴코 1960, p.111~112, 151~161). 이제까지 발견된 파지릭 고분 중에서 이 고분만이 여기에서 살펴보는 여성을 묻은 고분과 가장 가까운 비교 사례가 된다. 실제로 투엑타 고분은 직경 32m, 높이 2.6m로 아크-알라하의 직경 18m, 높이 0.57m라는 규모를 훨씬 능가한다. 이런 차이는 두 고분 사이의 신분차이를 의미함과 동시에 우코크 고원이라는 겨울목초지의 특성도 내포한다. 즉, 숲이 없기 때문에 목재를 공급하기 어려우며, 영구 동토대이기 때문에 땅을 파기 어렵다. 또한, 겨울에 귀족들을 묻는 경우에는 가을에 여름 목초지에서 있었던 모든 사람들이 참여할 수 없다. 겨울 목초지에서는 사람들이 훨씬 더 분산되어 지내기 때문이다(클랴쉬토르느이, 술타노프, 1992, p.329~330).

여기에서 3유적-1호 고분과 관련해서 간과할 수 없는 부분은 다른 무덤과는 따로 떨어져 축조되었다는 점이다. 제 2, 3고분은 투르크시대의 전사무덤으로 적어도 서기 7세기 이후가 된다. 파지릭 고분은 단독으로 축조된 예가 많지 않으며, 대부분 친족들의 무덤으로, 유스티드를 이룬다. 따라서 젊은 여성의 무덤이 단독으로 축조되었다는 점은 각 상황에 따라 몇 가지 추론이 가능하다. 조금 늦은 시기의 민족지적 자료를 보면 이런 식의 무덤은 샤먼 또는 생전에 다른 사람들과는 차원이 다르게 살았던 사람들의 무덤이거나(노비크, 1984, p.181), 익사, 추락사, 동사, 곰의 습격 등 특이하게 죽음을 맞이한 사람들의 무덤이다. 아마도 단독으로 떨어진 고분은 결혼을 하지 않았거나 샤먼으로 의식들을 거행하던 사람으로 여기에 묻힌 여성의 독립성을 강조한 것일 수 있다(보로비요프, 1980, p.95).

출토 유물 중 이 고분의 주인공 여자가 사제였다는 것을 증명할 정도로 아주 특별한 것들은 나오지 않았다. 더욱이 그녀의 손과 어깨에 시문된 문신들도 이 여인이 제의를 수행하던 사제라는 증거는 될 수 없다. 수많은 민족지적 자료와 일부 존재하는 고고학적 자료, 고전문명의 사료 및 중국 사서들은 고대의 여러 주민들과 전통문화 사이에 문신이 존재했음을 증명한다. 또한, 문신의 시술이 통과의례와 관련 있는 경우는 흔히 볼 수 있으며, 문신의 시문은 그 사회에서 높고 낮은 다양한 지위를 의미하는 것이다.

이 고분에서 출토된 장식, 동경, 기명 등의 유물은 일반무사급을 포함한 파지릭 고분에서 일반적으로 출토되는 것들이다. 물론, 이 고분에서는 전체 유물이 한 세트가 완벽히 갖추어진데다, 각 유물의 예술 및 기술적인 수준도 높은 것이 나왔다. 고분에서 황금제품은 얇은 금박류만 출토되었다. 하지만, 일반무사급 고분에서 이런 류의 황금은 출토된 적이 없다. 당시 사회에서 이 여성의 높은 지위는 대형목곽 및 거대한 통나무관, 가죽으로 다양하게 장식된 사슴형의 아플리케, 발삼 처리된 시신, 그리고 배장된 6마리의 말 등으로 잘 반영되어 있다. 당시 사회에서 높은 신분이었음을 가장 잘 상징하는 유물은 실크제 블라우스(민족지적 자료로 볼 때 유목사회에서 부자와 빈자의 차이는 옷의 재질만으로도 구분된다)와 머리맡에 놓인 고수풀이라고 할 수 있다.

어떻게 이 젊은 여인이 이런 고분에 묻힐 수 있었을까? 이 고분에서 무기류는 일체 발견되지 않았고, 여성의 복장만 나온 바, 이 고분을 다른 파지릭의 여성전사 '아마조네스' 중 하나로 볼 수는 없다. 이 여성이 당시 사회에서 어떤 신분이었나를 밝히기 위해서는 '특정한 분야에서 전문화가 되어있는 사람들은 영혼들로부터 선택되었다…. 그러한 생각은 비단 샤먼뿐 아니라 특별한 '재능'을 받은 모든 사람들에게 해당된다'고 하는 전통적인 생각을 참고할 필요가 있다(노빅, 1984, p.195). 사얀-알타이 지역의 의식에서는 적어도 30개 이상의 비전(秘傳)되는 지식을 가진 전문가들이 알려져 있다(사갈라예프, 옥탸브르스카야, 1990, p.99)[182]. 전반적으로 보았을 때 이 고분에 묻힌 이 여인은 특별한 지식을 가졌을 것이다. 스토리텔러, 치료가, 예언가, 날씨예보자, 점쟁이…. 누가 알겠는가?

로트만(1996, p.346)에 따르면 기록문화는 과거를 위해 존재하고, 구비문화는 미래를 위해 존재하기 때문에, 구비문화 안에는 예언, 점, 예측 등이 큰 역할을 한다. 바로 여성들이 주요한 위치에 있는 분야이다. 디야코노바(1997, p.41)에 따르면 '여성 샤먼들의 역할에서 중요한 점은 하부와 중부 세계에서 의식을 하는 것뿐 아니라 예언, 점과 같이 미래를 보는 것이다. 즉, 접신능력은 남성 샤먼과 다른 점이다.' 에스키모 사냥꾼들은 보고라즈에게 다음과 같이 말했다. "당신이 보기에 우리 남자들이 튤렌과 바다표범을 죽인다고 생각하는가? 천만의 말씀이다. 그건 바로 여성들이 집의 화덕에 앉아 요술을 부려서 짐승들을 물가로 끌어내고 방망이에 맞게 하는 것이다(보고라즈, 1923, p.23)." 비슷한 생각은 셀쿠트 족 사이에도 있어서, 사냥과 물고기잡이의 성공은 상당 부분 레샤치카라고 불리는 숲의 주인들에게 달려있다고 믿는다. 즉, 그녀가 기다란 머리를 빗으면 그 마법이 효력을 발휘해서

---

182) 사갈라예프의 연구에 따르면(1991, p.66), 샤먼들은 그 친족들에게는 생전보다도 사후에 더 중요하다고 한다. 그 관찰은 예상치 않은 부분에서 증명되었다. 아크-알라하-3유적 1호 고분에서 얼음 속에서 파지릭문화의 여성 미라가 발견되자, 곧 산악알타이 지역에서는 이 여성에 대한 각종 신화가 생겨났다. 그녀를 알타이족의 먼 선조로 간주해서 샤먼의 능력이 있는 선조-대모로 추앙했다. 비슷한 상황은 신강성에서도 일어났으니, 소위 '누란의 미녀'라는 미라가 발견되자, 이를 곧 위구르 족의 대모로 공표하고 위구르 전통의 장식들을 단 형태로 그녀의 얼굴을 복원했다.

사냥꾼에게는 풍성한 모피동물을, 그리고 어부에게는 물고기를 가져다준다(예컨대, 폴로스막, 슈마코바, 1991, p.38 참고). 여성들이 사냥, 전쟁, 심지어는 생명까지도 좌지우지하기도 한다. "고대 신화의 세계에서는 여성들이 그 의식들을 수행했으며, 고대 서사시에서도 약간의 예외를 제외하면 남성이 아니라 여성 샤먼들이 역할을 했다(전게서, p.87)[183]." 알타이의 영웅설화를 보면 여성 영웅들은 일련의 묘기를 부리는데, "힘으로 보나 사회에서의 영향력으로 보나 남성들의 묘기에 뒤지지 않는다"고 하며, 심지어는 에를릭[184]을 이기기도 한다. 포타포프의 견해에 따르면 신화에 등장하는 괴물과 여성들의 전쟁을 보면, 이 괴물들은 남성의 모습으로 표현된 악령들이다. 여성들이 영웅으로 묘사된 신화는 당시 사회와 가족에서 여성들의 높은 신분을 반영할 뿐 아니라, 씨족 사회의 초기 단계를 반영하는 것이다. 바로 당시는 여성중심의 사회였음을 의미한다(포타포프, 1949, p.123).

세로셰프스키에 따르면(1993, p.609), 야쿠트인들이 점을 칠 때는 여성들이 결정적인 역할을 하며, 여성 샤먼은 남자들보다 세다고 믿는다. 아마도 그런 이유로 콜림 지역의 샤먼들은 따로 특별한 옷을 입지 않고 여성의 드레스를 걸치며, 머리도 여자처럼 묶어서 땋았다. 또한, 일반적으로 일정 정도 높은 능력이 있는 남자 샤먼들은 여자처럼 출산할 수 있다고 믿는다.

알타이족 사회에서는 '우다간' 또는 '우드간'이라는 여성 샤먼에 대한 범칭이 있는 반면, 남자 샤먼들은 각 사회에서 각각 다른 이름들이 있다(사갈라예프, 1991, p.66). 이에 대해서 쯔이비코프는 "아침에 불에 희생물을 바치는 것은 여성들의

---

183) 흥미로운 점은, 일본에서 샤먼 또는 사제를 뜻하는 우마코라는 용어를 밀레르나 하체나우어 같은 학자들은 류쿠어의 yuta, 야쿠트어의 udagan, 북부 퉁구스의 idugan 등과 연결시킨다. 블레이커의 연구에 따르면 우마코의 전통은 시베리아의 영향을 받은 흔적이 있다고 한다(예르마코바, 1995, p.27~28). 이와 관련해서 서기 3세기에 야마타이국을 다스린 전설적인 여제 히미코를 빼놓을 수 없다. 히미코라는 이름은 '태양의 딸' 또는 '태양의 여사제'라고 번역되는데, 영혼을 가르치고 대중들을 흥분상태로 인도하는 권위를 가졌다(큐네르, 1961, p.247). 보로비요프의 견해에 따르면 (1980, p.95)사제의 역할을 여성과 연결시키려는 경향을 볼 수 있다고 한다.

184) Erlik, 죽음의 신으로 투르크계통 신화에 등장한다. 천신인 텡그리가 만든 첫 번째 피조물이나 이후 그들과 갈등을 일으켜 지하 세계로 쫓겨났다(역자 주).

주요한 임무이며, 바로 그로부터 '우드간'이라는 여성 샤먼들이 생겨난다. 여성 샤먼들의 이름이 불에 대한 의식에서 기원하는 것은 투르크와 몽골어족 모두 공통된다. 따라서 '우드간'이라는 사제의 명칭은 터키어로 불을 뜻하는 단어에서 기원했으며, 이 집단들이 같이 살 때 이미 생겨났다[185](사갈라예프, 1991, p.162). 이 논의는 우리에게 상당히 중요하다. 즉, 유목사회, 나아가 순록을 치는 사회, 사냥꾼과 어부들의 사회에서 여성들은 집안 화덕의 불을 지키는 사람으로 간주되었다. 이러한 이해를 배경으로 그녀를 거대한 생산을 담당하는 사람이라고 믿게 된 동기가 되었던 것 같다(이와 관련해서는 본 서 3장의 '여성 머리 장식' 부분을 참고하기 바람).

스키타이의 판테온(다신전)에서 가장 중요한 자리는 불의 여신인 타비티가 차지했다. 그녀가 여러 신중에서 중요한 역할을 한다는 것은 스키타이를 비롯한 다양한 인도유럽어족들의 전통적인 신앙에서 불이 차지하는 비중을 감안하면 쉽게 이해가 된다(라예프스키, 1977, p.92). 타비티의 모습에 표현된 사상은 단순히 집안의 화덕이나 가족 또는 친족공동체에 대한 것이 아니라, 왕의 집과 관련된 모든 주민들을 결속하는 의식과 관련되어 있다(아르타모노프, 1971 p.58).

여성의 종교-마술적인 권위와 결과적으로 그 집단에서 차지하는 중요한 역할은 지모신이라는 우주모델로 이어진다. 땅에서 인간들이 번성하는 것을 출산의 또 다른 모습으로 이해했다(엘리아데, 1994, p.92). 다양한 역사 자료들에 근거했던 A.메냐 (1991, p.104)의 연구에서도 비슷한 생각을 찾아볼 수 있다. 만약 여성이 아니라면 손에 의식의 비밀을 지닌 대지모의 형상을 할 수 있을까? 선사시대에 여성의 역할이 증가하는 것은 의심할 바 없이 지모신에 대한 의식과 그것을 수행하는 여성 샤먼, 사제 등과 관련이 있다. 세계 모든 사회에서는 인간의 인생에서 가장 중요한 부분은 여성의 행위에 의해 결정된다고 보았다. 그것은 단순히 육체적인 원인이다. "출산을 하고 젖을 먹이며 도저히 설명할 수 없는 이 자연의 신비를 바로 여성들이 가지고

---

185) 이 문제를 가장 최근에 검토한 디야코노바는 '유감스럽게도 우다간이라고 하는 여성 샤먼을 지칭하는 용어에 대한 연구는 민족학에서는 심도 있게 논의되지 못했다'고 했다(디야코노바, 1997, p.37).

있지 않은가? 바로 그들이 여신의 현신이 아닌가?(전게서, p.104)." 따라서 당시 사회가 유목사회였든 사냥사회였든 상관없이 여성들은 독특한 지위를 차지했으며, 그중 일부는 사제가 되거나 정령의 대리인이 되었다.

세계에서 가장 오래된 기록유산인 '아베스타'에서 가장 강렬한 찬양가는 사람과 가축의 인생을 주관하는 물과 다산의 신인 아르드비—수레[186]에 대한 것이다.

> 나의 힘을 발할 때에
> 크고 작은 가축이,
> 그리고 두발로 걷는 인간들이
> 땅으로 내려온다….
> (아베스타, 1993, p.41, 야쉬트 5~89).

비슷한 여신은 파지릭인들에게도 있었다. 그녀의 모습은 5호 파지릭 고분에서 발견된 펠트제 양탄자에 새겨졌는데, 뒤로 돌아가게 여성의 귀를 표현함으로써, 이 주인공이 천상의 사람이라는 것을 표현했다. 고대에 귀의 형태는 태아의 형태와 연결되었기 때문에 출산과 인생의 발전 등을 의미했다(예컨대, 알킨, 1998, p.53~56 참조)[187]. 스키타이 문화권 양탄자에 널리 퍼져있는 여신 앞에 기마인이 서있는 장면은 영웅이 여신으로부터 임명을 받거나 성스러운 결혼 장면을 표현한 것으로 이해된다(라예프스키, 1977, p.105~106 외).

파지릭의 여신은 파지릭 여성들의 모습을 했다. 파지릭인들은 유럽인종, 몽골인종, 그리고 혼혈인종이 있다고 알려져 있다. 여신과 그 앞에 서있는 기마인은 뚜렷

---

186) 노어로는 아르드비수라-아나히타라고 하고 보통 원어로는 Arədvī Sūrā Anāhitā, 영어명칭은 '아나히타(Anahita)'라고 한다(역자 주).

187) 오른쪽 귀를 영혼이 출입하는 것으로 생각하는 투르크-몽골 지역의 전통적인 관념도 이러한 사상의 구체적인 예로 들 수 있다(훈크, 1997, p.258). 그리고 일부 유럽의 전설에서는 예수가 귀로 잉태했다고 전한다(엘리아데, 1999, p.93).

그림 166. '현대의 신화'에 대해서 살펴보면, 2000년도에 알타이의 경축일에 알타이공화국 코쉬-아
가치군에서 이 알타이의 아가씨는 파지릭고분의 복장을 해서 2천년도 지난 시절에 우코크 고원에 매
장된 여성을 재현했다. 따라서 주민들에게는 이 이미지는 알타이의 영웅신화에서 나오는 여성 영웅인
오치-발라와 결합되는 것이다.

하게 얼굴에 남부 유럽인종의 특징이 표현되었다(바르코바, 고흐만, 1994, p.27). 그리고 펠트제 양탄자 위에 표현된 여러 모습들은 마치 페르세폴리스의 부조에 표현된 여러 사람과 신의 모습들과 흡사하다. 이것은 파지릭문화에 이란계통의 유목문화가 완전히 표현된 것을 의미한다. 그리고 신들의 세계에서 이란의 문화요소를 찾아볼 수 있다는 점은 바로 그들이 파지릭문화에서 핵심적인 의미를 가지고 있음을 증명한다.

유목사회에서 여성들의 지위를 엿볼 수 있는 증거들은 적지 않다. 다만 여러 자료에서 보이는 여성들의 지위는 거의 동일하며, 여성들의 노동에 대한 평가도 놀라울 정도로 일치하기 때문에 여기서는 몇가지 예만 들어보겠다.

"그들의 부인들은 반코트, 드레스, 신발, 장화와 그 밖의 가죽으로 만든 모든 물건들을 만든다. 또한, 그들은 수레를 교정하거나 수리하며, 낙타를 길들인다. 더욱이 이 모든 것들을 아주 민첩하고 정확하게 한다. 모든 여성들은 바지를 입으며, 그중 몇몇은 남자들처럼 화살을 쏜다(플라토 카르피니, 1997, p.43)." 기욤 드 루브룩의 기록에서 몽골 여성의 역할에 대해서 '그들은 신발이나 옷을 깁고, 수레를 교정하며 그 위에 집을 세우거나 벗긴다. 또한, 펠트를 만들어서 집을 덮는다'고 기록했다(전게서, p.29).

19세기 초엽 동부 카자흐족에 대해 기록한 K.A.메이어는 "대부분의 일은 여성들이 한다. 그녀들은 유르트를 걷거나 치는 역할을 했으며, 장작이나 기타 연료들을 모은다. 또한, 우유를 짜고 음식과 마실 것을 준비한다. 직조를 하고 옷과 신발을 꿰매야 한다. 심지어 말에 안장을 채워서 남자들에게 가져다줘야 한다. 남자들은 모두 가축 떼를 지키며, 나무를 가공하고 대장간 일을 하며 도둑을 막아야 했다"고 했다(메이어, 1993, p.328~329). 그보다 약간 늦은 시기에 알타이를 여행한 소감을 남긴 V.I.라들로프의 기록도 마치 베낀 듯이 똑같다. "남자들은 유르트 안에서 언제나 빈둥거려서, 어쩌면 저렇게 아무런 일도 안하고 가만히 있을 수 있을까 놀랄 정도이다. 반면에 여자들은 집안일을 한다고 정신이 없다. 모든 집안일은 그녀들의 몫이다. 아이들을 돌보고, 음식을 만들며, 비상식량을 준비한다. 또한, 모든 가족을 위해 옷을 짓고 가죽으로 만든 일상용기들을 만든다. 한편, 텃밭을 만들어 가꾸며 가축들을 돌보고 심지어는 땔감들도 준비한다(라들로프, 1989, p.160)." 레리흐(1982, p.211)는 북부 티베트 여성에 대하여 "여성들은 유목민의 경제를 담당하여 소젖을 짜서 버터를 만들어 티베트의 건치즈를 만든다. 산중의 여인들은 힘든 일에 적응이 되어있으며, 남자들보다 더 뛰어난 경우도 드물지 않다"고 기록했다.

프르제발스키(1883, p.345)는 중앙아시아 3차 답사에서 카라-탕구트 족에 대해 쓰면서 "여성들은 집안의 주인인 동시에 목축동물들의 일꾼이다"라고 기록했다. 그는 몽골 여인들이 하는 수 많은 일을 일일이 열거하면서 몽골 남자들의 노동력에 대해서는 그렇게 존경스럽게 평가하지 않았다. "목축동물들을 돌보는 것은 몽골 남성들의 유일한 일감이다…. 하지만 이 일은 힘든 노동과는 거리가 멀다…. 뿔 달린 가축이나 양들이 목초지에서 풀을 뜯게 하는 일은 보통 여성이나 유년들의 몫이다. 젖을 짜고 우유를 모아 버터를 만들며 음식 장만하는 일들은 모든 집안일을 담당하는 여자들의 몫이다. 남자들은 보통 아무것도 하지 않으며, 다만 아침부터 저녁까지 유르트를 옮겨 다니며 차나 쿠미스를 마시고 이웃들과 수다를 떤다."

코즐로프에 따르면(티베트인과 몽골인이 거주하는) 라도(Lado)구의 주민들 중에서 여성들은 집안일을 담당하며, 남성들은 죽어라 집에서 게으름을 피운다(코즐로프, 1947, p.225). 또한, 그는 티베트와 마찬가지로 몽골에서도 힘든 집안일들은 모두 여성들의 몫이며, 남자들의 역할이라는 것은 고작해야 이런 저런 상황에서 사람들을 모아서 잡담이나 할뿐이다. 기껏해야 티베트 남성들은 사냥이나 도둑질을 하러 갈 정도이다. 가축을 돌보고, 초원을 돌보고, 타작하고, 건초들을 준비하며, 땔감을 준비하고, 물을 긷는 등 집안의 모든 일은 여성들이 한다. 이렇게 여성들이 하루 종일 손을 놀릴 틈 없이 계속 일을 하는 동안 남자들은 할 일이 없어 심심해한다. 여성들을 도와주러 가는 경우는 여성들이 육체적으로 도저히 감당할 수 없는 일을 할 때뿐이다. 티베트 속담인 '말처럼 밤에 자지 않는 사람은 3년 안에 부자가 된다'는 말은 여성들의 높은 노동력을 의미한다. 또한, '아침에도 소처럼 자는 사람은 3년 안에 빈털터리가 된다'는 속담은 완전히 집의 주인인 남자에게 해당되는 것이다.

티베트 여인들은 어머니의 역할을 하고, 옷을 꿰매고 목축 동물의 대부분을 돌본다. 또한, 남편이나 남자들의 머리도 잘라준다. 그녀들은 중요한 귀족이나 기마인을 수행해야 하는데, 약 15~20베르스트 정도의 거리를 두고 그 말을 걸어서 따라다니며 모셔야 한다. 짐꾼의 역할도 여성이 한다. 잊지 말아야 할 것은 이 모든 일들은 아주 고산지대인 해발 12015푸트(3700~4600m) 이상의 높은 고산지대에서 일어난다는 점이다. 우리도 이런 고된 일을 하는 티베트 여성들을 자주 보았으며, 마음속으로 그녀들의 힘과 에너지, 씩씩함에 찬탄을 했다(전게서, p.186).

목축동물을 키우는 유목민 사회에서 여성들은 남성들과 평등했으며, 여성들이 담당한 집안일의 비중은 남성들의 노동에 비할 수 없이 컸다. 그녀들의 노동능력에 따라 각 가족, 친족, 주민집단들의 번영이 달려있었다. 펠트 짓기, 가죽가공, 가죽오리기, 바느질, 양과 염소에 꼴 먹이기, 음식장만, 아이돌보기 등 매일매일 해야 할 일은 파지릭사회에서도 일반적인 여성들의 몫이었다. 그녀들의 무덤을 남성들의 무덤과 비교하면 무기, 허리띠 장식, 가발장식, 모자 등이 없다. 또한, 일반 여성들의 무덤에는 보통 말이 한 마리만 부장될 뿐이다. 보통은 이런 무덤들이 대부분이지만, 우코크 유물에서 본 것처럼 일부 여성들은 사회적으로 높은 위치를 점했다. 소위 '왕족급 고분'에 같이 묻힌 첩들이나 여사제들의 무덤 이외에도 일반적인 파지릭여인들은 가정과 친족 안에서 높은 위치를 차지했다. 즉, 그녀들은 당시 사회에서 자신들의 능력에 따른 위치를 차지했다. "잠재의식과 개별적인 의식에 반하는 보이지 않는 믿음이 가장 발달한 때야말로 여성들이 이 땅을 지배하는 시대였다…,(이바노프, 1909, p.412)." 그리고 일상적인 생활에서는 그들 대부분은 잘해야 평등했고, 그들 중 일부는 종속되었다(유목사회에서 집안의 노예들은 대부분 여성이 차지한다)(크라딘, 1992, p.103). 대부분의 신비와 존경은 "바로 절대로 승화된 하나의 性"인 이 세상

의 여성적인 출발에 맞추어진다(이바노프, 1909, p.412).[188]

V.A.게오다냔의 주장에 따르면 민족학자들은 생물학적인 성별 특징이 존재함을 밝혀냈다고 한다. 즉, 여성은 안정화하며 원래 모습을 보존하여 '자신'을 보존하는 반면에, 남성은 그 사회에서 새로운 것이나 '타인'의 것을 가져온다고 한다(아브라먄, 1991, p.118). 그리고 여성들은 다른 언어군의 경우에도 마찬가지로 자신의 모어를 잘 보존한다. 예컨대 투르크메니스탄의 노후를리[189]족의 경우 노후를리어는 주로 여성들이 말하는 반면에, 남성들은 집에서 조차도 테카어를 쓴다(바실리예프, 1954, p.84). 여성들은 전통적인 문양들의 보존자이다. 세계 다양한 지역의 여성들이 몸에 문신을 했던 것도 이와 관련 있다(제 6장 문신 참조). 아마 이런 이유로 오랜 기간 동안에 전통적인 문양들이 보존될 수 있었을 것이다. 다양한 문화에서 전통적인 채색을 유지하는 데도 여성의 역할은 컸다. 이는 바로 여성들의 관심과 능력이 발휘되는 분야이다. 여성들의 기층문화에서 채색의 비중을 연구한 L.B.사마리나(1996, p.380)는 "여성들은 색들의 미세한 변화에 좀 더 섬세하며, 남성들에 비해 색을 묘사하는 용어 또한 훨씬 풍부하다. 그리고 다양한 물건이나 현상들을 묘사할 때도 '색감'과 관련짓는다."고 했다.

전통사회에서 여성들은 일상생활에서 훨씬 보수적이며, 남성들에 비해 새로운 혁신을 더 늦게 받아들인다. 또한, 이러한 경향은 이미 관습화된 물질문화 또는 그와 관련된 기술들에도 해당된다. 여성들은 또 다른 문화로 바뀌어 갈 때도 시원적인 특징을 좀 더 오랫동안 간직한다(크류코프, 말랴빈, 소프로노프, 1987, p.271). 이런 정황은 파지릭문화에서도 잘 드러난다. 파지릭문화에서는 고대 이란인계통의 형질 인류학적 흔적이 잘 남아있을 뿐 아니라 고대 이란문화의 흔적들도 잘 남아있다.

위에서 살펴본 것들을 종합한다면, 파지릭문화에서 민족지적 특징과 그 물질적인

---

188) 최근에 역사, 민족학 분야에서 여성의 경험은 지식의 기본적인 원천이라는 연구가 축적되고 있다. 아마도 고고학적 자료는 특히, 특수한 여성의 고분을 연구하는 경우에, 이러한 이론을 증명할 수 있다고 생각한다.
189) 노후레쯔 라고도 한다. 투르크메니스탄의 농경민족 중 하나(역자 주).

현화는 대부분 여성의 행위로 남아있다고 결론지을 수 있다.

아크-알라하 계곡 파지릭고분의 발굴도면(제2장 참조)

[아크-알라하-1호 고분]

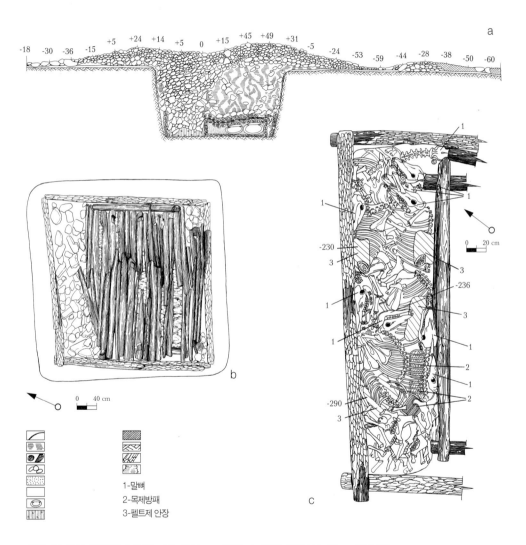

1-말뼈
2-목제방패
3-펠트제 안장

도면 1) 아크-알라하-1 유적, 1호 고분 : a-단면, b-무덤 천정부노출, c-말 부장

도면 2) 아크-알라하-1유적, 1호 고분

a-무덤방
b-무덤평면도
c-무덤방 바닥
d-무덤방 남벽

0   40 cm

0   40 cm

0   40 cm

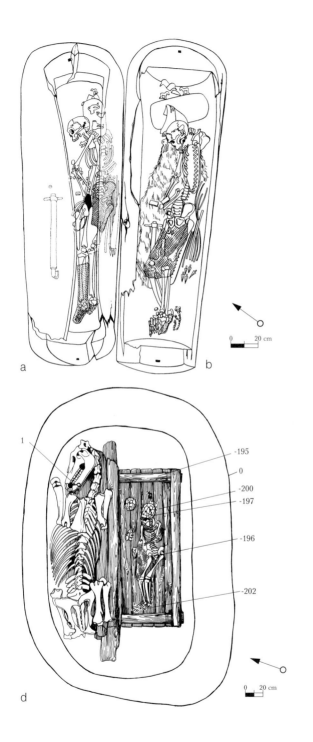

a

b

0   20 cm

c

1

-195

0

-200
-197

-196

-202

d

0   20 cm

도면 3) 아크-알라하-1 1호 고분

a-여성 통나무관
b-남성 통나무관
c-2호 고분 무덤 해체장면
d-말을 부장한 유아의 무덤

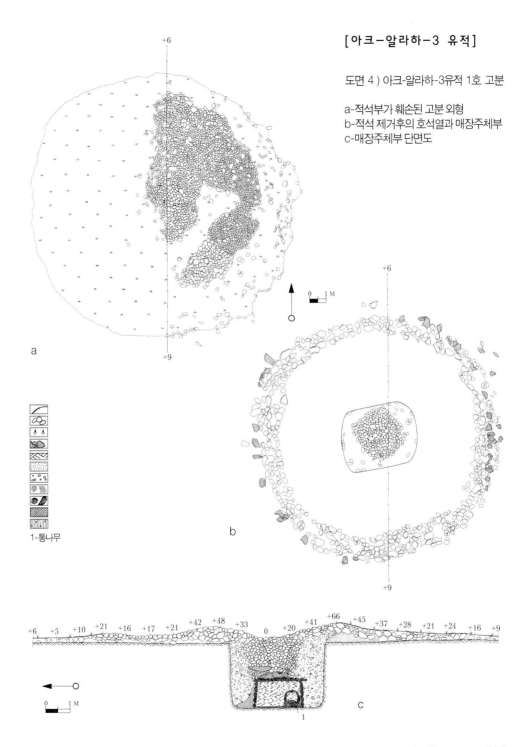

[아크-알라하-3 유적]

도면 4) 아크-알라하-3유적 1호 고분

a-적석부가 훼손된 고분 외형
b-적석 제거후의 호석열과 매장주체부
c-매장주체부 단면도

1-통나무

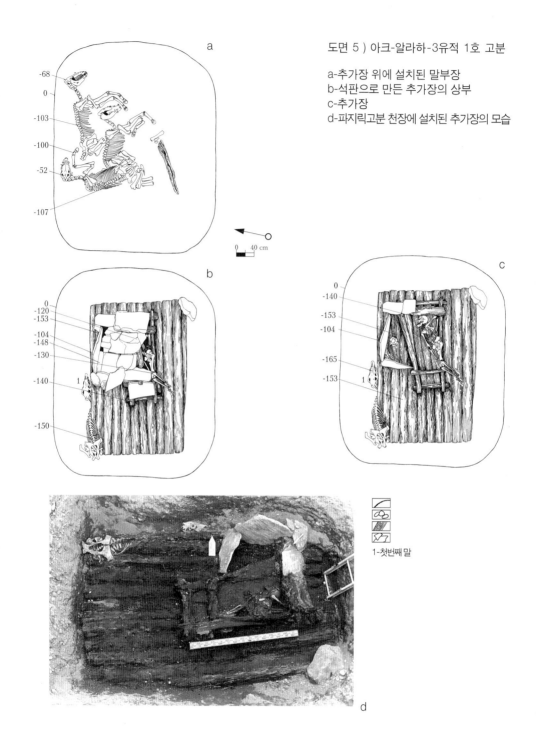

도면 5) 아크-알라하-3유적 1호 고분

a-추가장 위에 설치된 말부장
b-석판으로 만든 추가장의 상부
c-추가장
d-파지릭고분 천장에 설치된 추가장의 모습

1-첫번째 말

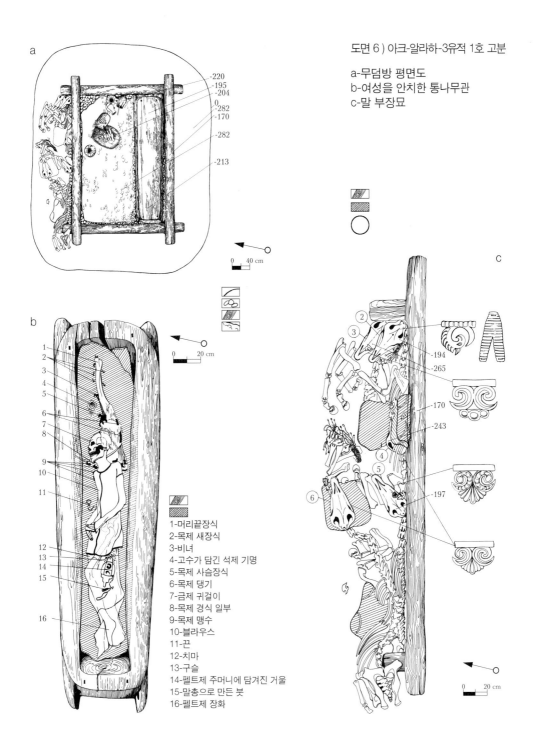

a

-220
-195
-204
0
-282
-170
-282
-213

도면 6) 아크-알라하-3유적 1호 고분

a-무덤방 평면도
b-여성을 안치한 통나무관
c-말 부장묘

0 40 cm

b

1
2
3
4
5
6
7
8
9
10
11
12
13
14
15
16

0 20 cm

1-머리끝장식
2-목제 새장식
3-비녀
4-고수가 담긴 석제 기명
5-목제 사슴장식
6-목제 댕기
7-금제 귀걸이
8-목제 경식 일부
9-목제 맹수
10-블라우스
11-끈
12-치마
13-구슬
14-펠트제 주머니에 담겨진 거울
15-말총으로 만든 붓
16-펠트제 장화

c

2
3
-194
-265
-170
-243
4
5
6
-197

0 20 cm

도면 7) 아크-알라하-3유적 1호 고분,
말무덤

a-말무덤 구역 전경
b-말무덤 상하층
c-상층의 말매장 상황

a

b

c

[아크-알라하-5 유적]

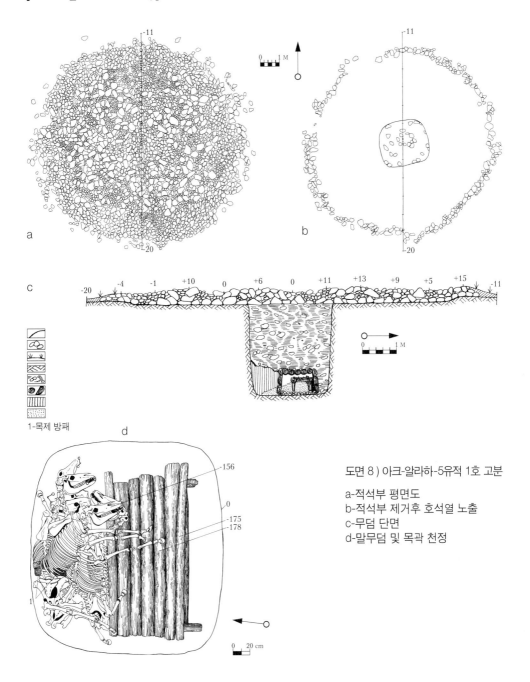

1-목제 방패

도면 8) 아크-알라하-5유적 1호 고분

a-적석부 평면도
b-적석부 제거후 호석열 노출
c-무덤 단면
d-말무덤 및 목곽 천정

도면 9) 아크-알라하-5유적 1호 고분

a-목곽 천정 위에 놓인 2마리 말의
정황
b-나무 널판위에 놓인 여성의 시신과
그 위에 배장된 말들
c-목곽의 바닥과 묘광 바닥근처에서
배장된 두마리 말

a

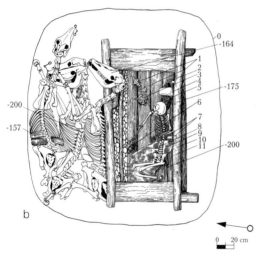

b

1-양의 천골과 등뼈
2,5-여성 머리장식의 목제 장식편
3-토기
4-돌
6,10-동경
7-목제 허리띠 버클
8-펠트제 허리띠
9-양모제 치마편
11-목제 칼집 속의 철제칼

0 20 cm

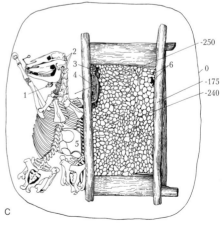

1-목제 재갈멈치
2-목제 말굴레장식
3-목제기명편
4-목제 기명
5-펠트제 안장
6-목제 남자 머리장식

c

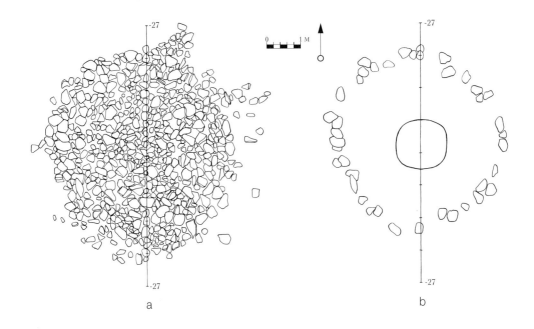

a

b

도면 10) 아크-알라하-5유적 2호 고분

a-적석부 평면도
b-호석열
c-무덤 단면도

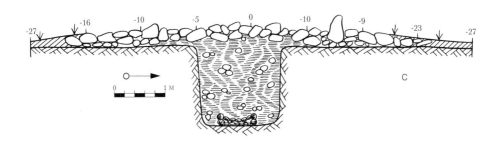

c

도면 11) 아크-알라하-5유적 2호 고분

a-무덤 구역 정리
b-목곽 천정부
c-유아묘 평면도

1-양의 천골
2-토기
3-목제기명편

a

b

c

0   30 cm

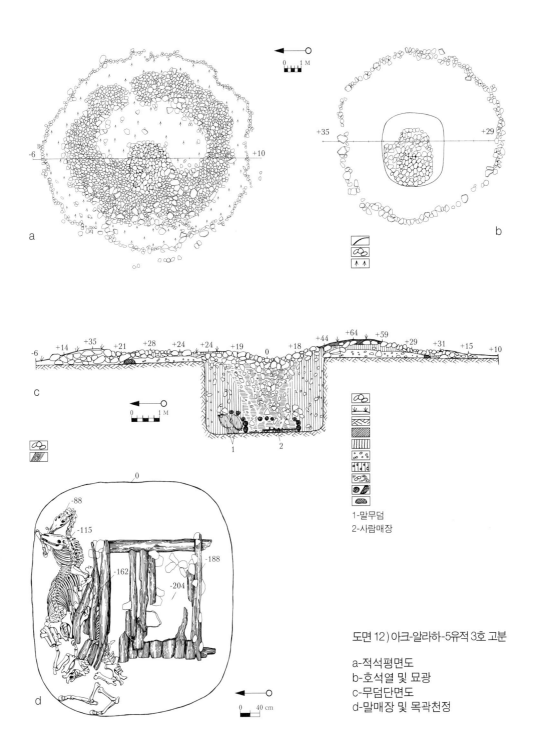

a

b

c

+14 +35 +21 +28 +24 +24 +19 0 +18 +44 +64 +59 +29 +31 +15 +10
-6

1-말무덤
2-사람매장

1

2

0

-88

-115

-162

-188

-204

d

0   1 M

0   1 M

0   40 cm

도면 12) 아크-알라하-5유적 3호 고분

a-적석평면도
b-호석열 및 묘광
c-무덤단면도
d-말매장 및 목곽천정

도면 13) 아크-알라하-5유적 3호 고분

a-목곽 내부
b-목곽 내부도면
c-나무시상 위에 놓인 시신 정리
후 목곽 바닥면

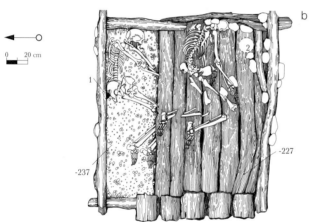

0   20 cm

1
2

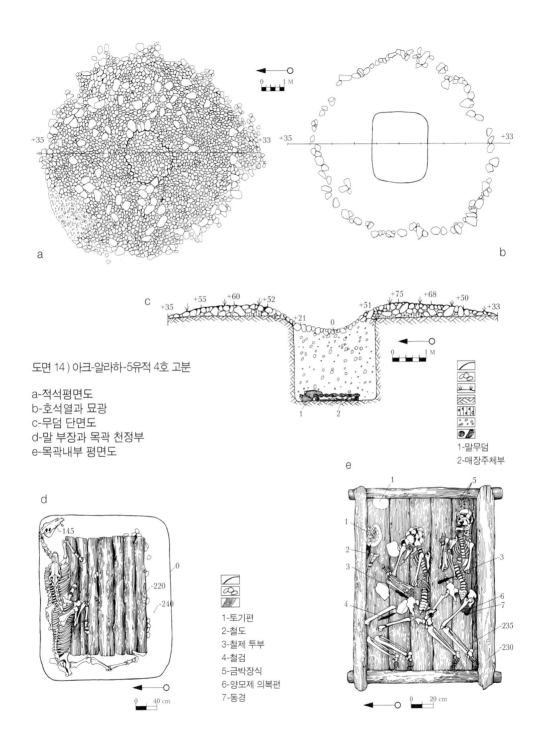

a

b

c

도면 14) 아크-알라하-5유적 4호 고분

a-적석평면도
b-호석열과 묘광
c-무덤 단면도
d-말 부장과 목곽 천정부
e-목곽내부 평면도

1-말무덤
2-매장주체부

d

e

1-토기편
2-철도
3-철제 투부
4-철검
5-금박장식
6-양모제 의복편
7-동경

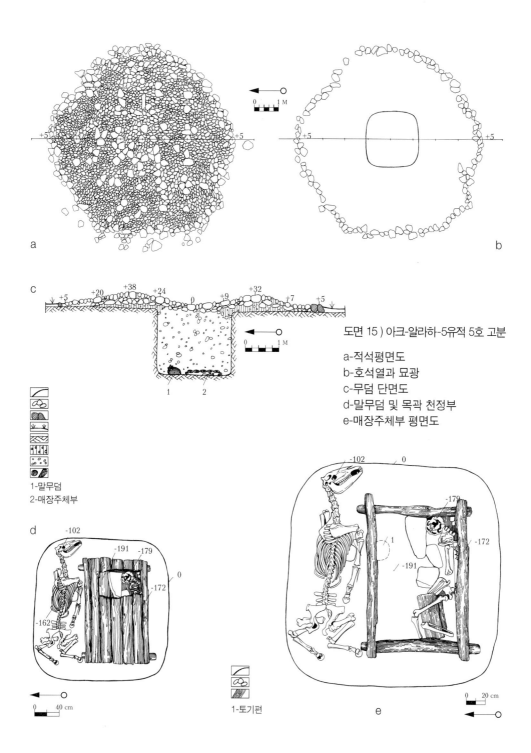

도면 15) 아크-알라하-5유적 5호 고분

a-적석평면도
b-호석열과 묘광
c-무덤 단면도
d-말무덤 및 목곽 천정부
e-매장주체부 평면도

1-말무덤
2-매장주체부

1-토기편

a

b

c

[쿠투르군타스 무덤군]

도면 16) 쿠투르군타스 무덤

a,b-묘광내부 작업광경
c-목곽 천정부, 중앙의 도굴갱은
적석으로 충전됨.

도면 17) 쿠투르군타스 무덤

a-목곽내부의 통나무관
b-매장주체부 평면도
c-매장주체부 확대

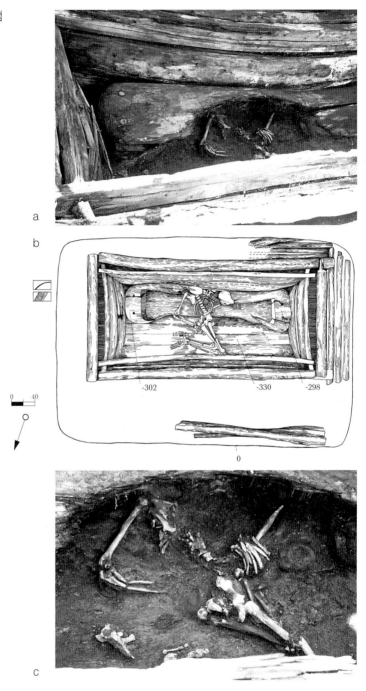

a

b

-302   -330   -298

0

c

a

b

도면 18) 쿠투르군타스 무덤
a,b-말무덤, c-말무덤 평면도

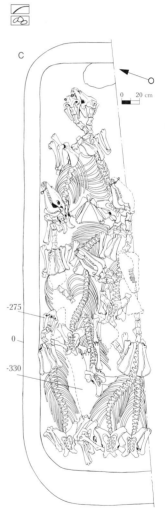

c

0   20 cm

-275

0

-330

제4장 파지릭의 의복 (파지릭인의 민족지적 복원)

도면 19) 파지릭인들의 투구 및 유사 예

a-베르흐-칼쥔-2유적 1호 고분의 남성무덤 출토
b-아크-알라하-1유적 2호 고분
c-아크-알라하-1유적 1호 고분
d-베르흐-칼쥔-2유적 3호 고분
e-파지릭 2호 고분 남성무덤
f-스키타이의 고깔모자
g-아무다르 퇴장유적에서 발견된 금판에 새겨진 조로아스터교 사제와 전사의 머리관
h-페르세폴리스의 궁전 부조에 새겨진 조문하는 전사상의 사카인 헬멧
i-페르세폴리스 궁전 동벽 부조에 새겨진 진상을 바치는 사카전사의 헬멧
j-신강 우푸유적 출토 남성이 쓴 펠트제 고깔모자
k-신강 고모고우 유적 출토 펠트제 고깔모자
l-티베트 승려의 모자(국립뮌헨 민족박물관 소장)
m-사산왕조 부조에 새겨진 머리장식
n-몽골 아스하타 투르크 석실분의 벽화에 표현된 머리장식
o-라마교를 창시한 쫑카바의 초상에 묘사된 모자

도면 20) 폐쇄형 고리트를 쓰는 예

a-페르세폴리스 부조에 새겨진 페르시아
병사
b-페르세폴리스 부조에 새겨진 사카인 병사
c-페르시아 원통형 인장에 새겨진 전사
d-파지릭 5호 고분 출토 양탄자에 묘사된
기마인
e-알타이 추이스텝의 사슴돌
f-스키타이 석인상(V. S. 올호프스키에 근거)
g-체르토므일록 고분출토 기명에 새겨진 스
키타이인

a

b

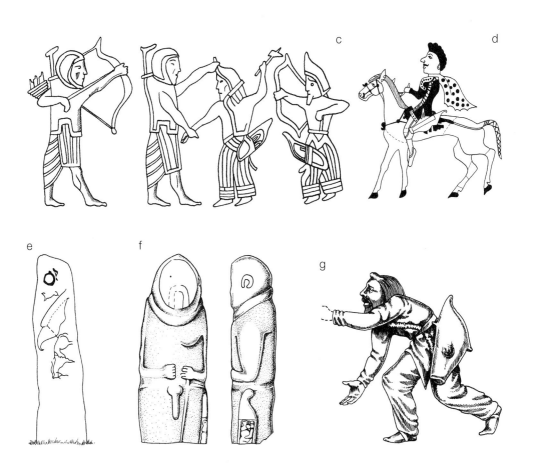

그림목차

그림 125) 우코크 파지릭인들의 묘실내부 장식의 복원도, a-아크-알라하-1유적 1호 고분, b-아크-알라하-3유적 1호 고분

그림 126) 각제 기명, 얼음 속에서 나오는 과정, 아크-알라하-3유적 1호 고분

그림 127) 목제 기명, 얼음 속에서 나오는 과정, 아크-알라하-3유적 1호 고분

그림 128) 철도, a-전체 기형, b-병단 부분, 아크-알라하-3유적 1호 고분

그림 129) 목제 기명, a-대형, b-소형, 아크-알라하-3유적 1호 고분

그림 130) 토기와 그 위를 장식한 가죽 아플리케, 아크-알라하-3유적 1호 고분

그림 131) 토기와 그 위의 가죽 아플리케, 쿠투르군타스

그림 132) 토기 밑의 펠트제 원형 받침대, 베르흐-칼줜-2유적 1호 고분

그림 133) 야크와 아르갈리의 뿔로 만든 기명, 아크-알라하-3유적 1호 고분

그림 134) a-목제 컵, b-스트로우 막대, 아크-알라하-3유적 1호 고분

그림 135) 목제 기명의 실측도(a, b-울란드릭, 쿠바레프 발굴, c-파지릭 2호 고분, 루덴코 발굴) d, e-신강의 Bostan(Toksan) 출토)

그림 136) 말안장의 펠트제 덮개 편, 아크-알라하-3유적 1호 고분

그림 137) 묘실 저부의 펠트제 깔개, a-무덤 저부의 펠트제 깔개의 수습장면, b-수습 직후 곧현장에서의 진행된 복원작업, 아크-알라하-3유적 1호 고분

그림 138) 펠트제 말안장 덮개, 아크-알라하-3유적 1호 고분

그림 139) 펠트제 말안장 덮개, 아크-알라하-3유적 1호 고분

그림 140) 펠트제 거울집, 말안장 덮개에 새겨진 장식(그림 139 a)를 기워서 만듬, 아크-알라하-3유적 1호 고분

그림 141) 펠트제 말안장 덮개의 실측도, 아크-알라하-3유적 1호 고분

그림 142) 말안장의 펠트제 덮개, a-펠트제 덮개편, b-그 위의 표현물에 대한 실측도, 아크-알라하-5유적 1호 고분

그림 143) 양의 머리-안장 덮개의 치레거리, 아크-알라하-5유적 1호 고분

그림 144) 펠트제 메달리온 4개중 하나, 안교의 장식, 아크-알라하-1유적 1호 고분

그림 145) 펠트제 메달리온-두 번째 말의 안교장식, a-펠트제 메달리온, b-메달리온의 실측도, 아크-알라하-1유적 1호 고분

그림 146) 세 번째 말의 안장덮개에 달린 펠트제 치레거리, 아크-알라하-1유적 1호 고분

그림 147) 펠트제 메달리온-안교장식, 아마 4번째 말의 것으로 추정, a-펠트제 메달리온, b-실측도, 아크-알라하-1유적 1호 고분

그림 148) 펠트제 물고기 장식-안장의 치레장식, 아크-알라하-1유적 1호 고분

그림 149) 그리핀이 장식된 메달리온-안장의 안교장식, a-메달리온, b-메달리온 실측도, c-아플리케의 잔편, 아크-알라하-1유적 1호 고분

그림 150) 펠트제 말안장 덮개 a-베르흐-칼줜-유적 1호 고분의 남성 고분출토, b-그 일부의 실측, 말의 허리에 걸친 양탄자에 새겨진 것으로 파지릭 5호 고분 출토.

그림 151) 파지릭 미라의 어깨에 새겨진 타투, a-제 2호 파지릭고분(루덴코 발굴), b-아크-알라하-3유적 1호 고분(폴로스막 발굴), c-베르흐-칼줜-2유적 3호 고분(몰로딘 발굴), 각 타투의 복제 및 그래픽은 슈마코바에 의함.

Ⅰ. 남성(베르흐-칼쥔-2유적 1호 고분)과 남자아이(아크-알라하-1유적 2호 고분)의 복원도(슈마코바와 포즈드냐코프 작)

Ⅱ. 파지릭인의 외투 착용법(포즈드냐코프 작)

Ⅲ. 여성의 가발-머리장식 착용(아크-알라하-3유적 1호 고분, 슈마코바 제작)

Ⅳ. 펠트제 투구(복원은 슈마코바, 그림은 포즈드냐코프 작), 베르흐-칼쥔-2유적 3호 고분

Ⅴ. 꼬리가 달린 외투, 베르흐-칼쥔-2유적 3호 고분의 남성이 착용(슈마코바의 복원, 포즈드냐코프의 그림)

Ⅵ. 말위의 기마인, 우코크 고원의 남성 무덤 출토품에 근거한 복원(복원 및 그림은 포즈드냐코프 작)

Ⅶ. 수바쉬의 사제, 수바쉬(4~3 세기 BCE)의 고분 발굴에서 출토된 유물에 근거한 여성의 민족학적 특징에 대한 복원(슈마코바 작)

Ⅷ. 파지릭의 여성, 아크-알라하-3유적 1호 고분(민족학적 특징은 우코크 고분 출토품에 근거하여 슈마코바가 복원)

알킨 1988	**Алкин С.** образы в мировой культуре. Всероссийская научная конференция /Тез . докл. СПб : Гос. Эрмитаж, 1998. С.53-56. Амударьинский клад. Л.: Искусство, 1979. 89 с.
아니시모프 1950	**Анисимов А.Ф.** Семейные «охранителИ» у эвенков и проблема генезиса культа предков//СЭ. 1950. № 3. С.28-44.
아뉴힌 1994	**Анохин А.В.** Материалы по шаманству у алтайцев. Горно-Алтайск, 1994. 150 с.
안티피나 1977	**Антипина К. И.** Народное искусство киргизов. Фрунзе: Изд-во Кыргызстан, 1977. Вып. 2. 144 с.
안토노바 1986	**Антонова Е.В.** К исследованию места сосудов в картине мира первобытных земледельцев//Восточный Туркестан и Средняя Азия в системе культур древнего и средневекового Востока. М .: Наука, 1986. С.35-66.
아르지이바 1982	**Ардзииба В.Г.** Ритуалы и мифы древней Анатолии. М.: Наука, 1982. 248 с.
아르타모노프 1961	**Артамонов М.И.** Антропоморфные божества в религии скифов//АСГЭ. Л.: Искусство, 1961. Вып. 2. С.57-88.
아르타모노프 1973	**Артамонов М.И.** Сокровища саков. М.: Искусство, 1973. 279 с.
아세예바 외 1991	**Асеева Т.А., Найдакова Ц.А.** Пищевые растения в тибетской медицине. Новосибирск: Наука, 1991. 126 с.
바지 1995	**Бадж У.** Путешествие дуп. ги в царстве мертвых. Египетская книга мертвых . М.: Изд-во ассоциации духовного единения «Золотой век», 1995. 428 с.
바지 1996	**Бадж У.** Египетская религия . Египетская магия. М.: Нопый акрополь, 1996. 416 с.
발로노프 1987	**Балонов Ф.Р.** Пазырыкекие этюды 11 Исторические чтения памяти Михаила Петровича Грязнова//Тез. докл. науч. конф. Омете ОмГУ, 1987. С.91-94.
발로노프 1991	**Балонов Ф.Р.** Ворсовый пазырыкекий ковер: Семантика композиции и место в ритуале (опыт предварительной интерпретации)// Проблемы интерпретации памятников культуры Востока. М.: Наука, 1991. С.88-121.
발로노프 1996	**Балонов Ф.Р.** Arkeythos, juniperus sp., можжевельник: Мифо логические и ритуальные аспекты//Жречество и п.таманизм в скифскую эпоху / Матер. межд. конф. СПб., 1996. С.43-45.
바르디나 1995	**Бардина П.Е.** Быт русских сибыряков Томского края. Томск: ТГУ, 1995. 222 с.
바르카바 1987	**Баркава Л.Л.** Образ орлиноголового грифо т-та в искусстве

древнего Алтая(по материалам больших алтайских курганов)//
АСГЭ.
Л.: Искусство, 1987. Вып. 28. С.3-30.

바르카바 외 1999 **Баркава Л.Л., Гаврштш Л.С.** Ворсовый шерстяной ковер из Пятого Пазырыкекого кургана//Реставрационный сборник. СПб . : АО «Славия», 1999. С.6-13.

바르코바 1994 **Баркова Л.Л., Гохман И.И.** Происхождение раиних кочевников Алтая в свете данных палеоантропологии и анализа их изображений//
Элитные курганы степей Евразии в скифа-сарматскую эпоху. СПб.: Ин-т истории материальной культуры РАН. 1994. С.21-36.

바트차예브 1986 **Батчаев В.М.** Из истории традициогшпй культуры балкарцев и карачаевцев. Нальчик, 1986. 160 с.

베레즈니쯔키 1999 **Березницкий С.В.** Мифолопш и верования орочей.
СПб: Петербургское востоковедение, 1999. 208 с.

베리아르 외 1997 **Бериар П., Абдуллаев К.** Номады на границе Бактрии (к вопросу этнической и культурной идентификации)//РА. 1997. № 1. С.68-86.

베르텔리예 1968 **Бертелье А.** Вступительная статья//Низами . Пять поэм.
М.: Художественная литература, 1968. С.4-35.

비추린(얀키프) 1950 **Бичурин Н.Я.(Иакинф)** Собрание сведений о народах, обитавших в Средней Азии в древние времена. М.-Л.: Наука, 1950. Ч. 1. 381 с.

보고슬로프스카야 1995 **Богословская И.В.** Одежда народов библейских стран(по древнеегипетским источникам XVI-XI вв. до н.э.). СПб.: Музей антропологии и этнографии им. Петра Великого(Кунсткамера), 1995. 142 с.

보이드 1991 **Бойд Р.Т.** Курганы. Гробницы. Сокровища. Иллюстрированное введение в библейскую археологию.
Czechoslovakia: Свет на Востоке, 1991. 306 с.

보이스 1988 **Бойс М.** Зороастрийцы . Верования и обычаи. 2-е изд.
М .: Наука, 1988. 303 с.

보이스 1994 **Бойс М.** Зороастрийцы . Верования и обычаи. 3-е изд.
СПб.: Петербургское востоковедение , 1994. 275 с.

보이쪼프 1995 **Бойцов М.А.** Скромное обаяние власти//Одиссей.
М.: Наука, 1995. С.37-67.

보로다베키 1990 **Бородавекий А.П.** Проблемы возникновения керамики, имитирующей кожаную утварь//Древняя керамика Сибири: типология, технология, семантика. Новосибирск: Наука, 1990. С.122-128.

브룬 외, 1995 **Брун В., Twzьке М.** История костюма от древности до Нового премени.
М. : Эксмо, 1995. 461 с.
Буддийская живопись Бурятии. Улан-Удэ: «Нютак», 1995. 211 с.

불라노바 1970 **Буланова Л.А.** Арабские этнографические коллекции МАЭ//
МАЭ. Л.: Наука, 1970. Вып. 26. С.262-282.

바데쯔카야 1986   **Вадецкая Э.Б.**   Археологические памятники в степях Среднего Енисея.
Л.: Наука, 1986. 177 с.

바데쯔카야 1999   **Вадецкая Э.Б.**   Таштыкская эпоха в древней истории Сибири.
СПб.: Петербургское востоковедение. 1999. 436 с.

王炳華 1993   **Ван Бинхуа**   Субэйсийские находки//Китай. 1993. № 3. С.15-17.

바인쉬테인 1991   **Вайнштейн С.И.**   Мир кочевников Центральной Азии. М.: Наука, 1991. 296 с.

바실레비치 1958   **Василевич Г.М.**   Тунгусский кафтан//СМАЭ. Л.: Наука, 1958.
Т. 18. С.122-178.

바실리예프 1954   **Васильева Г.П.**   Туркмены-нохурли//Среднеазиатский этнографи ческий сборник. М.: Наука, 1954. Т. 21 / Труды ИЭ (новая серия). С.82-216.

브도빈 1976   **Вдовин И.С.**   Природа и человек в религиозных представлениях чукчей//Природа и человек в религиозных представлениях народ ов Сибири и Севера. Л.: Наука, 1976. С.217-254.

베레샤긴 1927   **Верещагин В.И.**   Очерки Алтая. Новосибирск: Сибстройиздат, 1927. 83 с.

비크토로바 1977   **Викторова Л.Л.**   Монгольская одежда//МАЭ. Л.: Наука, 1977.
Вып. 32. С.169-199.

빈클레르 폰 P 1992   **Винклер фон П.**   Оружие. М.: Издательско-коммерческая фирма «Софт-Мастер», 1992. 329 с.

비트 1952   **Витт В.О.**   Лошади пазырыкских курганов//СА. 1952. № 16. С.15-23.

블라디미로프 1990   **Владимиров В.Н.**   Хозяйство южных алтайцев в конце XVIII - пе рвой половине XIX в. // Проблемы археологии и этнографии Южной Сибири. Барнаул: АГУ, 1990. С.150-161.

볼코바 1981   **Волкова Н.Г.**   Обычай татуировки и раскраски тела на Кавказе// СЭ. 1981. № 5. С.113-116.

보로비요프 1980   **Воробьев М.В.**   Япония в III-VII вв. М.: Наука, 1980. С.332.

보로비요프 1930   **Воробьев Н.И.**   Материальная культура казанских татар.
Казань: Каз. гос. ун-т, 1930. 200 с.
Всемирная история. М.: Политическая литература, 1956. Т. 2. 887 с.

뱌조비키나 1996   **Вязовикина К.А.**   Парадокс гробницы Цинь Ши-Хуана: Опыт соп оставления исторических описаний и данных археологии// Древность: Историческое знание и специфика источника.
М.: Ин-т востоковедения, 1996. С.34-37.

가브릴례바, 1998   **Гаврильева Р.С.**   Одежда народа Саха конца XVII-середины XVIII века. Новосибирск: Наука, 1998. 141 с.

가겐-토른 1933   **Гаген-Торн Н.И.**   К методике изучения одежды в этнографии// СЭ. 1933. № 3/4. С.119-135.

가겐-토른 1933   **Гаген-Торн Н.И.**   Магическое значение волос и головные уборы в свадебных обрядах Восточной Европы // СЭ. 1933. № 5/6. С.76-88.

갈라호프 외 1999   **Галахов В.П., Мухаметов Р.М.**   Ледники Алтая. Новосибирск:

Наука, 1999. 136 с.

갈다노바 1992   **Галданова Г.Р.** Семантика архаичных элементов свадьбы у тюрко-монголов//Традиционная обрядность монгольских народов. Новосибирск: Наука, 1992. С.7-89.

가페르베르그 1970   **Гафферберг Э.Г.** Одежда белуджей // МАЭ. Л.: Наука, 1970. Вып. 26. С.52-101.

게무예프 1990   **Гемуев И.Н.** Мировоззрение манси. Дом и Космос. Новосибирск: Наука, 1990. 231 с.

헤로도토스, 1999   **Геродот** История в девяти книгах. М.: Научно-издательский центр «Ладомир»; «АСТ», 1999. 752 с.

郭建國 외 1994   郭建國, 呂恩國, 1994 新疆鄯善縣苏貝希墓群三號墓地//新疆文物 № 2. С.1-20, 32 (на кит. яз.).

골로브뇨프 1995a   **Головнев А.В.** Самодийцы и угры Западной Сибири: Комплексы традиционных культур: Автореф. дис. на соиск. уч. степ. д-ра ист. наук. Новосибирск, 1995a. 58 с.

골로브뇨프 б 1995   **Головнев А.В.** Говорящие культуры. Традиции самодийцев и угров. Екатеринбург: Изд-во УрОРАН, 1995б. 600 с.

고르바쵸바 1980   **Горбачева В.В., Мастюгина А М.** Коряки//Семейная обрядность народов Сибири.
М.: Наука, 1980. С.216-221.

고렐릭 1995   **Горелик М.В.** Вооружение народов Восточного Туркестана// Восточный Туркестан в древности и раннем средневековье.
М.: Восточная литература, 1995. С.359-430.

고르눈트 1997   **Горнунт М.Б.** Комментарий//Плано Карпини Дж. дель. История Мангалов / Дж. Дель Плано Карпини. 3-е изд. Путешествие в Восточные страны. 3-е изд. Г. де Рубрук. / Книга Марко Поло. 4-е изд. М.: Мысль, 1997. С.381-426.

그라치 1980   **Грач А.Д.** Древние кочевники в центре Азии. М.: Наука, 1980. 139 с.

그라쵸바 1976   **Грачева Г.Н.** Человек, смерть и земля мертвых у нганасан. Природа и человек в религиозных представлениях народов Сибири.
М.: Наука, 1976. С.44-67.

그레브네프 1994   **Гребнев И.Е., Васильев С.К.** Лошади из памятников пазырыкской культуры Южного Алтая / Приложение//Полосьмак Н.В. Стерегущие золото грифы. Новосибирск: Наука, 1994. С.106-111.

그룸–그르쥐마일로 1926   **Грумм-Гржимайло Г. Е.** Западная Монголия и Урянхайский край: Исторический очерк этих стран в связи с историй Средней Азии. Ленинград, 1926. 898 с.

그룸–그르쥐마일로 1948   **Грумм-Гржимайло Г.Е.** Описание путешествия в Западный Китай. М.: ОГИЗ, 1948. 667 с.

그랴즈노프 1950   **Грязнов М.П.** Первый Пазырыкский курган. Л.: Гос. Эрмитаж, 1950. 89 с.

그랴즈노프 1958   **Грязнов М.П.** Древнее искусство Алтая. Л.: Гос. Эрмитаж, 1958. 95 с.

그랴즈노프 1962   **Грязнов М.П.** Древнейшие памятники героического эпоса народов Южной Сибири//АСГЭ. Л.: Гос. Эрмитаж. 1962. Вып. 3. С.7-31.

그랴즈노프 1980   **Грязнов М.П.** Аржан - царский курган раннескифского времени. Л.: Наука, 1980. 61 с.

구밀료프 1993 а   **Гумилев Л.Н.** Древние тюрки. М.: Изд-во: «Клышников - Комаро в и К°», 1993а. 512 с.

구밀료프 1993 б   **Гумилев Л.Н.** Из истории Евразии. М.: Искусство, 1993б. 79 с.

다비드-네엘 1991   **Давид-Неэль А.** Мистики и маги Тибета. М.: Дягилев-Центр, 1991. 215 с.

달리 1995   **Даль В.И.** Толковый словарь живого великорусского языка. М.: Терра, 1995. Т. 2. 684 с.

다셰프스카야 1995   **Дашевская О.Д., Лордкипанидзе Г.А.** Скифское изваяние из Восто чной Грузии// М.-Армавир: Армавирский краеведческий музей, 1995. Вып. 1. С.99-101.

죠민 1989   **Демин М.А.** Первооткрыватели древностей. Барнаул: Алтайское кн. изд-во, 1989. С.119.

자니베코프 1990   **Джанибеков У.** Эхо... Алма-Ата: Онер, 1990. 304 с.

쟈야크리이탄 1987   **Джаякриитан Ш.** Ткачество//Индия. М.: Прогресс, 1987. С.67-73.

제니스케비치 1987   **Дзенискевич Г.И.** Атапаски Аляски. Л.: Наука, 1987. 152 с.

돈가크 1995   **Донгак С.Ч.** О кочевках тувинцев//Уч. записки ТНИИЯЛиИ, серия историческая. Вып. XVIII. Кызыл, 1995. С.83-93.

도로니킨 1987   **Доронькин В.М.** Ziziphora L. - зизифора//Флора Сибири. Т. 11. Новосибирск: Наука, 1987. С.202-203.

디야코노바 1975   **Дьяконова В.П.** Погребальный обряд тувинцев как историко-этн ографический источник. Л.: Наука, 1975. 160 с.

디야코노바 1992   **Дьяконова В.П.** Концепция охранителей в традиционном миров оззрении тюркоязычных народов Саяно-Алтая//Ранние формы религии народов Сибири / Матер. III советско-французского сим позиума. СПб.: МАЭ, 1992. С.58-64.

디야코노바 1997   **Дьяконова В.П.** Шаманки и общество у народов Саяно-Алтая// Шаман и вселенная в культуре народов мира. СПб.: МАЭ РАН, 1997. С.36-42.

디야첸코 2000   **Дьяченко С.А.** Флора плоскогорья Укок и ее охрана.: Автореф. дис. на соиск. уч. степ, к.б.н. Барнаул, 2000. 23 с.

듀비 1991   **Дюби Ж.** Развитие исторических исследований во Франции пос ле 1950 г.//Одиссей. М.: Наука, 1991, С.48-59.

엘리자렌코바 1989   **Елизаренкова Т.Я.** «Ригведа» - великое начало индийской литер атуры и культуры//Ригведа. М.: Наука, 1989. С.426-544.

예르마코바 1995   **Ермакова Л.М.** Речи богов и песни людей. М.: Восточная литерат ура, 1995. 271 с.

잠발로바 2000   **Жамбалова С.Г.** Профанный и сакральный миры ольхонских бур ят. Новосибирск: Наука, 2000. 380 с.

식물도감 1978   Жизнь растений. М.: Просвещение, 1978. Т.4. 371 с.

식물도감 1980   Жизнь растений. М.: Просвещение, 1980. Т.5. 430 с.

조르니쯔카야 1980   **Жорницкая М.Я.** Чукчи//Семейная обрядность народов Сибири. М.: Наука, 1980. С.202-207.

쥬코프스카야 1977   **Жуковская Н.Л.** Ламаизм и ранние формы религии. М.: Наука, 1977. 191 с.

쥬코프스카야 1988   **Жуковская Н.Л.** Категории и символика традиционной культуры монголов.М.: Наука, 1988. 194 с.

쥬코프스카야 1989   **Жуковская Н.Л.** Монголы//Календарные обычаи и обряды народов Восточной Азии. Годовой цикл. М.: Наука, 1989. С.233-261.

자마로프스키 1981   **Замаровский В.** Их величества пирамиды. М.: Наука, 1981. 444 с.

주예프 1996   **Зуев В.Ю.** Научный миф о «Савроматских жрицах»//Жречество и шаманизм в скифскую эпоху / Матер. Межд. конф. СПб, 1996. С.54-69.

지브라기모프 1978   **Ибрагимов А.И.** Жилища предгорных кишлаков Советабадского района Самаркандской области (на примере с. Сазалан) // Вопросы археологии, древней истории и этнографии Узбекистана. Самарканд, 1978, С.77-85.

이바노프 1909   **Иванов В.В.** По звездам. СПб., 1909. 450 с.

이바노프 1980   **Иванов В.В., Топоров В.Н.** Индоевропейская мифология // Мифы народов мира.М.: Сов. энциклопедия, 1980. Т. 1. С.527-533.

이바노프 1976   **Иванов С.В.** Представления нанайцев о человеке и его жизненном цикле// Природа и человек в религиозных представлениях народов Сибир и и Севера. М.: Наука, 1976. С.161-189.

이반칙 2000   **Иванчик А.И.** История державы Ахеменидов: Источники и новые интерпретации//ВДИ. 2000. № 2. С.174-199.

인카 가르실라코 1971   **Инка Гарсиласо де ла Вега.** История государства инков / Пер. В.А. Кузьмищева. Л.: Наука, 1971. С.747.

요노바 1977   **Ионова Ю.В.** Характерные черты одежды корейцев//МАЭ. Л.: Наука, 1977. Вып. 32. С.150-168.

요르단스키 1982   **Иорданский В.Б.** Хаос и гармония. М.: Наука, 1982. С.336.

예트마르 1986   **Йеттмар К.** Религии Гиндукуша. М.: Наука, 1986. 524 с.

카코프킨 1996   **Каковкин А.Я.** Изображения животных и растений на коптских тканях//Животные и растения в мифоритуальных системах. СПб.: Гос. музей истории религии, 1996. С.43-45.

캄발로프 1968   **Камбалов Н., Сергеев А.** Первооткрыватели и исследователи Ал тая. Барнаул, 1968. 71 с

카멜린 1998   **Камелии Р.В.** Материалы по истории флоры Азии (Алтайская гор ная страна). Барнаул: АГУ, 1998. 240 с.

카메네쯔키 1995   **Каменецкий И.С.** О бальзамировании умерших царей у скифов// Историко-археологический альманах. М. - Армавир: Армавир, краевед, музей, 1995. С.68-76.

카니스토 1999   **Каннисто А.** О татуировке у обско-угорских народов // Статьи по искусству обских угров. Томск: ТГУ, 1999. С.26-50.

쎄람 1986   **Керам К.** Боги, гробницы, ученые: Роман археологии. М.: Наука, 1986. 254 с.

케스 1981   **Кес Д.** Стили мебели. Будапешт: АН Венгрии, 1981. 269 с.

킬레 1976	**Киле Н.Б.** Лексика, связанная с религиозными представлениями нанайцев//Природа и человек в религиозных представлениях нар одов Сибири и Севера. Л.: Наука, 1976. С.189-203.
킨크 1976	**Кинк Х.А.** Художественное ремесло древнейшего Египта и сопред ельных стран. М.: Наука, 1976. 194 с.
키레예바 1970	**Киреева Е.В.** История костюма. Европейские костюмы от античн ости до XX в. М.: Просвещение, 1970. 167 с.
키류신 외 1997	**Кирюшин Ю. Ф., Тишкин А.А.** Скифская эпоха Горного Алтая. Ч. I: Культура населения в раннескифское время. Барнаул, 1997. 232 с.
키류신 1998	**А.КирюшинЮ.Ф., ФроловЯ.В.** Комплекс памятников эпохи раннего железа в районе с. Елунино//Древние поселения Алтая. Барнаул, 1998. С.110-136.
키셀료프 1951	**Киселев С.В.** Древняя история Южной Сибири. М.: Изд-во Академии наук, 1951. 636 с.
클류치코프 1999	**Клочков И.С.** Пиры в литературе и искусстве Месопотамии// Одиссей. М.: Наука, 1999. С.50-63.
클류예바 외 1988	**Клюева Н.И., Михайлова Е.А.** Накосные украшения сибирских народов//Материальная и духовная культура народов Сибири// МАЭ. Л.: Наука, 1988. Т. 42. С.105-129.
클라쉬토르느이 외 1992	**Кляшторный С.Г., Султанов Т.И.** Летопись трех тысячелетий. Алма-Ата: Изд-во Казахстан-Петербург, 1992. 373 с.
코즐로프 1947	**Козлов П.К.** Монголия и Кам. М.: ОГИЗ, 1947. 431 с.
코즐로프스카야 1996	**Козловская М.В.** Антропологическая характеристика скелетных материалов из скифских курганов Среднего Дона// РА. 1996. № 4. С.141-147.
코즐로프스카야 1999	**Козловская М.В.** Опыт индивидуального описания скелетных материалов на примере погребений из курганного могильника ски фского времени Терновое-Колбино на Среднем Дону// Погребаль ный обряд. Реконструкция и интерпретация древних идеологическ их представлений. М.: Восточная литература, 1999. С.217-229.
크류코바 1991	**Комарова О. Д.** Демографические аспекты этнической экологии// Этническая экология. Теория и практика. М.: Наука, 1991. С.44-77.
코마로바 1994	**Констебл Д.** Бороды в истории//Одиссей. М.: Наука, 1994. С.165-182.
콘스테블 1947	**Косвен М. О.** Амазонки: История легенды//СЭ. 1947. № 2. С.33-59.
코스벤 1982	**Котрелл Л.** Во времена фараонов. М.: Наука, 1982. С.363.
코트렐 1989	**Кочешков Н. В.** Этнические традиции в декоративном искусстве народов Крайнего Северо-Востока СССР (XVIII-XX вв.). Л.: Наука, 1989. 196 с.
코체시코프 1992	**Крадин Н. Н.** Кочевые общества. Владивосток: Дальнаука, 1992. 238 с.
크라딘 1987	**Крюков М. В., Малявин В. В., Софронов М. В.** Этническая истор ия китайцев на рубеже средневековья и нового времени. М.:Наука, 1987, 311 с.

크류코프 외 1983	**Крюков М. В., Переломов Л. С., Софронов М. В. и др.** Древние китайцы в эпоху централизованных империй. М.: Наука, 1983. 407 с.
크류코바 외 1995	**Крюкова В. Ю.** Саван у зороастрийцев//Чужая вещь в культуре /Матер, научн. конф. СПб.: ГМИР: РЭМ, 1995. С.76-78
크세노폰트 1993	**Ксенофонт** Киропедия. М.: Ладомир; Наука, 1993. 328 с.
크세노폰토바 1977	**Ксенофонтова Р.А.** Японская одежда//Одежда народов зарубежной Азии / МАЭ.Л.: Наука, 1977. Вып. 32. С.111-149.
쿠바레프 1987	**Кубарев В.Д.** Курганы Уландрыка. Новосибирск. Новосибирск: Наука, 1987. 301 с.
쿠바레프 1990	**Кубарев В.Д.** Расписные сосуды из курганов Алтая//Проблемы изучения древней и средневековой истории Горного Алтая. Горно-Алтайск: 1990. С.31-55.
쿠바레프 1991	**Кубарев В.Д.** Курганы Юстыда. Новосибирск: Наука, 1991. 189 с.
쿠바레프 1992	**Кубарев В.Д.** Курганы Сайлюгема. Новосибирск: Наука, 1992. 141 с.
쿠바레프 외 1986	**Кубарев В.Д., Журавлева А.Д.** Керамическое производство хуннов Алтая//Палеоэкономика Сибири. Новосибирск: Наука, 1986. С.101 -119.
쿱쉬노바 1996	**Кувшинова Е.Н.** Животные и времена года (по материалам иконографии римских мозаик)//Животные и растения в мифоритуальных системах / Матер, конф. СПБ.: Гос. музей истории религии; Российский этнографический музей, 1996. С.45-46.
쿠지미나 1994	**Кузьмина Е.Е.** Откуда пришли индоарии? М.: Восточная литература, 1994. 464 с.
쿨렘진 1984	**Кулемзин В.М.** Человек и природа в верованиях хантов. Томск: ТГУ, 1984. 186 с.
쿨렘진 1992	**Кулемзин В.М., Лукина Н.В.** Знакомьтесь: Ханты. Новосибирск: Наука, 1992. 132 с.
쿠마호프 1998	**Кумахов М.А., Кумахова З.Ю.** Нартский эпос: Язык и культура. М.: Наследие, 1998. 310 с.
쿠로치킨 1994	**Курочкин Г.Н.** Скифские корни сибирского шаманизма: попытка нового «прочтения» Пазырыкских курганов// Петербург, археол. вестн. 1994. № 8. С.60-70.
쿠르일레프 1970	**Курылев В.П.** Одежда анатолийских турок//МАЭ. Л.: Наука, 1970. Вып. 26. С.235-261.
쿠르일레프 1970	**Кызласов И.Л.** Скальные захоронения - особая категория погребальных памятников//Погребальный обряд. Реконструкция и интерпретация древних идеологических представлений. М.: Восточная литература, 1999. С. 169-200.
크이즐라소프 1999	**Кызласов Л.Р.** Таштыкская эпоха в истории Хакасско-Минусинской котловины. М.: Наука, 1960. 197 с.
크이즐라소프 1960	**Кюнер Н.В.** Китайские известия о народах Южной Сибири, Центральной Азии и Дальнего Востока. М.: Восточная литература, 1961. 390 с.

| 큐네르 1961 | **Лавонен Н.А.** О древних магических оберегах (по данным карельского фольклора) // Фольклор и этнография. Связи фольклора с древними представлениями и обрядами. Л.: Наука, 1977. С.73-82. |

| 라보넨 1977 | **Ламина Е.В., Лотова Э.В.** Керамика Денисовой пещеры(по данным минералогических исследований) // А. П. Деревянко, В. И. Молодин. Денисова пещера. Новосибирск: Наука, 1994. С.147-166. |

| 라미나 외 1994 | **Латышев В.В.** Известия древних писателей о Скифии и Кавказе. СПб.: Фарн, 1993. Т. 2, Вып. 3-4. 203 с. |

| 라트이세프 1993 | **Латышев В.П.** Известия древних писателей греческих и латинских о Скифии и Кавказе. СПб.: Фарн, 1992. Т. 1. Вып. 1, 2. 332 с. |

| 라플린 1981 | **Лафлин У.С.** Алеутские мумии: их значение для исследования продолжительности жизни и изучения культуры// Традиционные культуры Северной Сибири и Северной Америки. М.: Наука, 1981. С.33-50. |

| 레바-브륄 1994 | **Леви-Брюль Л.** Сверхъестественное в первобытном мышлении. М.: Педагогика-пресс, 1994. 608 с. |

| 레바-스트로스 1994 | **Леви-Стросс К.** Первобытное мышление. М.: Изд-во «Республика», 1994. 370 с. |

| 레바-스트로스 1985 | **Леви-Стросс К.** Структурная антропология. М.: Наука, 1985. 535 с. |

| 렐레코프 1987 | **Лелеков Л.А.** О символизме погребальных облачений («золотые люди» скифо-сакского мира)//Скифо-сибирский мир.Новосибирск: Наука, 1987. С.25-31. |

| Li QingZhao 1974 | **Ли Цин-Чжао** Строфы из граненой яшмы. М.: Художественная литература, 1974. 101 с. |

| 리세비치 1994 | **Лисевич И.** Комментарии//Лао Цзы. Книга пути и благодати. М.: Мусолет, 1994. 130 с. |

| 리트빈스키 외 1995 | **Литвинский Б.А., Лубо-Лесниченко Е.И.** Погребальные памятники//Восточный Туркестан в древности и раннем средневековье. М.: Восточная литература, 1995. С.255-359. |

| 리트빈스키 2000 | **Литвинский Б.А., Пичикян И.Р.** Эллинистический храм Окса. М.: Восточная литература РАН, 2000. Т.1. 503 с. |

| 로브산 람파 1994 | **Лобсан Рампа** Шафрановые одежды. М.: ТОО «Путь к себе», 1994. 204 с. |

| 로브코바 외 1989 | **Ловкова М.Я., Рабинович А.М., Пономарева С.М. и др.** Почему растения лечат. М.: Наука, 1989. 256 с. |

| 로트만 1994 | **Лотман Ю.М.** Беседы о русской культуре. СПб.: Искусство, 1994. 390 с. |

| 로트만 1996 | **Лотман Ю.М.** Внутри мыслящих миров. Человек - Текст - Семиосфера - История. М.: Языки русской культуры, 1996. 464 с. |

| 루보-레스니첸코 1994 | **Лубо-Лесниченко Е.И.** Китай на шелковом пути. М.: Восточная литература, 1994. 332 с. |

| 루코닌 1977 | **Луконин В.Г.** Искусство Древнего Ирана. М.: Искусство, 1977. 231 с. |

| 르보바 외 1988 | **Львова Э.Л., Октябрьская И.В., Сагалаев А.М.и др.** Традицион |

ное мировоззрение тюрков Южной Сибири.
Пространство и время. Вещный мир.
Новосибирск: Наука, 1988. 224 с.

르보바 1989   **Львова Э.Л., Октябрьская И.В., Сагалаев А.М. и др.** Традицион
ное мировоззрение тюрков Южной Сибири.
Чеовек и общество. Новосибирск: Наука, 1989. 243 с.

류시케비치 1970   **Люшкевич Ф.Д.** Одежда жителей центрального и юго-западного
районов Ирана в первой четверти XX в.//МАЭ.
Л.: Наука, 1970. Вып. 26. С.282-313.

말리노프스키 1998   **Малиновский Б.** Магия, наука и религия. М.: Рефл-бук, 1998. 289 с.

만체비치 1966   **Манцевич А.П.** Деревянные сосуды скифской эпохи//
АСГЭ. Л., 1966. Вып. 8. С.23-39.

마레티나 1977   **Маретина С.А.** Одежда народов северо-западной Индии//МАЭ.
Л.: Наука, 1977. Вып. 32. С.5-26.

마르사돌로프 외 1994   **Марсадолов Л.С., Зайцева Г.И., Лебедева Л.М.** Корреляция ден
дрохронологических и радиоуглеродных определений для больших
курганов Саяно-Алтая//Элитные курганы степей Евразии в скифо-
сарматскую эпоху. СПб.: ИИМКРАН, 1994. С.141-157.

마슬로프 1999   **Маслов В.Е.** О датировке изображений на поясных пластинах из
Орлатского могильника//Евразийские древности. 100 лет Б.Н. Гра
кову / Архивные материалы, публикации, статьи. М.: ИА РАН, 1999.
С.219-237.

마슬로바 1956   **Маслова Г.С.** Нарядная одежда русских, украинцев и белорусов в
XIX - начале XX в.//Восточнославянский этнографический сборн
ик / Тр. Ин-та этнографии им. Миклухо-Маклая (новая серия, т.
XXX, I). М.: Ак. Наук СССР, 1956. С.541-757.

마슬로바 1956   **Маслова Г.С.** Народная одежда в восточнославянских традицион
ных обычаях и обрядах XIX-начала XX в. М.: Наука, 1984. 216 с.

마슬로바 1984   **Массон В.М.** Номады и древние цивилизации: динамика и типол
огия взаимодействия // Взаимодействие кочевых культур и древних
цивилизаций. Алма-Ата: Наука, 1980. С.12-25.

마손 1980   **Массон В.М.** Первые цивилизации. Л.: Наука, 1989. 272 с.

마손 1989   **Массон М.Е.** Новые данные по истории Парфии // Древние
цивилизации от Египта до Китая. М.: Ладомир, 1997. С.956-970.
Материалы по истории кочевых народов в Китае III-V вв.
М.: Наука, 1989. Вып. 1. 282 с.
Материалы по истории сюнну. М.: Наука, 1968. 177 с.
Махабхарата. М.: Художественная литература, 1974. 373 с.

메드니코바 1995   **Медникова М.Б.** Древние скотоводы Южной Сибири:
Палеоэкологическая реконструкция по данным антропологии.
М.: Изд-во ИА РАН, 1995. 216 с.

메드니코바 2000   **Медникова М.Б.** Жизнь ранних скифов: Реконструкция по антро
пологическим материалам могильника Новозаведенное II //
Скифы и сарматы в VII - III вв. до н. э. Палеоэкология, антропология
и археология. М.: Ин-т археологии РАН, 2000. С.51-59.

메이예르 1993   **Мейер К.А.** Путешествие по Джунгарской киргизской степи:

Дневник путешествия по киргизской степи к Нор-Зайсану и
Алтын-Тюбе в 1826 г.//Ледебур К.Ф., Бунге А.А., Мейер К. А.
Путешествие по Алтайским горам и джунгарской Киргизской
степи. Новосибирск: Наука, 1993. С.218-390.

멜니코바 1994   **Мельникова Л.В.** Тофы: Историко-этнографический очерк.
Иркутск: Вост.-Сиб. кн. изд-во, 1994. 302 с.

메니 1991   **Мень А.** История религии. В поисках пути, истины и жизни.
Т. 2: Магизм и единобытие. М.: Slovo, 1991. 462 с.

메르짤로바 1993   **Мерцалова М.Н.** Костюм разных времен и народов.
М.: Академия моды, 1993. Т. 1. С.542.

미로쉬나 1990   **Мирошина Т.В.** Амазонки у сарматов и проблема матриархата//
Проблемы скифо-сарматской археологии. М.: Наука, 1990. С.159-171.

몰로딘 1994   **Молодин В.И.** Культовый комплекс Бертек 3-4//Древние
культуры Бертекской долины. Новосибирск: Наука, 1994. С.94-104.

몰로딘 1994   **Молодин В.И.** Исследование кургана с мерзлотой могильника
Верх-Кальджин II//АО 1994 года.
М.: Ин-т археологии, 1995a. С.282-283.

몰로딘 1995   **Молодин В.И.** Укок-1995: Новые находки и открытия // III
Годовая сессия Института археологии и этнографии СО РАН,
ноябрь 1995. Новосибирск: Изд-во ИАЭт СО РАН, 19956. С.87-89.

몰로딘 외 1994   **Молодин В.И., Бородовский А.П.** Каменные ручные жернова в
древней погребальной обрядности Западной Сибири//Акаюа. № 4.
Новосибирск: Изд-во СО РАН, 1994. С.72-29.

몰로딘 포고제바 1990   **Молодин В.И., Погожева А.П.** Плита из Озерного (Горный
Алтай) // СА. 1990. №1. С.167-177.

몰로딘 외 1998   **Молодин В.И., Ромащенко А.Г., Воевода М.И., Чикишева Т.А.
и др.** Палеогенетический анализ генофонда населения Сибири
// Интеграционные программы фундаментальных исследований.
Новосибирск: Изд-во СО РАН, 1998. С.306-319.

몰로딘 외 2000   **Молодин В.И., Ромащенко А.Г., Воевода М.И., Чикишева
Т.А.** Мультидисциплинарный анализ носителей пазырыкской
культуры (археология, антропология, генетика)//Скифы и
Сарматы в VII-III вв. до н. э.. Палеоэкология, антропология и
археология. М.: Ин-т археологии РАН, 2000. С.59-66.

무카노프 1981   **Муканов М.С.** Казахская юрта. Алма-Ата: Кайнар, 1981. 224 с.

므일니코프 1999   **Мыльников В.П.** Обработка дерева носителями пазырыкской
культуры. Новосибирск: Изд-во ИАиЭт СО РАН, 1999. 231 с.

므일니코브 1995   **Мыльников В.П.** Обработка дерева носителями пазырыкской кул
ьтуры: Автореф. дис. на соиск. уч. степ. канд ист. наук.
Новосибирск, 1995. 17 с.

메네스 1992   **Мэнэс Г.** Материалы по традиционной похоронной обрядности за
хчинов МНР конца XIX- начала XX в //Традиционная обрядность
монгольских народов. Новосибирск: Наука, 1992. С.112-127.

나글레르 2000   **Наглер А.** О жерновах в погребальных памятниках степей
Евразии // Археология, этнография и антропология Евразии. № 2.

Новосибирск: Изд-во ИАиЭт СО РАН, 2000. С.107-112.

나자렌코 1993   **Назаренко Ю.А.** О некоторых аспектах моделирования границ в связи с представлениями о человеческом теле // Этносемиотика ритуальных предметов. СПб.: РЭМ, 1993. С.68-79.

니자미 1968   **Низами** Пять поэм. М.: Художественная литература, 1968. 863 с.

니콜라예프 1968   **Николаева Т.Н.** Художественные особенности народной украинской одежды конца XIX - начала XX в. как объект этнографического исследования//СЭ. 1988. № 6. С.105-121.

노브고로도바 1982   **Новгородова Э.А.** В стране петроглифов и эдельвейсов. М.: Знание, 1982. 80 с.

노브고로도바 1989   **Новгородова Э.А.** Древняя Монголия. М.: Наука, 1989. 383 с.

노비크 1984   **Новик Е.С.** Обряд и фольклор в сибирском шаманизме. М.: Наука, 1984. С.294.

오비디 1982   **Овидий** Скорбные элегии. Письма с Понта. М.: Наука, 1982. 257 с.

오클라드니코프 1976   **Окладников А.П.** Конь и знамя на Ленских писаницах // История и культура Бурятии. Улан-Удэ: Бурятское кн. изд-во, 1976. С.178-198.

오클라드니코프 1996   **Окладникова Е.А.** Сибирские истоки в покрое и декоре одежды индейцев языковой семьи на-дене//Американские индейцы: Новые факты и интерпретации. М.: Наука, 1996. С.251-266.

옥탸브르스카야 1997   **Октябрьская И.В.** Сравнительный анализ традиционных картин мира Севера и Юга // Народы Сибири. История и культура. Новосибирск: Изд-во ИАЭт СО РАН, 1997. С.68-78.

옥탸브르스카야 2000   **Октябрьская И.В., Черемисин Д.В.** Узорчатые войлоки Алтая // Археология, этнография и антропология Евразии. Новосибирск: Изд-во ИАЭт СО РАН, 2000. С.109-118.

올호프스키 1994   **Ольховский В.С.** Скифские изваяния северовосточного Приазовья // Евразийские древности. 1994. № 2. С.237-249.

팔킨 1967   **Палкин Б.Н.** Очерки истории медицины и здравоохранения Западной Сибири и Казахстана в период присоединения к России (1716-1868). Новосибирск: Зап.-Сиб. кн. изд-во, 1967. 555 с.

펠리흐 1972   **Пелих Г.И.** Происхождение селькупов. Томск: ТГУ, 1972. 423 с.

페레보드치코바 1992   **Переводчикова Е.В.** Еще раз об инокультурных влияниях в скифском зверином стиле Алтая и соседних областей в V-IV вв. до н.э. // Вторые исторические чтения памяти М.П. Грязнова. Омск: ОГУ, 1992. Ч.2. С.90-93.

페레보드치코바 1994   **Переводчикова Е.В.** Язык звериных образов. Очерки искусства евразийских степей скифской эпохи. М.: Восточная литература, 1994. 206 с.

페레펠킨 1988   **Перепелкин Ю.Я.** Старое Царство (большая часть III тыс. до н.э. III-VIII династии)//История Древнего Востока. Зарождение древнейших классовых обществ и первые очаги рабовладельческой цивилизации. М.: Наука, 1988. Ч. 2. С.326-391.

페셀 1985   **Пессель М.** Заскар. М.: Мысль, 1985. 190 с.

페트렌코 1986	**Петренко В.Г.** О юго-восточной границе распространения скифских каменных изваяний//Новое в археологии Северного Кавказа. М.: Наука, 1986. С.158-177.
피오트로프스키 1982	**Пиотровский Б.Б.** Предисловие // Луис Дуке Гомес. Золото Колумбии. М.: Искусство, 1982. С.5-8.
피치캰 1991	**Пичикян И.А.** Культура Бакгрии. Ахемонидский и эллинистические периоды. М.: Наука, 1991. 339 с.
플라빈스키 1991	**Плавинский Д.** Записки о прошлом//Наше Наследие. М.: Икусство, 1991. С.119-132.
플라노 카르피니 1997	**Плано Карпини Дж.** Дель История Мангалов / Дж. дель Плано Карпини. 3-е изд. Путешествие в Восточные страны / Г. де Рубрук. 3-е изд. Книга Марко Поло. 4-е изд. М.: Мысль, 1997. 460 с.
포도로가 1994	**Подорога В.С.** Эйзенштейн и кинематограф насилия. Лицо и взгляд. Правила раскроя // Искусство кино. 1994. № 6. С.90.
폴로스막 1987	**Полосьмак Н.В.** Бараба в эпоху раннего железа. Новосибирск: Наука, 1987. 128 с.
폴로스막 1994	**Полосьмак Н.В.** Стерегущие золото грифы. Новосибирск: Наука, 1994а. 122 с.
폴로스막 1994	**Полосьмак Н.В.** К вопросу о древней татуировке // Гуманитарные науки в Сибири. Новосибирск, 19946. Вып. 3. С.29-34.
폴로스막 1996	**Полосьмак Н.В.** Погребение знатной пазырыкской женщины // Вестник древней истории. 1996. № 4. С.142-168.
폴로스막 2000	**Полосьмак Н.В.** Татуировка у пазырыкцев // Археология, этнография и антропология Евразии. Новосибирск: Изд-во ИАЭт СО РАН № 4. 2000. С.95-103.
폴로스막 외 1997	**Полосьмак Н.В., Кундо Л.П., Малахов В.В. и др.** Исследование вещественного состава находок из «замерзших» могил Горного Алтая (Ак-Алаха 3. Пазырыкская культура) // РА. 1997. № 1. С.181-193.
폴로스막 외 1991	**Полосьмак Н.В., Шумакова Е.В.** Очерки семантики кулайского искусства. Новосибирск: Наука, 1991. 90 с.
포포프 1958	**Попов А.А.** Коллекции по материальной культуре долганов в Музее антропологии и этнографии МАЭ // МАЭ. Т. 18. Л., 1958. С.5-122.
포포프 1976	**Попов А.А.** Душа и смерть по воззрениям нганасан // Природа и человек в религиозных представлениях народов Сибири и Севера. Л.: Наука, 1976. С.31-44.
포타닌 1981	**Потанин Г.Н.** Очерки Северо-западной Монголии. // Матер, этнографические Вып. 2. СПб, 1881. 181 с.
포타닌 1912	**Потанин Г.Н.** Население//Сапожников В.В. Пути по русскому Алтаю. Томск, 1912. С.15-24.
포타닌 1950	**Потанин Г.Н.** Тангутско-тибетская окраина Китая и Центральной Монголии.М.: Географгиз, 1950. 649 с.
포타포프 1949	**Потапов Л.П.** Героический эпос алтайцев//СЭ. М., 1949. № 1. С.110-132.

포타포프 1951	**Потапов Л.П.** Одежда алтайцев//МАЭ. Л.: Наука. Т. 13. 1951. С.5-59.
포타포프 1969	**Потапов Л.П.** Очерки народного быта тувинцев. Л.: Наука. 1969. 402 с.
포타포프 1991	**Потапов Л.П.** Алтайский шаманизм. Л.: Наука, 1991. 319 с.
프르제발스키 1883	**Пржевальский Н.М.** Из Зайсана через Хами в Тибет и верховья Желтой реки. СПб, 1883. 473 с.
프르제발스키 1948	**Пржевальский Н.М.** От Кяхты на истоки Желтой реки. М.: Географгиз, 1948. 360 с. роисхождение вещей. Очерки первобытной культуры. М.: «ННН», 1995. 272 с.
프로코피예바 1971	**Прокофьева Е.Д.** Шаманские костюмы народов Сибири//МАЭ. Л.: Наука, 1971. Вып. 27. С.5-101.
프로코피예바 1976	**Прокофьева Е.Д.** Старые представления селькупов о мире// Природа и человек в религиозных представлениях народов Сибири и Севера. Л.: Наука, 1976. С.106-128.
프로코피예바	**Прокофьева Е.Д.** Некоторые религиозные культы тазовских селькупов// Памятники культуры народов Сибири и Севера. / МАЭ. Вып. 33. Л.: Наука, 1977. С.66-79.
프로코피예바 1993	**Прокопьева Н.Н.** Женская рубаха у русских в ритуалах жизненного цикла//Этносемиотика ритуальных предметов. СПб: РЭМ, 1993. С.58-68.
프로프 2000	**Пропп В.Я.** Исторические корни волшебной сказки. М.: Изд-во: «Лабиринт», 2000. 336 с.
프르이트코바 1953	**Прыткова Н.Ф.** Одежда хантов // МАЭ. Л.: Наука, 1953. Вып. 15. С.123-233.
프르이트코바 1970	**Прыткова Н.Ф.** Одежда народов самодийской группы как исторический источник // Одежда народов Сибири. Л.: Наука, 1970. 223 с .
프르이트코바 1976	**Прыткова Н.Ф.** Одежда чукчей, коряков и ительменгов. // Материальная культура народов Сибири и Севера. Л.: Наука, 1976. С.5-88.
푸가첸코바 1982	**Пугаченкова Г.А.** Скульптура и коропластика//Пугаченкова Г. А., Ремпель Л. И. Очерки искусства Средней Азии. М.: Искусство, 1982. С.37-101.
푸가첸코바 1987	**Пугаченкова Г.А.** Из художественной сокровищницы Среднего Востока. Ташкент: Изд-во литературы и искусства, 1987. 224 с.
라브도니카스 1990	**Равдоникас Т.Д.** Очерки по истории одежды населения северо-западного Кавказа (античность и средневековье). Л.: Наука, 1990. 138 с.
라들로프 1989	**Радлов В.В.** Из Сибири. Страницы дневника. М. 1989. М.: Наука, 1989. 718 с.
라예프스키 1977	**Раевский Д.С.** Очерки идеологии скифо-сакских племен. М.: Наука, 1977. 212 с.
라예프스키 1985	**Раевский Д.С.** Модель мира скифской культуры. М.: Наука,

1985. 253 с.

라제예 1996	**Ражее Д.И.** Комплекс остеологических признаков всадников// Новое в археологии Южного Урала / Сб. науч. трудов. Челябинск: Изд-во «Рифей», 1996. С.251-258.
라수도바 1970	**Рассудова Р.Я.** Материалы по одежде таджиков верховьев Зеравшана // МАЭ. Л.: Наука, 1970. Вып. 26. С.16-52.
러시아의 광물 1991	Растительные ресурсы России и сопредельных государств. Л.: Наука, 1991. 480 с.
소련의 식생 1984	Растительные ресурсы СССР. Л.: Наука, 1984, 460 с.
레리흐 1982	**Рерих Ю.Н.** По тропам Срединной Азии. Хабаровск: Хабаровское кн. изд-во, 1982. 288 с.
레리흐 1999	**Рерих Ю.Н.** Тибет и Центральная Азия / Статьи, лекции, переводы. Самара: Изд. дом «Агни», 1999. 368 с.
레쇼토프 1969	**Решетов А.М.** Тибетская коллекция МАЭ (материальная культура) // МАЭ. Л.: Наука, 1969. Вып. 25. С.114-136.
리크만 1986	**Рикман Э.А.** Одежды народов Восточной Европы в раннем железном веке. Скифы, сарматы и гетодаки (середина I тыс. до н.э.-середина I тыс. н.э.) // Древняя одежда народов Европы. М.: Наука, 1986. С.7-30.
리프틴 1987 袁珂	**Рифтин Б.Л.** О китайской мифологии в связи с книгой Юань Кэ// Юань Кэ. Мифы Древнего Китая. М.: Наука, 1987. С.378-478.
로젠 1977	**Розен М.Ф.** О названиях рудников и рудных месторождений Алтая// 250 лет горного производства на Алтае / Тез. докл. конф. Барнаул, 1977а. С.46-49.
로젠 1977	**Розен М.Ф.** О поисковых и исследовательских работах на Алтае в XVIII в. по материалам архива АН СССР в Ленинграде // 250 лет горного производства на Алтае / Тез. докл. конф. Барнаул, 1977б. С.23-27
르트벨라제 1989	**Ртвеладзе Э.В.** Культовые и погребальные памятники кушанского времени из Кампыр-теле // Учен, записки Комиссии по изучению памятников цивилизаций Древнего и Средневекового Востока. М.: Наука, 1989. С.209-251.
루덴코 1929	**Руденко С.И.** Графическое искусство остяков и вогулов // Этнографический отдел Государственного Русского Музея. Материалы по этнографии. Ленинград, 1929. Т. IV. Вып. 2.
루젠코 1949	**Руденко С.И.** Татуировка азиатских эскимосов//СЭ. 1949. № 1. С.149-154.
루덴코 1952	**Руденко С.И.** Горноалтайские находки и скифы. М.-Л.: Изд-во АН СССР, 1952. 262 с.
루덴코 1953	**Руденко С.И.** Культура населения Горного Алтая в скифское время. М.: Наука, 1953. 401 с.
루덴코 1960	**Руденко С.И.** Культура населения Центрального Алтая в скифское время. М.-Л.: Наука, 1960. 351 с.
루덴코 1962	**Руденко С.И.** Культура хуннов и ноинулинские курганы.

	М.-Л.: Изд-во АН СССР, 1962а. 203 с.
루덴코 1962	**Руденко С.И.** Сибирская коллекция Петра I. М.-Л.: Изд-во АН СССР, 1962б. 41 с.
루덴코 1968	**Руденко С.И.** Древнейшие в мире художественные ковры и ткани. М.: Искусство, 1968. 121 с.
루덴코 1996	**Рудский В.В.** Алтай. Эколого-географические основы природопользования. Барнаул: АГУ, 1996. 226 с.
르인디나 1995	**Рындина О.М.** Орнамент//Очерки культурогенеза народов Западной Сибири. Томск: ТГУ, 1995. Т.3. 562 с.
라잔쩨프 1994	**Рязанцев С.** Танатология: Учение о смерти. СПб.: Изд-во Восточно - Европейского ин-та психоанализа, 1994. 380 с.
사비노프 1978	**Савинов Д.Г.** О завершающем этапе культуры ранних кочевников Горного Алтая // КСИА. 1978. Вып. 154. С.53.
사비노프 1993	**Савинов Д.Г.** Погребения скифского времени в долине Узунтал // Материалы к истории и этнографии Горного Алтая. Горно-Алтайск: НИИ истории, языка и литературы, 1993. С.4-17.
사보스티나 1983	**Савостина Е.А.** К символике изображений лука на Босфоре// СА. 1983. № 4. С.45-56.
사갈라예프 1991	**Сагалаев А.М.** Урало-алтайская мифология (символ и архетип). Новосибирск: Наука, 1991. 140 с.
사갈라예프 1992	**Сагалаев А.М.** Алтай в зеркале мифа. Новосибирск: Наука, 1992. С.175.
사갈라예프 외 1990	**Сагалаев А.М., Октябрьская И.В.** Традиционное мировоззрение тюрков Южной Сибири. Знак и ритуал. Новосибирск: Наука, 1990. 209 с.
사마리나 1992	**Самарина Л.В.** Традиционная этническая культура и цвет: Основные направления и проблемы зарубежных исследований// Этнографическое обозрение. 1992. № 2. С.14-157.
사마리나 1996	**Самарина Л.В.** Цвет в женской субкультуре (Северный Кавказ. Дагестан)//Гуманитарная наука в России. Соровские лауреаты. М.: Международный науч. фонд, 1996. С.378-385.
사마쇼프 외 2000	**Самашев З., Базарбаева Г., Жумабекова Г. и др.** Берел. Алматы: Общественный фонд поддержки историко-археологических памятников и культурного наследия «Берел», 2000. 56 с.
사모쥐니코프 1911	**Сапожников В.В.** Монгольский Алтай в истоках Иртыша и Кобдо. Путешествие 1905-1909 гг. Томск, 1911. 409 с.
사포에스니코프 1948	**Сапоэ/сников В.В.** По Алтаю. М.: ОГИЗ, 1948. 574 с.
사리아니디 1989	**Сарианиди В.И.** Храм и некрополь Тиллятспе. М.: Наука, 1989. 239 с.
셀리바노프 1995	**Селиванов Е.И.** Под голубым небом Ирана. М.: Наука, 1995. 142 с.
셈 1991	**Сем Т.Ю.** Семантика образов первоисточника жизни у тунгусоязычных народов юга Дальнего Востока конца XIX - начала XX в. и их средневековые параллели//Реконструкция древних верований: источники, метод, цель. СПб.: ГМИР, 1991. С.179-192.
세묘노프-톈샨스키 1946	**Семенов-Тян-Шанский П.П.** Путешествие в Тянь-Шань.

М.: ОГИЗ, 1946. 251 с.

세르게예프 1977   **Сергеев А.Д.** Александр Алексеевич Шангин (материалы к биографии) // 250 лет горного производства на Алтае / Тез. докл. к конференции. Барнаул, 1977. С.31-35.

세로세프스키 1993   **Серошевский Л.Н.** Якуты. Опыт этнографического исследования. М.: Изд-во РОССПЭН, 1993. 713 с.

서유기 1995   Си Ю Цзи, или описание путешествия даосского монаха Чан Чуня на Запад//Пустыня Тартари / Альманах «Арабески истории». М.: Изд-во ДИ ДИК, 1995. Вып. 2. С.280-379.

시트니코바 1986   **Ситникова Е.Е.** О некоторых предметах быта в традиционной обрядности южных алтайцев // Генезис и эволюция этнических культур Сибири. Новосибирск: ИИФФ АН СССР, 1986. С.84-94.

고전사전 1989   **Словарь античности.** М.: Прогресс, 1989. С.70.

외국어사전, 1986   **Словарь иностранных слов.** М.: Русский язык, 1986. 608 с.

슬류사렌코 2000   **Слюсаренко И.Ю.** Дендрохронологический анализ дерева из памятников пазырыкской культуры Горного Алтая // Археология, этнография и антропология Евразии. Новосибирск: Изд-во ИАЭт СО РАН, 2000. № 4. С.122-131.

스미르노프 1964   **Смирнов К.Ф.** Савроматы. Наука. М.: Наука, 1964. 376 с.

스몰랴크 1976   **Смоляк А.В.** Представления нанайцев о мире//Природа и человек в религиозных представлениях народов Сибири и Севера. Л.: Наука, 1976. С.129-161.

소련대백과사전 1984   Советский энциклопедический словарь. М.: Советская энциклопедия, 1984. 1600 с.

소요노프 외 1994   **Соёнов В.И., Эбель А.В.** О языке и преемственности культуры пазырыкцев // Материалы по истории и культуре Республики Алтай. Горно-Алтайск, 1994. С.52-55.

소콜로바 1971   **Соколова З П.** Пережитки религиозных верований у обских угров//Религиозные представления и обряды народов Сибири в XIX - начале XX века. МАЭ. Вып. 27. Л.: Наука, 1971.С.211-239.

소콜로바 1972   **Соколова З.П.** Культ животных в религиях. М.: Наука, 1972. 213 с.

솔로마티나 1995   **Соломатина Н.В.** Два новых изваяния скифского времени из Ставропольского музея // Историко-археологический альманах. Вып. 1. М.-Армавир: Армавирский краеведческий музей, 1995. С.102- 109.

스타리코프 외 1977   **Стариков В.С., Сычев В.Л.** К проблеме генезиса традиционной одежды южных китайцев//МАЭ. Л.: Наука, 1977. Вып. 32. С.198-230.

스트라본 1994   **Страбон** География. М.: Ладомир, 1994. 837 с.

스투데네쯔카야 1979   **Студенецкая Е.Н.** Узорные войлоки Кавказа (в свете исторических связей народов Кавказа и Азии) // СЭ. 1979. № 1. С.105-115.

법의학 1998   Судебная медицина. М.: Медицина, 1998. 464 с.

수슬로바 1977   **Суслова И.В.** Головные украшения китаянок//МАЭ. Л.: Наука, 1977. Вып. 32. С.230-247.

수하료바 1954   **Сухарева О.А.** Древние черты в формах головных уборов народов

Средней Азии//Среднеазиатский этнографический сборник / Тр. ИЭАМ Н. Н. Миклухо-Маклая (новая серия. Т. 21). М.: Изд-во АН СССР, 1954. С.289-354.

수하료바 1982   **Сухарева О.А.** История среднеазиатского костюма: Самарканд (2-я половина XIX - начало XX в.). М.: Наука, 1982. 138 с.

스이쵸프 1977   **Сычев В.Л.** Из истории плечевой одежды народов Центральной и Восточной Азии (к проблеме классификации) // СЭ. 1977. № 3. С.32-47.

스이쵸프 1975   **Сычев Л.П., Сычев В.Л.** Китайский костюм: Символика, история. М.: Наука, 1975. 132 с.

샤지 2000   **Сязи А.М.** Орнамент и вещь в культуре хантов Нижнего Приобья. Томск: ТГУ, 2000. 238 с.

탁사미 1976   **Таксами Ч.М.** Представления о природе и человеке у нивхов// Природа и человек в религиозных представлениях народов Сибири и Севера. Л.: Наука, 1976. С.203-217.

탈리기나 1997   **Талигина Н.М.** Новые материалы по погребальному обряду сынских хантов(обряд сжигания волос - «упт ущиты») // Культура народов Сибири / Материалы третьих сибирских чтений. СПб, 1997. С.213-220.

탄가드 1992   **Тангад Д.** Заметки о похоронных обычаях в западных районах МНР // Традиционная обрядность монгольских народов. Новосибирск: Наука, 1992. С.127-133.

톨레우바예프 2000   **Толеубаев А.** Юрта в представлениях, верованиях и обычаях казахов// Кочевое жилище народов Средней Азии и Казахстана. М.: Наука, 2000. С.165-179.

토밀로프 1992   **Томилов Н.А.** Астральные представления нарымских селькупов // Ранние формы религии народов Сибири / Материалы III советско-французского симп. СПб.: МАЭ РАН, 1992. С.166-173.

토포로프 1980   **Топоров В.Н.** Древо мировое//Мифы народов мира. М.: Советская энциклопедия, 1980. С.397.

토포로프 1982   **Топоров В.Н.** Растения//Мифы народов мира. М.: Советская энциклопедия, 1982. С.368-371.

토르치노프 1993   **Торчинов Е.** Даосизм. Опыт историко-религиоведческого описания / Серия восточной литературы «Мудрость веков». СПб.: Андреев и сыновья, 1993. 292 с.

토샤코바 1976   **Тощакова Е.М.** Кожаная и деревянная посуда и техника изготовления у южных алтайцев // Материальная культура народов Сибири и Севера. Л.: Наука, 1976. С.182-198.

토샤코바 1978   **Тощакова Е.М.** Традиционные черты народной культуры алтайцев (XIX - начало XX в.). Новосибирск: Наука, 1978. 158 с.

투골루코프 외 1997   **Туголуков В.А., Тураев В.А., Спеваковский Б.А. и др.** История и культура эвенков. СПб.: Наука, 1997. С.78-111.

테르네르 1983   **Тэрнер В.** Символ и ритуал. М.: Наука, 1983. 270 с.

튜흐테네바 1994   **Тюхтенева С.** О символике цвета в культуре алтайцев// Материалы по истории и культуре Республики Алтай.

Горно-Алтайск: НИИ истории, языка и литературы, 1994. С.60-65.

우바로프 1999	**Уваров П.Ю.** Дискуссия//Одиссей. М.: Наука, 1999. С.93-99.
울리얌스 외 1995	**Уильямс Д., Огден Д.** Греческое золото. Ювелирное искусство классической эпохи V-IV веков до н.э. СПб.: Изд-во Славия, 1995. 271 с.
울라노프 1975	**Уланов А.И.** Об этапах развития бурятского фольклора// Фольклористика Российской Федерации. Л.: Наука, 1975. С.42-59.
표도로바 1988	**Федорова Е.Г.** Украшения верхней плечевой одежды народов Сибири (ханты, манси, ненцы, энцы, нганасаны, кеты, эвенки, эвены, чукчи, коряки) // МАЭ. Вып. 42: Материальная и духовная культура народов Сибири. Л.: Наука, 1988. С.86-105.
표도로바 1996	**Федорова Е.Г.** Тема лиственницы в культуре манси // Животные и растения в мифоритуальных системах. СПб.: ГМИР; РЭМ, 1996. С.101-102.
플로렌스키 1988	**Флоренский П.** Воспоминания // Литературная учеба. 1988. № 2. С.153.
플로렌스키 1996	**Флоренский П.** Избранные труды по искусству. М.: Изобразительное искусство, 1996. 285 с.
프레제르 1980	**Фрезер Дж. Дж.** Золотая ветвь. М.: Политическая литература, 1980. 826 с.
프레이덴베르그 1998	**Фрейденберг О.М.** Миф и литература древности. М.: Восточная литература, 1998. 789 с.
푼크 1997	**Функ Д.А.** Телеутское шаманство. М.: Научно-методический центр Института этнологии и антропологии РАН им. Миклухо-Маклая, 1997. 268 с.
하자노프 1975	**Хазанов А.М.** Социальная история скифов. М.: Наука, 1975. 334 с.
하자노프 외 1975	**Хазанов А.М., Куббель Л.Е., Созина С. А.** Первобытная периферия докапиталистических обществ // Первобытное общество. Основные проблемы развития. М.: Наука, 1975. С.140-205.
하이엘달 1971	**Хейердал Т.** В поисках рая. М.: Мысль, 1971. С.140.
흘레보프 외 1996	**Хлевов А.А. Тодорова С.М.** Бестиарий эпохи Вендель. Искусство и реальность // Животные и растения в мифоритуальных системах / Матер, науч. конф. СПб., 1996. С.30-31.
흘로핀 1980	**Хлопин И.Н.** Изготовление ворсовых ковров в Средней Азии в эпоху бронзы // КСИА. М.: Наука, 1980. Вып. 161. С.31-36.
흘로핀 1983	**Хлопин И.Н.** Юго-Западная Туркмения в эпоху поздней бронзы. Л.: Наука, 1983. С.241.
호미치 1995	**Хомич Л.В.** Ненцы. Очерки традиционной культуры. СПб.: Наука, 1995. 334 с.
쯔이비코프 1991	**Цыбиков Г.Ц.** Избранные труды. Т.1: Буддист-паломник у святынь Тибета. Новосибирск: Наука, 1991. 254 с.
차이코 1994	**Чайко А.В.** Геоморфология Бертекской котловины и ее горного обрамления//Древние культуры Бертекской долины. Новосибирск: Наука, 1994. С.7-16.

長沙 馬王堆. 1980   Чанша Мавадуй чхао ханьму чуши яньцзю.(Изучение древней мумии из могилы 1 в Мавандуй, г. Чанша.) Пекин: Вэньу. 1980. 348 с. (на кит. яз.)

츠느이르 1996   **Чвырь Л.А.** Проблема оседло-кочевнического диалога в древней Средней Азии (мнения археологов и комментарий этнографа)// Азия - диалог цивилизаций. СПб.: Гиперион, 1996. С.383-435.

체레미신 외 1994   **Черемисин Д.В., Слюсаренко И.Ю.** Бертекская писаница// Древние культуры Бертекской долины. Новосибирск: Наука, 1994. С.49-60.

체스노프 1991   **Чеснов Я.В.** Ценность жизни и экофильные ориентации в традиционной абхазской культуре // Этническая этнология (теория и практика). М.: Наука, 1991а. С.244-269.

체스노프 1991   **Чеснов Я.В.** Мужское и женское начала в рождении ребенка по представлениям абхазо-адыгских народов // Этнические стереотипы мужского и женского поведения. Слюсаренко И.Ю. СПб.: Наука, 19916. С.132-159.

치키셰바 1994   **Чикишева Т.** Характеристика палеоантропологического материала памятников Бертекской долины // Древние культуры Бертекской долины. Новосибирск: Наука, 1994. С.157-175.

치키셰바 1996   **Чикишева Т.А.** К вопросу о формировании антропологического состава населения пазырыкской культуры Горного Алтая // Новейшие археологические и этнографические открытия в Сибири / Материалы IV Годовой итоговой сессии / Ин-т археологии и этнографии СО РАН (декабрь 1996 г.). Слюсаренко И.Ю. Новосибирск: Изд-во ИАЭт СО РАН, 1996. С.249-253.

치키셰바 1997   **Чикишева Т.А.** К вопросу об антропологическом сходстве населения пазырыкской культуры и сакской этнокультурной общности//Новейшие археологические и этнографические открытия в Сибири: Материалы V годовой итоговой сессии института археологии и этнографии СО РАН. Новосибирск: Изд-во ИАЭт, СО РАН, 1997. С.314-320.

치키셰바 2000   **Чикишева Т.А.** Вопросы происхождения кочевников Горного Алтая эпохи раннего железа по данным антропологии// Археология, этнография и антропология Евразии. Новосибирск: Изд-во ИАЭт СО РАН, 2000. № 4. С.107-122.

치하쵸프 1974   **Чихачев П.А.** Путешествие в Восточный Алтай. М.: Наука, 1974. 317 с.

추구노프 1994   **Чугунов К.В.** Исследования погребально-поминального комплекса на могильном поле Догээ-Баары в Туве // Элитные курганы степей Евразии в скифо-сарматскую эпоху. СПб., 1994. С.195-200.

玉台山... 1984   **Чуские могилы в Юйтайшань.** Пекин: Вэньу, 1984. 194 с.

샤티포바 1981   **Шатипова Н.И.** Семья у алтайцев. Горно-Алтайск: Алтайское книжное изд-во, 1981. 128 с.

세르코바 1996   **Шеркова Т.А.** «Око Хора»: символика глаза в додинастическом Египте // ВДИ. 1996. № 4. С.96-115.

시니렐만 1996	**Шнирелъман В.А.** Археология и лингвистика: проблемы корреляции в контексте этгногенетических исследований // ВДИ. 1996. № 4. С.89-96.
엘리아데 1994	**Элиаде М.** Священное и мирское. М.: МГУ, 1994. 142 с.
엘리아데 1998	**Элиаде М.** Миф о вечном возвращении. Архетипы и повторяемость. СПб.: Алетейя, 1998а. 250 с.
엘리아데 1998	**Элиаде М.** Азиатская алхимия. Сборник эссе. М.: Янус-К, 19986. 604 с.
엘리아데 1999	**Элиаде М.** Очерки сравнительного религиоведения. М.: Научно-издат. центр «Ладомир», 1999. 488 с.
엘리아데 2000	**Элиаде М.** Шаманизм. Архаические техники экстаза. София, 2000. 480 с.
袁珂 1987	**Юань Кэ** Мифы Древнего Китая. М.: Наука, 1987. 508 с.
유젠추크 1954	**Юзепчук С.В.** Род Zizifora. L. - Зизифора // Флора СССР. М.-Л.: Наука, 1954. Т. 21. С.381-411.
于志勇 1995	**Юй Чжиюн.** Раскраска и татуировка среди археологических находок в округе Синьцзяна//Сиюй яньцзю. Урумчи, 1995. № 3. С.98-104 (на кит. яз.).
융 1994	**Юнг К.Г.** Либидо и его метаморфозы и символы. М.: Восточно-Европейский ин-т психоанализа, 1994. Т.2. 305 с.
융 1995	**Юнг К.Г.** Ответ Иову. М.: Канан, 1995. 350 с.
융 1996	**Юнг К.Г.** Душа и миф: шесть архетипов. Киев: Гос. библиотека для юношества, 1996. 382 с.
야마예바 1998	**Ямаева Е.Е.** Алтайская духовная культура. Миф. Эпос. Ритуал. Горно-Алтайск: Ин-т гум. исследований, 1998. 167 с.
야쩬코 1989	**Яценко С.А.** Костюм и покровы кочевой аристократии из некрополя Тилля-теле(Афганистан)//Уч. записки Комиссии по изучению памятников цивилизаций древнего и средневекового Востока Всесоюзной ассоциации востоковедов / Археологические источники. М.: Наука, 1989. С.251-294.
야쩬코 1996	**Яценко С.А.** Загадочные монстры пазырыкцев и китайская мифология эпохи Чжоу // Жречество и шаманизм в скифскую эпоху. СПб. 1996. С.154-158.
Allison M.J.	Early Mummies from Coastal Peru and Chile // Human Mummies. The Man in the Ice. Wien; New York: Springer, 1996. Yo1. 3. P.125-129.
Ariaza B.	Preparation of the Dead in Coastal Andean Preceramic Population // Human Mummies. The Man in the Ice. Wien; New York: Springer, 1996. Vol. 3. P.131-140.
Barber J.W.	Prehistoric Textiles. The Development of Cloth in the Neolitic and Bronze Age, with Special Reference to the Aegean. Princeton: Princeton Un iversity Press, 1991.
Barber J.W.	The mummies of Ьrьmchi. New York And London: Norton&Co., 1999. 240p.
Bohmer H. and Thompson J.	The Pazyryk carpet: a Technical discussion // Source.

	Notes in the History of Art. New York. Vol. 10. No.4. P.30- 36.
Brothwell Don.	The Bog Man and the Archaeology of people. London: British Museum Publications, 1991. 127 p.
Cen Yunfei.	Turfan Museum. Xinjiang Fine Arts and Photo Publishing House, 1992. 125 p. 吐魯番博物館》 編委會編輯 1992, 吐魯番博物館,
Champdor A.	Kunst Mesopotamiens. Leipzig: Buch - und Kunstverlag, 1964. 46 p.
Debaine-Francfon C.	Archeologie du Xunjing des Origies aux Han (Premiere Partie) // Paleorient. 1988. Vol 14/ 1. P.18-26.
Debaine-hancfon C.	Du Neolit hique a l'вge du Bronze en Chine du Nord-Ouest La Culture de Qijia et ses connexions. Editions Recherche sur les Civilisations. Paris, 1995. Memories de Ia mission archeologique Francaiseen. Asie centrale. Tome VI. 433p.
Dhamija J.	The woven silk of India. - Marg Publications, 1995. 156p.
Francfmt H.-P.	The frozen mausoleum of the skythian Prince // Ligabue Magazine. Venez ia, 1999. № 35. P.42-64. Hami Ancient Civilization. Xinjiang Fine Arts and Photographing Press. 87p.(Edited by Administrative Office of Cultural Relics of Hami Prefecture and Hami Museum.)
Juliano A.	The Warring States Period-the States of Qin, Chu, and Pazyryk: a Historical Footnote // Source. Notes in the History of Art. 1991. Vol. 10. No.4. P.25-29.
Khazanov A.M.	Nomads and the Outside World. Cambridge: Cambridge University Press, 1984. 369p.
Lack H.W.	Blьitenkrдnze bьr die Pharaonen // Antike Welt. Mainz, 1993. No. 2. P.150-151.
Lang M.	Tьrkisches Filzhandwerk // Verhandlungen der Naturforschenden Gesellschaft Basel, 101. Basel: Birkhдuser Verlag, 1991. P.49-66.
Mair V.H.	Mummies of the Tarim Basin//Archaeology. 1995. March / April. P.28- 35.
Mallmy J.P., Mair V.H.	The Tarim Mummies. London: Thames Hudson, 2000. 352 p.
Molodin V.I.	Un Kourgane Gelй d'epoque Scythe // Dossiers d'archeologie. Dijon, 1996. No. 212. Tombes gelйes de Sibйrie. P.36-42.
Musche B.	Eine Tibetische Eberkopfkappe und ihre Bez iehungzu den Sasanidischen Tierkopfkappen // Archeologische Mitteilungen aus Iran. Berlin, 1987. Band 20. P.282-288.
Nowgomdowa E.	Alte Kunst der Mongolei. Leipzig, 1980. 280 p.
Pasinli A.	Istanbul Archaeological museum. Istanbul: A Turizm Yayinlari Ztd., 1992. 197 p.
Reinhard J.	Discovery of lifetime//The Rolex Awards for Enterprise journal. Switzerland, 1997. № 5. September. P.4-8.
Sammet R.	Sal ben, schminken und parfьme im altertum // Antike Welt. Mainz, 1990. 64p.
Small E., Cronquist A.	A practical and natural taxonomy for cannabis// Taxon. 1976. No. 25

	(4). P.405-435.
Solecki R.S.	Shanidar: The First Flower People. New York, 1971. 240p.
	Source Notes in the History of Art.
	New York, 1991. Vol. 10. No.4. P.36.
Van der Velden E., Dulk den L.,	The decorated body of the man from Hauslabjoch//
Leenders H. etc.	Der Mann im Eis Neue Funde und Ergebnisse. The Man in the Ice.
	Wien; New York, 1995. Vol. 2. P.275-278.
Wang B.-H.	Excavation and preliminary studies of the ancient mummies of
	XmJiang m Chma//Human Studies. The Man Ill the Ice.
	Wien; New York, 1996. Vol. 3. P.59-69.
Whiting M.C.	A report of the Dyes of the Pazyryk Carpet//Oriental Carpet, Texti
	le Studies. London, 1985. P.18-22.
Zimmerman M.R.	Mummies of the Arctic Regions//Human Mummies.
	The man in the Ice. Wien; New York: Springer, 1996. Vol.3. P.83-92.

侯世新 米世忠 張永兵 柳洪亮 阿不里木, 1984 「新疆鄯善苏巴什古墓葬」『考古』1期.

감사의 글

내 첫 번째 감사는 과학원 원사이며 고고민족학연구소의 원장인 A.P.데레비얀코에게 돌리고 싶다. 우코크 고원에서 발굴이 이루어질 수 있었던 것은 전적으로 그 덕분이다. 아직 러시아 과학기금이 존재하기도 전부터 그는 몇 년간 아주 많은 비용이 드는 이 고원지대의 발굴을 위한 비용을 마련해 주었다. 데레비얀코 원장은 우코크의 '얼음고분'을 발굴하는 데 필요한 아주 훌륭한 발굴팀을 조직해 주었을 뿐 아니라 여기서 발견된 여러 유기물질을 레닌묘지 산하의 미라 보존연구소에 보내 수준 높은 보존처리를 하게 해주었다. 또한, 이 책을 쓰도록 많은 조언과 추천을 해준 과학원 원사인 G.M.본가르드-레빈에게도 감사드린다. 또한, 내 충정어린 감사를 타지키스탄 공화국 과학원 원사인 B.A.리트빈스키 씨에게 드리고 싶다. 그는 내가 구할 수 없는 여러 문헌자료와 폭넓은 학식으로 변함없는 도움을 주었다.

접근하기 쉽지 않은 우코크 고원으로 가는 길을 운전하고 현장에서도 쉽지 않은 시간을 보냈던 운전기사인 O.센탸보프, V.클리모프, V.테쿠노프, E.페트로프 등에게도 감사드린다.

우리와 많은 나라의 전문가들이 함께 작업을 했다. 먼저 스위스의 나이테 전문가인 미티우스 자이페르는 우리와 1993년의 힘든 발굴시즌을 같이 보냈다. 또 당시에 우리는 일본의 고고학자인 테케타야마 테이의 열정적인 노력에 존경을 표하지 않을 수 없었다.

수년간 우코크에서 발굴하면서 많은 사람들이 같이 했다. 베렌 마이어 교수는 지금까지도 우리를 도와주며, 그분의 도움으로 스위스의 나이테 전문가와 의복 전문가를 만날 수 있었다. 특히 로즈마리 혼네케르(의류 전문가)는 우리와 스위스 과학센터와의 공동연구를 추진하는데 많은 도움을 주었다. 그들의 우리 작업에 대한 진실된 흥미와 관심 덕분에 우코크 출토 유물에 대한 과학분석과 보존작업이 이루어질 수 있었다.

또한, 일본의 학자들에게도 감사드린다. 그들은 우코크 고원에서의 작업에 참여했을 뿐 아니라 세계적인 수준으로 목제품을 복원할 수 있었다. 파지리크고분에서 출토된 풍부한 유물들을 보존하는데 도움을 준 M.사와다 씨와 T.카에주코 씨, 그리고 그들이 근무하는 나라(奈良)연구소 동료들에게 감사드린다.

또한, 나에게는 많은 한국인 친구가 있다. 특히 우리 작업에 많은 관심을 가지고 도움을 주신 이미 고인이 되신 황용훈 교수와 그의 제자들에게 감사드린다. 1990~ 1996년까지 아크-알라하 국경초소에서 근무하면서 우리를 후원한 국경수비대 M.차파노프, V.트레티야코프. V.판첸코에게도 감사드린다.

식탁을 마주하고 러시아어, 프랑스어, 독어, 일본어, 한국어로 이야기했지만, 우리는 하나의 팀임을 느꼈다. 바로 얼음고분 속에 있었던 그 신비가 우리를 하나로 연합시켰다.

"National Geographic"에도 큰 감사를 드린다. 이 멋진 사람들의 훌륭한 전문적 작업에 우리는 경탄을 금할 수 없었다. 그들의 필름 덕택에 우리가 유명해질 수 있었다. 또한, 우리의 작업을 영어로 기록해 준 작가인 프리트 베실린드 씨와 번역가 L.메케르트이체바 씨에게 감사드린다.

발굴을 통해 얻어진 유물에 대한 복원과 보존에는 많은 전문가들이 동원되었다.

그들에게 진심으로 감사드린다. 취리히 예르헬대학교의 해부병리학자인 하우리-
비온드 교수와 조수 U.블레터, 전러시아 연구소연합의 생물학 분과의 약초 및
향초연구소의 V.L.코젤체프 씨, 그리고 복원전문가인 G.K.레부츠카야, M.모로즈,
E.카르페예바, 사진가인 V.므일니코프와 故 P.라베츠키 씨에게 감사드린다.

고고민족학연구소에 근무하는 복원전문가 L.P.쿤도씨에게도 진심어린 감사와
존경심을 표하고 싶다. 원래 전공이 화학이었던 탓에 물리화학적 방법을 우리가
발굴한 여러 유물들에 도입하는 과정을 보며 경탄할 수밖에 없었다. 그녀의 꼼꼼함
과 일에 대한 깊은 관심 덕택에 많은 성과를 낼 수 있었다.

'얼음고분'에서 발견된 천에 대한 분석은 T.글루쉬코바, 일본의 카토 사다코(加藤
定子.) 씨가 담당했다. 그분들이 제공한 정보에 대해 감사드린다. 또한, 의류계 유물
의 복원과 연구에는 레굴라 쇼르타의 지휘아래 스위스의 저명한 Abegg-Stiftung센터
에서 이루어졌다. 펠트와 실크제 천에 대한 복원은 이들 덕에 가장 섬세하고 효과적
인 방법으로 복원되었다. 이 연구소는 별다른 이익도 없이 분석을 맡아주었고, 그
결과는 이 책에 수록되었으니 감사드린다.

상트페테르부르크 에르미타주 박물관의 파지릭 출토 유물 보관 담당으로 수년간
근무하며, 파지릭 연구의 전문가이기도 한 L.L.바르코바 씨로부터 형언할 수 없는
많은 도움을 받았다. 그녀는 자신이 I.I.고흐만과 함께 공동으로 작업한 미발표
연구를 우리에게 제공했는데, 이는 나의 연구에 무척 중요한 것이었다.

또한, 아크-알라하 고분에서 출토된 실크제 주머니를 분석하고 중국제 실크에
대한 많은 정보를 제공해준 E.I.루보-레스니첸코 씨에게도 감사드린다.

특히 나의 남편인 V.I.몰로딘은 내 일에 지속적으로 관심을 가지고 후원해주었으
며, 우코크에서 본인이 발굴한 유물들을 사용하게 해주었다.

고고학에 대한 이 책에서 나는 나와 함께 발굴현장에서 생사고락을 같이 한
동료에 대해 한마디 안할 수 없다. 나의 애완견 스파니엘 '피터'이다. 그는 진정한
고고학 현장의 개였고, 15년간 살면서 고고학 현장에서 보냈다. 주인에게 보여준

사랑과 충성에 감사한다. 피터가 함께 있었기에 우코크의 발굴장도 나에게는 행운이 되었던 것 같다.

2500년전 어떤 유목민 여성의 삶과 죽음*
알타이 초원의 기마인에 대한 해제

강인욱

I. 서론

　『알타이 초원의 기마인』은 알타이 고원이라는 자연환경과 파지릭인들의 독특한
매장의식 덕택에 남겨진 여러 유기물질을 바탕으로 일반적인 고고학연구로는 불가
능한 다양한 분석을 했다. 이 책에서 저자인 폴로스막은 다양한 유기물질에 대한 분
석을 통하여 과거 매장의례에 대한 거의 완벽에 가까운 분석을 했다. 또, 여기에
다른 나라에는 거의 알려지지 않은 19~20세기 시베리아와 중앙아시아의 민족지자
료를 이용하여 시베리아 유목민족들의 삶에 대한 새로운 시각을 제공했다. 이러한
그녀의 연구는 역사—문화적 접근이라는 전통고고학적 방법에서도 과거 사람들의
종교, 예술 등 정신문화까지도 상당히 체계적으로 접근했다는 점에서 그 의의가
크다. 그녀의 저서는 단순히 미라에만 주목했던 초기 연구에서 벗어나 유라시아
유목민의 생활과 주변 지역과의 관계라는 거시적인 관점과 학제간 연구로 바뀌어
질적으로 향상된 알타이 초원지역에 대한 연구를 잘 보여주고 있다. 그런 점에서

---

* 본 역자 해제는 2014년에 출판된 논문(강인욱, 2014, 「알타이 산악지역 파지릭문화 고분연구의 최신
　성과」 『러시아연구』 24권 제 1호, 서울대학교 러시아연구소)을 기반으로 역자 해제에 맞게 그 내용을
　대폭 수정하고 추가한 것이다.

폴로스막의 저서는 미라에 대한 한반도와 초원지역의 관련성에 주목하는 전문가는 물론 일반인들에게도 유용한 자료가 될 것이다. 또한, 미라라고 하는 인류 공통의 관심사가 알타이 고원지역의 초원문화와 결합하여 어떻게 연구되고 해석되는지 따라가 보는 것도 재미있으리라 생각한다.

『알타이 초원의 기마인』을 저술한 N.V.폴로스막(1956년 생)은 1990년대 이후 파지릭 고분에 대한 연구를 주도하고 있는 대표적인 학자로 그녀가 발굴한 아크-알라하-3유적의 여성미라는 '얼음공주'라는 이름으로 한국에서도 1995년에 국립중앙박물관에서 전시된 바가 있다. 러시아 개방 이후 처음 열린 이 전시회는 당시 한국 사회에 큰 반향을 일으켰다. 이후 미라에 대한 연구는 간헐적으로 소개되었지만, 본격적인 연구는 제대로 소개된 적이 없다. 이 책은 비록 출판된 지 10년도 훨씬 지났지만, 알타이 우코크 고원에 대한 폴로스막 교수의 발굴에 대한 종합적인 보고서인 동시에 다양한 학제간 연구에 기반한 해석을 제시한다는 점에서 그 의의는 지금도 매우 크다.

지리적으로 알타이 지역은 현재 중국, 러시아, 카자흐스탄, 몽골 4개국에 걸쳐 있는 사얀-알타이 산맥 일대의 고원지대를 말하며, 북위 48도에서 53도, 동경 82도에서 90도에 걸쳐 있다. 이 지역은 고대 이래로 동서를 가로지르는 유라시아 초원지역의 중심지로 주목받아왔으며, 특히 지난 100여 년간 남부 시베리아를 대표하는 초원유목문화인 파지릭문화 연구는 시베리아 고고학의 핵심적인 주제이기도 하다.

II. 파지릭 문화와 우코크 고원

또한, 파지릭문화는 알타이 고원의 파지릭 지역에서 처음 발견된 고분에서 기원한 문화로 찬란한 황금과 보존상태가 좋은 미라와 유기물질로 세계적으로 유명한 고고학적 문화이다. 파지릭문화는 흔히 스키타이문화라고도 불리는 스키토-시베리아 유형에 속하는 문화로 중심존속연대는 기원전 5~3세기이다. 해발 2000미터 이상의 고원지대에 분포하는 알타이의 파지릭문화가 전 세계적으로 시베리아의 초원문화를 대표하게 된 것은, 약 200여 년 전 표트르 대제의 명령으로 시베리아 고분에서 출토된 유목문화의 황금유물들이 체계적으로 수집되면서부터다. 단순하게 고분의 황금유물로만 알려졌던 파지릭문화는 이후 19세기 말 라들로프(Radlov V.V.)가 파지릭문화 고분을 실제 발굴한 결과, 고분 안에 영구 동결대가 존재하기 때문에 의복, 머리카락 등 유기물질들이 잘 보존되어 있음을 밝혀내 학계의 주목을 받게 되었다. 이후 러시아가 망하고 소비에트가 성립되는 혁명의 소용돌이가 안정된 직후인 1920년대 후반부터 본격적인 조사가 시작되었다. 이때의 주요한 발굴로는 1927년에 그랴즈노프(Gryaznov M.P.)가 발굴한 쉬베(Shibe)고분군과 1929년에는 루덴코(Rudenko S.I.)가 조사한 파지릭 유적이 있다. 특히 알타이 동남부 산악지역을 관통하여 흐르는 울라간강 근처에 위치한 '파지릭' 고분에서는 잘 보존된 미라가 발견되는 등 풍부한 부장유물이 확인되었다. 이후 1947~49년도에도 파지릭 고분군에서 조사가 이어져 모두 5기의 대형고분이 발견되면서 파지릭 문화의 대표적인 고분유적으로 자리매김했다. 1940~50년대는 파지릭 고분 이외에도 쿠라이, 투엑타, 바샤다르 등도 추가 조사되었다. 이후 1954년에 V.N.체르네초프에 의해 '파지릭문화'로 정식 명명되었으며, 1960~70년대 파지릭 고분의 미라와 연구성과들은 영어로도 번역되어(Rudenko S.I. 1970 ; Gryaznov M.P. 1969) 서구에서도 널리 알려지게 되었다. 1970~80년대의 연구는 V.D.쿠바레프(1987 ; 1991 ; 1994)가 주도하여 울란드릭, 사일류젬, 유스티드 등 소형 파지릭 고분군들을 주로 조사했다.

파지릭문화가 다시 세계적인 주목을 받게 된 계기는 러시아로 바뀐 이후인 1990년대에 러시아과학원 시베리아분소 고고민족학연구소에서 알타이 고원지역을 조사하여 미라를 발굴한 시점이다[*]. 이때의 발굴은 다양한 유기물질의 출토와 그에 대한 다양한 자연과학적인 분석을 통한 학제간 융합의 성공적인 사례로 세계 고고학계에서도 주목받은 바 있다. 하지만 알타이 공화국 자치정부와 알타이 고원지역

---

[*] 당시의 알타이지역 조사는 한국에서도 1995년에 국립중앙박물관(1995)에서 전시회를 한 바 있다.

주민들의 반대에 부딪혀 1995년 이후에는 파지릭의 대형고분에 대한 연구가 중단되면서 외부의 관심에서 점차 멀어지는 듯 했다. 실제로 1990년대 중반에 우코크 고원일대의 발굴성과들은 거의 실시간으로 한국에 소개된 바 있지만[**], 2000년대 이후의 연구들은 거의 소개된 바가 없다. 그 이유는 2000년대에 들어서 우코크 고원에 대한 발굴조사가 중단되어 새로운 자료가 추가되지 않았기 때문이다. 하지만 러시아 고고학계에서는 이 시기에도 1990년대 발굴성과에 대한 본격적인 연구들을 진행했다. 이번에 역자가 번역한 책도 바로 2000년대에 출판된 발굴성과를 종합한 연구서 중 하나이다. 또한, 지역주민의 반대로 발굴이 어려워진 러시아의 알타이 대신 2006~2008년에 우코크 고원과 산맥을 하나 두고 몽골 알타이에 위치한 올론–쿠린–골(Олон-Курин-Гол)유적에서 러시아–몽골–독일 3개국 합동조사팀이 파지릭고분을 발굴하여 큰 성과를 거두었다. 21세기에 접어들면서 파지릭 문화의 연구는 영구동결대(permafrost)에서 발견되는 유목문화에 대한 연구라는 고고학 연구 주제뿐 아니라, 고고학 유적에 대한 소수민족들의 민족의식 발흥과 파지릭문화와 현재 알타이들의 관계 등 소비에트에서 러시아로 전환되는 과정에서 야기된 고고학과 현대사회의 관계에서 나타난 새로운 문제 등이 집약적으로 표출되었다.

　이와 같은 파지릭문화 연구는 크게 6단계로 나뉘며(이하 표 참조) 이 책 『알타이 초원의 기마인』은 최근의 연구를 가장 종합적으로 대변한다고 할 수 있다.

단계	시기6	주요 학자	주요 유적	주요 성과
I	18~19세기	표트르대제, 비트젠▲		도굴된 고분에서 황금유물 수집
II	19세기말(1865년)	라들로프	베렐, 카탄다	파지릭 고분의 영구동결층 발견

[**] 이때의 파지릭 관련 자료들은 한국에서도 한국상고사학보 13~21집(1993~1996년)에 누차에 걸쳐 영어로 소개된 바 있다. 또한, 파지릭문화 뿐만 아니라 구석기시대에서 최근의 민족지까지 통사적인 개설서도 출판된 바 있다(몰로딘, 2000).

III	1920 – 60	그랴즈노프, 루덴코	쉬베(1927년) 파지릭 1호(1929년), 쿠라이, 투엑타, 바 샤다르	파지릭문화 명명, 미라 발견
IV	1970 – 80	쿠바레프	울란드릭 유스티드 사일류겜	소형 고분 발굴 등 파지릭문화 연구 다변화
V	1990	폴로스막, 몰로딘	우코크고원의 아크- 알라하, 칼쥔 등	고원지대 조사 및 미라 발견
VI	2000 –	몰로딘	사일류겜의 올론쿠 린골	몽골 알타이로 지 역 확대 및 학제간 연구 확립

표 1) 알타이 파지릭문화의 단계와 본고의 대상범위(굵은 선이 이 책의 대상 범위)

▲ 네델란드의 지리학자, 그의 저서 [북동 타타르지](1692, 1705년 출판)에서 시베리아 출토 황금 유물이 소개되었음 -**- 쿠바레프가 조사한 사일류겜은 러시아 쪽에 위치한 것으로 본고에서 언급하는 사일류겜산맥 올론-쿠린-골과의 반대편에 위치한 것임)

III. 『알타이 초원의 기마인』에 나타난 알타이의 유목문화

1. 주요 내용

이 책은 1990년대 우코크 고원에서 4년간 발굴조사를 한 폴로스막이 그 발굴성과를 종합한 것으로, 2001년 노보시비르스크에서 출판되었다. 출판 직후 시베리아 고고학의 수준을 한 단계 높였다는 평을 들을 정도로 다양한 측면에서 파지릭문화의 여러 연구주제를 제공했다. 저자 폴로스막은 1956년생으로 노보시비리스크 국립대학교를 졸업한 이래 러시아과학아카데미 시베리아분원의 고고민족학연구소에서 근무한다. 1980년대까지는 주로 서부 시베리아의 초기 철기시대를 조사했으며, 1991~94년에 알타이 우코크 고원지역으로 발굴조사를 옮겨 유명한 우코크 고원의 발굴을 전담했다. 2000년대 들어서는 발굴지를 몽골공화국으로 옮겨 1920년대에 이미 조사되었던 대표적인 匈奴의 왕족무덤인 노인-울라(Noin-Ula) 고분의 발굴을

지도 1) 주요 유적 분포도. 검은 테두리 안이 산악 알타이지역 (1-우코크 고원의 아크-알라하 ; 2-올론-쿠린-골 ; 3-파지릭, 4-파리쿤 東黑溝 유적)

했다(폴로스막 등, 2006).

『알타이 초원의 기마인』은 모두 9장으로 구성되어 있는데, 그 목차와 내용을 간략히 살펴보면 다음과 같다. '1장 우코크고원–생태환경과 생계경제'에서는 우코크 지역의 자연환경, 주민들의 구성, 생계경제, 파지릭문화에 대한 개설적인 정보를 제공하고 필자의 기본적인 연구방향을 제시했다. 이 장에서 폴로스막은 막연하게 대형 고분들이 있으면 살기 좋은 지역이었을 것이라는 선입견에 강한 의문을 제시하고 있다. 고원지역으로 올라갈수록 살기 힘들어지며, 실제 여러 질병에 시달린 흔적을 지적했다. 그러한 단점에도 불구하고 파지릭인들이 우코크 고원에서 거주했던 이유로 목축에 유리했으며 외적의 침입으로부터 자유로운 피난처라는 점과 알타이의 풍부한 황금을 채굴할 수 있다는 자연지리적 조건을 꼽았다. 또한, 파지릭인들의 생계경제에서 의외로 곡물의 비중이 높았으며, 어류도 항구적으로 섭취했다는 점을 밝혀 유목민에 대한 통념에 적극적인 문제를 제기했다.

2장 '아크–알라하 강가의 파지릭고분'에서는 우코크에서 필자가 조사한 고분들에 대한 서술을 했다*. 필자는 여기에서는 파지릭문화인 아크–알라하–1, 3, 5유적과 대형 고분이 남아있었던 쿠투르쿤타스 유적 등에 대하여 서술했다. 이 장은 고고학적 발굴의 자세한 과정을 서술하였는데, 그에 따르면 발굴된 파지릭 고분들의 구조는 대동소이 하다. 우코크 고원의 파지릭 고분은 직경 15~20m 정도의 묘역에 호석을 돌리고 그 안에는 0.5m 정도의 적석을 쌓았다. 그 가운데 묘광이 있고 직경 2.5~3.5m 정도로 통나무 5~6열을 쌓아서 만든 목곽을 설치하고, 목곽의 주변에는 1~7마리의 말을 마구를 한 채 배장 했다. 목관 내부에는 1~2개의 통나무관을 동쪽에 붙여서 설치하고 시신을 매장한 형태이다(도면 1 좌측). 이러한 파지릭 고분 구조는 누차에 걸쳐 소개된 바 있지만, 그 내용은 다소 애매한 편이었다. 즉, 한국에서 생각하는 보고서는 '행정보고서'로 문서보관소에 보관되며, 저서나 논문에서는 연구하는 주제나 논지에 필요한 부분만 한정해서 서술하는 것이 일반적이기 때문이다. 『알타이 초원의 기마인』에서는 부록으로 첨부된 고분들의 도면들과 함께 가장 정밀한 파지릭 고분의 매장습속과정에 대한 체계적인 정보를 제공한다. 물론 한국의 발굴보고서 체계에 익숙해진 사람들이라면 다소 생소하게 보이겠지만, 발굴의 전체 양상을 자세히 기록했다는 것은 그 의의가 크다.

특히 남아있는 통나무의 나이테에 대한 수륜측정법(dendrochronological dating)으로 무덤의 축조연대가 기원전 4세기경 40년 이내의 짧은 시간이라는 점도 주목되는 성과다. 이는 기존의 통설이었던 기원전 7~3세기가 아니라 기원전 4세기대가 파지릭문화의 중심 시기라는 점을 재확인시켰다.

3장부터 4장까지는 대부분의 고고학 유적에서는 출토되지 않는 유기물질들에 대한 분석을 했다는 점에서 다른 고고학 관련 연구서와 크게 차별화되는 부분이다. 먼저 3장 '파지릭문화의 의상'에서는 당시의 바지, 치마, 블라우스, 외투 등과 같은 기본복식은 물론 허리띠, 신발, 모자 등을 생동감 있게 분석했다. 흥미로운 점은 일반적인 유목민들의 의상이 펠트제 뿐 아니라 실크제 의복도 사용했다는 점이다. 이는 실크로드가 개통되기 훨씬 이전부터 이러한 의복이 중앙아시아에 존재했다는

---

* 파지릭 고분을 포함하여 전체 우코크 고원의 고고학 유적에 대해서는(몰로딘 외, 2004)에 정리되었다.

실증적인 최초의 증거이다. 파지릭 여인의 블라우스 재료를 분석한 결과 동 투르케스탄(즉, 현재의 중국 新疆省 일대) 또는 인도에서 왔을 가능성을 제기하고, 중앙아시아 및 서아시아 계통일 것으로 추정했다. 한편 파지릭 남자들은 펠트로 만든 고깔모자를 쓰고 그 끝에는 황금으로 만든 그리핀 장식을 달았다(도면 2의 복원도 참조). 마치 머리 위에 새머리가 달린 듯한 외형이었다. 이는 '황금을 지키는 그리핀'이라는 이들의 별칭이 실제로 외형상의 특징에서 기원했음을 증명하는 것이며, 또 고깔모자는 페르세폴리스에 새겨진 사카인들의 고깔모자와 같은 계통이라는 점도 지적했다.

4장 '매장풍습에서 그릇(器皿)'에서는 토기, 목기, 골기 등 다양한 용기들의 양상을 살펴보았다. 무덤 안의 그릇들은 대부분 사자(死者)에게 바치는 고기와 우유를 담은 그릇으로, 일반적인 고분 발굴에서는 1~2점의 토기가 출토되는 정도에 불과하다. 반면에 우코크에서는 다양한 재질의 용기가 발견되어서 세부적인 매납의례를 복원할 수 있었다. 5장 '파지릭의 펠트'는 우코크 출토 펠트를 소개했다. 우코크 이전의 파지릭 고분에서 이란계통의 펠트가 발견된 바 있어서 세계적으로 널리 알려진 바 있다(Rudenko, 1970). 폴로스막은 루덴코의 발굴품에 더하여 우코크 출토 양탄자를 추가로 분석하였는데, 특히 우코크 고분 출토 펠트에서는 이전에 발견된 파지릭, 바샤다르 2호, 투엑타 고분들과 달리 양모뿐 아니라 낙타털도 사용했다는 점이 주목된다. 이는 바로 펠트 자체는 이란 계통의 문화풍습에서 유래한 것이지만, 우코크의 파지릭인들이 자체적으로 그 지역 낙타털도 이용해서 만들었다는 증거이기 때문이다. 이 장에서 폴로스막의 우코크 고원에서 출토된 양탄자에 대한 분석은 다소 평면적이라는 느낌이 드는데, 그 이유는 2005년에 폴로스막이 양탄자에 대한 책을 따로 출판한 것과 관련이 있는 듯하다.

6장 '문신'에서는 8구의 미라 중에서 3구에서 발견된 문신에 대한 분석이다. 우코크 출토 미라를 통해서 문신이 주로 어깨와 팔, 등에 시문되었고 신분이 올라갈수록 문신의 범위가 넓어진다는 점을 밝혀냈다. 이 장에서 제공된 문신의 재료,

숫자, 문신이 시문되는 위치, 조합, 표현된 형태 등에 대한 폭넓은 자료는 최근 인접한 신강성 실크로드에서 발견된 미라에서 발견된 문신과 함께 실크로드 주변 지역의 문신이라는 국제적 연구의 가능성을 제시했다.

7장 '발삼처리(엠버밍)'는 파지릭인들이 어떠한 과정으로 시신을 미라로 만들었는지에 대한 연구이다. 다만 그 이름을 '발삼'이라고 한 이유는 파지릭인들은 이집트와 같은 미라가 목적이 아니라 무덤에 넣기 전의 염습이기 때문이다. 파지릭인의 발삼은 우코크 출토 미라에 대한 고병리학 및 형질인류학의 연구로 구체적으로 복원되었다. 그에 따르면 사망 후 목제 숟가락과 같은 도구로 뇌수를 꺼내고 그 안에 약초를 채웠다. 또한, 내장 역시 제거한 후 약초 등을 섞어서 다시 몸 안에 넣었음도 밝혀졌다. 8장 '일상생활과 의례 속의 식물'에서는 파지릭인들이 사용했던 약초, 방부제, 약품, 마약(대마) 등에 대한 분석을 했다. 마지막으로 9장 '파지릭사회에서의 여성'은 이 책의 결론에 해당하는 부분으로 우코크 출토 여성미라를 통해 당시 사회에서 여성의 지위를 밝혀냈다. 이 장은 1990년대 이후 서구 고고학계에서 본격화되고 있는 성고고학(Gender archaeology)과 맞닿는다는 점에서 주목된다[*]. 고분에 여자가 묻히는 경우는 그리 많지 않지만, 남자들과 마찬가지로 군장을 완벽히 갖춘 여성전사의 무덤(아크-알라하-5유적 1호 고분)과 여성 사제의 고분(아크-알라하-3유적 1호분)(도면 1)을 통해서 유목사회에서 여성의 지위는 비교적 낮았지만 일부 여성들은 상위계급에서 활동했었다고 보았다.

2. 주요 특징

이 책의 장점은 첫 번째로 보통 유적에서는 남아있지 않는 유기물에 대한 분석은 물론, 쉽사리 접근하기 어려운 당시 사람들의 정신세계까지 접근할 수 있는 여지를

---

[*] 아크-알라하 출토 여성 미라를 여성 전사의 존재로 보고 페미니즘적 시각에서 접근한 Davis-Kimball(2003)의 예가 그중 하나이다.

제공했다는 점을 들 수 있다. 하지만 이 책에서는 토기의 받침, 토기 속의 내용물을 휘젓는 스트로우 등을 발견하고 그 안에 유제품을 넣었다는 점까지 밝혔다. 이를 다양한 민족지와 인도-이란계통의 신화를 들어, 우유를 신과 인간을 이어주는 생명의 원천을 상징한다고 주장한 점은 매우 흥미롭다. 토기는 고고학적 연구의 가장 기본이 되는 자료지만, 파지릭 고분에서 토기는 보통 1~2점만 출토되기 때문에 그동안 고고학자들의 주목을 끌지 못했다. 하지만, 이 책에서는 그러한 '사소한' 토기에서도 기존의 연구와 차별화된 분석을 제시할 수 있었다. 또한, 파지릭 무덤의 내부를 당시 이동천막인 유르트를 모방한 것으로 본 것도 흥미로운 지적이다. 목곽은 죽은 사람이 거주하는 유르트이고, 그 주변에 배장한 말은 유목민들이 집 앞에 말을 묶어놓는 것을 표현했다고 보았다. 이밖에도 폴로스막은 실제로 유일무이하게 얻어진 유기물질 자료들로부터 상징과 정신세계에 대한 접근을 시도했고, 상당히 긍정적인 결과를 얻었다고 평가된다.

고고학의 방법론적 관점에서 본다면 폴로스막의 연구는 기타 러시아 시베리아의 고고학과 마찬가지로 문화-역사학적 관점에 입각한다. 즉, 유물들의 시공적인 위치를 파악하고, 그들의 의미를 역사 사료와 결합시켜 해석하는 방법을 지향한다(폴로스막, 2001, 1장 참조). 하지만 그 결과는 각 유물이 고분에 놓인 상징적인 의미와 출토 위치에 따른 맥락적인 의미에 천착한다. 1990년대 이후 상징과 맥락이라는 차원에서 접근하는 탈과정고고학(post-processual archaeology)이 애초의 목표와는 달리 자료가 주는 한계로 대부분 증명에 실패했다는 점과 좋은 대조가 된다. 전통적인 고고학적 방법으로도 이러한 정신과 이념에 대한 접근이 가능한 것은 파지릭문화의 자료가 주는 특수성을 충분히 활용한 예라고 할 수 있다.

두 번째로 민족지적 자료의 동원이다. 파지릭문화의 유일무이한 유기물질 자료는 역설적으로 그것과 비교할 수 있는 고고학적 유적이 없다는 뜻도 된다. 이에 필자는 탕구트, 티베트, 투르크메니스탄 등 시베리아와 중앙아시아의 다양한 민족지를 활용했다. 그리고 당연한 귀결이지만, 서양 학계에는 거의 알려져 있지 않은 19세기 P.K.

코즐로프, N.M.프르제발스키 등의 러시아 탐험가들이 남긴 자료를 사용했다.

또한, 파지릭문화를 비롯하여 유목민들은 전적으로 육식에 의존해서 생활한 것이 아니라 곡물 사용도 무척 중요했다는 점도 중요한 지적이다. 우코크의 칼쥔고분군에서도 곡식을 가는 맷돌이 출토된 바 있지만, 아크―알라하―3유적의 미라 머리장식에서 가발을 고정하는 접착제로 곡물로 쑨 풀과 함께 다량의 곡식낱알이 발견되었다. 또한, 민족지 자료로 볼 때 유목민들에게 곡물은 오히려 구하기 힘들었지만, 필수적인 식료로 심지어 의례적인 의미마저 갖고 있었다고 보았다.

마지막으로, 폴로스막은 파지릭문화의 계통을 페르시아 계통의 문화가 동쪽으로 닿은 끝인 동시에 인도―아리안 계통의 이념이 침투한 것으로 본다. 물론, 파지릭인들의 인종적 특성은 오히려 몽골로이드에 가까운 편이다. 하지만 그들의 문화는 양탄자, 의복, 모자 등 폭넓은 부분에서 고대 근동세계에서 '사카(саки)'로 알려진 사람들의 일부이며, 이란계통의 문화와 맞닿는다고 본다. 물론, 폴로스막 본인이 동아시아보다는 중앙아시아 쪽의 자료에 더 친숙한 것도 이런 결과에 영향을 주었을 수 있다. 하지만 실제로 헤로도토스의 기록에는 이들의 실체가 비교적 상세하게 기록되어 있는데 반해 중국 기록에는 별다른 기록이 없다는 것은 실제로 알타이 일대가 유라시아 서쪽과 더 관련이 있었음을 반증한다.

Ⅳ. 토론

1. 알타이 고원지역 戰士―司祭集團의 성격

『알타이 초원의 기마인』은 당시 전사들의 삶에 대한 좀 더 체계적인 정보를 제공하였다. 그를 통해 당시 전사계급의 일단을 엿볼 수 있는데, 그들의 부장품으로 볼 때 상당히 높은 계급이었음에도 불구하고 실제 건강상태는 그리 좋지 않았음이 주목된다. 우코크 고원 파지릭인의 평균수명은 여성은 29.6세, 남성은 38.5세인데,

주변의 다른 유목민들과 달리 남자의 뼈에 전쟁의 상처가 남은 경우는 극히 드물었다. 대신에 고지대에서 기마생활을 했기 때문에 뼈와 관절에 많은 부상이 있었으며, 고분에 묻힌 여성들의 수는 매우 적었다(『알타이 초원의 기마인』, p.29~32). 실제로 파지릭 5호 고분의 미라에는 생식능력이 현저히 떨어진 증거가 남아있었다. 고원의 혹독한 환경에서 다산을 기대하기는 어렵고, 기마습관마저 있었으니 더욱이 다산은 쉽지 않았을 것이다. 임신이 어려운 고원지대의 기후환경과 지속적인 기마습속, 거기에 고대의 높은 유아사망률을 감안하면 고원의 파지릭문화인들은 자체적으로 인구를 유지하기 어려운 구조였던 것 같다.

헤로도토스는 『역사』 1권 105절에 서술된 스키타이 족에 대한 기록에서 제 3의 성(性)을 가진 '에나레스(Enarees)'라는 집단을 언급했다(『알타이 초원의 기마인』, p.30). 이는 고대 이란어로 '남자답지 못한 자'란 뜻으로, 헤로도토스는 이들을 신전을 약탈한 자들로 신의 저주를 받아 성적불능자가 되었다고 서술했다(헤로도토스, 천병희 역, 2004). 또한, 고원지대의 성적능력 저하에 대해서는 히포크라테스와 같은 고전은 물론, 19세기 티베트를 조사한 코즐로프도 지적한 바 있다. 실제 고고학적 발굴에서도 특수한 전사 집단의 존재를 암시하는 경우가 있다. 파지릭문화와 기타 스키타이 시대 유목문화의 전사계급 고분을 보면 전사들의 무덤만 발견될 뿐 부부합장묘 또는 가족이 같이 묻힌 경우는 별로 없다[*]. 여성의 무덤은 소위 '얼음공주'로 불리는 미라가 발견된 아크-알라하-3유적이 대표적인데, 그녀는 여성사제의 역할을 했다고 보는 것이 정설이다. 즉, 농경사회에서 보이는 가족의 모습을 찾아보기는 쉽지 않다. 알타이 파지릭문화의 고분들에 반영된 당시 사람들의 모습은 일반적인 가족 또는 친족집단이라기보다 전사집단의 성격이 강하다. 벡위드(Beckwith C.I., 2009)는 이 전사 집단을 '코미타투스'로 명명하고, 이들은 실제 생산 활동에 종사하지 않고 전사 집단이 되어서 지배계급의 일부를 이루고 주군을 보호하는 역할을 했다고 보았다. 헤로도토스가 지적한 에나레스라는 존재도 이와 연관 짓는다면 가족을 이루지 않았

---

[*] 알타이 고원지역에서는 아크-알라하-1유적의 1호고분이 유일하다.

던 전사계급의 존재를 다르게 표현한 것일 가능성도 적지 않다.

그렇지만 이러한 전사계급이 존재했다면 정상적인 친족집단이 아니고 자연환경마저 열악한 지역에서 거주한 이들은 점진적으로 출산율이 감소하여 결국은 소멸되어야 함이 맞다. 물론, 부족한 인적, 물적 자원을 주변 지역에서 약탈해오는 초원경제를 떠올릴 수도 있다. 하지만 우코크 고원지역의 인골에서 적극적인 전쟁의 증거는 나오지 않았다. 전쟁도 없고 다산도 불가능한 우코크 고원지역에서 사람들이 지속적으로 거주했다면, 그들은 '전사집단'이라기보다 사제(priest)와 같은 성격에 가까울 것이다. 이와 같이 고립된 지역에서 실제 전쟁보다는 제사와 같은 일을 주로 담당했던 집단을 본고에서는 잠정적으로 전사−사제(warrior−priest)라고 부르겠다. 우코크 고원지대는 정착민들에게는 지옥 같은 장소일지 몰라도, 겨울에도 안정적인 목초지가 있고 주변에서 적들의 침입이 용이하지 않기 때문에, 초원의 유목민족들에게는 가장 성스러운 장소였고, 최고위급 사람들이 살기 적절했을 것이다. 즉, 파지릭문화에서도 선택받은 전사−사제 집단들이 제한적으로 고원지역을 자신의 목초지로 삼아 거주했을 가능성이 크다.

이러한 추정에 또 다른 문제는 알타이 고원지역의 전사−사제 계급들은 집단을 어떻게 유지시켰을까, 이다. 이와 관련해서는 중국 史書에 비교적 자세히 기록된 흉노의 경우 중국에서 많은 사람들이 자발적으로 가거나 포로로 잡혀갔다는 기사가 상당수 보인다. 하지만 알타이 고원지역 주변에는 거대한 세력을 구축한 농경 집단은 없으며, 파지릭인들이 강력한 무력을 행사한 증거도 없다. 이 문제와 관련하여 흥미로운 연구가 고병리학쪽에서 제시되었다. 우코크 파지릭문화 고분에 매장된 사람들의 고DNA를 분석한 결과 여기서 직선거리로 300km 이상 떨어진 파지릭 고분(지도 1 참조)의 주인공과 친족관계가 있다고 밝혀진 것이다. 파지릭문화는 국가단계의 사회가 아니기 때문에 왕이 분봉하는 방식으로 각 지역에 파견한 것이 아니다. 따라서 최상위 계급들이 공통의 모계를 가진다는 점으로 미루어볼 때 소수의 여성이 다산하였을 가능성도 배제할 수 없다. 생식력이 좋다는 점은 곧바로 신성한 힘으로 간주 받아 당시 사회에서 특별한 지위를 누렸을 가능성도 있다. 이 가설을 입증하기 위해서는 좀 더 많은 고병리학적 연구가 필요하지만, 분명한 점은 고원지역에서 고립되어 살았던 파지릭문화의 사회구조는 기존에 알고 있는 유목사회에 대한 상식과는 사뭇 다르게 이루어졌을 것이란 것이다.

2. 헤로도토스와 司馬遷

– 동서양 고대 사서에 기록된 파지릭문화

헤로도토스는 그의 저서 『역사』에서 동쪽 멀리 괴수인 아리마스페이가 살고, 그보다 더 동쪽에는 '황금을 지키는 그리핀'이 살면서 황금을 훔치는 것을 막는다고 기록했다. 대체로 아리마스페이는 우랄산맥 근처의 사브로마트문화로 보며(야블론스키, 2011), 황금을 지키는 그리핀은 파지릭문화로 본다(폴로스막, 1994). 파지릭문화의 조사 이전에는 '황금을 지키는 그리핀'은 그리스에서 떠돌던 지어낸 신화였다고 생각했었다. 하지만 파지릭문화의 발굴을 통해 황금 금박을 입힌 그리핀 장식들이 대거 출토되고, 새 모양의 고깔모자가 발견되면서 이 이야기는 실존 유목집단을 묘사한 것임이 밝혀졌다. 우코크 고원에서 발굴된 양털모자는 길쭉한 고깔처럼 생겼고, 그 끝에는 금박을 입힌 그리핀 장식이 달려있었다(본서 제 3장 참조). 고깔모자를 쓰면 모자 끝이 새머리처럼 뾰족하게 나오고 그 위에는 그리핀 장식이 얹힌다. 아마 멀리서 본다면 사람 얼굴 대신 거대한 새가 머리에 앉은 것처럼 보일 것이다.

헤로도토스의 기록과 달리, 중국 사서에서 파지릭문화를 기록했는지 여부는 여전히 논쟁중이다. 대체로 『史記』와 『漢書』 등 흉노관련 기사에 언급되는 월지(月氏)와 파지릭을 비교하는 경우가 있다(오다니 나카오, 2008). 월지는 한무제가 흉노 정벌을 위해 서역으로 보낸 張騫의 이야기에 비교적 상세하게 기록되었다. 당시 장건이 몇 년간의 노력 끝에 월지에 다다르니 월지는 이미 중앙아시아로 도망쳐 평온하게 나라를 꾸리고 있었던 것으로 기록돼 있다. 한나라는 흉노의 老上單于가 월지의 왕을 죽이고, 그 해골로 잔을 만들어 두 나라가 원수지간이 되었으니 월지는 한나라와 힘을 합쳐 흉노에 대항할 것을 기대하고 장건을 파견했다. 그가 월지에 다녀온 시기는 기원전 139~126년이고, 흉노의 세력이 월지세력을 무너뜨려서 일부는 감숙성 일대에서 소규모로 웅거하며 小月氏로 불렸으며, 주요 세력은 남쪽으로 도망쳐서 아무다리야 강 일대에서 대월지로 양분되었다. 바로 장건이 다녀온 중앙아시아시아의 월지는 大月氏를 말한다(오다니 나카오, 2008). 월지가 흉노에게 패하여 패주한 시기는 노상선우 재위시기인 기원전 176년 전후가 된다(사와다 이사오, 2006). 이와 같이 파지릭문화의 멸망과 월지는 적어도 150년 정도의 차이가 나기 때문에 실제로 월지와 파지릭문화의 관련성은 거의 없다고 볼 수 있다. 그리고 이러한 연대차이는 『알타이 초원의 기마인』으로 재확인 되었다.

결론적으로 파지릭문화를 중국 기록과 연결시킬 근거는 뚜렷하지 않다[*]. 동양과 서양의 중간에 있는 알타이 고대 세력에 대해서 헤로도토스는 기록을 했지만, 중국의 사서에는 제대로 표현되지 않았던 점은 두 가지 점에서 해석된다. 첫 번째로는 중국이 알타이와 중앙아시아에 대한 구체적인 정보를 얻은 때는 장건의 서역착공(西域鑿空) 시점인데, 이때는 파지릭문화가 사라진 이후 너무 오랜 시간이 흘렀기 때문이다. 물론, 堅昆, 丁令 등 山海經을 비롯한 先秦史書에서 이 지역을 암시하는 기록들이 있지만, 결정적으로 특정한 민족에 대입할 근거는 부족한 형편이다. 두 번째로는 고고학적 유물로 해석할 수 있다. 『알타이 초원의 기마인』에서는 다양한 항목에서 파지릭문화의 이란계통 문화와의 연관성을 지적하고 있다. 그 관련성은 카펫,

---

[*] 월지의 고고학적 실체에 대해서는 2008년부터 발굴되고 있는 신강성 파리쿤 홍산유적의 발굴로 다시 제기될 가능성이 있다. 중국 서북대학 고고학과와 신강성고고문물연구소가 공동으로 조사한 파리쿤 東黑溝유적에서는 漢代(기원전 3~1세기)로 편년되는 대형의 적석총과 제사유적이 발견되었다(西北大學文化遺産與考古學研究中心 外, 2006). 발굴자들은 이 유적이 파지릭문화나 바이칼 일대에서 주로 조사된 흉노문화와 이질적임에도 불구하고 흉노의 것으로 비정했다. 하지만 동흑구 유적을 흉노로 본 다는 것은 기존의 흉노 고고학에 대한 상식과 위배된다. 또한, 동흑구유적은 궁전에 가까운 거대한 주거유적과 유목문화적 성격이 짙은 거대한 고분을 함께 사용했다는 점에서 중국 사서에 등장하는 월지와 관련지을 수 있는 또 다른 유력후보가 된다.

형질인류학 등 기존의 알려진 이란 계통문화는 물론, 신화와 약초 등 다양한 자료를 들어 그 관련성을 논했다. 페르세폴리스의 궁전벽화에 묘사된 사카인들이 쓰던 고깔모자, 칼집, 화살통(고리트) 등은 파지릭문화에서도 거의 비슷한 형태로 사용되었다. 이러한 문화적 유사성으로 황금을 지키는 그리핀 등 파지릭인들에 대한 정보는 페르시아를 거쳐 고전문명세계에 유입되기 쉬운 조건이었다. 반면에 중국과의 직접적인 교류는 극히 제한적이었다. 물론, 파지릭 고분에서 중국제 거울(山字紋鏡)이 발견된 바 있지만, 이런 개별유물의 유입은 당시 茶馬古道를 통하여 중앙아시아에 유입된 예가 역사기록에서도 보이는 바[**], 직접적인 교류가 있었다는 증거로 간주하기는 어렵다.

중국과 로마의 인공적인 교역로인 실크로드가 성립되기 이전에 존재했던 파지릭 문화는 사카로 대표되는 중앙아시아의 이란계통 문화의 동쪽 경계였고, 그는 바로 헤로도토스가 인식했던 세계의 경계이기도 했다. 헤로도토스와 司馬遷이라는 두 역사가의 기록을 통하여 당시 동서양에서 인식했던 변방과 그 고고학적 기록에 대한 비교연구가 가능하게 되었다. 파지릭 멸망 이후 등장한 흉노는 중국의 북방 초원지역을 중심으로 발흥함으로써 유목문화의 헤게모니가 아시아 쪽에서 시작되는 기점을 이루었다. 우코크와 사일류겜의 발굴은 파지릭문화의 가장 마지막 단계에 대한 정보를 제공하는 동시에, 이와 같은 유라시아 유목문화의 헤게모니 변동과정을 상징적으로 보여준다.

3. 미라의 발견과 현대사회

파지릭문화에서 출토된 미라는 고고학계의 대표적인 개설서에도 소개될 정도로

[**] 『史記』「西南夷列傳」에 장건이 大夏에 갔을 때에 蜀의 포와 邛의 죽장이 있음을 발견하고 묻자, 그것은 인도(身毒國)를 통해서 얻었다는 답을 얻었다. 이는 중국과의 정식 외교관계 이전인 기원전 2세기경에 중국 서남부지역-인도-중앙아시아를 거치는 지역간 교류를 의미한다. 파지릭 고분의 유물도 같은 맥락에서 해석할 수 있다.

(콜린 렌프류, 2006, p.68) 세계적으로 주목받는다. 고대 이집트의 미라는 이집트의 건조한 환경에서 만들어진 乾尸(dry mummy)인 반면에 파지릭 미라는 극도로 한랭 건조한 알타이 고원의 영구동결대에서 보존된 濕尸(wet mummy)라는 점에서 같은 미라라도 그 맥락은 크게 다르다. 파지릭 미라는 가축과 함께 사방을 떠돌아다니는 유목민의 습성과 고원의 영구동결대라는 자연환경이 결합되어 나타난 것이다. 수백 km씩 떨어져서 사는 유목민들이었기 때문에 파지릭문화의 지도자가 죽으면, 시신을 실은 마차는 광활한 초원에서 목축을 하는 각 부족을 마지막으로 순회했고, 몇 달이 소요되는 이 과정에서 부패를 막기 위하여 미라로 만들어야 했다[*]. 또한, 고위도 지역이기 때문에 6~7개월 이어지는 추운 겨울에는 땅을 팔 수 없다. 그러니 사람이 죽은 날짜와 땅에 묻히는 날짜가 길게는 몇 개월씩 차이가 날 수 있다. 그래서 파지릭인들은 무사나 고위층이 죽으면 곧바로 시신의 뇌수, 내장, 피하지방 등을 제거하고 그 안에 약초를 채우고 피부에 수은 등을 바르는 발삼(embalming) 처리를 해서 부패를 방지했다.

엠버밍 자체는 파지릭 뿐 아니라 많은 사회에서 시신을 처리하는 방법이지만, 여기에 파지릭 고분이 위치하는 알타이 고원지역의 자연환경도 큰 영향을 미쳤다. 우코크 고원의 경우 해발 2400m 내외의 고원지대에 위치하기 때문에 영구동결대가 웅달진 계곡이나 산기슭에 남아있다. 파지릭인들은 보통 땅이 녹는 초여름에 무덤을 만드는데[**], 구덩이 안에 목곽을 만들고 그 안에 통나무관을 넣는 방식이다. 목곽 위로는 다시 흙과 자갈을 채우고, 무덤 주변은 돌을 깔아서 마무리한다. 무덤이 만들어지고 나서 가을에 눈이나 비가 내리면 목곽은 마치 물탱크같이 그 물을 가두게 되는데, 그 상태로 겨울에 얼음이 되어버린다. 이러한 과정을 거쳐서 수천 년 동안

---

[*] 이는 헤로도토스가 『역사』에 기록한 스키타이인들의 장례풍습이다. 실제로 파지릭 고분에서 거의 완형에 가까운 수레가 함께 부장되어서 비슷한 풍습이 알타이 지역의 파지릭문화에서도 존재했음이 증명되었다.

[**] 무덤 안에서 발견된 각종 초본류와 말의 발육상태 등에 근거한 것이다(알타이 초원의 기마인 제 8장 참조).

영구동결대가 남아있게 된 덕분에 고고학자들은 '온전한' 미라를 발굴할 수 있었다. 영구동결대는 땅을 파게 된다면 곧바로 얼음이 드러난다는 점을 감안한다면 파지릭인들은 처음부터 무덤을 만들 지역을 선정할 때 시신과 부장품들이 온전히 보존되는 얼음 속을 선호했을 가능성도 있다.

막상 미라가 사회적인 이슈가 되자 그 귀속을 두고 국가 또는 집단 간의 갈등이 표출되었다. 그 점은 '알타이의 공주'와 함께 대중적인 인기를 얻고 있는 알프스의 '아이스맨'과도 유사하다. 다만, 아이스맨의 경우 국경지역에서 발견된 탓에 실제 발견지와 연구자의 국적이 달라서 벌어진 해프닝이었다면, '알타이의 공주'는 알타이 자치공화국의 원주민과 러시아인이 대다수를 점하고 있는 러시아과학원과의 갈등이다. 현재 알타이의 원주민들은 러시아에 지배당한 알타이인들의 영혼적인 지주로 숭배하고 있다. 알타이자치공화국 정부는 1990년대 중반 이후 우코크 고원지역의 발굴을 전면 금지했다. 또한, 지역 주민들은 최근 알타이에서 발생했던 지진과 한파 등 천재지변을 알타이 고원에 잠들어있는 과거 여왕을 건드린 탓이라고 생각하고, 그 반환을 지속적으로 요구했다. 수차례의 논의를 거친 끝에 미라는 결국 러시아 과학원이 있는 노보시비르스크에서 알타이공화국으로 옮겨졌다. 하지만, '공주'님의 분노를 가라앉히는 유일한 길은 다시 땅속에 묻어야 한다는 알타이인들의 주장이 가라앉지 않아서 분쟁의 불씨는 여전히 남아있다.

이러한 지역사회와의 갈등은 아메리카 원주민(인디언)들의 재매장(reburial)운동과도 유사한 점이 많다. 또한, 현재 알타이 주민들이 파지릭인들과 직접적인 혈연관계가 없다고는 해도*** 알타이에 터를 잡고 사는 그들의 주장을 무조건 무시할 수는 없다. 이러한 현상은 소비에트 붕괴이후 각 지역 민족 집단들의 민족의식과 결합되어 미라가 단순한 흥밋거리나 과학적 연구 자료의 역할 뿐 아니라 자신의 정체성을 찾으려는 알타이 지역주민들의 문화재 의식이 교차하며 다양한 분쟁이 표출되고

*** 혈연관계의 유무 자체가 상당히 모호하고 가변적이기 때문에 이것만으로는 과거 인골들에 대한 판단이 어려우며, 자칫 인종주의로 흐를 가능성마저 있기 때문에 주의할 수밖에 없다.

있다.

여기에 또 다른 문제가 결부되었는데, 바로 기후환경의 변화이다. 최근 지구 온난화로 알타이 산맥의 영구동결대는 빠르게 자취를 감추고 있다. 얼음 속에서 수천 년간 완벽하게 지속되어 왔다고 해도 한번 녹아버리면 수 년 내에 자연적인 부패가 진행되어 각종 유기물질들은 빠르게 사라진다. 그래서 설혹 다시 무덤 안에 얼음이들어찬다고 해도 유기물질들은 이미 부패가 진행된 이후이기 때문에 제대로 된 보존상태를 기대하기 어렵다. 북방 유라시아의 유목민들에 대한 유일무이한 자료가 남아있는 고원지역의 영구동결대에 존재하는 고분들만이라도 세계적인 차원에서의 관리가 필요할 것이다. 현재로서는 지구 온난화라는 현상을 막기는 어려울 테니 얼음이남아있는 고분들을 목록화하고, 그들 중 곧 얼음이 사라질 위기에 있는 고분들부터선별해서 조사하는 '구제발굴'이 시급한 시점이다. 파지릭문화는 고대문화 유산의보존이라는 점에서 새로운 문제를 우리에게 제시하고 있다.

V. 미라, 초원문화를 이해하는 또 다른 열쇠

한국에서 '알타이의 공주[*]'라는 이름으로 알려진 것과 달리 최근까지 연구를 종합하면 우코크의 여성미라는 공주는 아니었고, 그 삶도 그리 녹록치 않았던 것 같다. 2014년에도 이 미라의 사인이 유방암과 낙상에 따른 골절임이 새롭게 밝혀졌다. 이미라에 대한 MRI조사 결과 어려서부터 골수염(osteomyelitis)을 앓아왔고, 사망 당시는 유방암 4기에 심한 외과적 손상을 입었음이 발견되었다. 골수염은 주로 무릎관절에 생기는데, 관절을 통해 세균감염이 지속되기 때문에 통증도 심하고 고치기도거의 어렵다. 평생 말을 타고 다녀야 하는 기마민족에게 이 병은 치명적일 수밖에

---

[*] 물론, 파지릭문화는 왕국이 아니니 '공주'가 있을 리 없으며, 이 미라의 무덤도 전체 파지릭문화에서보면 중간 정도의 크기이기 때문에 왕이나 족장과는 거리가 멀다. '알타이의 공주'라는 용어 자체는학자들이 붙인 것이 아니라 이 미라를 보도하는 과정에서 언론의 부풀려진 보도가 굳어진 것이다. 다만 '공주'라는 명칭이 널리 일반화되었기 때문에 본고에서 차용한다.

없을 것이다. 20대에는 유방암이 발병해서 몇 년간 극심한 고통에 시달려야 했다. 여기에 결정적으로 죽기 3~5개월 전에는 낙상사고를 입어 오른쪽 어깨와 골반뼈가 손상되는 외상을 입었다. 우코크고원은 겨울목초지로, 그녀는 여름목초지에서 10월경 우코크 고원지대로 이동하는 과정에서 낙상사고를 입고, 마차 같은 것에 실려 옮겨왔을 것이다. 그리고 결국 겨울에 세상을 떠났다.

이 미라의 공반 유물을 종합할 때 그녀가 당시 의례를 주도하고 점을 쳤던 사제 또는 무당이었을 것이라는 점은 대부분의 학자들이 동의한다. 그 근거는 이 미라가 발굴된 고분과 출토유물에 근거한다. 이 여인이 묻힌 고분은 직경 18m로 그리 큰 편은 아니었고, 무덤마저도 다른 고분과 달리 따로 덩그러니 떨어져 있었다. 남성 전사 중심의 사회에서 이 여성 미라의 위치는 참 독특했던 것 같다. 파지릭 사회에서 여성의 무덤은 그리 많지 않지만, 가끔 발견되는 여성의 무덤도 남성과 똑같은 무기를 갖춘 여전사의 경우가 대부분이기 때문이다. 일반적인 '여성' 유물이 부장되는 여성스러운 무덤은 그리 많지 않다. 그렇게 때문에 전사의 유물도 별로 없으면서 여러 약초들과 의식용 유물들과 함께 묻힌 그녀의 고분은 예외적으로 보일 수밖에 없다.

체르한 2호 고분 출토, 여사제가 표현된 황금장식

게다가 그 고분의 크기도 작지 않은 18m에 달했으니, 이 여인은 당시 사회에서 일정한 지위를 차지했던 여사제로 보는 것이 타당해 보인다. 그런데 DNA분석 결과 그녀는 우코크에서 300km 이상 떨어진 파지릭고분에 묻힌 족장(사제)과 친연관계가 있음이 밝혀졌다. 파지릭 최고위의 무덤과 친연관계라는 점은 그녀의 집안 자체가 당시 매우 높은 지위였음을 의미한다.

이 알타이 '얼음공주'의 모습과 가장 유사한 여성 사제의 모습은 우크라이나 체르카스주 쿠르한(Kurhan)2호 고분에서 출토된 바 있다. 그녀의 황금머리 장식에는 술을 진탕마시며 축하하는 스키타이인의 새해 파티 모습이 묘사되어 있다. 소위 '러브샷'으로 동지애를 다지며 '원샷'하는 전사, 커다란 양동이(암포라)에서 술을 따라주는 모습, 흥에 겨워 하프를 켜는 모습들이 묘사되었다. 장식에는 새해에 여사제에게 찾아와 점을 치는 전사의 모습도 묘사되었다. 그런데 그중에는 거울을 들고 자리에 앉아있는 여사제 앞에 공손히 무릎을 꿇고 점을 치는 전사의 모습도 있다. 죽음을 두려워않는 전사라도 그들도 결국 삶을 갈구하던 인간이니 자신의 불안한 미래를 말해주는 사제들의 존재는 필수적이었다.

이 미라는 발굴된 지 20년이 지났지만 연구는 끊이지 않고 있다. 이런 꾸준한 연구 덕에 마치 타임캡슐처럼 2500년 전에 살았던 한 여인의 삶이 역동적으로 그려질 수 있다는 점은 참으로 놀랍다. 어쨌거나, 황금을 치장했다고 해도 결국 힘들게 삶을 이어나갈 수밖에 없었던 초원 유목민의 삶은 귀중한 자료가 아닐 수 없다. 마지막으로 『알타이 초원의 기마인』의 내용과 최근까지 이어지고 있는 새로운 연구에 기반하여 우코크 여성 미라의 일생과 장례를 재구성 해보는 것으로 역자의 해제를 갈음할까 한다.

그녀는 2500년 전 알타이 고원지대를 다스리던 사제 겸 부족장 집안에서 태어났다. 그녀가 속해있던 집단을 어떤 사람들은 '황금을 지키는 그리핀'이라고도 했으며, 어떤 사람들은 '월지'라고도 했다. 그녀는 외형상 뚜렷한 이란계통과 토착 몽골인의 혼혈이었고 가족들 사이에 가끔씩 유럽인의 모습을 한 사람도 있긴 하지만, 전반적으로 몽골로이드처럼 생겼다. 하지만 어려서부터 그녀는 자신들이 머나먼 서쪽 어딘가에서 왔으며, 선조들은 코가 오뚝하고 곱슬머리라는 말을 듣곤 했다. 그녀는 집안이 좋았기 때문에 일반인과 달리 고원지대에서 자라는 특권을 누렸다.

아무리 집안이 좋다고 해도 매년 2차례씩 산악지역을 오가며 힘든 생활을 하기는 매한가지였다. 그녀는 어려서부터 골수염을 심하게 앓아서 말을 타고 초원을 다니는 정상적인 유목민의 삶을 살기 어려웠다. 대신에 집 근처에서 약초를 따고 자연과 벗삼으며 살았다. 정상적인 여인으로 살기 어렵다는 것을 깨달은 그녀는 집안의 가업을 이어받아 의례를 주재하고 신과 맞닿는 삶을 살아갔다. 독신으로 살며 다른 집단과 따로 떨어져 살던 그녀의 시련은 이게 끝이 아니었으니 20대 중반에 유방암에 걸려 몸은 점차로 쇠약해져갔다. 고통을 줄이기 위해 의식에 사용하던 대마류를 피웠다. 하루 종일 천막 안에서 지내야 하는 겨우내 천막 안의 탁한 공기 때문에 잔기침도 끊이지 않았다.

그녀의 가족들과 그녀를 따르는 사람들이 그녀를 돌보았지만, 1년에 2번씩 장거리를 이동해야 하는 것은 말기 암환자였던 그녀에게 쉽지는 않았을 것이다. 그녀 생애의 마지막 가을에는 겨울 목초지로 이동하던 중 말에서 낙마해서 뼈가 골절되는 치명상을 입게 되었다. 이후 침상에 몇 달간 누운 채 투병을 하다가 결국 숨을 거두었다. 하지만 그녀가 죽었을 때는 아직 동절기로 땅이 녹아 무덤을 만들 수 있는 초여름까지는 많은 시간이 남았다. 자신들의 앞날을 예언하고 축복했던 여사제의 죽음을 애도하며 사람들은 몇 달간 그녀의 모습을 보존하기 위하여 염습을 했다. 먼저 그녀의 배를 가르고 내장을 꺼내고, 목제 숟가락 같은 도구를 사용해서 머릿속의 뇌수를 뽑아냈다. 내장의 빈 자리는 부패를 방지하는 약초들을 채우고 다시 꿰매서 원형을 유지시켰다. 피부에도 부패를 방지하는 약초를 바르고 시신이 베던 베개와 주변에는 고수풀 같은 강한 향과 항균작용을 하는 풀들로 덮었다. 염습이 완료된 후에도 그녀의 시신은 원래 입었던 옷 그대로 평소에 누워있던 침상에 그대로 놓여졌다. 사람들도 정기적으로 그녀의 천막을 찾아와서 마치 살아있는 사람에게 하듯 그녀에게 예를 갖추었다.

겨울이 지나고 얼었던 땅이 잠깐 녹는 여름이 되자 사람들은 재빠르게 그녀의 무덤을 만들기 시작했다. 가족도 없이 혼자 살던 그녀였기에 다른 씨족의 무덤에 같이 묻히지 않고 따로 위치를 정했다. 따가운 햇빛이 내리쬐는 고산지대의 양지바른 언덕이지만 워낙 고지대인지라 땅을 조금 파자 영구동결대의 얼음이 나왔다. 이 서늘한 얼음을 깨고 무덤을 만들기는 더욱 어렵지만, 대신 시신은 잘 보존될 수 있기 때문에 일부러 밑에 얼음이 있는 곳을 선택했다. 이 자연이 만든 얼음을 파서 마치 얼음창고처럼 만든 다음 그녀가 영원히 거주할 집을 짓기 시작했다. 비록 아름드리나무를 보기 어려운 고산지대이지만 산 사람이건 죽은 사람이건 나무는 반드시 활엽수만 써야 한다는 불문율은 반드시 지켜야했기에 먼 곳에서 나무를 채벌해서 가져왔다. 그리고 그녀가 살던 집을 해체해서 그 나무를 다시 이 무덤에도 썼다. 그리고 목곽의 바닥과 벽은 평소 그녀가 자신의 천막에 걸었던 펠트를 깔았다. 새롭게 펠트를 만들 시간도, 여력이 없기도 했지만, 그녀가 저세상에서도 평소 깔고 살았던 펠트를 더 편하게 느낄 것이기 때문이다. 아무리 염습을 잘했다고 해도 몇 달간 천막 안에서 누워있는 동안 그녀의 얼굴 쪽 피부는 거의 녹아내렸기 때문에 사람들은 다시 얼굴에 밀랍을 칠하고 이목구비를 그려 넣는 등 마지막 화장을 하고는 무덤으로 운구를 했다. 따로 상복을 준비하지 않고 그녀가 평소 입었던 옷과 화려한 머리장식을 갖춘 채였다. 저승에서도 이승과 똑같이 살 것이기 때문에 굳이 새로운 옷을 맞추는 것은 사자에게 불편할 따름이었다.

사람들은 그녀를 무덤방으로 운구하고는 통나무 관 안에 몸을 굽혀 옆으로 누운 자세로 그녀를 안치했다. 통나무관에서 몸을 굽힌 채 옆으로 누워있는 그녀의 모습을 보면서 사람들은 어머니 자궁 속의 태아를 연상하며 저 세상에서 다시 태어나는 그녀의 행복을 기원했다.

그녀를 넣은 통나무관 뚜껑을 덮은 후에도 그녀가 저승에서 살아갈 집(무덤)을 꾸미는 일은 계속 되었다. 통나무관 주변에는 그녀가 살아생전 천막의 벽에 걸었던 펠트와 각종 집기들을 넣었다. 저승에서도 이승과 똑같이 살기를 바라면서…. 관의 옆에는 생명의 원천인 우유를 담은 토기와 저승에 가서 먼저 간 친척들과 잔치를 하기 위한 양고기 요리도 놓여졌다. 각 유물은 세심하게 그 위치를 조정해서 그녀가 저 세상에서도 당황하지 않고 편하게 쓸 수 있도록 배려했다. 무덤의 뚜껑을 닫은 후 관 위에는 그녀가 천상으로 타고 갈 6마리의 말을 차례로 넣었다. 이 말들은 평소와 똑같이 마구를 채웠으며, 말 머리는 펠트로 만든 뿔을 달아서 화려하게 치장했다. 무덤 옆에 차례로 도열해있는 말의 정수리 부분을 단 한 번의 타격으로 절명시켜 좁은 묘광에 차곡차곡 포개어 넣었다. 말까지 넣음으로써 기본적인 매장은 모두 끝났다. 무덤 위로 흙과 자잘한 돌을 덮은 후에 커다란 돌을 넣었다. 이후 무덤 위에는 자잘한 돌을 깔아서 이곳이 저승으로 떠난 그녀의 집임을 분명히 표시해두었다. 사람들은 마지막으로 그녀를 위해서 음식과 우유를 마시고 그 그릇을 무덤 앞에서 깨트리고는 빈손으로 돌아갔다. 이제 사람들은 각자 여름의 목초지를 향해서 떠나갔다.

고원지대의 얼음 속에 갇힌 그녀는 더 이상 병이나 아픔이 없는 저승의 푸른 목초지와 여러 약초가 피어있는 초원에서 행복하게 살 것이다.

참고문헌

강인욱 2001, 「17~18세기 시베리아고고학의 형성과 발전」 『러시아연구』 11-2, 서울대학교 러시아연구소.

강인욱 2010, 「기원전 4~서기 1세기의 고고학자료로 본 흉노와 동아시아─흉노학의 정립을 위한 토대구축을 겸하여」 『중앙아시아연구』 15집, 중앙아시아학회.

국립중앙박물관, 러시아 과학원 1995, 『알타이 문명전』, 거손.

몰로딘 V.I., 강인욱 역 2000, 『고대 알타이의 비밀』 알타이고고학시리즈 2, 학연문화사.

콜린 렌프류 폴 반, 이희준 옮김 2006, 『현대 고고학의 이해』, 사회평론.

오다니 나카오, 민혜홍 역 2008 『대월지』, 아이필드 .

西北大學文化遺産與考古學硏究中心, 哈密地區文物局, 巴里坤縣文管所(2006) 新疆巴里坤東黑溝遺址調査, 考古與文物 5期.

Адрианов, А.В., и др. 1992, Степная полоса Азиатской части СССР в скифо-сарматское время. Серия : Археология СССР. М.

Гаркуша, Ю.Н. 2001, "Пазыпыкская культура(проблема термина в иосториографиическом аспекте)", Историко-культурное наследие Северной Азии : Итоги и перспективы изучения на рубеже тысячелетий, Барнаул, 2001, с.301-303.

Киселёв, С.В. 1951, Древняя история Южной Сибири. 2-е изд. М.: 1951. 643с.

Молодин, В.И. и др. 2000, Феномен алтайских мумий, Инс. археологии и этнографии, СО РАН,-Новосибирск.

Молодин, В.И. 2004, Археологические памятники плоскогорья Укок(Горный Алтай), Материалы по археологии Сибири. Вып. 3, Новосибирск : 256с.

Полосьмак, Н.В. Баркова Л.Л. 2005, Костюм и текстиль пазырыкцев

Алтая(IV-III вв. до н.э.), Новосибирск : 232с.

Полосьмак, Н.В., Богданов Е.С., Цэвээндорж Д. 2011, Двадцатый ноин-улинский курган. Новосибирск: ИНФОЛИО. 184с.

Радлов, В.В., 1989, Из Сибири страницы дневника,-М,

Руденко, С.И. 1953, Культура населения Горного Алтая в скифское время. М.-Л.: 402с.+120 табл.

Слюсаренко, И.Ю. 2011, "Датирование скифских древностей Евразии : современные тенденции, достижения, проблемы, перспективы" Terra Scythica Материалы международного симпозиума, Новосибирск : 239-250.

Gryaznov M.P.1969, The Ancient culutre of Southern Siberia, The Cresset Press, London.

Rudenko, S.I. 1970, Frozen Tombs of Siberia : The Pazyryk Burials of Iron Age Horsemen, University of California Press, Berkeley.

UNESCO, 2008, Preservation of the Frozen Tombs of the Altai Mountains. UNESCO. 80 pp.

　　지금부터 20년 전인 1995년, 국립중앙박물관에서 '알타이 문명전'이 성황리에 개최된 적이 있었다. 당시 전시에는 구석기에서 현대 민족지에 이르는 러시아과학원 시베리아분소 고고민족학연구소(이하 고고민족학연구소로 약칭)가 발굴한 다양한 고고자료가 아주 성황리에 전시되었다. 당시 중국 동북지역의 비파형동검에 대한 석사논문을 준비하던 역자는 이 전시회에 맞춰 한국을 방문한 여러 학자들과 교류할 수 있었고, 향후 유학지를 노보시비르스크의 고고민족학연구소로 결정하게 된 동기가 되었다. 당시 유물 중 사람들의 가장 큰 눈길을 끌던 유물은 바로 '알타이의 얼음공주'라고 불리던 우코크 고원 출토 여성 미라였다. 이 미라의 무덤방을 모방하여 바닥에 마련된 진열관에서 비틀듯이 옆으로 누워있었던 미라의 어깨에 새겨진 문신이 인상 깊었다.

　　석사 졸업 후 고고민족학연구소로 유학을 오니, 내 연구실은 공교롭게 이 여성의 미라가 진열된 박물관 건물의 2층으로 배정되었다. 당시 이 미라는 시베리아과학원의 최고 인기 유물로 힐러리 클린턴, 블라디미르 푸틴, 조지 소로스 등 유명

인사들이 시베리아 과학단지를 방문하면 반드시 들르는 코스였으며, 역자의 지인들도 그 소문을 듣고 미라를 보러오곤 했었다.

이렇게 알타이 여성 미라가 대외적으로 많은 관심을 받고 있는 동안, 본격적인 연구는 보이지 않게 조용하지만 매우 치밀하게 진행되었다. 발굴자인 나탈리아 폴로스막과 그의 연구팀은 다양한 학문간 협력으로 체계적인 연구를 했고, 일련의 논문들을 수십 편 발표했다. 이번에 번역한 『알타이 초원의 기마인』은 이러한 폴로스막 연구팀의 알타이 우코크 고원 미라에 대한 가장 종합적인 첫 번째 연구서이다.

폴로스막의 이 책을 번역하기로 마음먹은 것은 2011년 7월에 알타이 데니소바 동굴에서 거행된 러시아–독일 공동 주최 국제 심포지움인 "Terra Scythica"에 참여하면서부터였다. 당시 50여명의 학자들이 동유럽에서 만리장성 근처까지 이르는 광활한 유라시아 초원의 스키타이문제에 대한 최신 자료들을 발표하고 토론했다. 당시 폴로스막은 알타이 여성 미라의 문신에 대한 발표를 했는데, 그녀가 제시한 미라의 몸 곳곳에 숨겨진 생생한 문신들을 보면서 다시 한 번 경탄할 수밖에 없었다. 그 외에도 많은 학자들이 수륜측정법, 중국 신장지역과의 비교, DNA 및 형질인류학적 분석 등 다양한 방면으로 발굴한지 20년 가까이 되는 알타이 미라에 대한 연구를 내놓았다. 돌이켜보니 한국에서는 '알타이의 얼음공주'라는 타이틀로 발굴 당시의 기초적인 정보만 알려졌을 뿐 알타이의 파지릭문화에 대한 체계적인 연구가 소개된 적은 없었다. 이는 전적으로 북방초원지역을 연구하는 필자의 노력부족 탓이라는 생각이 들었다. 그리고 알타이 파지릭 문화에 대한 지난 몇 년간의 최신 성과를 한국에 번역 소개하기로 결정하고 여러 책을 검토하다가 먼저 이 『알타이 초원의 기마인』을 번역하기로 했다. 물론, 이 책은 출판된 지 14년이 지난 것으로 이 책의 출간 이후에도 새로운 자료와 성과들이 많이 출판되었다. 이 책의 각 장에서 언급된 의복, 고분 발굴 등에 대해서는 따로 단행본이 나오기도 했다. 하지만 새로운 연구가 이 책에서 제시된 해석의 틀을 바꾸는 것은 거의 없기 때문에 우코크의 파지릭문화에 대한 가장 종합적인 정리가 된 이 책의 번역이 선행되어야 한다고 판단되었기 때문이다. 최신 성과에 대해서는 본문 군데군데 가능한 역주를 달아서 보충하려고 했지만, 이 책 출판 이후의 새로운 성과를 다 소개한다는 것은 불가능하다. 대신에 『알타이 초원의 기마인』이 출판된 이후에 저자가 공저로 참여하여 출판된 관련 저서를 제시하고, 최근 연구 성과에 대한 간략한 소개를 하는 것으로 갈음하겠다.

우코크 고원의 발굴 직후 폴로스막의 연구팀은 몽골의 대표적인 흉노유적인 노인울라 고분군을 조사하였고, 최근(2015년 5월)에 그 종합 보고서가 출판되었다. 또한, 폴로스막 연구팀은 2014년부터 카자흐스탄으로 시야를 돌려서 고분을 조사하고 있는 바, 수년 내에 유라시아 초원 고고학에 대한 괄목한 성과가 지속적으로 나올 것으로 기대한다.

몰로딘, 폴로스막 외 4인 『산악 알타이 우코크 고원의 고고학적 유적』, 고고민족학연구소 출판사 2004년.
폴로스막, 바르코바 『알타이 파지릭문화인들의 의상과 복식(기원전 4~3세기)』 인폴리오 출판사, 2005년.
폴로스막, 쿤도 등 『기원전 4~3세기 산악 알타이의 얼음고분에서 출토된 복식자료에 대한 학제간 종합연구』 시베리아 과학원 출판사, 2006년.

2006년 이후 폴로스막의 연구팀은 연구를 몽골의 흉노 고분으로 연구 주제를 돌려서 노인-울라(노용 울) 고분군을 발굴하고 일련의 연구성과를 발표한 바 있는데, 관련 저서는 다음과 같다.

폴로스막, 보그다노프, 체벤도르지 『노인울라 제20호 고분』 인폴리오 출판사, 2011년.

폴로스막 외 『수주크테 고분(노인울라 고분) 보고서 제1권』 인폴리오 출판
사, 2015년.

또한, 우코크 고원의 전사 집단과 관련하여 최근에 이 책의 내용에서 수정되어
야 할 새로운 연구가 발표되었다. 아크-알라하 1유적의 1호 고분에서는 2구의 인골
이 매장되었는데 책(2장 참조)에서는 50대의 남성과 16세의 유로포이드 여성이라고
보고한 바 있다. 하지만 본서의 출판 직전인 2015년 12월에 러시아과학원의 최신
성과를 소개하는 잡지 [Science first hand]에 치키셰바의 새로운 연구결과가 공개
되었다. 그 결과 이 책에서 여성이라고 보았던 그 인골의 DNA 분석결과 사실
10대의 남성임이 밝혀졌다. 발굴당시에는 이 인골의 성별을 외형적인 특징으로만
판단했었고, 거의 유일한 파지릭고분의 '부부합장묘'로 봤지만, 이번 연구를 통해서
남성들의 합장묘로 정정된 것이다. 이는 역자가 주장하는 파지릭문화 전사계급의
존재를 뒷받침하는 근거도 된다.

이들 사이의 관계를 보면 DNA 분석결과 두 남자사이에 친연관계는 없다. 즉, 혈
연적으로 부자관계는 아니라는 뜻이다. 혈연을 중시하는 농경민들이 아닌 초원의
전사이기 때문에 DNA 분석만으로 부자관계가 아니라고 단정하긴 어렵다. 하지만
초원의 전사들이 우리가 생각하는 농경사회의 혈연에 기반한 가족을 영위하지
않았으며, 한 가족이 같이 묻히는 경우는 거의 없으니 부자의 가능성은 별로 없다.
다음으로 이 젊은 남성이 미국 원주민 나바호 인디언 사회의 인류학적 예에서 개념
인 berdache(남자들의 집단에서 여장을 하고 여성 역할을 했던 남성)의 가능성도
별로 없다. 베르다체의 경우 미소년들이고 옷이나 모든 복장을 여성처럼 하고
다니지만, 아크-알라하 1유적 1호 고분의 10대 소년은 머리장식부터 모든 무기,
마구 등에서 완전히 전사의 특징이 보인다.

결국 이들의 관계는 하나의 전사 집단에서 동료의 관계를 형성한 코미타투스
였을 가능성이 가장 크다. 게다가 아크-알라하 고분에는 추가장의 흔적이 없기

때문에 두 사람의 사망시점은 동시기라고 볼 수밖에 없다. 종합하면, 이 무덤에 누워있는 사람은 나이는 차이가 있지만 출토유물상에서는 거의 차이가 없는 전사였다. 결국 이 무덤은 파지릭 문화의 전사 집단인 코미타투스의 무덤이라고 보는 것이 가장 합리적 해석일 듯하다(이 책의 역자 해제 참조). 2명이 같이 묻혔다고 해도 고고학적으로 보면 그냥 두 전사의 동지적 결합으로 보는 것이 고고학적으로 볼 때 가장 합리적이다. 두 사람이 묻힌 통나무관의 형태를 보면 먼저 왼쪽에 중년 전사의 관을 넣고, 그 후 10대 전사의 관을 밀어 넣은 듯한 모습이다. 아마 둘은 같은 집단이지만 그 집단 내부에서 서열은 분명히 존재했을 것이다. 그들의 나이차로 볼 때 전사 집단 내에서도 마치 아버지처럼 돌보며 나름의 서열을 유지한 채 가깝게 관계를 형성했다고 보는 것이 합당하다. 마치 중국 고대의 편제 중에서 伍와 같은 한 부대의 고참으로 있다가 둘이 같은 시기에 죽음을 맞이하고 같은 무덤을 썼을 가능성이 더 크지 않을까 한다.

비슷한 상황의 무덤은 신라의 고분에서도 찾아볼 수 있으니, 바로 중앙아시아산 황금보검이 출토된 것으로 유명한 계림로 14호 고분에도 2명의 남성이 합장되었다. 계림로 14호 고분의 피장자는 중앙아시아를 직접 다녀온 사람들이었다는 점에서 화랑제도와 코미타투스 전통의 비교 또한 흥미로운 주제가 될 수 있다. 이와 같이 파지릭 문화의 연구는 단순히 미라와 황금이라는 주제에서 벗어나 유목사회의 구조를 파악하는 중요한 실마리들을 제공한다는 점에서 그 의의가 매우 크다.

막상 『알타이 초원의 기마인』 번역을 마음먹었지만 이후 연구년, 이직 등 여러 가지 잡무로 바빠 차분하게 일을 진행하기 어려웠다. 또한, 번역을 진행하다 보니 너무나 다양한 분야의 용어와 난해한 문장들이 많아 초벌 번역은 간신히 했지만 출판은 엄두도 못 내고 그냥 시간만 보냈다. 그러던 중 지난 2014년 11월, 경희대 고대사고고학연구소가 설립되어서 고조선과 북방문화에 대한 체계적인 연구를 다년간 진행할 수 있는 여건이 생겼다. 이에 『알타이 초원의 기마인』을 체계적으로 완역하고 역주를 다는 작업을 마무리 지을 수 있었다. 솔직히 고백하건대, 역자로서 이제까지 해왔던 여러 번역작업 중에서 가장 힘들었다. 기존에 번역했던 다른 러시아 고고학 책들과 달리 이 책에는 평소 접하기 어려운 미라에 대한 용어와 다양한 지명, 민족지, 그리고 관련된 자연과학이 종합되었기 때문이다. 러시아어로 음차되어 인용된 고대 중국의 인명과 지명, 위구르어로 음차된 신강성 지역의 경우 일일이 찾아서 중국어로 원문을 달았다. 또한, 고대 그리스, 근동, 인디아 등 다양한 지역의 신화와 경전 등이 등장하는데, 모든 이름은 가독성을 생각해서 러시아어가 아니라 원어를 기준으로 바꾸어 달았다. 아울러, 러시아어의 표기 또한 국립국어원의 원칙에 따라 조정했다.

번역의 어려움은 용어뿐만 아니라 필자 폴로스막의 다소 난해하게 느껴질 정도로 해박한 문장에도 있었다. 그녀의 서술 또한 우리가 흔히 생각하는 전통적인 고고학적인 해석(형식, 편년, 문화변천과 계통)을 벗어나 풍부한 유기물질, 민족지 자료, 동서양의 고전을 동원하여 조금 더 철학적인 고민이 담겨있는 해석이기 때문이다. 번역을 하던 중간 중간 혹시 필자가 잘못 이해한 것은 아닌지 하는 많은 고민을 했던 부분이 제법 많았다. 리그베다나 장춘진인의 서유기 등 1~2부분을 위해 며칠간 도서관을 뒤져서 자료들을 찾아야하기도 했다. 그 외에도 번역의 정확한 용례를 찾기 위해 노력했지만, 교정을 볼 때마다 허술한 점이 눈에 띄는 것 같아 혹여 저자의 뜻을 잘 전달하지 못했을까 마음은 여전히 조심스럽다.

번역 작업이 생각보다 훨씬 길어지면서 중간에 출판이 중단될 위기도 몇 번 있었지만 주변의 여러 도움으로 무사히 마무리 될 수 있었다. 이 번역 작업은 지난 2011년에 열렸던 국제학술대회의 연장선으로 2015년 6월에 러시아 노보시비르스크에서 개최된 "학제간 협력에 기반한 고고학연구"라는 학술대회에 다시 참석하면서 마무리 되었다. 이 학회에서 저자 폴로스막 씨와 만나 몇 가지 번역과 관련한 문제를 해결했으며, 적극적으로 한국에서의 출판에 협조한 인폴리오 출판사의 L.M.Panfilova 씨 덕택에 순조롭게 판권문제도 해결되었다. 두 분의 도움으로 지난 4년간 역자의 노력이 무사히 마무리 되었다. 또한, 내 번역문의 교정에는 조소은(경희대 한국고고학고대사연구소)과 유준수(연세대 사학과 졸)의 도움을 받았다.

또한, 2014년 11월에 한국연구재단의 중점연구소 사업에 '고조선과 북방문화'라는 제목으로 경희대학교 인문학연구원 한국고대사고고학연구소가 선정되면서 불모지에 가까운 북방초원 고고학에 대한 많은 동기부여가 되었다. 우리 연구소에서 차례로 발간할 총서의 제 1권으로 출판되게 되었으니 큰 영광이 아닐 수 없다.

마지막으로, 한국에서 출판하는 데는 주류성 출판사의 최병식 사장과 이준 이사의 조력이 컸다. 갈수록 작아지는 출판시장 속에서 러시아어라는 상대적으로 수요가 적은 이 책의 출판을 열심히 도와주셨다. 주변의 도움이 많았지만, 이 책을 번역하는 데 피치 못하게 있을 오류는 전적으로 필자의 몫이다. 최근 논문의 업적을 강조하는 학계의 풍토 때문에 북방고고학의 성과를 직접 소개하는 번역작업을 못 했는데, 오랜만에 한국 학계에 제대로 된 연구를 소개할 수 있어 매우 기쁘다. 앞으로 개인연구 이외에도 북방지역 고고학의 최신 성과를 힘이 닿는 대로 꾸준히 번역하고 소개하여 북방지역과 한국고고학의 가교역할을 하는 필자의 역할에 갈음하고자 한다.

2015년 6월, 러시아 노보시비르스크에서 쓰고

2015년 12월, 서울에서 덧붙임

역자